THE
COMPLETE HISTORY *of*
HAN DYNASTY

1

亡秦灭楚

公元前256年
刘邦出生

公元前180年
吕雉去世

上医治国
◎著◎

北京联合出版公司
Beijing United Publishing Co.,Ltd.

图书在版编目（CIP）数据

亡秦灭楚 / 上医治国著. -- 北京 : 北京联合出版公司, 2023.8（2026.1 重印）
（大汉帝国全史）
ISBN 978-7-5596-6957-5

Ⅰ. ①亡… Ⅱ. ①上… Ⅲ. ①中国历史—汉代—通俗读物 Ⅳ. ①K234.09

中国国家版本馆 CIP 数据核字 (2023) 第 102378 号

大汉帝国全史 亡秦灭楚

作　　者：上医治国	出版监制：辛海峰　陈　江
出 品 人：赵红仕	责任编辑：高霁月
产品经理：张建鑫	特约编辑：郭　梅
封面设计：人马艺术设计・储平	美术编辑：任尚洁

北京联合出版公司出版
（北京市西城区德外大街 83 号楼 9 层　100088）
联合读创（北京）文化传媒有限公司发行
天津中印联印务有限公司印刷　新华书店经销
字数 1072 千字　710 毫米 × 1000 毫米　1/16　69.75 印张
2023 年 8 月第 1 版　2026 年 1 月第 7 次印刷
ISBN 978-7-5596-6957-5
定价：198.00 元（全五册）

序言

了解历史，尤其是自己国家的历史，是非常重要的。以往常说历史是一面镜子，看它可以知兴替，但其实历史更是一座丰碑，它不仅展示着先人曾达到的高度，更指示着后人朝更高的高峰奋力攀爬。只有了解了自己国家的历史，才能对现在自己生活的社会有更深刻的理解，才能明白中华民族的崛起为何是“复兴”，才能确立中华民族的文化自信、民族自信。

因此，了解自己国家的历史，是每个为中华民族伟大复兴而努力的奋斗者的力量和自信源泉之一。

两千多年前，秦始皇扫六合是中国大一统的开端，他废除分封制和贵族阶层，是国家统一的前提。此事一举改变了社会千年来沿袭的旧制，影响巨大，可偏偏秦朝国祚甚短。很难想象，如果没有刘邦建立汉朝，接过秦朝的接力棒，将大一统的格局和基本盘延续并巩固，接下来的中国会如何发展，历史又会在项羽的分封之下走过多少曲折。如果没有后来的汉武帝，中华民族的主体是否还是说汉语、写汉字的汉族？如果没有一个持续数百年国力强盛的汉朝，没有卫青、霍去病、陈汤这样英勇豪迈的将领，我们是否还有那句“犯强汉者，虽远必诛”的发人振奋的呐喊？如果没有汉朝对西域长期的影响，没有张骞、班超、班勇这样凿空拓荒的勇士，如今这座沟通东西方文化与经济的桥梁是否还叫“丝绸之路”？同样的，正是因为有了强大的汉朝，国家的经济、科技才有了长足的发展，不仅人口从汉初的一千多万增长到将近六千万，而且出现了影响世界文明传承、发展的四大发明之一造纸术。同时，汉朝又涵盖了中国封建王朝出现过的几乎所有元素：开创、中兴、巅峰、分裂、割据、衰退、灭亡、女主称制、政变，以及权臣、宦官、外戚、名将、傀儡皇帝，等等。可以说，四百年的汉朝历史可以看作两千年封建王朝的缩影，这对我们全面地了解中国的历史极有意义。

要真正了解汉朝这个中国历史上第一个强大、持久的大一统王朝，最好的途径无疑是仔细地阅读包括前四史在内的各种历史古籍，但这对绝大多数人而言不仅困难且枯燥无味，而现代那些架空历史、调侃历史的书籍又缺乏历史的严谨性，因此我作此文时在严格依靠前四史及《资治通鉴》的基础上，尝试着用相对轻松、诙谐且简单的方式，尽自己最大的努力，把四百年间恢宏的汉史以最贴近历史面目的方式呈现给大家。依旧是十二年前我落笔时所想的那句话：如果你想看到真正的历史，这里有最贴近真实的历史；如果你想看个故事，这里有有趣的故事；如果你只想放松一下，相信这本书也不会让你失望。

这也是我对这本书的定位——适合各类人群的一本历史普及型读物。希望大家了解自己国家的历史和曾经的辉煌，从而满怀信心地在通往复兴的、更辉煌的道路上携手并进，砥砺前行。

目录

第一章　刘邦的前半生 ... 1

平凡的前半生 ... 1

草寇生涯 ... 9

第二章　就从这里开始 ... 13

强大的秦朝 ... 13

农民起义 ... 17

在曲折中前进 ... 22

一个复仇主义者的故事 ... 26

第三章　乱世英豪 ... 31

项氏家族 ... 31

刘邦与项羽 ... 36

第四章　楚政权的博弈 ... 40

熊心的反击 ... 40

目标：巨鹿？咸阳？ ... 41

西进！西进！ ... 43

斩首行动 ... 48

巨鹿决战 ... 53

第五章　从内部崩塌的堡垒 ... 56

李斯与秦朝 ... 56

帝国的终结 ... 61

第六章　不是秦王是汉王 ... 65

秦王刘邦 ... 65

项羽入关 ... 67

楚汉第一间谍 ... 69

分封天下 ... 73

汉王刘邦 ... 75

第七章　短暂的和平 ... 78

韩信：白璧三献 ... 78

烽火再起 ... 82

第八章　楚汉之争 ... 86

韩成 ... 86

刘邦的出击 ... 87

彭城之战——刘邦与项羽的第一回合 ... 90

两个关键的问题 ... 95

骑兵 ... 97

荥阳之战——刘邦与项羽的第二回合 ... 100

成皋争夺战——刘邦与项羽的第三回合 ... 106

背水列阵——韩信破釜沉舟 ... 112

鸿沟议和——刘邦与项羽的第四回合 ... 117

兵围垓下——刘邦与项羽的第五回合 ... 123

四面楚歌 ... 125

东城溃围战复盘记录 ... 129

最后的谜团 ... 131

第九章　家天下？共天下？ ... 134

大汉 ... 134

再封天下：刘邦在家天下的愿望与共天下的现实间的调节与妥协 ... 135

第十章　难缠的邻居 ... 140

匈奴 ... 140

汉朝与匈奴的第一次“亲密接触” ... 142

和亲 ... 148

第十一章　兔死狗烹——韩信与彭越的谋反案 ... 151

韩信谋反案 ... 151

彭越谋反案 ... 161

第十二章　未竟的事业 ... 165

第十三章　女主天下——双面太后 ... 170

懦弱至死的孝惠帝刘盈 ... 170

女主称制 ... 177

除皇子 ... 180

吕氏将代刘？ ... 184

另一个吕太后 ... 189

第一章

刘邦的前半生

平凡的前半生

我们的故事开始于公元前256年的一天，地点在楚国沛县丰邑中阳里的一户平民家中，这户平民家里当家的姓刘，人称刘太公。这天，刘家新添了一个男孩，大家可以猜到，他就是刘邦。

中阳里是个什么地方呢？它是丰邑辖下的一个村落，往大了讲在行政上属于沛县管辖。至于沛县，我们知道，它早年间属于宋国，在宋国被瓜分以后归入了齐国，不久齐国被燕国名将乐毅率领的联军攻破，沛县又和附近的地方被一起打包纳入楚国。总之，当时的沛县和战国时期绝大多数名不见经传的地方一样，既不属于坚城重镇，也没有名山大川，更谈不上风水宝地，所以在汉代开国之前，提到沛县丰邑中阳里，只能笼统地说它就是一个地方。

老刘家就是这样一个平常地方的普通人家，家庭成员的组成是这样的：夫妻二人，在刘邦出生之前已经有了两个儿子。这夫妻二人，刚才说了，当家的老刘人称刘太公，他的妻子人称刘媪，这两个人大概都是没有名字的。“媪”不是名字，是大妈、老太婆的意思。当然，古代人男尊女卑的思想比较严重，女性一般只有姓氏，没有名字，年轻的时候叫什么什么氏，比如陈氏、王氏、李氏，年纪大了呢，就叫“媪”。而“太公”的意思是大爷，也不是名字。至于刘邦的祖上，爷爷那辈就更没法儿考证了。这不只是我不知道，当时的古人也没弄清楚，司马迁在写《史记》的时候就没考证出来。《史记》成书是在征和二年，也就是公元前91年，这时离刘邦去世（公元前195年）不过短短一百零几年。司马迁是中书令，这在朝廷中是一个很高、很重的职位，之后我们还会详细谈到。这样一个人想要查一百年前本朝高祖先人的名讳怎么会查不到呢？既然查不到，那只能说明可能就没有名字。当然，后来有人给他们考证出几个名字来：刘太公叫刘执嘉，刘大妈叫王含始，刘老太公叫刘仁。

对于上述说法，大家听听就算了。至于又说刘家祖上有个叫刘累的名人，是尧帝的第几世孙，那就完全是胡说。

既然刘太公没留下名字，我们也不用强行给他考证出个子丑寅卯来。因为在那个动乱的年代，一个平头百姓叫什么其实不重要，重要的是能糊口，能谋生，最好还能养活一家老小，毕竟在乱世，活着才是王道。

依当时当地的生活标准而言，老刘家在中阳里日子过得还算可以，并不用为生计发愁。但刘太公显然没什么文化，也就没法儿给孩子起个惊世骇俗的名字，只能直截了当地按“伯、仲、叔、季”的排行来起名，于是，老刘家的大儿子叫刘伯、二儿子叫刘仲。也许是在刘邦出生后不久，刘大妈或去世、或染病丧失了再次生育的可能，刘太公无奈之下就跳过了“叔”字，给刚出生的第三个儿子起名叫刘季，说白了就是“刘小”的意思。

这个“刘季”就是刘邦最初的名字，但为了内容的连贯，我们还是假装对“刘季”这个名字视而不见，叫他刘邦吧。

虽然刘大妈可能发生了不幸，但任何悲伤都有时效性。若干年后，刘太公老夫聊发少年狂，又娶妻生子，但名字就不能顺着下去了。他只好给后来出生的小儿子另起名叫刘交，和前面三兄弟的名字放在一起一眼就可以看出来，他是个计划外的产物。

在中国漫长的历史中，除个别情况之外，绝大多数卓有成就的帝王诞生前后总有异象出现，比如，母亲晚上梦到太阳掉到自己肚子里了，或踩过某些神物的痕迹就怀孕了，或孩子出生时红光满面之类。作为汉朝开国帝王的母亲，刘大妈受孕的过程也同样充满了传奇色彩，而且有直接的目击者。

据说当时刘大妈不知在冥冥中受到了什么东西的召唤，大白天的一个人跑到湖边小憩，没想到一打盹就梦到自己和某个神明迸发出了激情的火花。与此同时，万里晴空刹那间雷电交加。这时候因为担心老婆在外被雨淋，原本在家悠闲地晒太阳的刘太公赶紧起来，披了件蓑衣便出去寻找。

他一路找到湖边，却看见一条蛟龙正趴伏在刘大妈身上，一番云雨过后便有了刘邦。

这种传奇的出生方式在历史传说中并不少见，大多是某人获得巨大成功之后，后世的崇拜者将之神化的结果。龙种风胎的传闻当然不可信，但万事有因方有果，终归不可能是无中生有，我们如果仔细深究一下，这事儿似乎颇有点儿意思。

话说战国时期楚地民风开放，男女之间的防范极为松懈，常常有发乎情却不见得能止乎礼的事情发生。偷情、野合这样的事情在楚地似乎都是浪漫的表现，这在那些正人君子的眼中自然是不可接受的，甚至连被后世丑化为暴君的秦始皇巡游到楚地都忍不住做了卫道士，严肃整顿了民风。之后嬴政对自己的所作所为还颇为得意，于是在当地立碑为记，其中便有“……防隔内外，禁止淫佚，男女絜诚……”一类的话。虽然我们没有什么直接的证据，但如果当时刘太公看到的不是一条蛟龙，而是张三、李四或隔壁村的王二麻子，那事情可能更接近真实情况。

当然，即便刘邦的出身真的是这样，那也没什么。在刘邦之前，身为大成至圣先师的孔子是私生子，千古一帝秦始皇在司马迁的笔下多少也有些来路不明，正所谓英雄不问出处。

童年的刘邦和当时绝大多数农村里的孩子一样，可能上过两天私塾，认得几个字，算得清家里有几亩地、每年要交多少赋税，仅此而已。他本人并没有什么天赋异禀，也就没有特别值得记述的地方。

劳动人民作为历史的创造者，很多时候是被动地参与到历史的创造中来的。虽然当时秦统一六国的大势已不可逆转，但像在中阳里这种小地方，只要战争不危及个人生命，对普通农民来讲就不如今年自家地里的收成重要。反正对一个平民百姓而言，只有纳税和死亡是永恒不变的主题，至于天下是姓秦还是姓楚，并不重要。于是，在即将翻天覆地的动荡时局中，刘邦波澜不惊地度过了童年时光。

尽管是“龙的传人”，生就一副长颈、高鼻、宽额的不凡相貌，长大以后的刘邦却不大受父亲刘太公待见。在刘太公眼里，老实巴交的老大刘伯早死甚是可惜，但老二刘仲也是个好儿子，能干活儿会赚钱，把家里管理得井井有条；反观刘邦就是个混混儿，既不读书，也不事生产，经常觍着脸到兄弟家里蹭饭。生活中，刘邦自己一文钱不赚却出手大方，到处结交狐朋狗友；整日游手好闲不说，还跟一个叫张耳的人以游学为名三番五次跑到外地，而且经常一去就是数月不归；末了还乱搞男女关系，终于把邻村一个曹姓女子的肚子搞大了……每每念及刘邦的所作所为，刘太公总是无奈地发出一声叹息。

可年轻的刘邦不同意老父的观点。虽然他是农民出身，却不愿像祖辈一样过面朝黄土背朝天的日子。一想到自己这辈子要过那种“辛苦种地，努力赚钱，赚到钱后娶媳妇，娶了媳妇生娃，等娃长大了再帮自己种地”的毫无创造性的生活，刘邦就觉得恶心，大好男儿怎能被困死在一亩三分地上呢？他有自己的打算，当时他对自己的定位是做一个游侠。

“游侠”是古代封建社会里一个特殊的群体，是社会变革的产物。所谓的“侠”，是“士”的一种，这些人的所作所为不一定是正义的，但他们有自己的行为准则——“言必信、行必果、诺必诚”。用现在的话说就是重义轻生、一言九鼎，甚至可以为达目的不择手段。

在封建社会里，很多贵族都有养士的习惯，少则数人，多则数千，比如著名的战国四公子，手下都有几千门客。这些门客就是士，并且都在关键的时候为他们的主子发挥了重要的作用。当然，很多贵族可能就是赶个时髦，不管养的人是不是有用，每次出去后面总是呼啦啦地跟着一群人，气势摆在那里至少也能赚眼球。

后来，由于诸侯之间相互吞并，越来越多的贵族破产，连自己都养不活，自然就顾不上手下人了。于是，那些原本依附贵族的“士”没了主人，便只能游荡于社会的底层，这些人中会武功的就成了游侠。他们行走于世，快意恩仇，关于他们的事迹在民间多有流传。

当然，在一个以法来管理社会的国家里，游侠这种“士为知己者死”，视法律如同无物的群体是不受统治者欢迎的。韩非就曾经说过“侠以武犯禁”，由此我们可以大略窥见游侠刘邦身上一些重要的特点。

然而，时势造英雄，秦朝结束了战国几百年的混乱，嬴政又是史上少有的强权君王。他迫切希望建立一个长久且安定的帝国，所以秦统一天下后的时势使得这些率性而为的游侠不再受社会的欢迎，朝廷以强权约束百姓的行为，以厉法压制群众的思想，在这样的大环境下，刘邦只能无奈地看着自己的游侠之路被堵死。

但这并不意味着刘邦就此失去了生活的乐趣，一蹶不振。

虽然刘邦完全不符合勤俭持家、吃苦耐劳的农民标准，但他平易近人，善于搞人际关系，而且名声不坏，故此，刘邦在沛县还颇得他人赏识。于是秦统一了六国，需要大量选拔吏员的时候，已经三十出头，没有任何学历、文凭和资历的刘邦靠着乡亲们的举荐，竟也谋到一份差事吃起了皇粮。

刘邦谋到的差事是沛县泗水亭的亭长，这是他伟大人生中的第一个官职。秦代有制度叫作“十里为亭，十亭为乡”。所谓亭长，管辖的地方大概就在十里（当时二十五家为一里，十里就是方圆二百五十户人家左右）范围内，虽然算是小地方的一把手，但在当时实在算不上肥差。因为工作不好开展，亭长通常由威武且有胆识的人来担任，比如上战场杀过敌人、见过血的退伍之人。亭长手下有负责打扫卫生的“亭父”若干名、负责抓贼的“求盗”若干名，他们都属于朝廷的低级吏员。亭长刘邦的主要工作是负责辖区内的治安问题，捎带负责调解民事纠纷。如果上头有任务派下来，他还要负责盘查过往行人、接待过往官员、收发信件等。

虽然亭长只是不入流的吏员，收入也有限，而且泗水亭离刘邦家有好几十里的路程，平时刘邦只能吃住在单位，偶尔才能请假回家，但这份差事让他有了一个正当的理由，可以名正言顺地过随心所欲的生活，所以我们可以猜测刘邦在亭长的位子上还是干得有滋有味的。

刘邦性格外向、豁达大度且不拘小节，这让他在地方上能够如鱼得水。他和当地三教九流的人物都有交往，从县里的一方豪强（如王陵）、上级官员（如萧何、曹参）到市井百姓（如樊哙、周勃），尽皆与他称兄道弟。在当亭长的最初几年里，除去到外地出公差之外，刘邦的大部分时间就是和周围的兄弟们一起喝酒吹牛，快意人生。

虽然刘邦只比当时全国最牛的秦始皇嬴政小三岁，而且两人都是历史上独一号的风云人物，但那个时候的刘邦完全没有成为历史主角的想法和可能。生活在同一片天空下的两人，人生轨迹似乎完全不同：嬴政三岁开始在赵国都城邯郸随母亲东躲西藏、逃避追杀的时候，刘邦出生在沛县；嬴政十三岁登上秦国王位的时候，刘邦在沛县混饭吃；嬴政二十二岁开始亲政，并且干掉嫪毐、吕不韦，总揽大权的时候，刘邦在沛县混饭吃；嬴政三十九岁吞并六国君临天下的时候，刘邦还在沛县混饭吃。对即将年过四十，已经不再血气方刚，好不容易谋份差事的刘邦来说，人生最迫切的愿望或许是找个漂亮贤惠的妻子，然后生几个孩子，等孩子长大了再通过自己的关系给他们也谋份差事混饭吃，仅此而已。

几年后，刘邦的愿望开始实现了。当时沛县外迁来一户吕姓的大户人家，吕家的主人吕公是当时沛县县令的好朋友。既然是大户人家，乔迁之喜当然要宴请县里有头有脸的人物来一起热闹热闹，好歹大家也相互混个脸熟。于是，吕公便在家里大摆宴席，广邀沛县地头上的各色人物前来赴宴，刘邦作为亭长自然也在被请之列。

当时的人吃酒席跟现代人差不多，是要上礼金的，而且礼金多少与所得到的待遇也有关：礼金多、地位高的贵宾自然要坐到堂上好酒好肉伺候；礼金少、地位低的一般宾客只能在堂下吃四菜一汤。作为资深吃货的刘邦当然想到堂上饱餐一顿，但在参加宴会的一众人中，以他的身份和地位还不足以坐到堂上大吃大喝，要坐到上座只能走金钱路线，于是刘邦到了吕家门口便运足中气大喝一句："泗水亭长刘邦贺礼钱一万！"

"一万"这个数目把主人家都吓了一跳，以为来了哪路财神，赶忙出来迎接，把刘邦领进门就往屋里请。要知道当时一个农民一家辛苦劳作一年，所得纯收入不过二三百文钱，赶上年景不好可能最后一个子儿都赚不到。一万钱刘邦当然是没有的，他其实一文钱都没带，但他平日里混吃混喝惯了，并不介意旁人的眼光，进了门也不搭理主人家就大摇大摆地走到堂上，挑顺眼的地方一坐，大口吃肉，大碗喝酒，酒足饭饱之后又和平日里相熟的宾客们高谈阔论起来。

有朋友说，这表现了刘邦大气的性格，预示着他以后必成大器什么的。我认为，不尽然。刘邦反正是先骗了主人家，又吃了人家一顿霸王餐，脸都不要了。他也可能就是想干脆做得更彻底一些，赌在这喜庆的日子里主人家不好意思把他撵出去，有点儿破罐子破摔的意思。

这边，吕家的主人吕公的涵养也是了得。他没有叫人把刘邦这个不速之客轰出去，只是在一旁静静地观察了刘邦许久。吕公并不是憋了一肚子气隐忍不发，而是在施展一门特殊的技艺——相面，也就是我们俗话说的看相。

相面是一门高深的学问。现在电视剧里常说某人“印堂发黑，大劫将至”，凭的就是这一类的本事。相士们对未来的事情似乎总能未卜先知，甚至对那些乍看起来不合乎常理与逻辑的事情也不例外。传说当年相士袁天罡路过武家，看到当时还没学会走路的武则天穿着男孩子衣服被家人从里屋抱出来，他只瞅了一眼便大惊失色道：“可惜是个男孩，要是个女子，必定是天下之主！”

当然，这门学问到底可不可靠，也很难说，而且不是谁想学就能学得来的，历代朝廷中博古通今的人不在少数，却没听说过几人对此有深入的研究。古往今来，掌握这些异术的人大多甘于平淡，绝大部分甚至名不见经传。他们可能是你家隔壁修鞋的老李、街对面整天下棋的老吴，也可能是人海中匆匆而过其貌不扬的中年汉子。很多时候，真正的高手还是在民间。

话说吕公也算是精通此道，他仔细端详了刘邦许久后，以他相面数十年的经验来看，他还从来没有见过一个人的面相如刘邦这般“高端大气上档次”。像吕公这样身怀异术的人，最懂得“机不可失”一类的道理，既然在此遇见了刘邦，吕公便觉得这是上天给的机会，稍一思量便有了决定。于是，在酒席结束前借着给客人敬酒的机会，吕公用目光暗示刘邦酒席结束后留下来。刘邦虽然不明就里，但眼神暗示他是看得懂的，酒足饭饱后便没急着走。

吕公好不容易才送走了所有的客人，转过身来请刘邦到内堂坐定，直截了当地说：“我年少的时候就爱给人看相，几十年来看的人多了，从没有人的面相比得上你的。我的大女儿叫吕雉，还算有几分姿色，愿许配给你做妻子。”

刘邦一文不花饱餐了一顿，已经是意外之喜，没想到还有人求着把女儿嫁给他。再一看当时的吕雉，一个年纪二十左右，年轻、漂亮、温柔、贤惠的姑娘，完全符合刘邦的择偶标准，对刘邦来说简直就是天上掉下个吕妹妹。于是已过不惑之年的光棍刘邦也不懂得推辞一下，立马欣然接受，很快就和吕雉成了亲。

婚后刘邦相当争气，四十开外的人没几年便让吕雉为他生下了一男一女。然而，刘邦始终没能解决两地分居的问题，平时只能让吕雉带着两个小孩留守家中，种地兼照顾刘大爷，刘邦只隔三岔五地回一次家。

那时的吕雉确实贤惠，作为一个富家大小姐，虽然在一夜之间嫁了一个跟自己爹年纪差不多还常年不回家的男人，但她没有因此怨恨、悲伤或长吁短叹，而是每天起早摸黑，靠自己一个人努力把这个家操持得井井有条。

相传有一天，吕雉在地里耕作，为了方便带小孩，就把两个孩子都放在田边。日近中午，一个不知名的老人路过，看到正在田里的吕雉，便向她讨碗水喝。吕雉不但给那位老人喝了水，还把自己随身带的饭分给他吃，老人过意不去，临走之前提出要给吕雉相面作为报答。

虽然吕雉自己也有这家传本事，但是一来，她年轻，学艺不精，二来，当时人梳妆打扮用的铜镜成像效果不佳，细节模糊，自己也没法儿给自己看。她爹当年老是叨唠他的女儿将来要嫁贵人，吕雉也不知道这是真是假，正好让眼前这位老人给自己解一解多年来的心头之惑。

老人仔细端详一番之后，给出的相面结果是吕雉乃“天下贵人”。吕雉听了很高兴，又把两个孩子抱过来让老人看。老人看了她儿子刘盈，说：“你之所以富贵是因为这孩子。”说完便起身告辞了。

不一会儿，刘邦从外面回来，溜达到了田边，吕雉便把老人的话告诉了刘邦。刘邦赶忙顺着老人离开的方向追去，好不容易才追上，非得让人家也给他看下。老人也不推辞，看了看刘邦，说：“你的妻子、儿女都得你的福荫，你的相貌贵不可言。”刘邦听了很是得意。

种种迹象都表明刘邦确实和别人不太一样，但这种事情只能算是生活中的插曲而已。对刘邦来说，虽然有了妻子、儿女，但更多的时候生活还是和原来一样，没有多大的变化。

这就是当时已经进入不惑之年的刘邦。尽管他曾趁出差的机会在首都咸阳领略了帝国统治者秦始皇嬴政的威仪，发出过“大丈夫当如是也”的感叹，但如果当时是太平盛世，刘邦也许会在这平凡而幸福的生活中度过他的一生。平时能做的稍微出格的事儿无非就是仗着自己亭长的身份在王大娘、武大嫂的酒店里一边赖账喝酒，一边与旁人高谈阔论，开自己同僚、上司的玩笑，还不时地趁着酒劲向过往的路人显露他左边大腿上与众不同的七十二颗黑痣，多年以后像绝大多数在神州大地上存在过的生命一样匆匆离去，隐没在历史的芸芸众生之中。

草寇生涯

这注定是一个不太平的时代。很快，命运女神像砸碎一个破瓦罐般轻易就打破了刘邦四十多年的平静生活，改变了他的人生轨迹，使得原本只想每天过着老婆孩子热炕头日子的刘邦不得不告别他过往的生活，走上一条艰难崎岖且前途未知的人生道路。然而，可以肯定的是，这种改变并不是出于刘邦本人的意愿，他没有马上飞黄腾达起来。一开始的时候，命运女神跟刘邦开了一个小小的玩笑——简单地说，他落草了。

现在一提到秦朝的灭亡，还有不少人仍然会痛斥秦朝统治者的残暴、法律的繁杂严苛，但事实是，绝大多数的秦法在汉初一直被沿用，并未出现太大的问题。秦朝灭亡的原因在很大程度上是秦在统一天下后继续南征北战，以及大量的工程建设加重了原本就很繁重的徭役，从而导致民力的过度使用。土木工程爱好者兼军事狂人嬴政在当皇帝的十二三年间，修长城、阿房宫、骊山陵、直道、驰道等，无一不是规模空前的工程；驱匈奴、平南越，次次皆是数十万人的军事行动。要知道，当时农民为国家服徭役不仅没有报酬，路上吃穿住行都要自己掏腰包，还是一件很容易掉脑袋的事情。兵役自然不用说，就算是其他役，也不是能随便蒙混过关的。如果轮到你去服徭役了，那么请注意：不按时到达工作地点可能会死，不能按期完成任务可能会死，如果在服役过程中劳累过度出了意外——那你死了也是白死。总而言之，谁去服役，那跟去一趟地狱没多大区别。

这一次，又轮到亭长刘邦带领县里面该服徭役的百姓去参加始皇帝陵墓的工程建设。在此之前，刘邦曾经多次执行过类似的任务，算得上驾轻就熟，本来不应该有什么意外，但意外偏偏就发生了。

由于大家或经历，或目睹，或风闻了各地太多徭役致死、家破人亡的故事，服役的人也就不愿意白白去送死了。各人出发的时候本就不情愿，路上逃跑自然是肯定的，于是他们也顾不得平日的义气，一个接一个地在刘邦面前玩失踪，还没出沛县地头人就跑了不少。刘邦虽然没上过几天学，但基础算术题还是懂的。他掰开手指头一算，按这个速度，到了骊山工地恐怕也就剩他一个人了。

秦朝的法令对此类事情有明确的规定：应征者如果不按时报到或中途

逃跑，被抓到就要笞五十；如果当时跑掉了，但在一年之内被抓到，那还要重罚。

这里要着重说明的是秦代的“笞”，打的可不是屁股，而是脊背。这五十笞下去，一般人怎么受得了。要是命不好再碰上个心狠手辣的衙役，哪怕你是金刚罗汉也得皮开肉绽，即便不死也会后悔这辈子投胎做了人。而秦法最大的特点之一是法律面前不论贵贱，一视同仁，当官的不见得就比百姓有更多特权。刘邦作为管理者这样去交差，估计也是小命难保的。

如果是我等寻常百姓碰到类似的事情，大概会在慌乱中六神无主，然而刘邦豁达、决绝的天性使得他能在关键时刻做出超乎常人的决定。他在丰邑西边停了下来，好酒好肉地款待了剩下的人。酒足饭饱之后，刘邦大手一挥，对大伙儿说：“现在的情况大家都看到了，你们走吧，我也该跑路了。”

当时换作一般的官吏，遇到役卒逃跑这种事情，大多要拿没跑的人撒气，恶语相加乃至拳打脚踢都是常见的事情，打死几个，杀一儆百也不是没可能。而刘邦的大度让剩下的人大感意外，于是有些人千恩万谢后走了，有些人却不愿意独自逃走，表示愿意留下来誓死跟随刘邦。

俗话说“酒壮㞞人胆”，何况是刘邦这种本来就胆大如斗的人，几斤水酒下肚之后更是胆大到能包了天。见到有十几个弟兄愿意跟随自己，刘邦内心被压抑多年的游侠情结又被激发出来：既然事已至此，与其以后每日东躲西藏，还不如干脆上山造反，什么狗屁亭长，老子不干了！朝廷的一个吏员就这样在一夜之间变成了知法犯法的罪犯。

既然决定落草为寇，总得有个山寨什么的才行。说到这里，我们又得回到沛县这个地方。“沛”字面上就是水草丰茂的意思，水草丰茂必然有水有泽，相对而言，高山密林不多，这就十分不利于日后钻山沟子躲避朝廷可能出现的抓捕。那时候刘邦还不知道千年以后水泊梁山的事迹，又没有彭越那种做江洋巨盗的想法和底子，自然也就没想过要做水贼。但现在自己犯了事，不逃亡还在沛县待着，摆明了是不给朝廷面子，让人想不抓你都不行。于是，刘邦带着手底下十几个弟兄连夜抄小路往邻郡的芒砀山中逃去，路上酒劲上头的刘邦还稀里糊涂地把一条挡道的大白蛇一剑砍成了两段。

犯了事的刘邦很快就成了县里的名人，沛县的官吏们虽然没办法跑到山里面抓人，可刘邦还有一家老小留在中阳里，跑得了和尚还能跑得了庙？于是作为妻子的吕雉很快便被县里的衙役们抓走了。

接下来，吕雉吃牢饭时期的遭遇我们知道得就比较少了。不过刘邦知法犯法，而且犯的是杀头的重罪，吕雉又是当地出了名的美人，我们以今度古，想来当时的狱吏们也不会有什么文明执法的理念，于是狱吏对吕雉“遇之不谨”（《史记·张丞相列传》）。可能事情做得还比较出格，过分到让一个在监狱里任职的刘邦的好友名叫任敖的看不下去了。某天，任敖不顾也要吃牢饭的风险把主管吕雉的狱吏暴打了一顿，这才护了吕雉的周全。后来因为刘邦好歹算帮了父老乡亲，大家心里都对他表示感激和同情，又赖他以前的哥们儿从中斡旋，而且刘邦本人也不在沛县地头作乱，沛县县令将吕雉拘留了一段时间后便放了出来。

我们无法得知刚到芒砀山里的刘邦是否有过责备自己冲动、莽撞的念头。可以知道的是，尽管时不时地有沛县的哥们儿给刘邦捎来信息，但是以当时落后的通信条件，在芒砀山里的刘邦对家中的情况并不十分清楚，至少不能及时了解。等他知道吕雉的遭遇时，事情已经过去很久了。

除去蹲牢房的那段时间，年轻的吕雉时常一个人步行一百多里的山路去给刘邦送衣服和食物。不管刘邦在山里的什么地方，她总能依靠刘邦头顶那一般人看不到的五彩云气找到他（这是她家传的本事）。尽管刘邦让她受了很多委屈，走一百多里的山路会让她的双脚磨出血泡，但每次见到刘邦，她都轻声地给自己的丈夫鼓励和安慰，尽可能地给刘邦做一顿饭，有时还陪他住上一晚，对刘邦没有一丝抱怨和诉苦。如果你见到这个时候的吕雉，很难将她和多年以后那个残忍无情的吕后联系起来。

每次看着妻子下山远去的背影，我相信，作为一个正常男人的刘邦，心里不会充满坚毅和笃定，而是会有一丝苦楚。但既然已经走上了这条不归路，那就没有回头的可能，而且眼下还有更迫切的事情要他去解决。

这件事情就是吃饭。

不管在什么年代，对什么阶层的人来说，“吃”都是一个永恒的话题，刘邦也不例外。虽然刘邦以后要建立一个伟大的王朝，享尽人间的荣华富贵，为后世千千万万的炎黄子孙所敬仰，但此时的刘邦并不知道这些，即便知道了也不能不吃饭。所以我大概研究了一下躲在芒砀山里的草寇刘邦及其手下是怎么解决吃饭问题的。

现在电视剧里大侠一类的英雄人物普遍有个特点，就是不需要工作却总有办法解决自己的衣食住行。他们要么是天生的高富帅，要么巨额财产来源不明，要么就像电视剧《鹿鼎记》里陈近南推辞韦小宝给他的大把银票时说的那样："为师行走江湖多年，不需要花钱的。"

但那毕竟是艺术，来源于生活又高于生活，不能真正地放在生活中来看。对现实生活中的刘邦来说，虽然做过多年的游侠，但这并不能解决弟兄们的吃穿问题。依靠吕雉每次带来的仨瓜俩枣肯定是不够的，让他带领大家在山间开荒种地，建设芒砀山区也不现实。加上已经落草为寇的事实，我们有理由相信：为了糊口，刘邦时不时地带着兄弟们下山去劫个道什么的是有可能的；为了糊口，有时候杀个把落单的路人什么的应该也是有可能的。

然而，草寇刘邦能闹出的动静仅此而已。此时的秦朝依然强大无比，就凭流窜通缉犯刘邦手下这么点儿人，不说冲州撞府，下了山恐怕连大一点儿的官道都不敢走。

这就是公元前210年之前的刘邦。每次干完一票没本钱的买卖，他便让小弟去最近的集市上换来酒肉，酒足饭饱之后盘腿靠在山顶一块光滑的石头上眺望远方落日的余晖。刘邦觉得自己的生命和前途就像那夕阳，似乎快要到了尽头。

直到有一天，刘邦听到一个滞后的消息，让他如同在黑暗中看到一道闪电——始皇帝死了！即位的不是大公子扶苏，而是小公子胡亥！

第二章

就从这里开始

强大的秦朝

在这里，我们有必要先简单了解一下当时的秦。

秦的创始人叫“非子”，因为替周天子养马养得好而被周天子赐予嬴姓，又将渭水上游秦川的东岸给了他做封地，这里就成了秦的发源地。当时掌权的周孝王本意是让秦做一个近畿的附庸。但秦的历代君主中不少人就如孙猴子一样，对这芝麻绿豆大的官职当然是不会满足的，于是秦国的君主们不断地扩张地盘，壮大自己。随着时间的推移，秦国的地盘不断扩大，国力日渐强盛，到了秦穆公时期更是做了一回天下的霸主，但总的来说，当时秦东进的路线始终被更强大的晋国死死地挡住。

这样的情况后来一直延续了一百多年，直到韩、赵、魏三家分晋，历史进入了战国时期。这个时候的秦国可以说是战国七雄中实力最弱的一个国家，国内的政治也一度因宫廷斗争而陷入混乱，直到历史等来了这两个人——秦孝公和公孙鞅。

公孙鞅也就是后来我们说的商鞅，原本是卫国人，年轻时研习的是李悝的《法经》，本想在魏国做出一番事业。然而，公孙鞅在魏国并不受国君重视，十分不得志。后来听说秦国的新君秦孝公下令求贤，公孙鞅就从魏国跑到秦国去应聘。通过秦孝公宠臣景监的推荐，公孙鞅得到了三次被秦孝公单独面试的机会。公孙鞅抓住机会，终于深深打动了秦国的一把手秦孝公，秦孝公拍板决定聘用公孙鞅为左庶长，开始实施变法。

一说“商鞅变法”好像谁都听过，但很多人可能不知道的是，得到秦孝公鼎力支持的公孙鞅其实前后一共进行过两次变法，只不过我们熟知且重要的是第一次变法。

这次的变法内容主要包括两个方面。一是加强法治建设，以法令法规严格规范个人的行为。为了确保法令的实施，公孙鞅实施了连坐制度。简单说就是，一人犯法，如果与其有一定关系的其他人不举报的话就得一起坐牢。可别小看了这样的制度，它对后世的影响现在依然有迹可循。现在很多国人骂人往往牵连人家家里好几代人，里面大概就有当年商鞅连坐之法的影子。

当然，变法最重要的还是第二方面：奖励耕战。在生产方面，他鼓励百姓们多生产，一个家庭的产出与缴纳给国家的赋税成反比，生产的粮食越多，要上交给国家的比例就越少，这无疑增加了人们劳作的积极性。除此之外，最最重要的是商鞅在秦国确立了军功爵制度：当兵的只要能在战场上带回一颗敌军的人头就授爵一级，而没有军功的人即便生在富贵之家也不能得到爵位。在当时的秦国，无论是谁，社会地位的高低全看爵位的高低，因此，军功爵制度的确立极大地刺激了民众从军杀敌的积极性。另外，因为当时当兵的衣食住行是要自行掏腰包解决的，所以秦军对士卒的选拔是有严格规定的：在秦国，只有小康水平以上家庭里的青壮年才有资格从军。统治者们的观点是“有恒产者有恒心”，只有有固定收入的人才能不断地保持积极向上的进取心。如果一个人整天为一日三餐发愁，那他当兵就不能保证会奋勇杀敌，当官就不能保证能够清正廉明。

秦国在变法的影响下很快强大起来，可在那个时代，变法并非秦国的特产。战国七雄中，除了齐国（这是个老牌强国），其他六国都在不同时期进行过变法。（齐国也有邹忌变法，但邹忌只是让齐王做了纳谏、选才、去奸、奖励一类，这本来就是明君应该做的事情，他并没有提出什么新建议。严格地说，邹忌变法只能算改革，不能算变法。）第一个通过变法强大起来的是魏国。魏国主持变法的人就是公孙鞅的偶像兼老师，也就是《法经》的作者李悝。

这里有一个问题：既然变法的作用如此之大，那为什么最后在七国中脱颖而出的是秦国而不是其他五国呢？

那是因为其他五国的变法和秦国变法有所不同，不同的地方在于五国的变法都随着主持变法的大臣或君主的去世而终止。变法之前，五国都如同衣衫褴褛的乞丐，变法就如同给乞丐换上了一件华丽的衣服，但乞丐的本质是没有改变的。随着时间的推移，再华丽的衣服也终究会褪色，当华丽不再之时，乞丐的褴褛依然。而秦国的变法则不同。虽然秦孝公死后，公孙鞅就被对他积怨已久的秦国君臣联合起来五马分尸，但即位的秦惠文王只抛弃了公孙鞅，并没有抛弃公孙鞅推行的政治改革。秦国变法的脚步没有因秦孝公和公孙鞅的死停下来。可以说公孙鞅推行变法是给秦国这个乞丐指引了一条谋生的道路，让秦国摆脱了乞丐的宿命，最终成了贵族。

公孙鞅变法让处于秦国社会底层的人们第一次切实地有了通过自己的努力改变命运的机会。即便出身卑微，只要肯勤劳工作也能致富，致富就能参军，参军就能杀敌，杀敌就能提高社会地位。可以说就是这样的制度，让秦军逐渐蜕变成一支战无不胜的军队。每一次战斗，军队从主帅到士兵都目标一致，勇往直前。他们对战争的渴望、对胜利的渴望、对杀敌的渴望超过了以往历史上任何一支军队。兵法有云："上下同欲者胜。"哪怕你对这种激励斗志的方式并不赞同，但你不可否认秦军是一支相当可怕的军队。

可以想象，当时在战场上，从六国军队一方看过去，对面全是神情亢奋、眼冒青光、口中流涎的虎狼之师；而在秦军眼里，对面全是金光闪闪的人头，有时候可能还没开打呢，胜负就已经有了分晓。秦军就是以这种"抢人头"的激情不断地冲击着地盘、人口都十倍于己的东方六国，逐渐从战国七雄中脱颖而出，成为当时唯一的超级大国，并逐渐开始了兼并六国的大业。

公孙鞅变法以后，秦国与东方六国的战争逐渐出现了与以往不同的一种态势。从争夺土地的攻防战发展为以消灭对方有生力量为主要目的的歼灭战。我们列举一下一些比较大的战役便可见端倪：

公元前331年，秦与魏交战，斩首八万。

公元前317年，秦破韩于修鱼（今河南原阳县西南），斩首八万二千。

公元前312年，秦破楚于丹阳，斩首八万。

公元前307年，秦拔韩宜阳，斩首六万。

公元前300年，秦取楚襄城，斩首三万。

公元前298年，秦出武关击楚，斩首五万。

公元前293年，秦败韩魏联军于伊阙（今河南洛阳市南），斩首二十四万。

公元前280年，秦取赵光狼城，斩首两万。

公元前275年，秦伐魏，破韩援军，斩首四万。

公元前274年，秦伐魏，斩首四万。

公元前273年，秦败魏于华阳，斩首十三万，并沉赵援军两万于黄河。

公元前264年，秦伐韩，斩首五万。

公元前260年，秦大败赵于长平（今山西高平市西北），坑卒四十五万。

公元前256年，秦取韩阳城，斩首四万，伐赵，斩首九万。

从以上数据可以看出，商鞅变法对秦军的刺激有多大。在秦统一六国的过程中，据不完全统计，仅秦军消灭的六国军队人数就超过二百万。而且秦灭六国的脚步在一步步加快。终于，在秦孝公过世近百年以后，秦国又出了一位雄才大略的君主——嬴政。

虽然即位的时候年纪还很小，权力也掌控在太后和权臣的手中，但秦王政九年（公元前238年），嬴政干掉权臣吕不韦和嫪毐，开始亲政，秦统一六国的进程真正进入了加速期。

秦王政十七年（公元前230年），灭韩。

秦王政二十二年（公元前225年），灭魏。

秦王政二十四年（公元前223年），灭楚。

秦王政二十五年（公元前222年），灭燕，灭赵。

秦王政二十六年（公元前221年），灭齐。

嬴政指挥着这支虎狼之师在短短的十年时间里横扫六国统一了天下，第一次在中华大地上建立起一个家天下的帝国——秦帝国。嬴政则成了中国历史上第一位皇帝——始皇帝。

接下来，秦始皇嬴政再接再厉，国中没有了敌手，他便向北驱逐了匈奴，向南扩张到了南越，建立起一个空前强大的国家，也是当时世界上最强大的国家之一。当然，如果考虑到公元前3世纪的古希腊在马其顿人统治下奄奄一息，古印度的孔雀王朝已经开始分崩离析，古埃及早已经被罗马人干掉，而罗马人还没有称霸地中海，我们甚至可以把“之一”这两个字去掉。

然而，如此强大的国家也有极深的隐患，那就是统治者不了解“可以在马上取天下，却不可以在马上治天下”这个道理。当国家的主题不再是战争，当社会生活的关键词从“对外征战”转变成“休养生息”的时候，统治者却仍然在以老眼光看待新问题，换句话说，就是他们不了解社会的新常态。

不了解当然就会出问题。

农民起义

严格意义上说，秦朝的政策中很多并不能称为“暴政”，而应该称为“急政”。因为嬴政总是迫切地想把每件事情都尽快做好。嬴政是一个勤奋的人，尽管没有经验可以借鉴，也没有人在旁指点，可他依然努力地经营着这个前所未有的庞大帝国，仔细处理帝国的大事小情。他每天处理公文不是以件计算，而是按斤算的。当时的文字写在竹简上，嬴政每天让手下称足一百二十斤（秦朝一斤约等于现在的253克）的竹简，不批阅完不休息，哪怕是外出时也不例外。他太急了，急着想要建立一个从始皇帝到二世、三世乃至万万世不息的帝国。但嬴政没有想到凡事欲速则不达，最后现实与他的愿望背道而驰。

秦政府统治稳固的前提是始皇帝嬴政对政权的强势把控。然而，公元前210年，秦始皇在巡游的途中突然驾崩。之后，中车府令赵高说服丞相李斯矫诏立嬴政的小儿子胡亥为二世皇帝，并赐死了宽厚仁义的皇长子扶苏及秦始皇的近臣名将蒙毅、蒙恬兄弟。胡亥这个历史上有名的缺心眼儿且低能的年轻人，完全不是当皇帝的料，不仅在政治上一塌糊涂，事事唯自己的老师赵高马首是瞻，而且在享乐和暴虐的程度上更胜其父一筹。结果，嬴政死去不到一年，在二世元年（公元前209年）七月（秦朝制度十月为每年的第一个月，九月是一年的最后一个月），陈胜、吴广便带领九百戍卒在大泽乡揭竿而起。短时间内，农民起义的风暴席卷大地。才统一六国十三年，看似强大到坚不可摧的秦帝国出现了道道裂纹。

到了秦二世元年年末，就连身在芒砀深山里的刘邦也感觉到时局出现了明显的变化。以前一两个月才有个把实在是走投无路的苦汉子插香入伙，而现在几乎隔三岔五就有人上山投靠自己，刘邦的手下已经比刚上山的时候多了十几倍。刘邦时不时地可以从新投奔来的小弟那里听到一些山外的消息，全是些什么“胡亥是始皇帝的小儿子，不当立为皇帝”“胡亥残杀自己的兄弟姐妹，又杀了很多大臣，分明是做贼心虚”“陈胜、吴广在大泽乡公开造反”“陈胜、吴广已经占领了陈县，打出‘张楚’的旗号自立为王”“某某地方又杀了长官响应陈胜了”，等等。稍微综合一下各种信息，除了躲在咸阳皇宫里的胡亥，只要是心智健全的人，都很容易得到这样一个结论：天下乱了！

我们知道，第一次起义发生在大泽乡，造反的九百人是戍卒。戍卒就是卫戍之卒，任务是到国家的边境线服兵役。然而，当时天下被压迫的人何其多，为什么偏偏是这九百戍卒首先站了出来？要解释这个问题，我们必须先简单地了解秦汉时期的一些制度。

当时国家实行的是全民兵役制度，凡成年男子一生均须服三种兵役：到本国边境服兵役（也就是所谓的戍役）、到中央军队服役以及在本人的居住地服兵役。与后两者不同，做戍卒的时间一般只有三天（当然，如果你是犯了事被抓去的，可能要待好几年），这是自古便有的惯例。有人可能说，三天没什么呀，去就去呗。但问题在于服戍役期间的所有用度，包括来回的路费、吃穿住的花费，全是自己掏腰包。如果是古时候还好，小国方圆数十里，大国数百里，从中央到边境少则三五天，多则半个月就可以打个来回。可秦始皇建立的是一个空前的超级帝国，疆域广阔前所未有。嬴政自己坐马车巡游一趟尚且需要数月之久，何况是步行的平民。如果你身在南方的会稽郡，不幸被派到北方的渔阳服戍役，那就要做半年甚至更长时间的打算。这对于以成年男性劳动力为支柱的普通家庭而言，影响是相当大的。遗憾的是，循旧例的帝国统治者显然还没有来得及意识到这些问题。

秦朝是中国历史上第一个大一统的王朝。它建立了之后两千多年中国版图的雏形，统一了文字、度量衡，为以汉民族为主体的文化共同体的形成奠定了基础，确立了之后两千多年中国的政治制度，帝国统治者的丰功伟绩当然无须赘述。然而，如何管理这个历史上疆域空前辽阔的帝国让统治者感到困惑。在战争这个可以转移民众注意力的外因基本消失后，继续沿用春秋战国时期的政治制度使得统治阶级与被统治阶级之间的矛盾迅速激化。帝国就如端坐在底下满是火药桶的桌子上一般，看似四平八稳，实则岌岌可危，统治者们却始终没有察觉。最终在秦二世元年（公元前209年）的七月，由于大雨误期，陈胜、吴广带领同行的九百余戍卒迫不得已揭竿而起，点着了火药桶，把帝国的金身炸上了天。在某种程度上可以说，秦朝的基业就毁于这“三天戍役”的制度，正印证了“千里之堤，溃于蚁穴”这句话。

每个朝代都会发生起义，这并不新鲜，而陈胜、吴广起义之所以特殊，原因是他们的身份。陈胜、吴广两人起义时在被发往渔阳的九百余戍卒里当屯长，在当屯长之前，两个人都是普通的农民。往上追溯，他们的父辈也是农民，祖辈还是农民，一直往上到祖宗八代都是这样。这就让陈胜、吴广在大泽乡的起义成了历史上开天辟地的大事件。第一次有农民起来带头造反，这在那个贵族统治一切的时代有着非同一般的意义，所以陈胜、吴广的那句“王侯将相宁有种乎”后来就成了底层社会群众反抗压迫的底气和依据。

但作为带头人，陈胜、吴广有自己的难处：自古以来，带头造反都是圣人的事情，至少也要有一方贵族豪门带领，才有号召力和凝聚力，而陈胜、吴广这两个贫苦农民显然是没有这个资本的。于是始皇帝嬴政的长子扶苏、楚国的名将项燕一一“复活”。陈胜借这两个人的名义，继而又打出“张楚”的旗号。这个旗号在当时显然非常给力，一时间，以六国时的楚地为中心，杀官响应陈胜的起义遍布各地。

话说“乱世英雄起四方，有枪就是草头王”。刘邦现在手上有了百十条枪，也算是个草头小王，却只能把手头上那没本钱的买卖做得大一点儿，依然没有实力和机会割据一方。但命运女神是不会放弃刘邦的，刘邦的机会说来就来。九月的一天，山下来了一个通信的人，让他看到了希望。

来的这个人叫樊哙，平日里在沛县集市上专门做杀狗的营生，与刘邦是铁哥们儿，还是刘邦的连襟——樊哙的妻子是吕雉的妹妹吕媭（可见吕公相面的本事当真了得）。他给刘邦带来了这样一个消息：陈胜、吴广起义后，沛县虽然还算太平，但周围已经有很多郡县的百姓杀了他们的地方长官来响应陈胜，沛县县令担心自己步同僚的后尘，因此决定主动在沛县举事响应陈胜，并且希望刘邦能把队伍拉回沛县助他一臂之力。

为什么县令会主动找刘邦呢？答案是，当时想反叛的沛县县令处于两难的境地。他虽然是中央委任的地方一把手，可他在地方上没有根基，手中也没有兵权，就光杆司令一个。之所以出现这种情况，是秦朝制度使然。秦帝国对军权的把控严之又严，五十人以上的军队调动必须得到皇帝的首肯。秦朝政府还规定，地方一把手必须是外地人。一把手没有兵权就指挥不了军队，不是本地人就不容易与本地土生土长的下级官员及地方豪强打成一片，这样既可以防止地方官员犯上作乱，又可以让他们上下相互监督甚至相互牵制，尽可能避免领导与下属相互勾结，在地方上做土皇帝。

手上没有兵权、在当地没有庞大私人关系网的沛县县令想主动向起义军靠拢是不容易的。他担心别人不相信自己——彼时愿意主动倒戈的官员少之又少，谁知道你是不是想试探谁有反心，然后将之一网打尽？如果继续为朝廷工作，又怕哪天会人头不保。两难之下，沛县县令这个保命心切的倒戈派，听从了沛县主吏掾萧何及狱掾曹参的建议：请求流亡在外的刘邦带队伍回沛县，以武力劫持、胁迫大家一起造反。

接到樊哙的消息，刘邦马上意识到，不论县令的意图是真是假，也不论回去后自己的结局如何，眼下正是千载难逢的改变现状的机会。机不可失，时不再来，哪里还有什么犹豫，难道要在这里钻一辈子山沟吗？于是刘邦吹响了集合号，由樊哙带路，与百十号弟兄马上赶回了沛县。一百多里路在一群情绪激昂的汉子脚下并不是很远的距离。刘邦等人黎明启程，天刚擦黑就赶到了沛县城门下。

重新回到沛县的刘邦没想到县城的大门却紧闭着，他在紧闭的城门下高声叫唤“老萧！老曹！”也没有人回应。进不得城的刘邦只好在城外打转，熬到半夜，手下来报：“从城头翻过来两个人。”刘邦把人叫上来一看，正是萧何和曹参。

原来县令让樊哙去联系刘邦后就后悔了：想他在县里任职多年，早已风闻萧何、曹参和刘邦之间交情颇深，现在两人保举刘邦带人回来，名曰助他革命，搞不好是想先革他的性命。于是县令起了杀心，准备先干掉萧何、曹参两个内贼，同时下令紧闭城门，不让任何人进出。

沛县县令的顾虑固然没有错，可惜他缺乏具体行动的经验，连续犯下两个致命的错误：首先，萧何、曹参均是本地大族，在沛县地头上各种关系盘根错节，县令又临事不密，结果他的格杀令还没有出门，萧何、曹参便已经得到消息，于是两人连夜翻墙逃出城去了；其次，得到两人逃跑的消息后，县令并没有马上派人处理萧、曹的族人，也没有将他们中的重要人物控制起来，使他们有了继续做内应的机会。

那边秘密抓捕失败的县令还没有反应，这边好不容易逃生的萧何、曹参与刘邦一会面，便制订了周密的行动计划。他们决定以刘邦的名义和口吻书写一份帛书，向沛县的父老们陈说利害。无非是说大家受朝廷的压迫已经很久了，现在天下的形势是诸侯并起，如果父老乡亲们为县令死守沛县，等诸侯军队一到肯定会有屠城灭族的祸事，不如现在大家一起把县令杀了响应诸侯，这样才能保全大家的性命。

刘邦命人将写好的帛书绑于箭头上射入城内——因为城门紧闭而使用弓箭射入城内，想来一定是抄录了多份，到处乱射，有点儿满大街撒传单的意思。不然如果仅写一份，谁知道这一箭会射到什么地方。倘若不幸射入茅坑或被县令的人取了，岂不大事休矣？

果然第二天天刚亮，沛县的城门便大开，县令的人头高悬在城楼之上。刘邦的书信固然是成功的一个重要原因，而萧、曹两人的宗族在其间所起的作用也是不可替代的。

直到杀了县令，萧何等人才想到一个问题：原来准备挑头儿的人没了，接下来的事情该怎么办？既然杀官造反已成既定事实，选一个人作为领袖或者说是出头鸟、替罪羊是必不可少的。当时有实力和能力且出力颇多的无非是萧何、曹参、刘邦三个人。俗话说“枪打出头鸟”，萧何、曹参两人出身文职人员，又是地方上的豪门大族，亲戚朋友多，顾虑、拖累也多，就不愿意挑这个头儿，而是把带头造反的事情一股脑儿推到刘邦身上。

刘邦这时候倒是很清醒，造反一旦失败可不是杀人偿命、欠债还钱那么简单，那是要灭族的。他没有像当年娶吕雉那样爽快接受，而是说了很具体的拒绝理由：“现在是天下大乱诸侯并起的时候，在这种大环境下，如果我们没有选对领导的话，很快就会一败涂地。我刘邦不是爱惜自己的性命，而是我的能力不足，怕不能保全家乡的父老乡亲们。”

刘邦不出头，父老乡亲们可不同意：县令都杀了，大家哪里还有退路？好不容易逮住你这个冤大头可不能随便放过，反正你已经造过一次反了，再来一次也无所谓。再说了，城东算命的瞎子也说你刘季命最好。行！就你了！

大多数人（也有不以为然的）不顾刘邦的再三推辞，坚决推举刘邦做了起义军的首领。大概这时在场的人都不会想到，这是又一个伟大王朝的开端，史书上留下了重要的一笔：秦二世元年（公元前209年）九月，众人立刘邦为沛公。

在曲折中前进

很快，沛公刘邦依靠原来的兄弟们帮忙，在沛县拉起了两三千人的队伍。不得不说，刘邦的运气实在不错，他的哥们儿不仅组成了一个素质很高的群体，里面包括萧何、曹参、樊哙、娄敬、任敖、周昌、周勃、夏侯婴等后来汉朝的开国重臣，而且这些人绝大部分对刘邦十分认可。

既然队伍组建完毕，为图个彩头，按惯例，刘邦自然也要自我标榜一番。于是刘邦就成了赤帝的儿子（让刘大爷情何以堪？），并且宣称自己曾经斩杀过化作大白蛇的白帝的儿子；又说当年秦始皇也常认为东南方也就是刘邦所在的楚地有天子气，所以嬴政才到南方巡游，目的是压制这股气息，这样刘邦在芒砀山里钻山沟的原因也就由躲避朝廷的逮捕变成了躲避嬴政在气息上的迫害。这样一来，刘邦以往那些所作所为的性质就完全不同了。虽然刘邦还是那个人，做的事也还是那些事，但格调高了很多。

一通动作下来，刘邦顺利地拔高了自己的声望，把自己的造反之举说成上天注定的事情。最后，赤帝的儿子、浑身上下散发着五彩云气的真命天子刘邦在沛县带头祭祀黄帝和战神蚩尤，宣布早已注定的战争的到来。

一切准备就绪，秦二世二年（公元前208年）十月，刘邦的队伍整装开拔。话可以说得天花乱坠，但打仗还是得靠刘邦自己。即便刘邦成了赤帝的儿子，有神仙在后面撑腰，也不代表他一定会顺利。毫无指挥和作战经验的刘邦一开始连续在胡陵和方与两个地方碰壁吃瘪。他带着队伍浪费了不少时日，转悠了一圈毫无收获，只好回到丰邑继续招兵买马。虽然接连出击失败，但刘邦的公开造反行为还是刺激了朝廷。很快，泗水郡郡监（官职）某平（史失其姓）便带领军队包围了丰邑。

沛县只是一个小县，下辖的丰邑更非一座坚城，刘邦手下这两三千人不可谓多，城外黑压压一片的秦军又不可谓少，而且这是刘邦第一次被敌人包围（以后他还要多次面临这种情况）——这一切都预示着刘邦军事生涯面临的第一次考验异乎寻常地难。如果换作一个普通的义军将领，接下来的事情十有八九就是要出城投降了。但刘邦就是这么不寻常。

虽然刘邦不爱读书也没多少文化，更没研究过什么兵法，但他在军事上还是颇有天赋的。看着在秦军的重兵包围之下丰邑四面漏风、摇摇欲坠的城墙，刘邦毫不气馁，也不打算先投降曲线自救。他认为，既然难以依靠城防进行有效的防守，不如主动进攻寻找战机。于是刘邦决定：趁敌人立足未稳之际主动进攻。

在丰邑城里，刘邦充分发挥了经他四十几年磨炼得已经纯熟的忽悠人的本事，发表激情的演说，鼓舞众人的士气，同时又让大家磨了刀，填饱了肚子，为打一场硬仗做好了充足的准备。在被围两天后的黎明时分，丰邑城门大开，刘邦主动率军出城与秦军交战。

丰邑城外的秦军没想到人数处于劣势的起义军会主动出击，一时乱了阵脚，结果阵势被刘邦率领的队伍一鼓作气冲散。紧接着，刘邦乘胜追击，向薛县进攻，又击败了郡守某壮（情况同某平），并一路追击至戚县，刘邦手下的左司马曹无伤生擒了郡守。

要知道，秦统一六国后，最初将全国分为三十六个郡（后来随着版图的扩大有所扩充），郡守作为郡的一把手，在当时可是省部级的官职，在军队中也属军区司令一级，分量着实不轻。郡守居然被擒，这让刘邦的第一次军事行动获得了出乎意料的大胜。刘邦很得意，马上命令开坛祭旗，拿郡守的人头做了自己反秦的投名状。

虽然首战告捷，响应了张楚反秦的号召，但刘邦的处境其实并没有多大好转，相反，他很快就不得不面临来自秦政府和各地起义军两方面的压力。因为当时除了要面对如狼似虎的政府军之外，各股反秦武装力量也不是团结一致的。前有武臣背楚自立，后有韩广叛赵称王，至于各路义军内部，为了眼前的利益弑主称王、背信弃义、阳奉阴违、貌合神离的事情更是比比皆是。这还是在大家名义上一致拥护、响应张楚政权的情况下发生的。而到了秦二世二年（公元前208年）十二月，张楚政权被秦军名将章邯消灭，陈胜被自己的马车夫庄贾杀死在撤退的路上之后，失去名义上的领导的各路反秦武装更是乱作一团。

秦汉之际的反秦起义是中国历史上几乎所有反抗压迫的农民起义的模板和缩影：初时大家为了生存尚能并力同行，一旦局势暂时缓和便恨不得马上称王割据一方，各反秦武装之间的摩擦不断升级，最后都被王朝的统治者所消灭或被新王朝的创造者所取代。这也是中国封建王朝历史上所有最终失败的农民起义的“四同”宿命：同仇敌忾、同床异梦、同室操戈、同归于尽。

当时刘邦并没有想那么多，虽然初战得胜，但他的队伍在多如牛毛的义军中只是不起眼的一支，既没有稳固的地盘，也缺乏强大的兵力。他现在迫切需要的是继续进攻，扩大战果，进一步增强实力。可下一步要往哪里去？思来想去，刘邦最终选择了曾经让他吃了闭门羹的方与。

说做就做，刘邦马上带领队伍从丰邑出发，可等他再次来到方与城下时才发现，一支魏国的军队早已盯上了自己的猎物。领军的魏国将领是相国周市。周市在当时可不同于一般的义军将领，他最初奉陈胜之命平定魏地，成功之后，陈胜曾多次想立周市为魏王，周市为反秦大局着想拒绝了陈胜的任命，而坚持要立六国时魏王的后人魏咎为王。此时的魏咎正在陈胜的软禁之中，周市甚至为此连续向陈胜请求了五次，陈胜不得已才放魏咎到魏地为王。由此来看，周市算是当时起义军之中为数不多的识大体的人物。

然而，刘邦哪管得了这些，卧榻之侧岂容他人鼾睡，敢来跟他抢地盘，也不问问他手中的三尺长剑答不答应！于是刘邦和周市两军摆开阵势准备先较量一番，看谁更有实力夺取方与。就在剑拔弩张之际，刘邦却接到一个让他十分意外的消息：丰邑投降魏国了！

原来周市也不是等闲之辈，他知道丰邑是刘邦当时不多的地盘之一，意义自然重要。于是他一面准备跟刘邦开战，一面派人去劝在丰邑守城的将领投降，准备前后夹击一举把刘邦打回原形。

刘邦当然知道丰邑的重要性，出兵之前他并不是毫无准备，而是留下自己信任的将领雍齿留守丰邑。可令刘邦没想到的是，雍齿就属于沛县造反时不屑刘邦的少数派，他早就想出来单干了。现在刘邦命他留守丰邑而周市又派人用封侯的条件来说降，正遂了雍齿的意，于是双方一拍即合，丰邑城头马上变换大王旗，投降了魏国。

眼看就要腹背受敌的刘邦果断放弃了方与，连夜撤军回丰邑。从能力上说，雍齿也确实了得，带着一群叛兵居然把丰邑守得如铜墙铁壁般，让刘邦毫无办法。气急败坏的刘邦在城下破口大骂丰邑的小子们忘恩负义，但光骂人能解决什么问题？丰邑城外的刘邦又气又急，又急又气，急火攻心之下病倒了。这一病还病得不轻，刘邦只好听从手下人的劝告，暂息雷霆之怒，慢发虎狼之威，灰溜溜地退回沛县县城养病。

这是刘邦起义后遇到的第一次巨大的挫折，是经受住挫折越挫越勇，还是被挫折击败，在历史上留下“某年某月，沛公走死某地”的记载了事，全靠刘邦自己的意志力和能力。而只有意志坚定、能力出众的人才能战胜挫折，不被历史淘汰。挫折就如大浪，能在数量多如泥沙的人里淘出最闪亮的金子。

我们当然知道，刘邦就是当时最闪亮的金子，是不会被淘掉的。他在沛县一边养病一边思考：丰邑之恨是不能不泄的，既然自己力所不及，就必须借他人的援手。可援手又在哪里呢？刘邦身为楚人，又在楚地起兵，自然与楚系的反秦武装关系最近。虽然此时陈胜的张楚政权已不复存在，但刘邦听闻有人在离此不远的留县拥立一个叫景驹的人做了代理楚王。景驹是楚国屈、景、昭、芈四大家族中景家的后人，在楚地有着高于常人的号召力。于是等病情稍有好转，刘邦就决定带领部分人马去投靠景驹，准备向他借兵来收复丰邑。

刘邦在留县很顺利地见到了景驹，但还没等他跟景驹提要求，一支秦军便来到留县附近。景驹一看秦军来了，知道秦军的厉害，着实紧张得很，这时他看到刘邦便有了主意：“刘邦你不是有事要求我吗，是不是怎么也得先表示表示？那现在这支秦军就交给你打发了。”

眼前这支秦军的将领是名将章邯的部将。虽然只是一个偏将，能力却不容小觑。刘邦与景驹手下的将领一起主动向秦军进攻，结果又是一次失败的军事行动。出师不利的楚军只得往回撤，好在这个时候秦军因为兵力不足并没有继续进攻留县。

退回留县的刘邦心里十分焦急，想到自己的很多家当还在沛县，他哪还耐得住性子继续窝在景驹身边？稍微考虑了一下后，刘邦决定单独行动。他找到了秦军防守的一处薄弱点，带着队伍转而进攻砀县。这次行动刘邦获得了胜利，轻易地攻破了砀县。

相比沛县而言，砀县是个大县城。刘邦在这里很顺利地招募到五六千新兵，一下子有了近万人的队伍。这下刘邦的胆量就壮了起来，他主动向秦军把守的下邑进攻并再次获得胜利。得胜而归的刘邦兴高采烈地回到了留县，可他没有想到，一个比胜利更大的惊喜在等他。因为就在这时，刘邦遇到了一个日后对自己极重要的人物——张良。

一个复仇主义者的故事

张良是韩国人。张良的祖父张开地、父亲张平都曾做过韩国国相，前后服侍过五代韩王，是真正的贵族。秦王政十七年（公元前230年），秦军俘虏韩王韩安，韩国正式灭亡。对六国中第一个被征服的国家，嬴政表现出了他在政治上的大度，并没有像后来项羽对待秦王子婴那样把韩安一刀砍了了事，而是采取了宽容的态度，只是把韩安软禁在新郑（今河南新郑市），韩国国内很多大贵族的权力也得以保存。

这时的张良才二十出头，还没有在韩政府供过职。尽管国破了，但他家还没破，家里依然有童仆三百人和大量的金银玉器、珍宝古玩。和当时韩国的很多贵族一样，张良若想浑浑噩噩地继续过锦衣玉食的生活并不成问题，最多只是暂时顶着“亡国奴”的帽子。但张良并不想这么混日子，自从国破的那一刻起，他心里无时无刻不存在一个念头：报仇！

张良毕竟是一个热血青年。虽然他父亲早在二十年前就病死了，他跟秦人谈不上有什么家恨，而且他从来没有为韩政府工作过，也说不上有什么国仇，可他为国尽忠的心数十年如一日地坚定。一开始，张良的想法很简单，灭韩国的是秦军，指挥秦军消灭韩国的是秦王嬴政，干掉嬴政是他复仇计划的全部，也是他生命的全部。

为了给自己的国家报仇，张良放弃了继续过富人生活的机会，甚至连自己亲弟弟的丧事都不去打理，而是散尽家财到处寻求能够刺杀嬴政的刺客。应该说这个时候的张良政治水平还是比较低的，充其量跟当时那个不懂得隐忍，只是因为儿时一同玩耍的嬴政对自己态度不好就愤而出逃，后来一心只想刺杀嬴政的燕太子姬丹差不多。可谁都会想，真正有能力又敢于刺杀秦王的又有几人呢？姬丹还算运气好，找到荆轲，算是在成功的边缘试探了一把，而寻遍千山万水的张良则在疑惑他的荆轲究竟在哪里。

然而，凡事只怕"坚持"二字。十几年后，张良的苦苦寻找终于有了结果：他在原属于燕国的辽东地区，大概相当于后来的高句丽附近找到了一名愿意刺杀嬴政的力士。但十几年过去了，在嬴政见识过荆轲的匕首、高渐离灌了铅的乐器之后，非秦国本土人士已经很难接近嬴政。像张良这样的六国旧臣的后代，但凡出现在嬴政附近，不说近身行刺，只要他稍有异动，恐怕远在十丈开外就被负责嬴政安保的亲兵们射成了筛子。

好在张良早有准备，既然近距离刺杀几乎不可能实现，他就利用嬴政喜欢出巡的爱好，给力士准备了一个一百二十斤的铁锤，打算趁着嬴政外出巡游的机会在途中远距离将其狙杀。狙击的地点张良也物色好了，就选在阳武（今河南原阳县东南）城外的博浪沙。

博浪沙夹在黄河和官渡河之间，是驰道直通咸阳的必经之路。地如其名，"博浪沙"的"沙"字，足可见当地到处有绵延起伏的沙丘，而沙丘与沙丘间杂草丛生，地形利于少数人隐蔽而不利于大队人马快速通过，是伏击的好地方。

张良之所以敢于尝试远距离狙杀，除了重金请来的力士打移动靶百发百中之外，还有一个原因，就是嬴政作为天子，按制度在车队中他的马车由六匹骏马拉着，车厢豪华程度也是其他随从不能比的，一般很远就能分辨出来，根本不需要走近寻找。

综上所述，张良的计划是这样的：因为博浪沙的地形特点，嬴政的马车队不可能很快通过这里，只能缓步前行，而早一步选好位置隐藏起来的力士就可以在车队靠近时将事先准备好的大铁锤掷向嬴政所乘坐的马车。试想，一百二十斤的铁锤掷出去威力是何等巨大，只要命中必然能将嬴政连人带车砸个稀烂。事先探知嬴政的行程后，占尽天时地利的张良与力士两人早早埋伏在博浪沙官道旁，只等嬴政前来送死。

这看起来是个天衣无缝的计划，张良此次可谓志在必得。然而，等到嬴政的车队远远地过来时，两人都傻眼了：三十六辆同样制式的马车一辆接着一辆一字排开，从拉车所用的马匹到车上的装饰，再到旁边的卫兵人数，都是一模一样的，急切之间怎么分辨得出嬴政在哪辆车上！

“奸贼！”张良心里恨恨地把嬴政的十八代祖宗都问候了一遍，但箭在弦上不得不发，张良耗费了十多年的时间才终于找到这么一个机会，不能眼睁睁地看着嬴政从自己眼皮子底下走掉。于是，当车队行进到离两人埋伏的地点最近的时候，张良示意力士把铁锤向车队中间的一辆车投去。

收到信号的力士铆足力气，旋转着身体，使用类似奥运会链球选手的投掷动作将手中的铁锤掷出。只听得“咣当”一声，铁锤把整个车厢都砸烂了，随后整个车队陷入骚乱。张良也顾不得观察铁锤是否击中了嬴政，转身就往远处逃去。史书上把这事称为“误中副车”。想想其实不然，三十六分之一的概率，打不中那是正常，这要是真被他打中了，那应该叫“误中正车”才对。

刺杀失败后，力士的下场我们不是很清楚，似乎是被抓后自尽了。而张良的结局我们能确定，他居然全身而退，改名换姓隐匿于下邳。权倾天下的始皇帝因刺杀事件震怒不已，下达全国动员令搜查了整整十天都没有找到刺杀主谋的消息。于是张良便成了赫赫有名的全国通缉要犯，也成了当时游侠们心生敬仰的传奇人物。

虽然改换了姓名，但张良没能就此过上平静的生活，他仍然时刻不忘自己的祖国。机缘巧合之下，张良得到高人指点，开始研读据说是中国第一代武圣姜子牙所留下的《太公兵法》。随着不断地学习、提高，张良的思想境界也得到了提升，他开始意识到刺杀嬴政并不能解决问题。即便自己不顾性命刺杀成功了，那又能怎么样呢？当时的东方六国政治腐化，即便没有嬴政，也会出来一个赵政或吕政来做嬴政所做的事情。要想让韩国不被秦所灭，只能让韩国强大起来，而自己要想让韩国强大起来，首先要恢复韩国。于是张良从一个复仇主义者转变成一个复国主义者。

陈胜、吴广起义之后，张良也拉起了百十号人的队伍，想要做一番事业。张良原本是去投奔景驹的，一开始的心思跟刘邦当初差不多，只是他正好见到刘邦的队伍路过，就顺便看了看。刘邦年轻时自认为是游侠，如今见到了偶像，当然很激动，两人一番长谈之后更是觉得相见恨晚，于是刘邦很诚恳地请张良留下来做一名厩将。

张良是何等人，他见过的达官贵人比一般百姓认识的人还多，对区区一个厩将自然不放在眼里。然而，他发现刘邦虽然表面上跟其他的义军将领一样俗不可耐，但这个人极其善于采纳别人的意见且悟性惊人，常人听不懂的兵法刘邦一听就懂，常人想不通的事情刘邦一点就通。张良终归是个读书人，而读书人总有一种良禽择木而栖的心理。张良偶然间碰到了刘邦，又进行了一番深入接触，对刘邦感到十分满意，于是也就打消了再去见景驹的念头，留在刘邦身边做了一个贴身的谋士。

所谓旁观者清，通过一段时间的观察，刘邦发觉景驹虽是代理楚王，听起来威风，但其实是把自己放在了火炉上烤。景驹没有意识到楚王这个旗号不是谁想打就能打的，他的所作所为已经引起了其他楚系义军的不满，而且景驹本人能力有限，并不具备成就大事的魄力。更重要的是，在投奔景驹的那段时间里，丰邑被夺始终是刘邦内心挥之不去的阴影，必须尽快夺回。种种因素影响之下，刘邦经过反复思考，最终再次决定单干，于是他迅速脱离景驹，又一次带着队伍回军包围丰邑。

虽然这次比上次多了五六千人，但结果是一样的。刘邦在丰邑城下只能望城兴叹，徒呼奈何。雍齿时不时还在城头露个脸，用面带嘲讽的神情刺激城外的刘邦。就这样又过了一段时间后，在丰邑城下死皮赖脸地磨蹭了多日，不断被雍齿刺激的刘邦听到了一个消息：景驹的队伍已经被另一支楚军打散，他本人也死在了逃亡的途中。

获胜的这支楚军为首的将军叫项梁，是楚国名将项燕的儿子。项梁在消灭景驹后手上已经有十万之众，现在正在不远的薛县附近，是一个颇有实力的人物。被雍齿过度刺激的刘邦打听到项梁的消息后没有丝毫犹豫，留下大部队继续围城，自己只身带着百十个随从连夜投奔项梁帐下。

我相信，刘邦虽然没什么文化，但他本人的公关交际能力非同一般，因为初次见到刘邦的项梁也未犹豫，直接拨给他五千人马和五员将领，助他攻打丰邑。得到增援的刘邦队伍士气大振，终于把雍齿赶出了丰邑。

胜利后，刘邦痛打落水狗，不仅是丰邑，连楚地也不让雍齿待了，把他一路赶到了魏国。夺回丰邑终于让刘邦出了口恶气，他的心境也随之发生了变化。见识过秦军的残暴、项梁军队的强大之后，站在丰邑城头的刘邦开始感到不满足：沛县虽好，但地方太小了，没有发展的空间和余地，而自己的力量又太弱，他要成就一番事业，就需要更大的舞台和空间。于是刘邦终于下定决心，离开这片他生活了四十多年的土地，到外面更广阔的世界去闯荡一番。既然已经走上了反抗强秦的道路，就不能退缩、犹豫或苟且偷安，只能勇往直前。

人生一世，横刀立马，建功立业，大丈夫当如是也！

第三章

乱世英豪

项氏家族

离开沛县的刘邦自然选择了投奔项梁。这不难解释，因为项梁在当时的各路义军中是一棵大树，而大树底下好乘凉。刘邦在项梁的军中待了一个多月后，第一次见到了刚刚从前线得胜归来的项羽。

项羽是项梁的侄子。项羽其父姓项，名、字、生卒年、事迹统统不详。项羽九岁时秦国名将王翦攻陷楚国。楚国的最后一任国君昌平君熊启战死，项羽的祖父项燕兵败自杀，从此项羽便跟着叔父项梁生活。

出身将门的项梁本身也不是什么善男信女，经常因为触犯法律及招惹仇家而长期处于逃窜流亡中，最后跑到会稽郡的吴中地区才安定下来。吴中地区原本属楚国的故地，又靠近秦帝国的边疆，是政府控制力量相对薄弱的地区，正是可以让项梁在背地里培养死士谋求大计的好地方。成年后的项羽身长八尺余，力气过人，能举起大铜鼎，而且没有任何证据表明当时作为平民的他服过徭役——除了说明政府对当地控制力量薄弱之外，没法儿做其他解释。秦帝国是一个行事完全以法律条文为准绳的国家，秦法明确规定，凡正常成年男子均须无偿为国家服徭役。当时朝廷判断一个平民是否应该服徭役，甚至犯罪是否应当承担完全刑事责任，标准并不是年龄——彼时没有完善的出生证明制度，谁知道你是不是离成年始终差两个月？当时秦朝使用了一个比较直观而且很难作假的指标，那就是身高。按朝廷的规定，凡身高六尺五寸以上者就需要服国家的徭役，身高达到六尺五寸的男子和六尺二寸的女子犯了事就要负完全刑事责任。身高超过八尺的项羽居然能堂而皇之地逃过徭役，这反过来也说明了当时远离咸阳的吴中地区确实是反叛分子的乐土。

史书上说项羽从小不爱读书，认为只要会写自己的名字就够了；又不肯习武，觉得舞刀弄剑只能对付个把人；他自己想学兵法又浅尝辄止，不愿深入研究，所以项羽是个无文化、无技术、无见识的“三无”青年。但从之后的事情来看，或许这个评价有失公允。首先，在那个时代，身为文盲不是什么丢人的事，那时大多数人都是文盲，而读项羽最后留下的《垓下歌》可以感受到他身上多少还是有一点儿文艺范的，至少文化水平肯定不只是他说的会写自己的名字而已；其次，项羽的武艺惊人，时常以一敌百的他格斗技能不管是在当时还是在今日，都不是“高手”这两个字能概括得了的，至少是“高手高手高高手”的水平；最后，说到兵法，对一个“战必胜、攻必取”的将领，我根本不好意思在他面前谈“兵法”二字。

所以，结合项羽从小在项梁身边，由其抚养长大这一事实，估计项羽如此表现可能是因为在他看来，项梁的水平就是这样：识得一些字，谈不上有文采；会几下子，却是三脚猫功夫；背得了兵法，不一定能灵活运用。老师没有一桶水，怎么给得了学生一碗水，于是学生项羽在老师项梁那里才会表现得这也不学那也不学。

年纪轻轻的项羽自认为已经超过了自己的老师项梁，天底下也没几个英雄好汉能入自己的法眼。当年嬴政恰好巡游到楚地，项羽第一次见到帝国执政者时便不以为然地说：“我是可以取代他的。”

当时就在项羽身旁的项梁一听这话便急忙捂住项羽的嘴不让他再说下去。不是项羽说的不对，也不是项梁没有类似的想法，只是项羽说得不是时候。年轻的项羽没意识到，虽然项梁可能不是一个出色的将才，但他是一个帅才，因为他还有一种项羽不擅长的技能：战略眼光。这也许是项羽和项梁最大的差距。

随着时间的流逝，在项梁的苦心经营下，项氏一族在吴中地区又逐渐兴旺起来。虽然没有直接证据说明项氏早就有了造反的打算，但是项梁在背地里扩充自家实力，在当时吴中地区有识之士的眼里确是不争的事实。

在吴中，项梁一面通过主持包括婚丧嫁娶在内的各种民事活动在乡亲中树立自己的威信，一面在暗地里培养了一批所谓的“死士”，来壮大自己的力量。据说当时项梁有九十个忠心耿耿的手下，可以称得上人才济济。这些手下以武士居多，甚至有类似鲁智深那样能倒拔垂杨柳的壮士，也有一些熟读兵书会出谋划策的谋士。当然，这些人叫什么我们现在不得而知，只知道其中有一个叫参木的谋士。这个人并没有敌万人的武艺，但在一众人中他对项梁尤其重要——因为他会铸私钱。

铸私钱在哪个朝代都是犯法的勾当，可历朝历代都屡禁不止，原因很简单——犯罪的门槛太低。那时候的铜钱谈不上什么防盗版技术，即便有一些防盗版的手段也很容易被破解。所以，只要你有铜，再找几个熟练工人，搞个手工作坊照着样子开炼就可以了，反正铜在矿里，矿在山里，你炼还是不炼，山就在那里，不增不减。

在项梁的授意下，参木经常装生病躲在密室里铸私钱，并且参木这人的胃口还不小，对一文钱一个的铜板根本不屑一顾，净挑那些面额大的“大钱”来铸，然后用这些钱暗中购置甲胄、兵器。想来项梁可能就是靠这种一本万利的买卖迅速发家致富，成为一方豪强的。这样一来，项家在当地就成了地下势力的话事人，也就成了影响社会安定的隐患。可在吴中这种政府控制力量薄弱的地方，地方长官甚至连自己的位置都坐不稳，只要你不公开打着旗号闹事，他就睁一只眼闭一只眼，听之任之。

秦二世元年（公元前209年），陈胜、吴广在大泽乡点燃的反秦烽火迅速在全国形成燎原之势。同年九月，会稽郡的代理郡守殷通为了保命，便起了和沛县县令相同的心思，打算先发制人，于是主动找项梁商量起兵的事情——这是让人看着眼熟的狗血桥段，证明幸福的人各自有各自的幸福，而不幸的人最后的结局都差不多。略微不同的是，会稽郡郡守府上的人更多，死得也更多。

借着郡守接见的机会，项梁和项羽两人进了郡守府。殷通见到来的只有项梁叔侄二人，便没多加防备，结果在项梁的授意下，席间项羽突然发难，拔出腰间佩剑只一剑便取下殷通的首级，之后更是只身一人格杀了郡守府里的上百皂隶——即便不考虑技术问题，这也是个繁重的体力活儿，理论上来讲，这通常是在武侠小说里才能看到的情节。我们无从考证其真实性，但我们之后仍将看到项羽多次进行以一敌百的格斗。

项羽杀了殷通后，项梁做的第一件事就是搜出他别在腰间的印章——

这下项梁就成了会稽郡的郡守，随后他开始组建自己的军队。吴中自然不同于沛县那种小地方。刘邦在父老乡亲的全力支持下才收得两三千人，甚至我们可以臆测里面包括部分老弱病残，而在吴中，项梁很快就募得精兵八千，组成了秦末各地武装中战斗力极其强悍的项家军的班底。

有了军队，项梁就开始行动了。最初的项家军只是在吴中地区出没，并没有具体的目标和战略。但项梁的机会说来就来，起兵不久，项梁见到了一个叫召平的人。这个人自称是陈胜的使者，奉陈胜的王命拜项梁为楚国的上柱国，并带来了陈胜的命令：要项梁带兵渡过长江，向西进攻咸阳。

得到任命的项梁很高兴，很快就领命带着队伍过江了。但其实项梁是被召平骗过去的。召平原本只是奉陈胜之命征讨广陵，可他没能完成任务，又碰上当时陈胜被章邯击败，秦军已经近在咫尺，召平在走投无路的情况下便找到项梁，自称奉命行事，其实是希望项梁过江挡住秦军救自己一命，或许他在颁布陈胜的命令时连个正式的委任状都没有。当然，老谋深算的项梁也不可能轻易上当，可他依然很高兴，因为陈胜生死未卜，那么他上柱国头衔的真实性只有天知、地知、召平和他自己知。

项梁渡江后打着上柱国的旗号，很快便得到了许多楚地反秦武装的支持，陈婴、黥布、蒲将军等都主动带枪投靠，项梁的军队迅速发展到六七万人，可见项氏的名声和上柱国的头衔还是很有号召力的。军队壮大后，项梁还没来得及着手对付秦军，就面临一个不得不马上处理的问题，那就是景驹。

于公于私景驹都是项梁必须解决的人。一方面，关于陈胜的下落，依然没有一个确切的消息，而景驹代理楚王，对楚系的起义军来说是一种公开分裂义军的行径；另一方面，对项梁来说，他是受陈胜“诏命”的楚国上柱国，如果陈胜已死，那正是他一展宏图的机会，岂容另冒出个楚王来骑在自己头上？项梁的不满是肯定的，所谓一山难容二虎，项梁和景驹之间必须先解决谁是正统这个问题。

在那个动乱的年代，解决问题的方法当然很简单，那就是谁的拳头硬谁说了算。景驹虽然人马比项梁多，但不是项梁的对手。项梁主动出击，只打了两仗，景驹的军队就被打败，景驹本人也没能逃过一死，时间大概是刘邦脱离景驹，在丰邑城下发呆的时候——这反映了刘邦这个人天生的政治警觉性非常高。他有可能事先已经意识到景驹这条船肯定会翻，所以才迫不及待地从景驹那里脱离。四百多年后，刘邦身上这种融入基因的高度的政治警觉性依然存在，一直遗传到他那个“中山靖王之后、孝景皇帝玄孙”的后代刘备身上。

项梁解决了楚军的内部路线问题，又坐实了陈胜已死的消息，自然成为楚军实际上的领袖。秦二世二年（公元前208年）六月，项梁在薛县（今山东滕州市南）对楚系的所有反秦武装力量进行了改编，并接受了居鄛（今安徽巢湖市东北）的老头儿范增的建议。范增指出陈胜之所以败亡，主要原因之一是他本人过早地暴露自己称王称霸的野心，抛弃了“楚”这个有利的旗号。范增建议项梁现在应该重新把“楚”这个旗帜拾起来，继续使用。项梁于是派人在民间找到楚怀王的孙子、当时已经沦落为放羊娃的熊心，立他为楚王，并在盱台建都。为了让大家同仇敌忾，他依旧将新立的楚王熊心称为楚怀王，任命陈婴为楚国上柱国，而掌握楚军实际话语权的项梁则自封为武信君。

上柱国是楚国的官职，相当于楚国所有军队的统帅，在楚国是仅次于令尹的高官，而“某君”历来只是统治者授予个人的一个虚衔，相当于一种荣誉称号，并不是某种有实际意义的官职。可能有人不理解项梁的做法，这里我们可以简单地猜测下项梁的用意：如果项梁在楚怀王手下当一个有实权的官，哪怕是令尹这种一人之下万人之上的高官，也是楚国的一个臣子，臣子是不能反对、推翻主子的，那叫以下犯上，大逆不道。而“君”则不然，它只是统治者赐予有重大贡献的长者的尊称，与统治者并不存在实际的关系，既在制度之中，又游离于体系之外。楚怀王熊心既然是项梁一手扶持起来的，眼下如果他安分守己，固然皆大欢喜，如若不然，等到时机成熟，随便给他安插个“昏君”“废物”之类的罪名，到时候作为有威信、有名望的长者的项梁迫不得已出来为天下黎民匡扶下社稷也未尝不可。总之，熊心在项梁眼中只是一个傀儡、一个招牌而已，对项梁来说，这个放羊娃自然是随时可以取而代之的。

刘邦与项羽

这时候的刘邦只是项梁手下的部将，也是薛县改编的参与者。刘邦的交际能力非常强，他是一个很容易获得别人好感的人。这让他这个没有任何背景且初来乍到的外来者很轻松地进入了项梁叔侄的圈子，并受到项梁的重用。

薛县改编之后的楚军在项梁的带领下大举向秦军进攻，而刘邦则被派去协助项羽攻击秦军把守相对薄弱的城阳。项羽是一个有贵族传统思想和性格，且直肠子、冲动的青年将领。刘邦是一个圆滑世故的中年汉子，这时候的两个人合作甚欢，谁也不会想到日后彼此会是劲敌。

平心而论，跟项羽一起打仗是一件非常轻松的事情。项羽是那种为战斗而生的男人，他在战场上站直了大吼一声，上千人都为之胆寒。能力一般的将领，不管是准备用什么两翼包抄还是中间突破之类的战术，在项羽面前统统不管用。对付项羽唯一有用的办法就是躲在石头城墙的背后不出来，但凡有敢出城来摆开阵势叫嚣一决雌雄的，项羽都能用战斗一次性解决。

城阳的秦军守将显然没来得及弄清楚这个事实。秦军守将主动要在前来攻城的起义军面前一展大秦的军威，结果可想而知，项羽很快便攻克了城阳。我们知道，项羽和刘邦一样，生来就不同凡人，他一个眼珠里有两个瞳仁，是与古代的有德之君舜一样的“重瞳子”。虽然两人都是重瞳，但项羽显然没有舜的仁义，在项羽入城阳之后，便发生了屠城的事情。

历史上军队屠城的事情并不少见，不是个别士兵难以管束这么简单，因为屠城通常是军队主帅的决策。不少名将都屠过城，尤其是战国时期，军队将领甚至把屠城作为达到战略目的的一种手段。战国时期七国纷争，青壮年劳动力自然是其中决定战争胜负的主要因素，打仗要有兵，打粮要有丁，屠城不仅可以威慑对方，还可以削弱对方的经济实力和军事实力，起到一石三鸟的作用。项羽作为六国贵族之后，身体里流淌着贵族的血液，脑子里充满传统的分封称霸的思想，对屠城自然是不抵触的，实际上他经常干这种事情。在刘邦刚到项梁军中时，项羽正带军进攻襄城，襄城的秦军坚守不出，让项羽在城下着实费了一番功夫。最终攻下襄城之后，项羽出于泄愤的目的，将襄城里所有活人包括老弱妇孺尽皆坑杀，达到“城无遗类”的地步。

以往屠城是项羽一人的决策，而在城阳的屠杀过程中，作为项梁集团一分子的刘邦是参与者之一，可他并没有对项羽的行为进行劝阻或发表反对意见。我们可以猜测，原因无非有二：要么是刘邦本人对屠城也持认同态度——事实上，在之后的战争中刘邦自己也屠过城，也让手下屠过城；要么就是他故意让项羽在一条错路上越走越远。反正屠城的罪责自然是要记在军队主帅项羽的头上的，与他无关——这样看来，刘邦心存不善。

攻克城阳之后，项羽和刘邦马不停蹄地与项梁的大部队会合，大队的楚军继续向毗邻黄河南岸的濮阳进攻。这时候楚军士气正旺，项梁在濮阳附近的黄河北岸大破名将章邯率领的秦军，迫使章邯率军渡河，龟缩入濮阳城内不敢动弹。但章邯毕竟是名将，也不是那么好对付的。一场失败并没有让章邯一败涂地，他迅速收拢残部，并且命人在楚军大部队渡河之前连夜在城南挖掘壕沟并掘通了黄河，引河水灌入沟中，一夜之间就修成了一条巨大的护城河，河水还是活水，让想来围城的楚军想堵都堵不住。这么一来，双方从包围与反包围变成了隔河对峙，且章邯在河对面龟缩着，高挂免战牌，楚军不动他不动，楚军想渡河，那他要么乱箭伺候，要么半渡而击之。面对滔滔的黄河水，项梁的手下除非全变成鱼才能渡过河，否则一点儿办法都没有。

两军对峙中，楚军作为进攻的一方，自然想速战速决，一直跟对方隔河相望肯定不划算。于是项梁再次命令项羽和刘邦率领一支楚军单独行动，继续西进，项梁则带领主力军继续牵制章邯。

再次分兵行动的项羽西进遇到的第一座大城是定陶。定陶在古时候号称“天下之中”，人们认为这里是天下的中心。秦朝的地图以定陶为中点，南北道路在此纵横交汇，交通十分发达，可见定陶对帝国来说是十分重要的城池。如果项羽拿下定陶，占领这个交通枢纽，就能使楚军处于进可攻、退可守的有利局面。但是按照“要致富先修路”的原理反推，交通发达的地区历来是商贾聚集之地，地区经济也比较发达。

有经济作为支撑，在修建定陶城墙的时候可以说用的是真材实料，毫不含糊，而且朝廷的统治者嬴政本身就是个土木工程爱好者，在工程建设上容不得一丝马虎。所以，秦朝在建筑工程质量要求上的严谨程度是极高的：朝廷明令规定，每项工程修缮完毕之后，如果一年内出现问题，工程的主要负责人甚至主管工程的朝廷要员都要被追责。为了更容易进行事故责任的调查，秦朝要求工匠在每块城砖上刻自己的名字，一旦出现事故，调查员只要到现场捡起一块砖头就可以很轻松地找到事故责任人。因此，秦朝官方主持的绝大多数工程，质量都是有保障的。

定陶的城墙在秦统一六国之后应当修缮过，作为当地市政工程建设的标杆，自然是狠了命地往里加工加料。项羽的队伍连人带马在定陶城下一番折腾也就刨了几个坑而已。无奈之下，项羽只好绕过定陶继续西进，没想到却意外地遇到了另一支秦军。

原来，楚军在濮阳、定陶的进攻引起了朝廷的高度重视，秦帝国命宰相李斯的儿子、三川郡守李由亲自率军驰援。李由本来是要来个内外夹击的，结果他自己却像中了围城打援之计一般与项羽的楚军撞个正着。接着便发生了一场遭遇战——野地里没有城墙的掩护，结果自然是一边倒态势，项羽身先士卒，将士三军用命，楚军迅速击破了秦军的大队人马，秦军主将李由被斩杀于阵前。获胜后项羽趁热打铁，挟大胜之势继续西进，向外黄（今河南民权县西北）进发。

之前数次大败秦军，项羽又斩杀了李由，这让楚军统帅项梁一下子飘飘然起来：谁说秦军猛于虎也？只不过是之前六国的军队都太过无能罢了，也就是他项梁晚生了二十多年，不然天下早就姓楚不姓秦了。于是，项梁不再屑于跟缩头乌龟章邯在黄河两岸对峙，转而率领楚军主力进攻定陶。

然而，打仗不同于儿戏，来不得半点儿骄傲和马虎。章邯虽在死守濮阳，却也在偷偷地调动帝国内部所有可动员的预备役补充自己的军力，甚至调来了镇守北方的长城军团，并且利用毗邻黄河之便走漕运补充了粮草。总之，章邯的秦军表面在龟缩，背地里却在濮阳这个乌龟壳里重新发育成一只猛虎，而项梁没有足够的警惕。在项梁转攻定陶的时候，濮阳的秦军尾随而至突然出击，夜袭定陶城外的楚军营地。

章邯夜袭所用的办法叫“人衔枚，马勒口”。通常意义上来讲，这是为了偷袭时起到静音的效果，也可能有另一层含义。这种办法的具体做法是将马口用笼子套住使其不能发声嘶叫，而人则用一种类似于筷子的东西横置于口中咬住，两头再用绳子系于颈后，让人有话说不出，吐东西又吐不掉。人在战场上临敌之时本就会因紧张导致肾上腺素分泌过度而战栗不已，衔枚勒口之后不能大喊大叫以壮胆色，结果是连人带马都憋得慌，只好将一腔怨气撒在所见的一切事物上。这一战的成果出乎章邯的意料，不仅完全击溃了楚军主力，甚至连项梁也死于乱军之中。

第四章

楚政权的博弈

熊心的反击

项梁一死，楚军失去了依托，项羽乱了分寸。项羽和刘邦在外黄、陈留两地象征性地打了两仗便匆匆忙忙地往东回撤，一直撤到楚军的大本营彭城（今江苏徐州市内）附近。

项梁原本的意思是把放羊娃出身的楚怀王熊心当成傀儡来使用。熊心本人也很识时务，项梁拥立他为王后将国都选定在边远的盱台，摆明了是把他晾在一边。熊心非但没有表露出一丝的不快，还对项梁千恩万谢，很顺从地主动到盱台去做自己的楚王。到盱台的熊心还时不时地在别人面前大肆夸奖项梁是国家的擎天白玉柱、架海紫金梁，说自己对项梁叔侄是如何如何感恩戴德，完全一副孙子的嘴脸。

终于，熊心的小心谨慎瞒过了项梁的耳目。熊心本人虽然早年以放羊为生，可他毕竟是楚王之后，王室的基因是无法去除的，一副对项梁阿谀奉承的表象下其实隐藏了很深的城府。现在项梁已死，熊心马上翻身做主人，迅速收起孙子的嘴脸，换上了老子的面孔，想要夺回楚国政治的控制权。

项梁战死后，熊心不再征求项羽等项氏集团其他成员的意见，而是自己做主，立即决定打点行装，将国都由盱台迁到彭城，并命令吕臣率部驻扎在彭城东面，项羽率部驻扎在彭城西面，而刘邦则独率一军驻扎在砀郡，与其他人互成犄角之势将彭城保护起来。

紧接着，在彭城正式成为“真楚怀王”的熊心对以往把持楚国政权的项氏集团成员进行了清洗，提拔宋义等一批在项氏集团的压制下不得志的官员作为自己的亲信，一步步地削减项氏集团对楚国政权的影响。接着熊心开始着手处理项羽、刘邦、吕臣这三只有实权的老虎。

刘邦、项羽是何人自不必说，而吕臣原本是陈胜起义军中的一员。在陈胜被自己的马车夫庄贾杀死后，吕臣组织了一支苍头军杀死了庄贾，重建了张楚政权，随后又率军归属项梁，也是项梁手下重要的将领。

面对项氏集团留下的项羽、吕臣、刘邦三人，楚怀王熊心在迁都彭城之后分别做了不同的决定：他收缴了项羽和吕臣的军权，将吕臣明升暗降为当时没有实权的司徒；项羽则只捞到个长安侯兼鲁公的头衔，回家赋闲；而同是项氏集团成员的刘邦则被正式提拔为砀郡长，封武安侯，统领一郡之兵。

打击项羽、吕臣，拉拢刘邦，这当然可能是熊心瓦解项氏集团的一种手段，但刘邦作为项氏集团的核心分子之一，在项梁兵败后居然能迅速得到熊心的认同和拉拢，可见刘邦此人对厚黑学的精通以及在处理人际关系上超凡的功力。也许正是因为有如此本事，他后来才能在鸿门宴上从项羽的手中保得一条命，最终成就一番伟业。

目标：巨鹿？咸阳？

秦二世二年（公元前208年）九月，章邯在击杀项梁后认为楚军已经不成气候，所以并没有继续东进消灭盘踞在彭城一带的楚军残部，而是渡过黄河向北大破赵国反秦武装，接着与北面过来支援的长城军团一起将赵王赵歇及赵军的残部重重围困在巨鹿（今河北邢台平乡县西南）城中。章邯命令长城军团的主将王离（名将王翦的孙子）率军攻城，自己则率领二十万秦军负责转运粮草，摆出一副要踏平巨鹿的架势。

在此之前，齐、楚两国的反秦武装主力已经被歼灭，如果再任由章邯将巨鹿从地图上抹去，反秦起义的浪潮必将跌入深谷。于是应赵国的请求，也为了自己的前途和命运，各地残存的反秦武装开始摒弃前嫌，纷纷向巨鹿靠拢，准备和秦军展开决战。

此时远在彭城的楚怀王熊心也收到了赵国的鸡毛信，可他另有想法。

熊心认为，现在秦军主力在围攻巨鹿，楚军自然应当施以援手，哪怕只是表面上去搭把手。但熊心真正想的，是如何从中获得最大的利益。

反复思考后，熊心终于想到了一个两路出击的方法：一边援助赵国，一边直扑咸阳。北上救援之军如若能击败秦军主力于巨鹿城下，然后西进会师当然最好；如果不能，西进之军也可趁秦军的主力被牵制、关中空虚之时一举攻克帝国的心脏。熊心对自己的想法很满意，他马上召开会议，宣布楚军下一步将同时北上和西进，而行动的最终目标是咸阳，并现场招募愿意担此重任的将领。

熊心没想到平日里被自己视为心腹、亲信、得力干将的手下们都是一群被秦军吓破胆的脓包、废物。不管是北上还是西进，皆非所愿，他们只求能够安居一隅暂且保身。尽管熊心许出了“先入定关中者为王”的承诺，会场中他信任的人依然没有一个敢出来主动承担攻秦的重任，只有刘邦和赋闲在家的项羽愿意率军攻秦。其中，项羽表现得尤其激动，撸胳膊挽袖子，立刻就要带人去活剥了胡亥。

熊心自然不能让项羽脱离自己的掌控，所以任由项羽在下面说得唾沫星子横飞，他只是默不作声。楚军的老将们也都是政治斗争中的老油条，很快便领悟了领导的意思，纷纷表示项羽这个人虽然打仗厉害，但手段太过残忍，打下一座城之后还要屠城，不留活口。有的人还把先人从土里刨出来说事，说陈胜、项梁这么厉害的人之前都失败了，即便允许项羽带兵攻秦，他又能有什么作为。最后大家的意见是，既然要西进关中，不如换个像刘邦这种宽厚的长者去试试，说不定还能取得一些成绩。

熊心听了老将们的话后很开心，马上拍板表示同意，下令道：“命砀郡长刘邦率部西进进攻咸阳；另命项羽为副将，跟随上将军宋义率军向北救援巨鹿。诸将即日启程，不得有误。”末了，熊心再次强调了一句：“先入定关中者为王。”

有时候，历史前进的方向往往取决于一两件小事，比如，熊心说的这句话就为刘邦和项羽的决裂埋下了伏笔，也无意中影响了历史的进程。

对于让项羽以副将的身份去救援赵国这件事，熊心可谓不怀好意：你项羽不是很想与秦军决一死战，为项梁报仇吗？就让你做一个副将，跟我的亲信上将军宋义去救援赵国，去找你的杀叔仇人报仇。我只要私下知会宋义一声，到时候让你带少部分人做先锋，去三十万秦军的阵中滚上几个来回，任你有三头六臂也必死无疑，那叫羊入虎口；如果你敢违抗军令，上将军宋义可以马上将你军法处置，那叫先斩后奏。总之，离开会场的项羽在熊心看来是再也回不来了。

既然命令已下，刘邦和项羽便起身回营，准备动身奔赴不同的战场。刘邦和项羽两人既同为项氏集团旧部，又有共同作战的经历，关系自然不同于常人，离别之际，两人惺惺相惜（至少项羽应该是真诚的）。虽然从年纪上来讲，刘邦做项羽他爹都有富余，但两人仍磕头拜把子做了兄弟。

随后，刘邦往西，项羽朝北，各自去开创属于自己的丰功伟绩。然而，两人的朋友之义、兄弟情谊也就此开始变质。

西进！西进！

秦二世三年（公元前207年）十月，盛极一时的秦帝国进入了最后一个年头，而终结这个王朝的刘邦正带着他不足万人的队伍经由砀郡向西进军。

此时秦帝国内部可以调动的野战部队几乎都集中在巨鹿，各地仅剩下为数不多的守备兵，即便是这样，刘邦出征也并非一帆风顺。虽然一开始在友军（指其他的反秦武装，只要反秦，皆视为友军）的配合下击败了成武县外屯驻的秦军，但一遇到有城墙保护的重镇他们就没有办法了。比如，刘邦联合彭越等人一连数次进攻昌邑都没有成功。但是，在楚怀王“先入定关中者为王”的方针的指引下，刘邦西进的脚步没有停下。他决定绕开昌邑，继续向最终的目标咸阳前进。

这在其他人看来是一种很冒险的做法：刘邦带领数千人的队伍远离根据地，深入帝国腹地，既没有援军也没有补给，一般情况下很容易就会被对手集中兵力围剿。但刘邦之所以敢继续前进，是因为他看准了当时全国各地大大小小的起义接连不断，秦军的情况是防守有余而进攻不足。在巨鹿那场大战结束之前，朝廷并没有多余的兵力主动围剿刘邦，因此尽管有诸多不利因素，他仍然坚定地西进。

不得不说，刘邦的军事眼光确实高人一等，他明白自己虽然孤军深入，但只要不主动往对手枪口上撞，自己的生命安全暂时还是有保障的。尽管开始的进军并不顺利，可刘邦也没有过分担心。刘邦每到一处不仅要向人打听当地的风土人情，寻访能人异士，行军打仗之余还不时在军营里享受一些类似于足底按摩之类的保健活动，摆出一副在战略上重视对手、在战术上藐视对手的架势。

以这种看起来像半游山玩水的进军方式行至陈留郡的高阳县附近时，刘邦有了收获。他手下一个籍贯在高阳的骑兵向他推荐了一个同乡。骑兵说，他的这个同乡很有意思，此人在陈留附近观察来往的各路义军已经很久了，对多如牛毛的义军都是不屑一顾，唯独这次主动要求见刘邦。

当时刘邦正在洗脚，穷极无聊之余正好用此打发时间，于是就召见了这个骑兵的同乡。来的这个人叫郦食其，是一个年过花甲的老头儿。虽然一副儒生的打扮，但他平日里行为举止狂放不羁且经常满口酒气，在当地是有名的“狂生”。老头儿郦食其进得帐来看见刘邦惬意地斜靠在床上，叉开腿，身边蹲着两个小妹，正在给他泡脚兼足底按摩。被热腾腾的蒸汽一熏，刘邦黝黑的腿毛一根根地黏在小腿上。

见到进来一老头儿，刘邦既没有起身欢迎也没有请长者坐下的意思。郦食其皱了下眉头，也只是深深作了个揖便大声问道：“足下是来帮助各路诸侯消灭秦国的吗？我看是来帮秦国消灭各路诸侯的吧。”

刘邦一听这话立马坐起身来大骂：“你个老小子一派胡言，老子是来消灭秦国的，怎么是来帮助秦国的呢！”

郦食其不慌不忙地欠了欠身，挺直腰杆回答：“那你怎么能用这种态度来见我老人家呢？”

这句话让刘邦幡然醒悟，想来眼前这老头儿不是普通人物。他立即喝退了洗脚的小妹，回到后室整理好衣冠，恭恭敬敬地接见了郦食其。

宾主坐定之后，郦食其先讲了一番战国七雄合纵连横的古事，又为刘邦分析了当前的形势，指出刘邦以手下不满万人的乌合之众就想摆平秦朝，简直就是虎口拔牙的危险之举。刘邦漫不经心地问：“你说得都对，那该怎么办呢？”郦食其只回答了三个字，直听得刘邦连连点头。刘邦真正讨厌的是那种一见面就说前三皇后五帝、薄古非今，嘴上似有千言、胸中实无一计的迂腐儒生。他需要的是能真正提出问题并解决问题的人。郦食其就是这么一个人。他的办法是，停止前进，拿下陈留（止陈留）！

陈留也是当时的兵家必争之地。郦食其告诉刘邦，陈留城内囤积了非常多粮草，陈留的县令是他的好朋友。他可以利用这层关系说降他或者在城里给刘邦做内应。刘邦听了自然很高兴，马上命令队伍收拾行装，偃旗息鼓，秘密前进，隐藏在陈留城外。

郦食其只身进了陈留县城，见到老朋友也不客套，当场就对县令进行一番口吐莲花般的游说。尽管郦食其说得天花乱坠，但投降这种事情对县令来讲是抄家灭门的大罪，县令自然不会答应。他婉言拒绝了郦食其，并把他礼送出门——在当时“诽谤者族，偶语者弃市”的苛政背景下，郦食其发表一通反动言论已经是大逆不道，按律应当抓起来砍头，量刑的话死十次都有余。而把他当朋友的陈留县令仍然对他以礼相送，算得上仁至义尽了。不承想，求功心切的郦食其见游说不成，直接趁县令不备一剑将其杀死，然后马上给早就埋伏在城外的刘邦发了信号。刘邦收到信号立即率兵攻城，还在城外岭高林密处设了疑兵，又是摇旗又是擂鼓，故意把声势搞得很大，让人觉得来了十万大军一般。

陈留城里，因为县令被杀，衙门里已经乱作一团，城外刘邦的军队再一吓唬，城里的秦军就放弃了抵抗，刘邦几乎不费一兵一卒就顺利拿下了陈留。事实证明，拿下陈留对刘邦来说意义重大，至此，刘邦不仅在兵力上获得了补充，还获得了秦朝囤积在陈留的大量粮草，实力得到很大的加强。手上要兵有兵、要粮有粮，刘邦第一次感到底气十足，行动前再也不用畏首畏尾。

为了感谢郦食其，刘邦封他为广野君，让郦食其做了自己手下的谋士兼说客，又任命郦食其的弟弟郦商做了将军，统领在陈留入编的新兵。

顺利拿下陈留后的一段时间里，刘邦的军事行动摆脱了西进后到处吃瘪的局面，开始接连获得胜利，并且与谋士张良重新合兵一处，攻下了原来地处韩国的十余座城池。

为什么是“重新”呢？原来，复国主义者张良与刘邦共投项梁帐下之后，并没有停止复国的决心。他主动游说项梁，希望找到原韩国的公子横阳君韩成，将韩成立为韩王，恢复韩国。项梁同意了张良的提议，很快派人找到了韩成，还派给张良一千多人的军队帮助韩成复国。

从“一千多人”这个数字可以看出，项梁对张良并不重视。在历史上一个械斗人数动辄就数以万计的乱世，一般情况下，一千多人干不出什么事来。好在这不是一般的乱世，兵力几乎处处捉襟见肘的秦军根本顾不上这么一小撮乱党，于是韩军趁乱浑水摸鱼，很快便收复了几座城池。

要说张良是当时世上一等一的谋士自然不假，但谋士所长在于运筹帷幄之中、决胜千里之外，而不是真刀真枪地在战场上厮杀。所以，要张良规划战略部署可以，但具体的作战指挥则并非其所长，而且韩成手下也没有什么像样的将才。当他们的行动引起朝廷当局的重视，朝廷派出军队镇压之后，韩军战斗力不足的缺点马上就暴露无遗，刚到手的几座城池很快又被秦军夺了回去。

失去城池依托之后，张良等人的处境更为尴尬，书面上隐晦的说法叫“往来为游兵颍川”。说白了，就是整天被秦军追着屁股到处跑，一帮人在颍川（主体部分在今河南禹州市）地区东躲西藏，到处钻山沟、蹲草坑，提心吊胆，日子过得相当苦闷。

这段不愉快的经历让张良明白了自己的劣处。当刘邦在军事上获得节节胜利之时，张良带着韩成和已经在山里当了几个月野人的残兵败将再次投到刘邦的帐下。这时已经财大气粗的刘邦看在张良的面子上出兵帮助韩成收复了韩国的十几座城池，但刘邦帮助韩成也不是义务劳动，他在意的只是张良而已，他根本看不上韩成这个窝囊废。随后刘邦便命韩成带着自己的那几个手下守着这十几座城池，让张良跟随自己的大军继续西进。

之后，刘邦屡屡在军事行动上获得胜利，不仅粉碎了赵国的一支队伍想渡过黄河入关的企图，还开始在队伍里组建非正式的骑兵队伍，然后依靠机动性能极高的骑兵连连击败秦军，并包围了军事重镇宛城。

宛城是经由南阳郡通往关内的必经之地，秦政府在此地囤有相当多的兵力。这时候宛城守将是南阳郡的郡守，这个人虽然没什么出众的军事才能，但好歹知道固守待援。一听说刘邦的义军杀过来了，南阳郡守早早命人坚壁清野，把宛城的大门一关，门后还用重物顶住，任由刘邦的人在城外如何叫骂都只当听不见。刘邦见骂阵无效，就命令士兵攻城，又遭到城头秦军滚石和箭矢的伺候。

秦军死守宛城让刘邦的多次攻城之举都徒劳无功，随着时间的推移，刘邦逐渐变得焦躁起来。他时刻惦记着楚怀王那句“先入定关中者为王”的口头约定，生怕被项羽抢了先。应该说，这个时候的刘邦还是有点儿小家子气的，农民出身的娃子没见过大世面，一天到晚就抱着“入关称王”这个念头，恨不得肋生双翅飞进咸阳，然后大声宣布“我是王”。战事顺利时，刘邦心里还能平静，知道步步为营，一旦战事胶着，他内心就会急躁不安。焦虑之下，他干脆命令部队开拔，绕开宛城继续前进，反正他的目标只有咸阳。

这个时候，张良对刘邦绕道的行动表示强烈的反对。他一路上反复劝阻刘邦：“虽然你急着入关，但现在关中的秦军力量依然强大，而且他们据险而守。如果现在你不先想办法拿下宛城，而是直接攻击关中，到时候一旦战事不利，就很容易落到被前后夹击的境地。”

刘邦是个会接受他人意见的领导，不管在何种情况下，他都能虚心纳谏（这让他有别于当时的其他义军领袖）。急切的心情一旦得到缓解，他便意识到自己的错误，进而接纳了张良的正确建议。之后，刘邦连夜带兵抄近路折返，重新包围了宛城。

宛城的南阳郡守头天好不容易盼到了刘邦撤军，第二天黎明一上城头，又看到城外里三层外三层密密麻麻的全是“刘”字大旗，顿时崩溃了，拔出剑来就要自行了断。这时候郡守手下一个叫陈恢的舍人赶忙上前阻止，他劝郡守暂时不要寻死，不如让他见刘邦一面，看看能不能投降保命，如果不能保命再寻死不迟。

南阳郡守其实根本舍不得自己这百八十斤的皮囊，没有犹豫就答应让陈恢出城去游说刘邦——为了防止刘邦的军队趁乱攻破城门，郡守没敢让陈恢从城门口大大方方地出城，而是让人用篮子把他从城墙上放下来的。

从土制升降梯里下来后，陈恢见到了刘邦，他先是陈说了一番利害：宛城是一座大城，兵多粮足，如果现在强攻宛城也许能拿下，但损失必然也很大，而且这样会坚定其他城池将领死守的决心，增加刘邦进军的困难；如果放任宛城不管，继续西进，那就可能被前后夹击。这和张良的见解是大体相同的，刘邦也表示赞同。但此时的刘邦对拿下宛城自信满满，他很得意地问陈恢：“你说了这么多，葫芦里究竟卖的是什么药？”

陈恢不慌不忙地把葫芦里的药倒出来给刘邦看。他告诉刘邦：“不如你放死守宛城的军民一马，再给郡守封个爵位稳定人心，那你不仅可以收编宛城的兵马继续西进，一路上其他没有被攻克的城池的军民也会被你的宽宏大量所感动，必然早早地大开城门，等着你的到来，不敢有丝毫抵抗。”

陈恢的主意倒是很合刘邦的胃口，刘邦听了很高兴，立即同意开出封侯的条件约降南阳郡守。宛城投降后，刘邦马不停蹄地集结队伍继续西进，自宛城向武关逼近。之后的事情果然如陈恢所说，一路上秦军望风披靡，刘邦几乎没有遇到像样的抵抗就到了武关脚下。

这样的结果当然与刘邦宽和的政策有关，但更为重要的是，当时除关中平原以外的广袤地区，秦政府实际上已经失去了军事上的控制，再也无法组织力量进行有效的抵抗。因为北面那场惊天动地的大战已经有了分晓。

斩首行动

秦二世三年（公元前207年）十月，依照楚怀王熊心的指示，项羽跟随上将军宋义率五万楚军北上救赵，开始了他人生最辉煌的征程。

上将军宋义的号也很有意思，叫“卿子冠军”。“卿子”是上流人士相互拍马屁时对对方的褒称，其实就是“公子哥儿”的意思。“冠军”就是军中之冠的意思。“卿子”和“冠军”加在一起怎么听怎么像一个公子哥儿统领三军，甚不吉利。

实际上，宋义或者说熊心本人并不热衷去巨鹿救援赵国，那里秦军兵多粮足，士气正旺，这个时候去捋章邯的虎须在正常人看来简直就是去送死。大概是出于熊心的授意，宋义率领的楚军刚行进到安阳就驻扎下来，前后一连待了四十六天都没有拔营起程的意思。

宋义不慌不忙，求战心切的项羽却顾不上这么多，等不到宋义有进一步的动静，他忍不住去面见宋义，开门见山地问：“上将军，我听说现在秦军围攻巨鹿情势甚急，为今之计我们应当赶快渡过黄河与赵军内外夹击，这样才有可能打败秦军，如若像现在这般干等下去，何时才能击退秦军？”

宋义怎么可能理会项羽，他想给项羽一个下马威，于是微笑着回答道：“项将军所说不然，我们的最终目的是消灭秦国，而不仅仅是和章邯打上一仗。现在秦赵双方正在决战，我们就应当在一旁坐山观虎斗。如果秦军胜了，损失必然不小，那时候我们可以趁机攻击秦军，就很容易获得胜利。如果赵军胜了，那对付秦军就更容易了，我们可以趁他病要他命（承其弊），一鼓作气攻入咸阳。”

宋义捋了捋自己的胡子，摆出一副高深莫测的表情继续对项羽说：“要说在战场上厮杀，我比不上项将军你；可要说运筹帷幄，将军你可比不上我啊！”

随即宋义脸色一变，不再理会项羽，转而厉声对手下颁布了一条军令：“军队中但凡有像老虎一样凶猛、羊一样倔强、狼一样贪婪、厉害却不听指挥行动的人，一律按军法处置。”

项羽是决心攻秦的，队伍迟迟不进，他自然心急如焚，但宋义的一番话语颇有深意。想那宋义也曾在项梁的手下当差。定陶之战前，宋义劝说项梁对章邯不要掉以轻心让项梁很不爽，结果被打发出使齐国，凑巧躲过一劫。项梁兵败后，楚怀王迅速清洗项梁旧部并培植自己的势力，宋义马上被破格提拔为上将军，这证明此人是楚怀王的心腹无疑。所以，宋义的行动应该是得到了楚怀王的授意，他的这番想法是得到楚怀王默许的。在楚怀王熊心看来，救不救赵并不重要，重要的是如何能在秦赵之争中获得最大的利益，当然最好能一并处理了像项羽这种并不服从自己的项梁旧部。所以宋义才会在安阳安营扎寨，迟迟没有动作，并且颁布了这条明眼人一看就知道是针对项羽的军令。此令一出，想必宋义就准备等着项羽自己往枪口上撞了。

不得不说，宋义就是赵括那种纸上谈兵的角色，在军队中当当参谋还可以，是不能够当统帅的，因为他们有一个共同的毛病：说起理论来头头是道，实际操作又是另一回事。

宋义和项羽对话过后，两人实际上已经撕破了脸皮。然而，宋义在之后的行动中接连犯错。首先，在十一月天寒地冻、粮草不足的情况下，宋义自己依然每天置酒高会不理军事，这让他脱离士兵，不得人心。如果说这只是他为了摆脱像项羽这样的主战派的纠缠故意买醉而导致的失误，那他下一个决定则是致命的错误：在军中百无聊赖之际，宋义居然派遣自己的儿子宋襄去齐国做国相，他自己还离开军营亲自到无盐（今山东东平县）给儿子送行。

宋义并非将门出身，也不是从行伍中逐层升上来的将领，而是被楚怀王破格提拔的上将军，在军队中缺乏支持和人脉基础，因此，宋义对军队的掌控力并不强。而楚军的基础在很大程度上依靠的是项梁叔侄从江东带过来的八千子弟兵的力量，项羽在军队中的影响力、号召力是宋义远不能比的。宋义对军队的控制基于身在军营之中，当他脱离大部队之后，实际上对楚军也就失去了监督、控制的能力。可以说，宋义给儿子送行的同时，也一并送掉了自己的性命。

项羽平时就与宋义不和，为了是否进军的事情，两人更是势同水火。从宋义的大帐里出来后，项羽就开始对手下的将军们发牢骚："我刚才跟宋义说了，大军应该全力向秦军发动攻击，现在战事连年，收成又不好，军中都快断粮了，将士们都在吃糠咽菜。宋义这小子不让大军马上渡河去赵国境内获得补给，居然每天躲在帐篷里饮酒作乐。我说应该尽快和赵军里应外合夹击秦军，他却说什么要'承其弊'。我呸！"

项羽一边说一边往地上狠狠地吐了口唾沫，再一脚踩住使劲地蹍了好几下，仿佛脚下踩的是宋义，又继续说道："以秦军的强大，要消灭赵军简直是易如反掌。一旦赵军被消灭，秦军挟大胜之势士气大振，到时候看他承什么！"

虽然项羽憋了一肚子的火气，但此时宋义还在军中，项羽除了发牢骚也做不了什么，但宋义离开军营之后，情况就不一样了。宋义前脚刚走，项羽就开始在军队中做策反工作。他让手下在军队中宣传宋义的三大罪状：一是不恤士卒；二是决策失误；三是徇私情。后两条也就罢了，第一条罪状想必在当时缺衣少粮的军营中是会引起士兵们的广泛共鸣的，随后宋义本人被项羽定性为"非社稷之臣"。

既然宋义不是社稷之臣，那就应当让位于社稷之臣。在宋义从无盐回到军营之后的第二天，项羽借着早晨去拜见上司的机会，准备实施自己的计划。

儿子就要做齐国的国相了，宋义自我感觉良好，完全不知道自己的死期已至。项羽见到宋义后，什么铺垫都没做，上前拔出腰间的佩剑，一剑便将宋义的头颅砍下，随后出了大帐大声宣布："宋义和齐国勾结要谋反，楚怀王密令我杀了他。"

这当然是个彻头彻尾的谎言，而且不是十分高明。宋义是楚怀王的左膀右臂，就算有类似的密令，也是要宋义杀掉项羽。但由于宋义平时的作为及项羽私下的宣传，楚军将士上下早已对宋义产生了很大的不满。加之慑于项羽的威名，现在即便有个别人对项羽的说法心存疑虑也不敢吱声，于是楚军将士纷纷表态："楚国是将军一家恢复的，现在将军您为国诛杀叛贼也是理所应当的事情。"随后众人拥立项羽为代理上将军，项羽重新获得了军队的指挥权。

这是项羽在会稽起兵之后的又一次斩首行动，显现出了项羽处理军事问题的特点：行动迅速、果断，无视其他情况，只认准对手的领袖和关键点，并予以坚决的打击。这是他一贯以来不断取得战斗胜利所采取的策略，也是他最后失败的重要原因（这一点很重要）。

代理了上将军，项羽并没有得意忘形，而是采取进一步的行动巩固自己的胜利。他一边秉着斩草要除根的原则，派人在齐国境内追上了毫不知情的宋义之子宋襄，不由分说便将宋襄杀死；另一边命人将发生的事情回报楚怀王。

接到报告后，熊心一下子蒙了，事态的发展远超出他的预料。他没想到项羽会完全不按照自己的规则玩游戏。宋义被杀完全打乱了熊心原先所有的部署，又打听到宋义的儿子宋襄已经身首异处，熊心意识到项羽派人回来报告其实也就是知会他一声，不管他如何回复，现在军队的指挥权在项羽的手里已经是不可改变的事实。对项羽来说，如果楚怀王的回复让他满意，他杀宋义就是名正言顺的；如果楚怀王的回复让他不满意，那么，将在外，君命有所不受。

宋义被杀标志着项羽或者说项氏集团与楚怀王熊心之间的政治博弈基本上分出了胜负。熊心无奈之下只得认栽服软，任命项羽为上将军，就相当于默认宋义之死出自他的授意。

熊心虽然在宋义被杀的事情上失算了，但依然不死心。他还有最后一次不算机会的机会，就是寄希望于章邯这个曾经干掉项梁、间接帮助他夺得楚国政权的对手能再次帮他干掉项羽。于是熊心决定暂时继续认㞞，反正他本来就对此驾轻就熟。在任命项羽为上将军的同时，他命令楚军继续按"原计划"迅速救援巨鹿。

对项羽来说，与章邯作战根本不需要命令，为人为己他都要和章邯一决雌雄。当时的安阳与巨鹿之间横亘着两条大河，与安阳临近的是黄河，与巨鹿临近的是漳水。杀了宋义又正式当上上将军的项羽命令队伍马上开拔，迅速渡过黄河向巨鹿挺进。

虽然项羽是天生的战士，但如果说这个时候的项羽是充满必胜的信念和无畏的决心带领楚军主动向秦军进攻的，我认为纯属胡扯。当时项羽手上只有五万人，而巨鹿的秦军包括王离的长城军团十万人、章邯的帝国中部集团军二十万人。之前秦军接连大胜，正是粮草充足、兵强马壮、士气如虹的时候，论实力，双方差了好几个档次。这时候的项羽和章邯就好比一个小财主和富豪进行一场赌博，富豪家大业大输一点儿没什么，小财主如果输了就要倾家荡产，一无所有。无论是谁，碰到章邯这么强劲的对手都会感到恐惧。但恐惧并不能成为项羽退缩的理由，哪怕不是为了报仇，只是为了生存，项羽也只能前进，不能后退！

即使再艰难，只要敢于尝试，就有成功的可能。在以往的战斗中，项羽总是冲锋在前，绝不喊“兄弟们上，我掩护”一类的话。然而，这一次项羽谨慎起来，他知道自己决不能就这么孤注一掷地把手上的本钱一次性地投进去。经过反复思考，项羽觉得自己需要寻找一个信得过的，又具备军事才能且足够勇敢的人做先锋，去试探秦军的虚实。从这三个标准看来，这个人要是如项羽一样的存在。嗯——好吧，要求好像太高了一点儿……要是仅次于项羽的存在呢？

楚军里有这样的人吗？还真有……楚军里一个叫英布的人可以担当这个重任。

英布出身于贫民家庭，因为犯法曾被处以在脸上刻字的黥刑，故又称“黥布”。早年间，曾有看相的给英布算过命，说他以后会因为犯罪而被处以黥刑，之后又可以做诸侯。当相士预言的前半部分成真以后，英布并不感到沮丧，反而很得意，时常有做一番大事的念头。之后英布曾做过骊山工地的役徒，从工地逃脱后又做过一段时间的江洋大盗，随着陈胜、吴广揭竿而起天下大乱，英布也拉起了自己的队伍，辗转投奔了项梁。英布武艺高强，勇冠三军，在项梁的麾下常充当急先锋的角色，随项梁征战立过不少战功，被封为当阳君。这次宋义带军出征，英布也在军中担任将军，现在项羽需要选一个先锋，英布自然是不二人选。

有了合适的人选，项羽立即开始行动。他命令英布做先锋，带两万人渡过漳水与秦军交战。英布的军队渡过漳水之后没有做过多休整，马上就投入与秦军的战斗。人数明显处于劣势的楚军在英布的指挥下勇不可当，几次击败数量众多的秦军，很快在前线建立起稳固的滩头阵地。随后，英布派人渡河向项羽汇报战况。

项羽接到英布的报告，意识到决战的时刻到了，胜负在此一举！他带上自己剩下的所有本钱——三万将士，收拾行装渡过漳水，与英布的两万人会合。

大战一触即发！

巨鹿决战

这里要详细说明的是当时巨鹿周围对阵双方的情况。

秦国一方：围城的是王离的十万秦军，他们的责任是每日吃饱了饭就三班倒日夜不停地攻击巨鹿城，而王离他们需要的粮食经甬道源源不断地送达。所谓甬道，指两旁有墙或者其他屏障物体遮挡的运粮通道，有的甚至不仅两旁有墙，顶部也是封闭的，修得就跟管道或隧道差不多，可以保证粮草在受到外界影响最小的情况下运送到目的地。守护甬道安全、保障甬道畅通的是章邯的二十万中央集团军。

反秦武装一方：除了项羽和他的五万楚军外，巨鹿城里是苟延残喘的赵王赵歇和他的残部，每日在死亡线上挣扎，已经自顾不暇，所以是不能指望他们作战的。巨鹿城外倒是汇集了十几支大大小小的反秦武装，起先有不怕死的率军冲击秦军阵营，冲进去的人很快就跟泥牛入海般没了消息。其他反秦武装的首领一看这阵势都不敢有所动作，只能远远地安营扎寨，搭好防御的营壁，选好撤退的后路，每天派人坐在营壁上远远地眺望巨鹿城下的战斗情况，时刻准备着一旦巨鹿城破则立即开溜，真正的作壁上观。

对项羽来说，除了自己手上的五万人马以外，没有任何一支友军可以帮得上忙，要赢就只能靠自己！我们知道，在战斗中要以寡敌众、以弱克强，就不能瞻前顾后，需要的是一往无前的精神。为了表示自己不成功则成仁的决心，断绝自己和手下的杂念和退路，项羽在漳水边集合了所有的人马，当众烧毁了一切多余的辎重及所有可以渡河的船只、器具，并且只留下了够军队吃三天的口粮，其余的食物一律沉到江心。他的意思非常明确——三天之后的粮食就在敌人的军营中，消灭敌人就能吃饱饭。

所有人的生死存亡在此一举！

当然，项羽不是笨蛋，完全没有把握的事情他是不会去做的。通过英布前期的试探，项羽准确地意识到秦军并非强大到无懈可击。三十万人聚拢在一起确实是好大一片，但如果分开来，既要四面围城，又要保护甬道，单位面积上的人数也就变得有限。秦军要防备的地方很多，在那个通信基本靠吼的年代，各个队伍之间的相互联系和支援都不那么及时。加上战役持续了这么长时间，各路反秦武装虽然陆续在巨鹿周围集结，但都不敢有实质性的动作，让秦军有了轻敌的思想，这些都给了楚军可乘之机。

为了三天之后能吃上饭，楚军将士们马不停蹄地赶往前线，迅速投入激烈的战斗。兵法有云："十则围之，五则攻之，敌则战之。"楚军反其道而行，以一围十主动进攻，反过来分次包围王离率领的秦军，准备在局部集中兵力将秦军各个击破。

在项羽的带领下，以及"觅食"这个动物最原始的生理需求的驱使下，楚军上下迸发出惊人的战斗力，抵达前线的第一天就连续与秦军交战九次。在战场上，楚军将士个个以一敌十，青筋暴露，喊声震天，楚军将士刀锋所过之处，秦军像被割的麦子一样一大片一大片地倒下。

楚军的行动不仅出乎秦军的意料，打了秦军一个措手不及，更是震慑了各路反秦武装，他们光是在营壁上眺望巨鹿战场就已经吓得心胆俱碎，根本不敢有任何动作。

秦楚两军从日出一直打到日落，最终楚军大败秦军，不仅夺取并破坏了秦军供粮的甬道，还击杀了秦将苏角。仅仅一天时间，楚军便基本上将秦军的长城军团打得失去了战斗力，军团主将王离被俘，副将涉间拒不投降，自焚而死，而章邯则率兵撤退到漳水南岸。

身为军队副将却敢擅自杀死主将宋义，已经让项羽名闻于诸侯，而巨鹿城下扭转乾坤的一战更让项羽威震天下。巨鹿之围解除后，四周援赵的反秦武装首领去拜见项羽时还没有从亲眼所见的这场惊天大战中回过神来，入了楚军军营，不由得心生一种朝圣的感觉，每个人都五体投地、跪伏前行，不敢抬头直视项羽，心悦诚服地推举项羽做了所有义军的统领。

项羽问他们今后准备怎么办，大家都面面相觑、默不作声，心想：“您这么猛，以后自然是一切听您的指挥，我们怎么知道怎么办？”

凭借巨鹿一战，项羽从一支反秦武装的副将一跃成为天下反秦武装的首领，但实际上，战斗并没有因为长城军团的覆灭而结束。楚军能够取得胜利在很大程度上是因为项羽的行动过于迅速，秦军准备不足，章邯的二十万秦军撤退到漳水南岸后便逐渐稳住了阵脚。说到两军正式摆开阵势交战，身为秦军名将的章邯并不怵项羽。于是秦楚两军再次僵持起来，这一僵持就僵持了将近六个月。

章邯是秦朝最后一位名将，对他的身世背景我们知道得不是很清楚。值得注意的是，章邯与以往的名将不同，并不是行伍出身。在成为帝国最后的军事支柱之前，他出任的是替皇帝管理小金库的少府一职，却因为带领一支由罪犯和刑徒临时组成的乌合之众击败周文数十万的大军而一战成名，成了秦帝国继白起、王翦、蒙恬之后的又一位名将。由此可见，天赋这种东西看不见摸不着，却实实在在地存在。

作为名将，章邯尤其擅长打逆风仗，常常能迷惑对手，败中求胜。在此之前，章邯曾经在戏水（今陕西临潼县内）边击溃周文的数十万大军，在定陶外偷袭项梁的楚军，可以说每次都像为奄奄一息的秦帝国注入一针强心剂，使得秦朝能得到暂时的喘息机会。但章邯的成功主要在于他获得了朝廷在后方的全力支持，可惜这次幸运女神没有再眷顾章邯，因为在巨鹿之战发生之前，秦政府的内部出现了巨大的变故：章邯背后的支持者秦朝丞相李斯被腰斩于咸阳东市。

李斯可以说是嬴政驾崩后秦帝国这艘巨轮上最后一名合格的舵手。他的死意味着这艘在风雨中飘摇的秦帝国巨轮的倾覆只是时间的问题。

第五章

从内部崩塌的堡垒

李斯与秦朝

李斯，楚国上蔡人，诸子百家中法家的信徒，与战国末期著名的法家集大成者韩非是同学。李斯早年间为实现自己的政治理想独自到秦国谋求发展，很幸运地受到当时秦国相国吕不韦的赏识，得以游说当时还是秦王的嬴政对其他六国的君臣行离间计，为秦统一六国出力颇多。随后李斯逐渐升迁为九卿之一的廷尉，成为秦始皇嬴政的左膀右臂。

秦统一六国几年之后，李斯由廷尉做到了一人之下万人之上的丞相，是当时杰出的政治家、书法家。李斯的政治才能卓越，秦帝国统一后的各种改革大多出自李斯之手。他的儿子娶的都是公主，他的女儿嫁的都是皇子，李斯与皇家联系之紧密可见一斑。

但所谓“金无足赤，人无完人”，就是这样一个权倾朝野的名臣，也有致命的弱点。李斯的弱点是过于贪恋权力，甚至可以为了保住自己的权力牺牲其他一切东西。不幸的是，他的这个弱点被一个人抓住和利用，从而改变了秦帝国的命运。

抓住李斯这个弱点的人叫赵高，是嬴政的亲信、小皇子胡亥的老师。说到赵高，这个人我们还要多提两句，赵高是宦官出身，但当时的宦官并不等于太监，朝廷规定宦官必须是阉人是东汉以后的事情。实际上，赵高不是太监，他有女儿，女婿阎乐后来做了咸阳令。赵高本人出身于社会底层，生得孔武有力（长期的工作是中车府令，就是给始皇帝赶马车的），精通法律，因此被任命为胡亥的老师。他办事精明强干，而且写得一笔好字

（他参与创造了小篆），最重要的是他深得嬴政的信任。

有一次赵高犯了罪，主管此案的大臣蒙毅要按律将赵高处死，嬴政却出于自己对赵高的喜爱和信任要求网开一面，特赦了他。当时的嬴政万万想不到，正是自己这次特赦断送了帝国的将来。

我们知道，嬴政自称始皇帝，他自然是希望这个帝国能够二世、三世、万万世地传下去。万万世当然不可能，但如果秦二世的名字是扶苏，而不是胡亥，那么秦统一六国后的急政持续实施、陈胜和吴广起义等在当时都是有可能避免的。秦帝国也可能像之后大多数统一的帝国一样寿终正寝，而不是猝死。

嬴政晚年的时候，让谁做帝国的接班人是他难以解决的问题。嬴政有十八个儿子，皇长子扶苏宽厚仁爱，很得臣民们的爱戴，是帝国最合适的接班人。小皇子胡亥乖巧，讨人喜欢，最得嬴政宠爱。这两人是皇位最有力的竞争者。谁能管理好这个庞大的帝国？嬴政最信任的人当然是他自己，所以长期以来，他一直沉迷于寻求长生的幻想难以自拔。可一旦自己求不死仙药的计划失败，究竟让谁来接替自己统治这个庞大帝国，嬴政始终难以决断。

在大臣们中，最得人心的无疑是公子扶苏。但由于扶苏屡次直言上谏，反对嬴政做出的决定，表达自己对朝廷施政的不同看法，尤其是他在坑杀方士儒生一事上与嬴政持相反的立场，终于触怒了嬴政。嬴政在盛怒之下把扶苏赶出咸阳，发配到遥远的上郡（今陕西榆林市内）。

嬴政是一个伟大的政治家，盛怒之后很快进行了冷静的思考，旋即又让扶苏在上郡代其监军。他实际上是让扶苏掌控了帝国最精锐的长城军团。嬴政又是一个极端独裁的皇帝，军权是绝不会放手的。我们知道，当时帝国五十人以上的军队调动都需要嬴政的同意，嬴政的其他儿子既没有寸尺的封地，也没有实际的权力。现在他能让扶苏监军上郡，使扶苏在诸皇子中有超人一等的军权，这足以体现嬴政对扶苏爱恨交织的情感及对接班人人选举棋不定的态度。

不可否认，嬴政是一位伟大的君王。在位的三十多年间，他战胜了自己的母亲赵姬，权臣吕不韦、嫪毐；吞并了土地、人口都十倍于己的东方六国；战胜了不可一世的匈奴，征服了瘴疠横行的岭南；战胜了荆轲的匕首、张良的铁锤、高渐离灌了铅的乐器和兰池的盗贼，可以说已经做到了人力所能为的极致。即便是这样一个人，也无法战胜大自然的规律。

秦始皇三十六年（公元前211年）十月，嬴政开始了他生命中的最后一次出巡。这次出巡与以往不同的是，他带上了小儿子胡亥，并有意对胡亥的执政能力进行最后的观察考核。

秦始皇三十七年（公元前210年）七月，仍然在巡游途中的始皇帝嬴政突发脑出血一类的急病，在沙丘宫一命呜呼。嬴政在生命的最后时刻终于对继承人的人选做出了取舍，他只给皇长子扶苏立下了遗嘱。我们无从得知遗嘱的具体内容，只知道一句意向性的话："与丧会咸阳而葬。"

虽然嬴政没有指明让谁即位，但他对扶苏能给出这样一句话，意思已经很明确："你回来处理我的后事，顺便当皇帝吧。"这也是嬴政临死之前对胡亥为期十个月的考核所做出的不合格判定。

如果当时这封遗嘱能顺利地送到扶苏手上，之后的历史也许就是另一个样子，可这份已经盖了玺印的遗嘱被当时身为中车府令兼行玺府令的赵高私自扣留了下来。随后赵高抓住李斯贪恋权力、害怕失去丞相宝座的致命弱点，在李斯的配合下导演了一出矫诏立胡亥、杀扶苏的剧目，史称"沙丘之谋"。

沙丘之谋后，李斯继续在朝廷中担任最重要的丞相一职，但此时的帝国统治者胡亥只听信赵高一人的话，他自己居于宫中不见群臣，只与赵高商量政事。皇帝的政令也只由赵高代为宣布，帝国的管理权实际已经被赵高一步步地窃取了。虽然李斯的权力在一步步地被架空，但他仍恪尽职守。陈胜、吴广起义后，李斯给予在前线作战的章邯最有力的人力、物力支持，使得章邯指挥的秦军能够一而再地反败为胜。

常言道：最坚固的堡垒往往是从内部攻破的。赵高惦记李斯的丞相位子已经不是一天两天了，在赵高的怂恿下，胡亥以农民起义屡禁不止的事情对李斯进行问责。虽然这事归根结底责任并不在李斯，但他害怕失去自己的高官厚禄，最终他放弃了自己的立场、人格和尊严，对胡亥更是加倍地阿谀奉承，不顾百姓正处于水深火热中的事实，开始极力粉饰太平和满足胡亥对奢靡生活的需求。于是，一时间，朝廷中收税高的是明吏，杀人多的是忠臣，举朝上下都在给二世皇帝胡亥营造一番虚幻的太平盛世。

即便李斯如此阿谀和讨好，在一旁虎视眈眈多时的赵高也没有因此放弃对丞相位子的觊觎，他要给李斯贴上谋反篡权的标签，将他从丞相的位子上踢下来。然而，李斯也不是说干掉就能干掉的。再三思量之后，赵高决定先拿李斯的长子李由开刀。赵高找人诬告李由讨贼不力，而且与叛贼私下有书信往来。对这种没有根据的诬告，脑子不好使的胡亥当然信以为真，就下令让赵高全权处理查办李由的事情。

提前收到消息的李斯护子心切，马上上疏反揭赵高的罪责，历数赵高的多项大罪，请求杀赵高以谢天下。怎奈弱智皇帝胡亥已经视赵高为父，对他来说，胡亥即赵高，赵高即胡亥，说赵高有罪岂不是说他胡亥也有罪？于是，胡亥私自将李斯的上疏拿给赵高看。赵高看了以后，假装叹息地说："现在丞相所忌惮的只有我赵高一人，如果我死了，丞相恐怕就要做当年田常做的事情了。"

胡亥虽然脑子不好使，但读过不少书，知道当年齐国相国田常专政，后来田常的孙子田和篡位做了齐王的故事。于是，胡亥勃然大怒："立即缉拿丞相李斯，交由郎中令赵高审理。"

位极丞相的李斯大概没想到自己连反抗的机会都没有，就被赵高击败了。落在赵高手上自然是不好过，一千多板子打下去，李斯只能屈打成招（当时李斯已经七十多岁，可见其身体硬朗），但他还不想死，他认为自己没有罪且有功于朝廷，又对自己的文笔、口才十分自信，坚信一旦自己得到向胡亥申诉的机会，一定能让胡亥幡然悔悟，让自己官复原职。为此，李斯在狱中强忍着身体上的剧痛，用浸着自己血泪的笔给胡亥上疏，历数自己几十年来对国家的功劳，试图以此来为自己辩驳。但李斯大概没想过，自己的这封上疏写得再好也不能越过赵高送到胡亥面前。赵高怎么会让已经成为囚犯的他翻身？

结果，李斯的上疏刚写完就落到了赵高的手里。诬陷和折磨人，赵高太在行了，他不仅要诛人，还要诛心。他拿着李斯的上疏当着李斯的面丢到地上，轻蔑地笑道："囚犯哪有什么资格上疏朝廷！"

为了置李斯于死地，赵高又派自己的手下伪装成皇帝派来的御史、谒者[1]轮番审讯李斯。一旦李斯以实情相对，他们便辱骂、毒打李斯，直到下一个人来审讯李斯，李斯不再为自己辩解为止。等到胡亥派出御史去审讯李斯时，李斯以为和以前来的人一样，于是他只能表示认罪，不再发一言。结果御史回复胡亥李斯已经认罪的时候，胡亥拍着胸口，心有余悸地表示："正如老师说的，丞相果然有罪，朕差点儿就被他蒙蔽了！"

两年来，李斯为了保全自己的高官厚禄，放弃了立场、尊严、人格，甚至放弃了做人最起码的良心，不顾历史对自己的评价。即便这样，最后他依然失去了一切。

秦二世二年（公元前208年）七月，一代政治家、文学家、书法家、秦帝国丞相李斯被腰斩于咸阳，并夷三族。

在此之前，李斯的大儿子李由因为想立功救父，主动出击，已经被项羽和刘邦斩杀于雍丘。这个时候，与李斯一起被行刑的还有他的二儿子。临刑前，他握着自己二儿子的手，涕泪横流地说道："儿啊，我想和你牵着家里的那只大黄狗，出我们老家上蔡县的东门去打打猎，还可以吗？"

此刻的李斯终于醒悟，什么高官厚禄，什么富贵荣华，都只是过眼云烟而已，可惜他再也没有机会去改变什么了。李斯一死，朝廷的大权便完全落入赵高手里，曾经坚固而强大的秦帝国很快便化为一堆齑粉。

赵高终于坐上了丞相的位子。在大厦将倾之际，他对如何力挽狂澜复兴帝国没有任何兴趣，只关心如何排除异己，做这个已经破败不堪的秦帝国的实权皇帝。在朝廷内部，赵高为了确保人人都俯首听命于他，在大庭广众之下演了一幕流传千古的闹剧：他命人牵来一头鹿，故意跟胡亥说这是一匹难得的千里马。胡亥又不是瞎子，是鹿还是马，他当然分得出来——头上长着角嘛！于是胡亥哈哈大笑："丞相糊涂了，这明明是鹿，怎么说是马？"

赵高正色道："陛下，这确实是一匹马，不然陛下可以问下诸位大臣。"

站在朝堂上的大臣们大多见识过赵高的手段，都纷纷附和说那是马，少数几个大臣默不作声，也有个别正直的大臣说那是鹿。没过几天，不说话的和说那是鹿的大臣就被赵高以各种理由杀掉了，这下朝廷再没有人敢反对赵高了。

1.官名，相当于近侍。

这件事让胡亥受惊不小，等回到寝宫里，他越想越觉得自己居然在众目睽睽之下把一匹马看成了鹿，是不是脑子出了什么毛病。一通胡思乱想之下，他又做了几个噩梦，很快就得了神经衰弱一类的病症，最后听了宫里巫师的话，干脆躲到望夷宫里休养去了。

胡亥躲进了望夷宫，朝廷上的事就全权交给了赵高。赵高得以完全按自己的意愿来行事。这样一来，秦朝偌大的天下除了皇帝还姓嬴，其他都不姓嬴了。

赵高掌管了朝政后，假借胡亥之手多次斥责章邯进军不利，对章邯的求援置之不理，直接导致了秦楚两军对峙将近半年之后，章邯在“有功亦诛，无功亦诛”这种走投无路的情况下率领二十万秦军向楚军缴械投降。随着章邯的军队放下武器，曾经盛极一时的帝国无可挽回地走到了末路。

项羽在巨鹿打败了王离的长城军团，在漳水牵制住了章邯的二十万秦军，是整个反秦斗争中起决定性作用的人物。秦楚两军接近半年的僵持却让另一个人渔翁得利。

帝国的终结

没错，这个人就是刘邦。

虽然没有直接的证据，但我们有理由相信，项羽军中有刘邦的卧底和眼线，或者说项羽军中有人与刘邦“暗通款曲”。这个人不断给刘邦传递一些有关项羽军队的最新信息，使得刘邦对项羽军队的最新动向至少有个大概的了解，相反，项羽对刘邦的行动则基本上全然不知。

刘邦的军事实力远不如项羽，在进军关中的过程中，刘邦要想取得先机，项羽与章邯两军的僵持应该是他最愿意看到的局面。一旦这个局面被打破，不管谁胜谁负，对想要入主关中的刘邦都极为不利。秦二世三年（公元前207年）七月，当章邯准备向项羽投降的时候，刘邦正在从宛城向武关进军的路上。虽然刘邦队伍一路上的军事行动都颇为顺利，只是在武关前受到秦军的阻挠，但刘邦仍然怕项羽会抢在他的前面攻入关中。于是，情急之下，他偷偷地向秦政府派出了一名使者。

这名使者叫甯昌，是魏国人。乔装打扮过了武关后，甯昌日夜兼程地赶往咸阳，他此行的目的是面见赵高，传达刘邦想劝降他的意愿。甯昌虽然进了咸阳，但当时赵高因为“关东群贼作乱”的事情受到胡亥的斥责，躲在家里不见任何人。甯昌在咸阳一连等了多日，最终也没有机会和赵高见面。

这时候，刘邦的军队受阻于武关坚固的城防，迟迟不能前进分毫。一连多日收不到使者的回音，心急的刘邦随即展开“B计划”：派遣手下两位得力的说客郦食其和陆贾去说降武关的守将。正好这个时候赵高也派出使者和刘邦接触，提出了由他与刘邦两人“分王关中”的建议。虽然赵高没有见到甯昌，但他知道自己没有能力阻止反秦武装的前进。与其坐等别人杀上门来灭了自己，还不如主动媾和，说不定还能保住自己的荣华富贵。

虽然有了使者的通信，但刘邦知道此时章邯已经投降，项羽的大军势不可当，随时可能在他之前入关。刘邦心急如焚，等不得使者们三番五次地往来沟通，又担心这是赵高的缓兵之计。即便武关的守将原则上已经同意投降，但刘邦不愿意再拖延时间，命令军队趁秦军守备松懈时发动突然袭击攻破了武关。我们知道关中地区是八百里秦川，一望无际，基本无险可守。刘邦攻破了武关，咸阳差不多就相当于直接暴露在他的眼前。

占领武关后，刘邦挥兵疾驰，一路上严令军队不得骚扰百姓——实际上，急于攻入咸阳的刘邦可能也来不及骚扰百姓。随后，刘邦又在蓝田（今陕西蓝田县）的南边和北边两次击溃了秦军最后的抵抗。终于，刘邦第一个到达了咸阳城外的霸上。出乎当时众人意料的是，在霸上迎接刘邦的是坐在白车上、脖子上系着白布（表示要自杀）的秦王子婴，他向刘邦纳玺投降。

也许有人问，赵高、胡亥去哪儿了呢？子婴又是何许人也？

第一个问题的答案是两个人都死了。秦二世三年（公元前207年）七月，章邯率军投降项羽后，帝国最后一根救命稻草断了，秦朝的大势已经彻底无法挽回。赵高由于担心得知实情的胡亥会杀了自己，于是抢先发难，命令自己的女婿咸阳令阎乐带兵去杀死当时正躲在望夷宫里的胡亥。

得到命令的阎乐以宫里有贼为由，带着一千多如狼似虎的手下冲进望夷宫里，不分青红皂白见人就杀，吓得宫里的大臣、宦官和侍女们纷纷逃命，只有一个还算忠心的侍从仍然留在胡亥身边不敢离去。胡亥这个时候才明白谁是披着人皮的狼。他责怪侍从为什么不早跟他揭发赵高的狼子野心，侍从委屈地说道："我就是没说才活到今天，要是说了，不早就死了吗？"

死到临头的胡亥没有一点儿君王的气概，最大的愿望竟然是见赵高一面。但赵高怎么会见他？最大的愿望没能实现，胡亥天真地想退而求其次，皇帝做不了，那就做一个诸侯，不行的话就做一个万户侯，实在不行就做个平民百姓。

估计这个时候阎乐也服了胡亥的傻劲儿，他用一种看白痴的怪异目光看着眼前这个二十四岁的年轻人，心里嘀咕：事到如今还不了解情况，都不知道他这样的人是怎么活到现在的。于是阎乐也懒得再跟这样的傻子多说废话，随手把剑丢在地上，催促胡亥自行了断，不让他再丢人现眼。

话说"天子升天，自有其道"，到了这个时候，虽然胡亥不情愿，但也不得不抹脖子自杀了，算是保留了天子的最后一点儿尊严。

这正是：

一朝阎乐统群凶，二世朝廷扫地空。（唐·胡曾《咸阳》）

胡亥死后，赵高自己也想过一把皇帝瘾，但当他将玉玺挂在身上，大摇大摆地坐到皇宫正殿里的龙椅上时，整个大殿一阵地动山摇，将他从椅子上震落下来。迷信的赵高认为这是上天不让他坐皇位，只好讪讪作罢，从残存的皇室成员中选了一个叫子婴的来当皇帝。

这是一个谜一样的男人。

要猜测子婴的身份，关键点在于他有两个能和他一起商量着杀赵高的儿子，也就是说子婴的年纪不会太小，怎么着也得有三十多四十岁的样子。因此，关于子婴的出身，现代人有四种猜测。

流传最广的一种说法是，子婴是胡亥兄长的儿子。有人甚至指明，子婴是嬴政的大儿子扶苏的儿子。但这种说法不一定站得住脚，因为嬴政驾崩后不久扶苏也被逼自杀。这个时候扶苏顶天儿三十出头——考虑到嬴政当时不过虚岁五十的年纪，这已经很过分了。三十出头的扶苏，他的儿子能有多大？十几岁？十几岁的孩子要在三年之后有一对能与之商量杀人之事的儿子，属实有点儿强人所难。

第二种说法是，子婴是嬴政的弟弟。但嬴政的父亲秦庄襄王长期在赵国做人质，回国后也不过做了三年秦王，有明确记载的后代除了嬴政外只有一个成蟜，而史书明确记载成蟜在公元前239年叛秦降赵，所以这种说法也靠不住。

第三种说法是，子婴是胡亥的哥哥。这种说法最不靠谱，因为史书中明确记载，胡亥当上皇帝之后，为了确保自己的帝位，把他的兄弟姐妹二十多人全部杀光，而且手段是极其残忍的分尸。如果子婴是胡亥的兄长之一，他凭什么能逃出生天。

如果以上三种说法都不成立，那子婴的身份只存在最后一种可能：他是胡亥的堂兄，也就是成蟜的儿子。因为成蟜只比嬴政小三岁，他如果有后代在秦国，从年纪上是符合的，而且子婴不是嬴政的后代，也更有理由逃脱胡亥的毒手。

作为胡亥的堂兄，子婴在剩余的皇室成员中年纪最长，且素有贤名。子婴虽然答应即位，却并不愿意做赵高的棋子受他操纵，便在与自己的儿子商量后决定先发制人，诛杀赵高。

计议已定，子婴斋戒完后故意装病，迟迟不去祭拜宗庙宣誓登基。平日里趾高气扬做惯了大爷的赵高一看子婴这小子如此不配合，便上门指责，见了子婴也不寒暄，直接劈头盖脸地骂道："即位延续宗庙的香火是国家最大的事，你怎么可以再三推辞！"

面对赵高的诘难，子婴没有反驳，他先是低声下气地认错，然后缓步接近赵高，突然从衣袖中拔出事先藏好的匕首将赵高刺死，随后立即派人灭了赵高的三族。

赵高死后，由于秦帝国已失去了大半个天下，子婴不敢再自称皇帝，只能改称秦王。虽然他除掉了赵高，但为时已晚，这时在整个朝廷里，无论是谁都没有能力扭转局势。当刘邦在蓝田击败秦军最后的抵抗顺利抵达霸上的时候，这个只做了四十六天秦王的子婴只能向刘邦投降，做了刘邦的俘虏。一个强大的帝国，仅仅经历了十五个年头，就以一种略带讽刺的方式走到了终点。

公元前207年十月，时间进入了汉纪元，历史翻开了新的篇章。

第六章

不是秦王是汉王

秦王刘邦

最终，刘邦第一个进入咸阳。

咸阳是当时国家政治权力的中心，当年，为了满足嬴政穷奢极欲的生活需求，咸阳城里宫殿的繁多和壮丽是世间罕有的。做了半辈子平民的刘邦进了秦宫就好像刘姥姥进了大观园一样，看什么都新鲜。刘邦从来没有见过这么豪华的房子、这么精美的食物、这么香醇的美酒、这么多漂亮的女人。刘邦一屁股坐在了胡亥那张宽大、柔软的床上，告诉手下："今晚我就住这儿了。"

听了刘邦的决定，第一个跳出来反对的是刘邦的连襟樊哙。樊哙劝刘邦不要留宿在秦宫里，刘邦打哈哈说："我们经历了这么多艰难困苦才获得今天的胜利，享受一下有什么错？"然后他指着旁边站着的一圈低着头唯唯诺诺的宫女对樊哙说，"要不你也选一个？"

樊哙是个耿直的汉子，一听刘邦的话，气得掉头就走，出门就直接去找张良。张良也反对刘邦在秦宫里及时享乐的行为，他告诫刘邦："就是因为秦朝统治者荒淫无道才使你有机会获得今天的成功，你现在的任务是为天下除暴安良，生活还是艰苦、节俭一点儿比较好。眼下我们刚刚获得一点儿胜利，你就开始追求享乐，那你和丢掉天下的胡亥有什么区别，难道你也想落得和他一样的下场吗？所谓'良药苦口利于病，忠言逆耳利于行'，樊哙的话虽然不中听，但希望你能够听从他的建议，我们还是回到霸上去住吧。"

虽然刘邦在连襟樊哙面前嬉皮笑脸，但张良的建议他还是会认真考虑的。最终他听从了张良的劝诫，而且做得更好，不仅把自己的全部家当搬出了秦宫，还就地封存了秦朝的府库，既没有带走财宝也没有带走女人。回到霸上军营中的刘邦还派人召集了咸阳地区的百姓代表，当场向大家宣布："大家受秦朝的压迫已经很久了，我刘邦出发之前，楚怀王曾经与我们约定过'先入定关中者为王'，现在我先来了，就应当是秦王。我来是为大家除暴的，请大家不要害怕。我军现在就在霸上驻扎，保证不会影响大家的正常生活。我现在对秦朝的法律做一些临时调整，但具体事项还要等诸侯们到齐了再做商定。"

随后刘邦宣布暂时实行有名的"约法三章"：杀了人要偿命，伤了人、偷了人家的东西要受到相应的惩罚。至于其他的秦法，一律废除。深受倒悬之苦的关中百姓知道有了这么一个宽明的领导，自然欢欣鼓舞，纷纷拿出自家的粮食自发赶到霸上慰劳兵士，却被刘邦一一推辞了。

刘邦的一番话其实别有深意。我们知道，对关中百姓来说，"约法三章"并不能解决当时的社会问题。虽然秦朝法律繁杂，但有其存在的必要性，单纯的"约法三章"根本不足以对社会进行约束，说白了，它只是刘邦用来获取民心的一个手段而已。而且，刘邦还给自己留了后路：我的话仅作临时应急之用，一旦不如大家的意，可以等各路"诸侯"来了再说。另外，刘邦话中有话，他不仅笼络了民心，还特地将楚怀王"先入定关中者为王"的约定通过咸阳百姓之口昭告天下——在封建时代，连圣人孔子都说国家大事要和君子来商量，不要和老百姓商量，而像"封王"此等大事岂是普通百姓需要知道的？因此，刘邦的种种作为的目的自然是希望通过获得关中百姓的支持使他称王关中的愿望成为既定事实，以防止楚怀王事后抵赖或其他人（如项羽）干预。

所以，我们可以看出来，这时候的刘邦并没有也想不出更高的宏图大志。与其他祖上八辈子都是农民的寻常人所不同的是，他即将完成整个中国史上为数不多的由平民一跃成为诸侯的逆袭。

在刘邦看来，成为诸侯是他刘氏家族历史上极了不起的成就，但历史并不允许他成为秦王。所谓时势造英雄，刘邦最后成了伟大的帝王而不是一个普通的秦王，在很大程度上也是为当时的时势所逼迫。

做完这一系列举措的刘邦在短时间内获得了关中百姓的拥戴，很多百姓甚至生怕刘邦最后不能留下来当秦王。取得百姓的拥戴后，刘邦很得意，就飘飘然起来。这时候，他听信一个姓解的书生的建议，干脆让军队把函谷关把守起来，不让其他诸侯的军队入关，这样一来就谁也夺不走他的关中了。

此时的刘邦视关中为自己的禁脔，准备把门一关，美滋滋地做他的秦王大梦。

项羽入关

秦二世三年（公元前207年）七月，项羽接受了章邯的投降，他在通往关中的路上已经没有阻碍。但此时的项羽并不知道刘邦队伍攻秦的进程，他的大军并没有星夜兼程，而是不紧不慢地前进着，中途项羽还做了一件骇人听闻的事情。

在漳水岸边，章邯手下的二十万秦军投降项羽，项羽命令司马欣统率秦军为先头队伍开路。俘获如此庞大的秦军对项羽而言是一个巨大的胜利，也是一个巨大的负担，不仅在于这二十万张嘴要吃饭，也在于如此庞大的俘虏队伍的管理。

战国以来，秦国与东方六国的战争持续了百年之久，秦军和六国军队之间的仇恨似乎已经渗入骨髓，以往秦军威风八面，横扫六合，落到秦军手里的六国俘虏不计其数，虐待、坑杀俘虏的事情对秦军来说更是家常便饭。别的不说，单就秦昭襄王四十七年（公元前260年），秦军在长平一次性坑杀赵国降卒四十多万。这次轮到秦军沦为俘虏，他们在诸侯联军那里受到的待遇便可想而知。不难想象，鞭挞、侮辱甚至虐杀秦军士兵的事情肯定屡有发生。

在项羽看来，如何安置这二十万俘虏是一大难题，即便他们已经全缴了械。如果派兵在一旁监督，则几乎不可能禁止俘虏受虐待的事情发生，久而久之，俘虏中怨气积聚很可能引发暴乱；如果完全放任不管，那危险性就更大，秦军甚至可能临阵反戈。

如果是刘邦碰到这种事情，应该会思考出一个能让二十万俘虏融入自己队伍的方法，以便增强自己的实力。而项羽则使用了一个简单且粗暴的办法，一劳永逸地解决了令他烦恼的俘虏问题。这个方法就是，在新安城外连夜将俘虏们全部坑杀。

坑杀俘虏这种事情古已有之，当然不是项羽发明的。但古人云：“杀降不祥。”项羽这种做法不仅失去了进一步扩充自己实力的机会，而且他坑杀的二十万秦军大多是关中子弟，实际上也就断绝了他日后在关中地区扎根的可能。

不管怎样，项羽总算可以继续西进了。一路的拖沓耗费了他四个月的时间，等项羽来到紧闭的函谷关前，发现关口挂的是“刘”字而再不是“秦”字大旗时大为诧异：自家兄弟的队伍竟敢将自己拒于门外！盛怒之下的项羽也不说话，马上命人在城门下点着了一堆柴火。

守关的官兵哪里敢捋威震天下的项羽的虎须，一看项羽生气了，也顾不得刘邦的命令，赶紧乖乖地打开城门。此时项羽才知道刘邦早在一个多月前就已经进入关中。灭秦的首功是自己的，项羽岂能让刘邦占了便宜，于是项羽勃然大怒，马上命令手下全速前进，大军很快就到达了与霸上仅四十里之遥的鸿门。

接到项羽叩关而入、直逼霸上的消息，刘邦才意识到自己闯祸了。这个时候，刘邦有士兵十万，对外号称二十万，而项羽统率诸侯联军四十万，号称百万，双方实力过于悬殊。倒霉的是，刘邦手下还出了叛徒。

项羽前脚到鸿门，刘邦的左司马曹无伤后脚就跟着到了鸿门，并秘密地见了项羽一面。他对项羽说：“刘邦是想在关中称王的，还任用秦降王子婴做丞相，并且私自霸占了秦朝府库里的珍宝玩物。”项羽一听更是气不打一处来，马上下令全军：“明天早起做饭，大家吃饱后给我灭了刘邦！”

纵观刘邦和项羽在战场上的表现，如果项羽第二天天亮就去攻打刘邦，世界上恐怕就再也没有刘邦这号人物了。更为不妙的是，谋士范增见盛怒之下的项羽要灭了刘邦，立即火上浇油，对项羽说：“刘邦这小子以前是个贪财好色的角色，现在先进了咸阳居然秋毫无犯，他必定有更大的图谋。而且我曾经私下找人给他望气，他可是有帝王之相的，所以我们应当马上灭了刘邦，不要失去这个千载难逢的机会。”

范增原是楚军的军师，向来为项梁所敬重，项梁死后，他被项羽尊为“亚父”，是项羽军中的智囊，也是项羽身边自始至终唯一对局势变化保持清醒认知的人物。一开始，范增对刘邦就没有好印象，坚持认定刘邦是项羽最大的敌人，现在他抓住这个机会自然要对刘邦落井下石。其实范增的某些说辞明显与曹无伤的密报相冲突（曹无伤说刘邦什么都拿光了，范增说刘邦什么都没拿），但不管怎么样，范增想置刘邦于死地的迫切感可见一斑。

可惜的是，如果历史能重来一次的话，范增应该会劝项羽不应休息，当夜就把刘邦给连锅端掉。范增也没料到，就是这短短一夜的时间，给了影响楚汉之争整个战局的大间谍登场的机会，这个间谍就是项伯。

楚汉第一间谍

项缠，字伯，楚国下相（今江苏宿城西南）人，项梁的弟弟、项羽的叔叔，楚汉战争中影响力最大的间谍。当然，这个时候他还不是间谍，只是一个单纯的、没有任何斗争警觉性的贵族，之后我们可以看到他是如何一步一步地把项羽往坑里推的。

从项梁算起，项氏一家都不是安分守己之辈，项伯也不例外。早年间，他因杀人而身陷囹圄，关键时刻全赖张良施以援手才活了下来，所以，项伯对张良一直心存感激。项梁起兵江东后，项伯也在军中任职，虽然他从未表现出什么过人的才能，但毕竟身份摆在那里，很自然地成了项氏集团的核心之一。现在项伯知道了项羽第二天即将进攻刘邦的消息，想到刘邦即将面临灭顶之灾，在刘邦身边的张良也会受池鱼之殃。出于一番好意，项伯没有考虑自己所在的项氏集团的利益，也没有得到项羽允许便私自出营，赶了四十多里的夜路到刘邦的军营里找到张良。

张良正疑惑为何项羽的队伍会突然杀气腾腾地出现在鸿门，见项伯连夜赶来且脸上神色有异，就知道恐怕大事不妙。张良一面赶紧招呼项伯落座，一面让手下准备酒菜，正要试探性地从项伯身上打探消息。没想到项伯的配合超出张良的预料，还没等张良发问，项伯便将项羽准备第二天早上进攻刘邦的消息和盘托出，并且希望张良马上跟他一起离开。按项伯的看法，张良如果稍有迟疑，天一亮就会和刘邦一起玉石俱焚。

听到这个消息，张良内心无比震惊，但他表面上很淡定，先是举杯感谢项伯，然后轻轻抿了一口酒，才不慌不忙地对项伯说："我是奉韩王的命令暂时来帮助刘邦的，刘邦和上将军的恩怨与我何干？但现在刘邦面临危险，如果我就这么一声不响地走了，是不义。项伯你能私下来通知我这个消息，讲的是义气，我对刘邦也一样要讲义气，你说对吧？请你稍等片刻，我通知了刘邦就跟你走。"

项伯这个蠢蛋自然分不清什么是大义、什么是小义，什么是真义、什么是假义。听了张良的话，他一时语塞，再仔细想想，居然越想越觉得张良的话在理，只得同意张良先去面见刘邦。

张良稳住了项伯，出门便急匆匆地去见刘邦，也顾不得行礼，马上将项伯带来的消息告诉了刘邦。刘邦听后大惊失色，才意识到自己大祸临头，赶紧让张良给自己出个主意。

张良先问刘邦："闭关自守的馊主意是谁出的，怎么我都不知道？"

刘邦知道自己错了，赶紧打哈哈说："是姓解的那个臭小子对我说，只要我把函谷关守住，不让其他诸侯进来，函谷关以西就是我的地盘，我一时高兴就照做了。"

张良也没有深究，而是又问了刘邦一个问题："大王你估量下自己的兵力和项羽的相比怎么样？"

刘邦沉默了一会儿，回答说："当然比不上，那你说现在该怎么办？"

张良知道刘邦已经认识到自己的错误，现在是要解决问题而不是追究责任，继续纠结谁是谁非的问题是毫无意义的，于是他告诉刘邦："好在项伯现在还没走，你现在唯一能做的就是请他帮忙，表明自己不会背叛项羽的心迹，让他回去劝说项羽，至于成功与否只能听天由命了。"

惊魂稍定的刘邦听了张良的主意后，政治警觉性提高了起来，他没有继续询问张良如何去和项伯交流，而是反问了张良两个问题。首先，刘邦最关心的是张良如何能提前获得项羽进攻的消息，刘邦担心张良私下与其他的诸侯勾结或存有二心。张良君子坦荡荡，从容地告诉刘邦："我和项伯是故交，当年他杀了人，是我救了他，现在情况紧急，所以他来告诉我。"

刘邦是何等人，从张良短短的回答中就打消了对张良的怀疑，并且间接了解到项伯是项羽身边一个只懂小义不明大义、没有大局观、可以利用的人。转眼间，他主意已定。紧接着，刘邦又问张良："那你们谁大？"

张良回答："项伯比我大。"

打消了对张良的怀疑，刘邦马上开始笼络人心。他对张良说："咱俩是兄弟，既然他是你大哥，那就是我大哥，兄弟你赶紧叫大哥进来。"

等张良和项伯一起进了主帅大帐，刘邦亲自给项伯倒酒，对项伯嘘寒问暖，一个劲儿地拉家常，丝毫不提项羽进攻的事。

刘邦的态度让项伯感到很奇怪，但刘邦是别有用意的。当两人东扯西扯地说到项伯的家里尚有小孩未曾婚配时，刘邦当即拍板约为婚姻，给两家的小孩定了亲，完全忘了自己曾经和项羽拜过把子的事情，辈分乱得没谱。

这就是刘邦的高明之处。三两句话攀了亲之后，刚才还没什么关系的两个人似乎就非常熟络了，这时刘邦才转入正题，他对项伯说："亲家，听说你侄子对我有些误会，麻烦你回去转告上将军，我入关以来对咸阳百姓秋毫未犯，早封好了秦朝的府库银两，日盼夜盼就盼着上将军来验收，哪里敢有丝毫的反意？之前之所以派人在函谷关把守，无非就是为了防范盗贼，应付下突发事件罢了。"刘邦一脸堆笑，"亲家，帮忙说说，说说。"

项伯进来就结了门亲事，攀上了刘邦这个实力派，他自己也是满心欢喜。在项伯看来，刘邦对自己盛意拳拳，那他自然不能驳了亲家的面子，更不能让项羽伤了亲家的性命，他便拍着胸脯对刘邦说："你放心，这事就包在我身上。不过我这个侄子的脾气你也是知道的，明天你一定要亲自来军中和他说清楚。"

双方计议已定，刘邦和张良毕恭毕敬地将项伯礼送出营。回到楚营的项伯第一时间面见了项羽，不仅转述了刘邦的话，还以长辈的身份责问项羽："要不是刘邦先攻破了关中，你怎么进得来？况且怀王事先有约，现在刘邦立下大功，你却要去进攻人家，这在道义上怎么说得过去？反正他也不是你的对手，不如好好对待刘邦，大家再从长计议。"项羽沉默了一会儿，居然答应了项伯，取消了第二天进攻刘邦的计划。

接下来的事情就是大家耳熟能详的鸿门宴。在"项庄舞剑，意在沛公"的一场虚惊后，刘邦在席间尿遁，留张良一人善后，带来的百十人也不要了，只命令樊哙、纪信、夏侯婴、靳强四员战将步行给自己殿后。刘邦只身骑快马脱出，最终从鸿门逃得性命。

尽管各人对鸿门宴的解读有所不同，对项羽最终为何会放过刘邦也是众说纷纭，但我觉得最重要的还是在鸿门宴之前，甚至说在刘邦与项羽初次合作时，刘邦的个人魅力、交际能力就已经发挥了极大的作用。项羽真心地认同这个“兄长”，在内心深处将两人的矛盾视为兄弟间的矛盾，并没有意识到这是你死我活的权力斗争，这也是在宴会一开始，项羽便将曹无伤告密的事情向刘邦和盘托出的原因。既然两个人是兄弟，项羽也就不想杀死刘邦，他只是想让刘邦认输，臣服于自己，便心满意足。如若项羽一心想置刘邦于死地，项伯如何能劝住项羽取消进攻？鸿门宴上区区一个樊哙如何能震慑住项羽？

当然，樊哙当时已经是刘邦手下数一数二的战将，我们可以列举他的军功：在整个反秦、灭项的战争中，樊哙有明确记载的斩首数是一百七十六。而项羽，我相信，他只要认真一点儿杀敌，随便一场战斗下来斩首数都能超过这个数字。即便我们退一万步说，在个人战斗力上，樊哙是项羽的劲敌，但只要项羽一心想杀死刘邦，他大可在帐外设下五百刀斧手，以摔杯为号，定然可以将刘邦、樊哙一干人等剁成肉酱。

所以，我的看法是，鸿门宴本身并没有大家想象的那么凶险。即便没有项伯的倒戈，没有樊哙的搅局，只要刘邦肯当面向项羽服软、认输，哪怕是钻项羽的裤裆——当然，如果有必要，我相信这种事情刘邦是能做得出来的——他一样能从项羽手里讨得一条命来。因为在此时及此后的一段时间里，项羽打心底里认为他与刘邦的矛盾是兄弟间的不合，是家庭内部矛盾，他想要的是刘邦向自己认输投降，而不是杀死自己的“兄弟”刘邦。

另外，刘邦有惊无险地逃离鸿门回到霸上，第一件事就是杀掉了内贼左司马曹无伤。从此刻开始，刘邦清楚地意识到，秦帝国垮台后，隐藏在各路反秦诸侯之间的矛盾必将浮出水面。他不愿意永远在项羽面前装孙子，也知道自己不可能每次都有今天的运气，为了生存，为了不再受制于人，他与项羽之间的矛盾必然会无可逃避地正面化。相信在鸿门宴结束后，项羽就已经被刘邦坚定地列入他“绝不妥协、必须消灭的人”的名单的第一位。

尽管决心非常坚定，但让刘邦感到迷茫的是，他要如何战胜这个战无不胜的项羽呢？

分封天下

鸿门宴后，项羽从刘邦手里接管了关中，基于项氏一族和项羽本人对秦国的痛恨，以及长期以来养成的不良习惯，项羽杀了子婴，然后在咸阳城里进行了一轮屠杀和掠夺。他命人把咸阳城里的财宝和美女统统打包运回彭城，又命令曾经在骊山工地上搬过石头的英布带领大队人马去刨秦始皇的坟。

回到曾经工作过的地方，虽然英布带着军队干劲十足，却奈何不了一个死人（秦始皇）。一连多天，他们刨出了大量的金银财宝，但秦始皇陵占地极广，规模庞大，修建陵墓的工匠又早就全部陪葬在了皇陵里，英布的大军忙活了数十天，纵有搬山卸岭之力，依旧找不到皇陵的正穴所在，只好作罢。最后，已经把咸阳劫掠一空的项羽用一把火将咸阳的宫殿几乎烧了个干净。

做完这一切后，项羽打算班师回彭城。其间，也有人来劝说项羽，指出关中土地肥沃，而且是四塞之地，易守难攻，不像彭城一马平川、无险可守，建议项羽留在关中以成霸业。关中是块宝地是不争的事实，想来项羽事后多少有点儿醒悟，但奈何咸阳的大部分建筑已经被他一把火烧成了灰烬，没法儿住人了。他只好打哈哈应付说："哎呀，你说得有道理，但现在我功成名就了，如果不回到故乡显摆一番，就好像穿着漂亮的新衣服在黑咕隆咚的晚上出行，又有谁能看得到呢？"

来劝说项羽的是个书生，未经人情世故，思想简单，见自己这么好的提议没有被采纳，当着项羽的面就嘟囔了一句："人人都说楚国人是大猕猴戴高帽子，只爱显摆，果然如此。"

"猴王"项羽听了他的话回答也很直接，架起一口大锅就把书生煮了。

其实项羽的想法并不复杂，入关以后，他曾命人告知楚怀王，希望更改之前的约定——对项羽来说，之前那个约定最大的问题不是谁当秦王，而是作为第二个进入关中的自己应当得到何种奖赏。熊心估计也是赌气，就给项羽回了两个字："如约。"如约的意思就是"谁先入关谁做秦王，后面来的您就赶紧回来洗洗睡吧，没您什么事了"。

作为灭秦的首功之人，项羽收到这种回复自然是拍案而起勃然大怒。他干脆抛开楚怀王不管，依靠自己在诸侯联军中无人能比的威望和地位，自称西楚霸王，统辖占天下四分之一的九个郡，然后作为天下的霸主分封起天下来。

我们看一下项羽的分封名单：

汉王刘邦，地盘包括巴、蜀、汉中，建都南郑；

雍王章邯，地盘包括咸阳以西的关中地区，建都废丘（今陕西兴平市东南）；

塞王司马欣，地盘包括咸阳以东至黄河的地区，建都栎阳（今西安市东北）；

翟王董翳，地盘包括上郡，建都高奴（今陕西延安市东北）；

西魏王魏豹，地盘包括河东地区，建都平阳；

河南王申阳，地盘包括黄河以南地区，建都雒阳（今河南洛阳市）；

韩王韩成，地盘是原来韩国地界，建都阳翟（今河南禹州市）；

殷王司马卬，地盘在河内郡（今河南武陟县内），建都朝歌（今河南鹤壁市淇县）；

代王赵歇，地盘在代地（今河北蔚县附近）；

常山王张耳，地盘在原赵国地区，建都襄国（今河北邢台县）；

此外还有九江王英布，建都六县（今安徽六安市附近）；衡山王吴芮，建都邾县（今武汉市新洲区）；临江王共敖，建都江陵（今湖北荆州市西北）；辽东王韩广，建都无终（今天津市蓟州区）；燕王臧荼，建都蓟县；胶东王田市，建都即墨；齐王田都，建都临淄；济北王田安，建都博阳（今山东泰安市）。

总有人爱说项羽分封天下不公平，这才导致了后来的失败。现在想想其实不尽然，分封天下这种大事情，不管是什么人来做，任何政策、方案都不可能面面俱到。一个能够让大部分人满意，顾及大部分人利益的方案就是一个好的方案。项羽的分封是以击秦有功且跟随自己入关为原则，虽然其中有人情的嫌疑（司马欣曾有恩于项梁，英布是项羽的部将），但绝大部分肯于攻秦且跟随项羽入关的诸侯都得到了封王的待遇。即便是巨鹿之战后和张耳有过刎颈之交，又因和张耳闹翻而私自弃印归隐山林的陈餘，也分到了南皮附近的三县。衡山王吴芮的部将梅鋗因军功颇多，虽然没有被封王，但项羽封了他一个十万户侯。

总之，在反秦战争中能说得上名字、确有功劳并坚持反秦的立场斗争到底的人，几乎都在项羽的分封之列。连章邯这个取了项羽至亲之人性命的秦将，项羽在大局面前都可以接受他的投降并封了诸侯，可见项羽肯定是考虑了大多数诸侯的利益。公平地说，这样的方案不失为一个好方案。

现在项羽已经贵为西楚霸王，而在楚国内部权力斗争中败下阵来的楚怀王熊心，已经没有存在的必要了。于是分封诸侯之后，项羽向天下宣布，他的老上司楚怀王熊心从现在开始“升格”为帝，称“义帝”。项羽还宣称，自古以来为帝者都是居住在长江上游的，这样在地理位置上比较便于俯瞰群臣，所以义帝应该迁徙（实际上是被发配）到长江上游隶属于长沙郡的边远、潮湿的郴县。

终于，项羽摆脱了一切实际上的束缚，成了当时天下的霸主。

汉王刘邦

汉元年（公元前206年）正月，刘邦接到了项羽给他的到巴蜀之地做汉王的委任状，心里充满了不甘和不满。对刘邦的分封，项羽的说法是这样的：当时是有约定先入定关中者为王，这个关中指代的自然是秦国的领地；先入定关中者为王，那自然是秦国的王；刘邦第一个进入关中，按照约定，他自然要在秦国的地盘上当王，而巴蜀也是秦国的地盘，刘邦去那里做王也算是履行了当初的约定。

虽然那时候的巴蜀自然资源丰富，但人口稀少，社会生产力低，甚至很多地方还未开化，更要命的是交通闭塞至极。直到几百年后的盛唐时代，诗仙李白还感叹说：“蜀道之难难于上青天。”项羽把这种地方留给刘邦，说好听点儿，刘邦是去做王，实际上跟发配差不多，甚至可能还不如义帝去的郴县，也难怪刘邦不满，真是沉江的心都有了。

之后的一段时间里，刘邦的心情变得非常复杂。每每念及自己的平民出身及落草为寇的经历，想到如今一跃成为一方诸侯，他自然满心欢喜；若想到自己本应是富庶关中之王，如今却变成了崇山峻岭中的汉王，便愤愤不平；转而想到，不管怎么样，自己这个沛县的无名小卒以后能呼风唤雨于一方，又感到一丝窃喜；可一旦念及巴蜀之地可能语言都不通，自己的妻儿老小又在千里之外的楚地，刘邦又忍不住一阵失落。在这种喜忧交加的心情的影响下，刘邦的情绪经常变得很激动，最后甚至想：干脆带人抄家伙和项羽干一仗，即使输了什么都不要，就这么回家做个普通百姓也好过现在这般窝囊地去称王。

对于刘邦的纠结，他身边的将领们也或多或少地能感受到，但只有萧何敢去劝阻和安抚刘邦。当刘邦再次想带人冲出去和项羽干仗的时候，在一旁的萧何马上按住激动的刘邦，轻声地说了一句："大王，如今的结果虽然不如意，但总比丢了命强上百倍吧？"

萧何的一句话点醒了刘邦，他良久地注视着这个帮助自己造反，推举自己做首领，带领全族人跟随自己却从来没有过怨言的人。最初进入咸阳城时，当大家都在捞油水的时候，只有他去接收了秦政府的图书典籍，知道如何管理一个政府，刘邦打心里对他产生了独特的信任感。刘邦第一次整了整衣冠，心悦诚服地向这个叫萧何的老相识拱手鞠躬，从此不在任何人面前提起自己对分封的不满。

不久后，张良前来向刘邦提及自己即将离开的消息。张良本是彻底的复国主义者，如今韩国已复，张良自然要回到韩王韩成那里辅佐韩成，延续张家两世为相的传统。虽然刘邦舍不得张良，但如今他就要到巴蜀之地去了，即便张良肯跟着自己又能有什么作为呢？为了报答张良之前对自己的帮助，刘邦慷慨地送给张良黄金百镒、珍珠二斗（参考鸿门宴时刘邦不过是送给项羽白璧一双、范增玉斗一对，就知道张良在刘邦心里的分量了）。

张良显然察觉到了刘邦心中的不快，试探之下，刘邦向张良表露了自己不愿老死在巴蜀的想法。想到自己即将归附韩成，与刘邦再会恐怕遥遥无期，为了再帮刘邦一把，张良主动给刘邦出了一个主意：由张良出面将珍宝全部转赠给项伯，希望项伯能在项羽面前为刘邦多美言几句。虽然不指望项羽能改变主意将刘邦留在关中，但希望项伯能为刘邦尽可能地多争取一点儿地盘。

看到闪闪发亮的珠宝，项伯怎么驳得了亲家刘邦的面子？在一番软磨硬泡之下，项伯替刘邦争取到了一块战略要地——汉中。

汉中地处陕南腹地，是通往蜀地的必经之路，地势南北高中间低，中部是汉中平原，沃野千里，易守难攻，是一块战略要地，也是巴蜀地区通往关中的门户。刘邦仅用几件黄白之物就通过项伯轻而易举地取得了汉中，实际上为自己将来反击关中奠定了基础。试想，如果汉中在项羽的掌控之下，不仅刘邦想入关中不可能，就连刘邦自己的巴蜀恐怕也时刻处于项羽的觊觎之下。

天下没有不散的筵席，汉元年（公元前206年）四月，各路诸侯开始离开咸阳归国，刘邦也带着他的队伍往汉中的南郑出发。这个时候，刘邦的队伍组成比较复杂，他原本的十万人马多数已经被项羽遣散了，跟他一起去汉中的除了他自己的手下和很多慕名追随他的人，还有项羽派来的三万楚国士兵。这三万人美其名曰帮助刘邦增强实力，其实就是项羽安排来监视刘邦的，这反映了项羽对刘邦是留是杀态度上的犹豫不决。即便知道项羽的意思，这个时候的刘邦也只能强忍着心中的不快继续上路。

作为至交好友的张良一直送刘邦到褒中（今陕西勉县附近），一路上，刘邦与张良相互交流了很多对未来的打算和想法。当然，刘邦当时最担心的是，虽然项羽在鸿门暂时放了自己一马，但说不定什么时候又会采取措施对自己加以迫害。别的不说，身边这三万楚国士兵便让刘邦如芒在背、如鲠在喉，而且他仍然对不能称王关中感到愤愤不平。

针对刘邦的顾虑和想法，临别时，张良最后为刘邦出了一个主意："大王不应该想得这么远，现在最重要的是保住自己，逐渐壮大自己的实力，然后才能考虑其他的事情。按我的愚见，大王为什么不把来时的栈道都烧掉，以此来向天下宣告自己准备终老在这一亩三分地上，再也不出去了呢？这样一来，既可以防止有人偷袭，也可以减少项羽对你的顾虑。"其实，这么做还有一个作用是张良没有明说的：烧了栈道就断了项羽派来的三万楚兵的归路，为了有朝一日能回归故里，他们要么逃亡，要么为刘邦反攻关中所用。

刘邦送别张良后虽然不情愿这么做，但此时他对张良的信任是无条件的，于是他按照张良的话一把火将栈道烧得干干净净，头也不回地带着队伍进入汉中，做起他的汉王来。

第七章

短暂的和平

韩信：白璧三献

这时候，我们不得不提到日后刘邦队伍里一个极重要的人物，他是从项羽手下逃出来的，混迹于慕名追随刘邦进汉中的众人中，这个人叫韩信。

汉元年（公元前206年）之前的韩信是一个不起眼的人物：虽然他长得人高马大，但他不种地，也不做小买卖，七尺男儿每天到村里人家里挨家蹭饭吃，弄得十里八乡的乡亲们躲他跟躲瘟神一样。

说到韩信的身世背景，我只知道他大概是六国某个没落贵族的后代，至于他的军事才能是天生自带还是家学渊源，抑或是后天习得，均无从猜测。韩信本人早年最有名的事情无非是钻了同乡的裤裆，如此人物在当地百姓眼里自然是不入流的。以致到了秦政府统一全国，大范围选拔吏员的时候，老百姓都不选他（与刘邦对比，就可以证明刘邦这人的情商确实高）。好容易挨到了乱世，韩信拿起祖上流传下来的那把剑，只身从军投奔了项梁。

韩信的霉运似乎并没到头，他在项梁手下还没来得及整出什么名堂来就遇到了定陶之战，项梁战死，韩信又归属了项羽。比之项梁，项羽还算看重韩信，他让韩信在自己身边做了一个侍卫（郎中）。韩信以为自己时来运转，准备做一番大事，于是他抓住在项羽身边的机会，屡次主动向项羽献言献策。虽然项羽一贯在战略布局上有不足，但彼时的项羽正是一力降十会、横扫天下、所向无敌的时候，根本不屑于耗费时间听什么策略。韩信也高傲得很，见自己得不到项羽的重视，就果断炒了老板项羽的鱿鱼，转投刘邦的帐下。根据“敌人的敌人就是朋友”的道理，尽管刘邦不了解韩信，但他还是很痛快地让韩信当了一个“连敖”小官（大概就是将军手底下一个副官）。

然而，出乎韩信的预料，到汉中转换门庭的他非但没有混得风生水起，反而更惨。投奔刘邦后没多久，准确地说，是在刘邦率领队伍去往南郑的路上，韩信就犯事了，事情还不小，依律“坐法当斩”。韩信被押到法场后，等和他一同犯事的另外十三个人都已经人头落地，临到韩信被行刑时，他看到了夏侯婴。情急之下，韩信立刻大声喊道：“大王不是要夺取天下吗？怎么能杀像我这样的人才呢？”夏侯婴听到韩信的这句话，心里不由得为之一震。

夏侯婴是刘邦的亲信，早年当过沛县的厩司御，说白了就是沛县弼马温的手下。早年在沛县时，夏侯婴跟刘邦就有些交情。有一次，在与当时的泗水亭长刘邦戏耍时，夏侯婴被刘邦无意击伤，因为是无心之失，所以当时两人都没有计较。可过了不久，这事就被一个平时与刘邦不和的人捅了出去。依秦法，刘邦身为吏员，打伤他人属于执法犯法，是要从重处罚的。等到地方上派人来调查此事的时候，刘邦并不承认曾经打伤过夏侯婴，夏侯婴也作伪证称刘邦没有伤过他。尽管后来夏侯婴因为这事被关押了一年多，并且反复遭到刑讯逼供，但他仍旧不改口，最后事情也就只能这样不了了之。经过这事之后，出狱的夏侯婴和刘邦便有了过命的交情。

正因为有这样的经历，夏侯婴才成了刘邦的心腹，也才了解刘邦心里真正的想法。鸿门宴之后，项羽称霸天下，诸侯为之臣服，在旁人看来刘邦也已经慑服于项羽，但只有刘邦身边的几个亲信才会了解，刘邦的志向已经出现了变化。刘邦已经不仅仅满足于偏安一隅做一个汉王，他不能容忍自己的命运再由他人操控，不能让项羽继续骑在自己的头上。要做到这一点，刘邦就必须击败项羽，必须君临天下。所以，当听到一个无名小卒说出刘邦要“夺取天下”这样的话时，夏侯婴感到很诧异。再仔细端详，发觉韩信长得一表人才，夏侯婴立即命令士兵暂缓行刑，将韩信带到自己府中。之后两人经过一番详谈，夏侯婴觉得韩信的见识更在长相之上，确实与众不同。于是，夏侯婴亲自向刘邦保举韩信。刘邦看在夏侯婴的面子上，不但赦免了韩信，还把韩信提拔为管粮草的治粟都尉。

这时候刘邦还在去往南郑的途中，做了几个月汉王后，称王时的新鲜感和兴奋劲儿已经没有了。就好比普通人突然中了一个亿奖金，开始的一段时间，老是兴奋得睡不着，习惯了以后发现不过如此，每天打开存折一看，哦，一个亿，心里泛不起一丝涟漪。又因为听了张良的话，一时冲动烧了栈道，刘邦逐渐变得很郁闷，断了归路确实可以防止有人来偷袭，但也断绝了手下们的希望。刘邦手下的几万人马几乎都来自楚地，大家在这种与世隔绝、远离故土的地方待着，自然人心不稳。自从烧了栈道后，一路上不断有士兵逃亡，刘邦一开始也派人去劝说阻止，但都没什么作用，有时候非但跑了的人没回来，去劝人的人也不见了踪影，后来刘邦索性放开不管了。一路上，队伍拖拖沓沓、走走停停，刘邦的心情差到极点。

行军向来讲究兵马未动粮草先行，韩信做了治粟都尉，在军队中也算是得到了重用。可刘邦让韩信来管军粮实在是大材小用，韩信依然无法发挥真正的才能，幸好韩信因为工作的关系结识了汉王身边的红人——丞相萧何。

自从刘邦在沛县起义后，萧何一直在刘邦身边帮他打理除军事外的一切琐事，是刘邦最倚重的人之一。韩信对治粟都尉一职并不满意，他开始主动向萧何就当前的局势提出自己的看法和建议，并希望萧何能把自己的建议转达给刘邦。萧何因韩信能有如此见识和观点而感到佩服，但他知道刘邦现在心情低落，对任何事情都提不起兴趣来，眼下并不适宜将韩信推举给刘邦，他只能不断褒奖、鼓励韩信。

等到刘邦的队伍抵达南郑，韩信再也坐不住了。他感叹自己命运多舛、所托非人，看来刘邦和项羽一样，不是一个能慧眼识珠的人，再看队伍里的人走的走、散的散，都各奔前程而去，索性自己也开溜算了。于是，刚到南郑，韩信再次做了逃兵。

那个时候，队伍里逃跑的人太多，刘邦又不怎么管事，这种事情大都是逐级上报，最后汇报给丞相萧何。萧何每天听手下读逃跑的人员名单，都只是点点头表示知道了，但这天他听到手下报上来的“韩信”，再三确认此韩信是治粟都尉韩信而不是跟随刘邦入关的韩国将军韩信后，萧何立即骑马冲出军营。相府的官吏们跟随萧何的时间也不短了，却从来没见过丞相如此的表现，都惊慌不已，许久后才有人想起应该马上告诉刘邦。

当手下将萧何也跑路的消息告诉刘邦，刘邦大惊失色，差点儿没一头从床上栽下来，再派人去追的时候，连萧何的影子都看不见了。之后的两天，刘邦更加失魂落魄，时而唉声叹气，时而跳起来大骂萧何这个王八蛋忘恩负义，手下见状都噤若寒蝉，不知如何劝说刘邦。

没想到，两天后萧何又回来了。见到萧何，刘邦既高兴又生气，指着萧何的鼻子就骂："你他娘的跑什么！"

萧何拱手作揖，对刘邦说："大王，我没有跑，我是去追逃跑的韩信了。"

刘邦一脸不信的样子："我呸！这么多人跑了也没见你去追过，这次去追什么韩信，骗谁呀！"

萧何抬起头，不紧不慢地说："其他人都是一般人，一抓一把，跑了是小事，而这个韩信不一样，他是最杰出、最难得的人才。当然，如果你准备老死在南郑这里，那韩信是没有什么用的，但如果你还想争霸天下，就非用韩信不可。"

刘邦当即表示："我的心思你当然是知道的，怎么甘心待在这穷乡僻壤的地方？那我看在你的面子上，就让他做个将军，怎么样？"

萧何回答道："就做个将军他还是会走。"

刘邦不耐烦地说："将军还不行？那就做大将军，总可以了吧。"

萧何拱手再拜："这样的话真是大王之幸！"

刘邦一时失语，摇头苦笑道："大将军就大将军吧，你把韩信那小子叫过来，我见一见。"

萧何正色道："大王，你这说的是什么话，拜大将军是军队里的头等大事，你怎么能跟招个阿猫阿狗一样，呼来唤去。就因为你这样，所以像韩信这样的人才要走。如果要拜韩信做大将军，大王必须择吉日、斋戒、设坛，准备好各种礼仪，隆重地宣布这个重要的决定。"

刘邦一听还要走一套这么麻烦的流程，估计心里也是后悔得很，但有什么办法呢，王者一言，驷马难追，就这么着吧。

以前看史书的时候，我时常就某件事情做一些假设，以解释事件在史书上没有记载的前因，没法儿验证，只当自娱自乐。对韩信逃跑这件事，我也做过一些猜测，尽管没有切实的根据，但在一定程度上也说得通：

萧何月下追韩信，也可能是韩信以退为进的策略，假装逃跑又故意让萧何追上自己，通过萧何让刘邦认识到自己的重要性。不然，如果韩信是蓄意逃跑，且又行动在前，萧何没有派出大队人马撒网式地追查，只身一人哪那么容易就追得上？甚至我们从日后韩信对萧何无条件的信任（这也是韩信致死的原因）来看，两人的交情几乎可以说是深不可测。据此，我也可以以小人之心度君子之腹，猜测有可能事情本身就是韩信和萧何自导自演的一出双簧：因为韩信确有惊人的才干，而刘邦一直不重视他，所以一个假装逃跑，一个假装去追，借此引起刘邦的注意，其实就是在外结伴踏青、游玩了两天而已。

如今历史已然过去，事情的真相永远都不可能被还原，但我们可以肯定的是，这是韩信人生的转折点，从此他得到了一展所长的舞台。

烽火再起

刘邦在南郑修了拜将台，认真地挑选了个黄道吉日，又吃了几天素，然后洗了个澡，换上一身新衣服，隆重地拜韩信为大将军。

然而，在常人看来，做出如此重要的决定的刘邦是很冒失的，因为在拜将之前，刘邦从没有和韩信面对面地进行过认真的交流。虽然刘邦对萧何是十分信任的，但他心里还是没底。拜韩信做大将军之后，刘邦单独会见了韩信，向他表达了自己想争夺天下的心愿和困难，末了把手一摊："现在我把栈道都烧了，接下来该怎么办呢？"

韩信没有直接回答刘邦的提问，而是问了一个他自己最关心的问题。他反问刘邦："大王你自己掂量掂量，你的勇武、强悍、仁慈、实力，各个方面比得上项羽吗？"

面对韩信直截了当、毫不顾忌情面的提问，刘邦沉默了很久才回答："确实比不上。"

虽然被问得心里很不爽，但刘邦能正视自己的缺点，有自知之明，敢于承认自身的不足，这就是他比项羽高明的地方。善于利用自己身边各类人的长处来弥补自身的不足是刘邦最终能够获得胜利的重要原因，而韩信需要的就是刘邦这样的领导。如果换成项羽，单凭这句话恐怕韩信就得到油锅里涮上一遭了。

于是，韩信起身再拜刘邦，对自己刚才话语的直接和不近人情向刘邦表示歉意，接着，韩信胸有成竹地给刘邦分析了项羽和他的优劣。首先，韩信为刘邦深入地剖析了项羽的性格和缺陷，提出项羽的勇武是匹夫之勇，项羽的仁慈是妇人之仁，项羽的强悍是霸权主义，项羽实力虽强却只是外强中干，并不是不可以战胜的。然后，韩信指出，比之现在三秦之地（今关中和陕北地区）的诸侯，刘邦在关中最得民心，这是成就大业的基础。最后，韩信给刘邦出了一个极其重要的主意：派刘邦最亲信的将领樊哙带领一万人，开始修复被烧毁的栈道，以此来迷惑对手，而刘邦率领主力军抄小路重新进入关中。刘邦听后大喜过望，表示与韩信相见恨晚，并马上着手实施韩信的方案。

经过数月准备，汉军主力从当时鲜为人知的陈仓故道重返关中，偷袭雍王章邯。虽然汉军的行动出人意料，但章邯还是第一时间组织起了有效的抵抗。无奈这时候汉军的主力已经出了陈仓古道，把住了进出的隘口，于是双方在陈仓发生了激烈的战斗。这就是后世所说的“明修栈道，暗度陈仓”。

陈仓一战，刘邦的对手是曾经在战场上数一数二的名将章邯。但这个时候的章邯已不是两年前那个叱咤风云，几乎凭一己之力就能扫平反秦武装的名将。他在漳水边的投降让自己失去了作为将领的斗志。二十万关中子弟兵因为他的投降一夜之间被坑杀，让他在关中地区民心尽失。封王之时，项羽对刘邦满怀戒心，任命秦朝的降将章邯、司马欣、董翳为三秦之王，旨在以三人在关中的威望来镇守三秦之地，堵住刘邦东进的道路。但不管是章邯、司马欣，还是董翳，除去自身水平差距外，他们身上都存在类似的问题，就是被关中父老们视为二十万关中子弟被害的元凶。加上之后项羽和诸侯军队对咸阳及周边地区的烧杀抢掠，使得百姓们更加记恨他们这些放弃抵抗、自保求荣的降将。

虽然这三个人是秦朝旧将，但他们在关中极不得民心，他们的统治根基是不稳定的。这样一来，即便是曾经的名将，但内失斗志、外失根基的章邯面对此时实力还并不怎么强的汉军也只能节节败退，从陈仓退到好畤（今陕西乾县东），再退到废丘。随后，刘邦命手下大将樊哙率部分军队将废丘团团围住，意在困死章邯，而刘邦与韩信则继续进兵。同为三秦之王的司马欣和董翳则与韩信之前预料的一样，望风而降。

刘邦占领了三秦之地。对项羽来说，这是一个值得警惕的信号。这个时候或者说在此之后的一段时间，刘邦的力量依然很弱小，并不具备和项羽正面抗衡的实力。如果项羽此时集中力量对付刘邦，刘邦集团很可能数月之内就得吹灯拔蜡。然而，当时的局势就如同刘邦手下的将军、韩襄王的庶孙韩信（此韩信非彼钻裤裆的韩信）为刘邦分析的那样："现在天下未定，人心思动，正是东进争权天下的时机，如果再过一段时间，天下平静了，人人都向往过平静的日子，大王再想翻身就没有机会了。"

所谓的天下未定，人心思动，指的不仅是刘邦手下那些出身楚地的士兵，还包括这样一些人：击败田都、杀死田市和田安、合并三齐自立的齐国王族田荣，实力派江洋大盗彭越，以及因未得到封王待遇而怀恨在心的"贤者"陈餘。

田荣、彭越和陈餘，这三个人各有各的来头。

田荣是齐王田市的族叔，本也是齐国的王族之后。战国末年天下大乱，田荣和族兄田儋也趁势拉起一支队伍恢复了齐国，要称霸一方。在那段章邯横扫天下的日子里，公开拉起武装反秦称王基本上是一件稳赔不赚的买卖，田儋、田荣也不例外。当章邯攻打魏王魏咎大破魏齐联军时，田儋被杀死在临济城下，田荣仓皇逃窜，这时候，项梁在东阿击败章邯的秦军，救了田荣一命。项梁追击章邯，田荣却因为忙于齐国内部的权力斗争，不肯出兵援助项梁，间接导致项梁在定陶被章邯所杀。

所谓爱屋及乌，恨屋也及乌，出于对田荣的怨恨，项羽在分封天下时，索性将齐国一分为三，把田荣扶植起来的齐王田市（田儋的长子）贬到了胶东，另立齐国的将军田都做了齐王。对于项羽这个带有个人恩怨的决定，原本可以据理力争的田市选择了默然接受，本应对项羽怀有亏欠之心的田荣却勃然大怒，当然也可能是趁机发难。于是，田荣干脆利落地赶跑了田都，干掉了田市，顺便捎上一个完全无辜、只因为姓了田的济北王田安，重新合并三齐之地，做了齐王。

彭越是江洋大盗，在那种干正经行当无法谋生的乱世，为了生存，做个山贼水匪之类也不能说就没有出路。但彭越在众人反秦的斗争中实在是没做过什么值得记载的事情，唯一一次与反秦有交集的事情是曾经协助刘邦攻打昌邑。前面已经交代过了，刘邦久攻昌邑不下，于是双方又分道扬镳，刘邦绕开昌邑继续西进，彭越没有加入反秦大军，而是带着手下继续在钜野泽（今山东菏泽市巨野县北）里观望天下的形势。

谁都知道机会总是青睐积极主动的人，彭越这一消极的观望让他彻底成了旁观者。项羽率大军入关分封天下，自然不会想到还躺在钜野泽里晒太阳的彭越，诸侯分封完毕，旁观者彭越和他的一干手下又成了无主的非法武装。

陈餘与张耳都是战国末年声名显赫的人，本是刎颈之交，曾一起受过苦、逃过难，也曾经一起发迹，成为赵国的大将军和右丞相。巨鹿之战时，张耳与赵王赵歇困守巨鹿，陈餘率数万人在城外因为秦军的强大而踌躇不前，于是两人之间产生了隔阂。巨鹿之战后，大有劫后余生感觉的张耳见到了陈餘，第一件事就是责怪陈餘见死不救。陈餘出于一时气愤，表示自己并非重权轻义的人，便作势假意将自己的印绶和军队塞给张耳。不承想，张耳也不客气，一一照单全收。弄假成真的陈餘只能带领几百个亲信，到大川大湖中以渔猎为生，隐居江湖。

到了项羽分封天下时，名气很大、反秦有功又跟从项羽入关的张耳被封为常山王；同样名气很大、反秦有功但没有跟从入关的陈餘，项羽听说他跑到了南皮县去钓鱼，也把南皮及周围的地方，一共三个县都封给了他。按理说，这事主要责任在陈餘，是他自己主动放弃一切（尽管不是他的真实意愿），项羽分封时仍顾及他以往的功劳，封给了他几个县。如果陈餘是真的隐士，那干脆连这几个县都推托掉，潇潇洒洒地笑傲江湖。可陈餘本质上并不是真的隐士，而是一个追名逐利的俗人，他前半生的隐忍、拼搏、奋斗、付出以及受的窝囊气都是有所图的。当最终得到的果子并不如自己想象中的大，尤其是看到曾经一起劳作的张耳得到的果子比自己大上两倍时，他的心态就开始失衡，将责任归咎于他人。于是，张耳和陈餘这两个曾经的至交彻底决裂，反目成仇，陈餘时刻不忘要从张耳手中把他认为本应属于他自己的果子抢回来。

汉元年（公元前206年）七月，田荣合并三齐后，应陈餘要求派兵助陈餘偷袭张耳。张耳不敌，逃亡关中，同时田荣派人收编了彭越。汉元年八月，刘邦和韩信暗度陈仓反攻三秦。

第八章

楚汉之争

韩成

项羽分封的十八个诸侯里面，韩成是较为特殊的一个人。

我们知道韩成是韩国的公子，号横阳君，是当年项梁在张良的建议下首先恢复的一个诸侯。但韩成这个韩王当得并不风光，一开始，他被秦军撵着屁股到处跑，好不容易跟着张良到刘邦那里混到一块地盘。可刘邦压根儿看不上这个公子哥，帮他打下十几座城池后，就让他在那里守城，自己带着张良继续往武关去了。说是让他守城，其实相当于拿那十几座城跟他换了一个张良。

韩成也是老实，刘邦让他守城，他就乖乖在那里守着，不敢挪窝。等刘邦和项羽都入了关，天下已定的时候，他也跟着到了关中。按项羽“击秦有功、跟从入关”的分封原则，天下本不应该有韩成的份儿，但韩成“韩王”的名头毕竟是项梁留下的，因此，项羽没立刻把他除掉，分封之初依旧让他做韩王，定都阳翟。

虽然同样是诸侯，韩成这个韩王和别的王比起来在待遇上可差得远。按理说，项羽跟韩成没什么过节儿和私人恩怨，但张良帮助刘邦抢在项羽之前入了关这件事始终让项羽有种说不出的怒火，作为张良名义上的顶头上司，又没什么本事的韩成自然处处让项羽看着不爽。项羽分封完天下后就催促各路诸侯赶紧之国[1]，但没让韩成去他的韩国，而是说韩成这个人没

1. 前往封地。

有什么军功，需要继续历练历练，暂时不能之国，准备让他跟随楚军一起回彭城。

对于项羽的决定，韩成是不敢怒也不敢言，毕竟项羽说得没错，他确实对灭秦没什么功劳，也没什么苦劳，顶多是在守城的时候有点儿疲劳而已。当时韩成天真地以为：去彭城就去彭城吧，好歹是个王，待哪儿不一样？

巨鹿之战时，如同废物一般的诸侯们已经不被项羽放在眼里，像韩成这样懦弱的废物，项羽更是看不上。从咸阳到彭城，一路走来，项羽对韩成是越瞧越恶心，反正也不准备让他回韩国去，等到了彭城，项羽连名义上的韩王都给他免了，随手封个侯给韩成。到项羽分封天下后的第五个月，项羽干脆把韩成杀了。

韩成本身并不能对时局产生什么影响，但他的死严重影响了一个人的信念，这个人就是张良。在此之前，张良是一个彻底的复国主义者。当项羽分封天下完毕，韩国得以正式恢复之后，尽管张良和刘邦非常合得来，但他还是选择离开刘邦，跟随韩成去发扬光大韩国。如今项羽杀了韩成，等于彻底断了张良复国的梦想，让他深刻意识到，只恢复韩国并不能改变这个混乱的、弱肉强食的世界，而要建立一个强大的、人民得以安居乐业的国家，就必须打破眼下混乱的社会秩序，在旧秩序的废墟上重建一种完善的、美好的新秩序。

对张良来说，韩成被杀后，他便摆脱了复国主义者的身份，韩国这个阿斗是扶不起来了，也没有必要再扶了。于是张良从彭城逃出来往汉中跑，他坚信，那里的那个人在自己的帮助下最有希望打破自春秋战国几百年来纷争的乱世，建立一个全新的、统一的、自己理想的世界。

刘邦的出击

刘邦、田荣、陈餘、彭越的行为对刚刚回到彭城的项羽来说是一个极大的刺激，是对他这个西楚霸王的公开蔑视和挑衅，项羽自然会暴怒，决心要铲平这一干宵小。纵然项羽天下无敌，但他没有三头六臂，不会分身术，不能四面出击，再怎么愤怒也只能耐着性子挨个收拾。史书上记载，暂别刘邦的张良这时候发挥了重要作用，他写信替刘邦开脱："汉王只是想得到他按约定应该得到的关中地区而已，对其他地方不敢再有非分之想。"又一并附上了齐、赵两国要联合灭楚的布告，这才致使项羽最终决定先解决田荣，给了刘邦喘息的机会。

这就是史书对成功人物过度褒扬，夸大其功绩的典型事例。即便张良真写了这封信并且送到了项羽手里（估计又是通过项伯来传递），那它对项羽的影响也是有限的。这个时候，韩成已经被项羽杀了，以项羽自负的性格，对韩成尚且瞧不上眼，很难想象他对身为韩成臣子的张良能有什么好印象，更别提接受张良的意见了。那么，项羽首先击齐的原因可能很简单，就是各方所处的地理位置决定了项羽的行动——齐、楚两国是依山傍水的邻邦，只要项羽出门，田荣随时可以来他家打打牙祭。即便刘邦占了最有利的关中，但他远在千里之外，并不具备直接威胁。于是项羽一边率主力入齐，另一边任命郑昌为韩王，防御刘邦有可能的进一步扩张。项羽自信以他的能力，先解决田荣再集中力量对付刘邦是完全来得及的，但如果舍近求远先解决刘邦，那田荣很容易就能抄了他的家底。

这一次项羽猜对了开头，却没有猜对结尾。汉二年（公元前205年）的冬天，项羽与田荣战于城阳。战争开始的时候，项羽所向无敌，一切非常顺利，论带兵打仗，田荣完全不是项羽的对手。田荣在齐国的统治也不得人心，交战没几个回合，见敌不过项羽他便匆忙撤退，在撤退到平原（今山东平原县南）时被当地的百姓杀死。

取得初步胜利后，可能是因为对手太弱没打过瘾，或是因为对田荣的怨恨没有发泄干净，加上长期以来养成的不良习惯，项羽继续把气撒在那些在他看来曾经帮助过田荣的百姓身上，不仅坑杀了田荣的降卒，还继续北上，夷平了所经过的城市，俘虏了大量的老弱妇孺，一路烧杀抢掠，到了海边方才罢休。田荣被杀反映了齐国百姓对他统治的失望，项羽并没有意识到这一点，抓住机会在当地施行仁政来获取民心，反倒采取了比田荣更加残暴的政策。结果，项羽所过之处"多所残灭"的行径激起了更大的民愤，齐国百姓开始自发组织武装力量，不断骚扰、袭击项羽的军队。同时，田荣的弟弟田横则趁机拉起几万人的队伍继续和项羽战斗。本来倾巢而出的项羽在顺利解决掉田荣后应该迅速收兵，集中力量摆平刘邦，但现在他被迫陷在齐国的战争泥潭里拔不出腿来。

项羽的失误给了刘邦机会。汉二年（公元前205年）十一月，汉军基本平定三秦之地后，刘邦回到关中，并做了一个很重要的决定，就是把他汉国的国都从屁股都还没坐热的汉中南郑迁到关中的栎阳，随后下令在关中地区建立汉国的社坛和稷坛，这意味着刘邦正式把关中地区划拉到自己汉国的版图内。刘邦的一系列动作表明他实际上已经否定了项羽对天下的分封，标志着刘邦彻底和项羽决裂的决心。

既然刘邦已经下定决心跟项羽撕破脸皮，那就只能不死不休了。虽然这个时候张良还在用前面已经提到的“刘邦对关中之外的地方不敢有非分之想”的书信忽悠项羽，汉军的扩张却一刻没有停止过：先是兼并河南王的地盘；随后又拿下了项羽任命的来监视并阻止刘邦东进的韩王郑昌；紧接着夺取陇西、北地诸郡；三月，刘邦率军亲征，魏王豹望风而降；进而刘邦又攻下河内，俘虏了殷王司马卬。

就像当年的雍齿一样，项羽就是刘邦当下的梦魇。鸿门宴之后，刘邦时刻不忘要一吐心中的恶气。在出兵反攻三秦八个月之后，刘邦就大大地拓展了自己的地盘、增强了自己的实力，成为当时实力仅次于项羽的诸侯，而此时项羽还陷在齐国的泥潭里不能脱身。于是，刘邦打算趁此机会集中自己所有的力量主动向项羽发起进攻，要一吐以往的恶气。

但是，要进攻项羽，这时候的刘邦还有一个心理关要过：反攻三秦，借口可以是项羽分封不公，他刘邦占据道义上的制高点；可如果要主动攻击当时天下公认的盟主、自己的义弟项羽，要大义灭亲，道义和借口又在哪里呢?

借口项羽已经给刘邦准备好了：汉元年（公元前206年）九月，在项羽的反复催促下，失势的楚怀王、“义帝”熊心打点好行装，往他的“帝都”郴县出发。可项羽已经等不及一步步地解决这个名义上的领导，一封密信送出，不久熊心就在路上失踪了。汉二年十月，“义帝”熊心被发现尸沉长江江心。经刘邦的探查，凶手是衡山王吴芮和临江王共敖，而背后的主谋则直指西楚霸王项羽。

熊心的死展现了他最后的一点儿人生价值。按一个叫董公的老头儿的意思，刘邦抓住机会，为“义帝”发丧，汉国上下默哀三日。刘邦还亲自上阵表演，公开赤膊袒胸，号啕大哭，如丧考妣，并布告天下：要倾全国之力，联合天下有良心的人士一起为天下的共主“义帝”熊心报仇。

汉二年（公元前205年）三月，刘邦大发关中及河南、河东、河内士兵，纠集起一支五十六万人的诸侯大军，沿长江、汉水顺流而下，向着项羽的老巢彭城前进。

庞大的军队浩浩荡荡地前进着，队伍的旗帜遮天蔽日，士兵的盔甲反射着耀眼夺目的光芒。刘邦或许没有想过，出身低微的自己有一天竟也可以有实力和天下的霸主一较高下。望着身后如潮水般的士兵，他心里既恐惧、紧张，又激动、兴奋，甚至还有一些志得意满。这是他在攻入咸阳的时候都没有过的感觉。反秦时期的刘邦多少还是个愣头青、混不吝，而经过一系列成败荣辱考验的刘邦，已经能感受到对手的强大而知道畏惧，但开弓没有回头箭，只有知道畏惧才能勇敢地踏出这一步。他仰起头，注视着头顶那炽热的太阳，深吸了一口气：

“天上没有两个太阳，天底下也没有两个霸主。项羽，我来了！”

彭城之战——刘邦与项羽的第一回合

彭城位于华北平原东南部，即今天的徐州，传说是黄帝最初封的都城。“彭”者，擂鼓之声也，仅从名字就可以看出此处是一块战略要地。彭城是军事重地，而且是一个易攻难守的地方，因为它四面几乎都是平原，无险可守。如果城里没有大军驻扎，基本上连固守待援都做不到。

刘邦的大军行动迅速，一路上没遇到什么抵抗，很快便到了彭城城下。项羽没有料到刘邦的行动如此迅速，他的大军还在齐国的泥潭里挣扎着，彭城里只有他手下的将军虞子期带着些许散兵游勇在看家，也就是能维持维持地方治安而已。

虞子期是虞姬的哥哥、项羽的大舅子，他本人并没有什么经天纬地的才能，远远望到刘邦几十万人的大军杀将过来，早就吓破了胆，赶忙带着自己的妹妹虞姬一溜烟地跑掉，彭城很容易就被刘邦攻了下来。

刘邦没有想到自己能这么容易就拿下彭城，甚至比攻入咸阳还简单。这对刘邦来说，当然又是一次重大的胜利，但刘邦知道，项羽和他的主力并没有被消灭，自己只是攻其不备而已。刘邦更知道，自己一下子端了项羽的老窝肯定会惹毛项羽，他绝不会善罢甘休。项羽的个性刘邦自认为是很了解的，一旦得到彭城被占领的消息，以项羽的脾气，他一定会第一时间不顾一切地反扑。为了尽快赶路，项羽必然会轻兵简从，不会等到集合了大军再来与他交战，这正是他刘邦一举击败项羽的机会。

攻入彭城后，刘邦马上将自己的大军分配在彭城四周布防，尤其在项羽可能回兵进攻的北面屯集重兵。刘邦计划等项羽攻过来时，先用添油战术拖住并消耗楚军兵力，再集中兵力伺机围而歼之。安排妥当之后，刘邦视察了一圈布防，自认为万无一失，只等项羽过来送死。这时候，他肚子里的馋虫终于按捺不住了。他开始每天在彭城大摆宴席，把项羽从咸阳运回来的美酒开了坛，美女也叫出来玩乐，过了一把在咸阳城早就想过的瘾。

就在刘邦沉浸于彭城的酒池肉林里的时候，项羽的反击来得比刘邦想象的还要迅猛。接到屁滚尿流地逃到楚军大营的虞子期的报告，项羽理所当然地大怒起来，破口大骂刘邦狗贼安敢如此。他马上命令手下的将军率领军队缓步南撤，从齐国的泥潭里抽身出来，自己则带领手下最精锐的三万骑兵日夜兼程回师彭城。

回到西楚国地界，项羽迅速摸清了彭城附近汉军的布防，很巧妙地绕过了刘邦重兵布防的北面，趁着夜色从胡陵（今江苏沛县龙固镇东北）绕道，队伍到彭城西面的萧县（今安徽萧县西北）隐匿了下来。休息半夜之后，在破晓时分，楚军开始从西向东突袭彭城的汉军。汉军的注意力几乎全在北面，完全没有料到项羽会从西面杀过来，顿时乱了阵脚。只用半天时间，楚军便将汉军杀得大败，重新夺回了彭城。前一天晚上还在彭城醉生梦死的刘邦被城外楚军的喊杀声惊醒，他搞不清楚项羽带来多少人，这么快就打到彭城，急急忙忙提上裤子就往外逃。

想来项羽给手下的军令中肯定有捉拿刘邦这一条，但黎明前的黑暗最为黑暗，且彭城内早已混乱不堪，加之刘邦平素只跟项羽和项羽的亲信相熟，绝大部分楚军士兵并不认识刘邦，这才使得刘邦七拐八拐地从彭城逃了出来。驻扎在彭城四周的汉军还没来得及合围项羽，就因为主帅刘邦逃跑，失去了指挥而乱作一团，没有被楚军攻击的汉军队伍见状也开始四散奔逃。恐惧就像病毒一般迅速在汉军军中传播。等到逃出彭城，惊魂甫定的刘邦发现楚军人数不多，想指挥队伍稳住阵脚反扑的时候，这阵脚却说什么也稳不住了。五十六万汉军面对三万楚军，纷纷溃逃。

但汉军要逃也要问问项羽答不答应。楚军是骑兵，汉军主要是步兵，在平原上，两条腿的步兵怎么能跑得过四条腿的战马呢？于是楚军越杀越起劲，汉军越逃越混乱，有十几万慌不择路的汉军士兵被淹死在泗水和谷水中。眼看在平原上逃跑是没有出路了，汉军中有人想到要逃到山里才能躲得过楚军的战马，而彭城四周只有南边是丘陵地带，刘邦便带着溃不成军的汉军将士们一路往彭城南边的灵璧县逃。灵璧和彭城之间有一条睢水，汉军大队的溃兵刚要渡河，楚军再次从后面掩杀上来。急于逃命的汉军人马在睢水边互相践踏，又有十几万人淹死在水里，汉军的尸体几乎把睢水全部堵住，最后刘邦带着几百个随从过了河。

渡过睢水的刘邦失魂落魄地跑到了灵璧县郊外，看着手下只有几百残兵败将，简直欲哭无泪。可还没等坐下来喘口气，刘邦发现了更要命的事情，原来不知什么时候，自己已被一支楚军的骑兵队伍包围。从汉军中往外望去，只见四周旌旗摇曳，面面皆有“西楚”字样，已经里外三圈地把刘邦和他的几百个残兵围得密不透风。除非刘邦肋生双翅，不然哪里还有生路？

此情此景让刘邦刚刚稍微有点儿放松下来的神经顿时又绷得紧紧的，双腿一阵哆嗦，差点儿没尿出来。楚军将领很快便发现了刘邦，一面派人前去通知项羽，一面开始收拢阵形，要将刘邦生擒活捉。

正常情况下，如果换作其他人，接下来的情况无非两种：要么投降束手就擒，要么反抗力战身亡。总之，刘邦眼看就快没有活路了。但刘邦偏偏遇上了第三种情况，这时正巧发生了一件常理解释不通的事情：一股龙卷风从西北方刮过来，风势迅疾，吹得漫天黄沙，朗朗的晴空霎时间昏暗一片。这风好生了得，所过之处，房屋屋顶被掀翻，碗口粗的大树被连根拔起。楚军的将士虽然勇猛，但也经不住大自然的考验，被吹得军旗折断，人仰马翻，铁桶一般的阵势随之崩坏。

绝境之中居然出现了这种不可思议的大变故，刘邦自觉是死中得活，哪里还有半分迟疑，随即大喝一声，奋起余勇，带着手下几十个骑兵屁滚尿流地逃出了包围圈。

在中国几千年的战争史上，遇到刘邦这种绝境的将领很多，其中绝大部分要么选择抗争而死，要么投降后屈辱被杀，能死里逃生的少之又少，原因很多时候只能归结为运气。运气这种东西看不见摸不着，但在关键时候又实实在在地存在，一个人要成功，除了要有能力、实力、水平、胆识、机遇，好运气也是一个不可或缺的条件。刘邦之所以能够成功，好运也是必不可少的决定性因素，只能说是天命如此。如果刘邦在这里就死掉，那他就不能成为刘邦了。

刘邦日后回忆起这段往事，不由得觉得连老天都在保佑他，自然得意扬扬，高兴之余甚至忍不住哼出一句："大风起兮云飞扬。"

等到龙卷风吹过，项羽来到时，刘邦已向沛县方向逃窜。西楚国又不是他刘邦家的厕所，哪容得他想来就来想走就走！项羽命令认识刘邦的将军丁固和季布各领一队骑兵继续往沛县追赶刘邦，顺便去绑了刘邦起兵时留在沛县的一家老小来和他团聚。

没想到，这两个人追去又是两种不同的结果。丁固追得倒是挺快，追出不久便赶上了刘邦的队伍，双方一阵短兵相接。此时的刘邦蓬头垢面、狼狈不堪，哪还有心恋战？几个回合下来，刘邦渐渐体力不支，一打马掉头就跑，丁固则在后面穷追不舍。刘邦一连跑了几里地，跑得发簪都掉了，还是不能摆脱丁固的追赶，反而被丁固逐渐逼近。情急之下，刘邦回身看着丁固喊道："丁公！你我相识一场，世上向来只有英雄惜英雄，哪有互相残杀的？丁公何必逼我这么急呢，若放我一马，日后定当不忘。"

丁固听到刘邦夸自己是英雄，再看看刘邦披头散发的狼狈样，头脑马上一阵发昏。"大英雄"丁固自是思量：英雄好汉要胜就要胜得堂堂正正，不能乘人之危。一有这想法，丁固心里便犹豫起来，胯下的马也慢了下来。刘邦看到丁固犹豫不决，赶紧快马加鞭跑了。待到丁固天人交战一番醒过来时，刘邦已经不见踪影。

再次逃过一劫的刘邦继续往沛县方向逃窜，一路上反复受惊的他精神恍惚，骑不得马，只能由自己的车夫夏侯婴赶着马车往沛县疾驰。等到路过自己家门时，刘邦发现家里已经人去楼空，想必是逃难去了。情急之下，刘邦也顾不上仔细寻找，命令夏侯婴继续上路，往西边撤退。不想刚走出不远，就在路边遇到了自己的一双儿女，刘邦大喜过望，忙把儿子、女儿抱上车继续赶路。

一路从彭城逃来，刘邦一行已经是人困马乏，此时车上又多了两个小孩，虽然他们不是十分沉重，但对疲惫的战马来说是不小的负担，马车的速度便渐渐慢了下来。后面的季布带着骑兵却是快马加鞭地追赶，这一快一慢使得楚军又追了上来。在这样危急的时刻，夏侯婴只能咬紧牙关猛抽已经快口吐白沫的战马的屁股，让它们跑得再快一些，可楚军还是一点儿一点儿地逼近了刘邦的马车。

此时，几次死里逃生又重陷绝境的刘邦几乎要崩溃了。他为了给马车减负，好让马儿跑得快一点儿，干脆双脚一蹬把两个孩子踢下车去。没想到赶车的夏侯婴在忙乱中还顾着车后的情况，第一时间发现身后有异，赶紧一个“急刹车”翻身跳下来，把两个孩子抱上车继续赶路，而刘邦就在车上默然地看着夏侯婴的举动，一言不发。继续跑了几里地，刘邦远远地看见楚军又追了上来，再次把两个小孩踢下去，夏侯婴又停车把小孩抱起来继续赶路。如是这般好几个来回，等到夏侯婴再次把小孩抱上车的时候，刘邦再也忍不住了，拔出剑来就要砍两个孩子。

面对当头劈下来的利剑，夏侯婴一边护住孩子闪身躲避，一边大声喊道：“大王！情势再紧急，我们不能想其他办法把马车赶得再快点儿吗？孩子有什么错，你怎么忍心抛下他们！”

夏侯婴的话语重新唤醒了刘邦的父爱，他收起手中的剑，从夏侯婴的怀里搂过两个已经吓得说不出话来的孩子，一声不吭地跳上车，夏侯婴则继续赶着马车逃跑。

夏侯婴本是沛县人，对当地的一草一木都很熟悉，驾车技术又十分娴熟，最终带着刘邦和两个孩子摆脱了楚军的追击。季布见再也追不上刘邦，只好回沛县刘邦的老家附近搜索。一番搜索之后，刘邦的父亲刘太公、妻子吕雉和刘邦的手下审食其被士兵们绑了带回楚军大营里。

两个关键的问题

几乎成了光杆司令的刘邦一路跑到梁地（今河南东北部）的下邑（今安徽砀山县城东），这才终于摆脱楚军的追赶。这时候的下邑由刘邦的大舅子吕泽带兵守着。刘邦到了下邑军营接管吕泽的军队，又聚集了一些从彭城败逃下来的士兵，手头有了队伍的他终于可以喘口气了。

虽然不算一败涂地，但汉军的大溃败还是引起了一连串的连锁反应。原来跟随刘邦一起攻入彭城的司马欣和董翳又投降了项羽，一些像魏王豹那样原本持中立观望态度或是倒向汉国的诸侯又转而支持西楚。至于田横，虽然他趁楚军撤退的时机重新夺回了齐国的控制权，又拥立田荣的儿子田广做了齐王，但他眼看刘邦坐拥五十多万大军都被项羽轻松击败，不觉心胆俱寒，于是主动派出使者向项羽求和。这样一来，项羽的声威更盛，刘邦在梁地也待不住了，只能带着队伍逐渐西撤到三川郡的荥阳城。

荥阳也是当时的天下要冲。守住荥阳，刘邦就还能和项羽中分天下、分庭抗礼，不至于把好不容易夺取的地盘全部拱手相让；守不住荥阳，刘邦就只能跑回关中，甚至要跑到他的巴蜀去。但如果这次跑回去了，什么时候还能出来，甚至还能不能出来，可就不好说了。

好在项羽的楚军也不是铁打的，连续作战之后同样需要休整，战事一时缓和下来。刘邦得到了宝贵的喘息机会，他在荥阳一面继续收拢从彭城败逃下来的残兵，一面催萧何从后方发兵发粮支援前线。在后方的萧何也是了得，不仅从关中调拨了大量的男丁支援荥阳，其中甚至包括未成年的小伙子和过了服役年龄的老大爷，使前线兵员得到了补充，还给荥阳运来了粮草。要知道，当时正逢关中地区大旱，一斛米要卖到一万钱，在如此艰难的情况下，萧何依然竭尽全力抽调出一批粮食来支援前线。

可是刘邦的队伍人一多，吃饭的嘴也多了起来，光靠后方运来的粮草并不能解决问题。幸好荥阳西北方临山傍水之处有原来秦政府囤积了大量粮食的仓库，名曰敖仓。刘邦命人迅速修建了通往敖仓的甬道，这样一来，队伍的粮草也得到了极大的补充，有兵有粮的汉军得以在荥阳扎下根来。

从下邑撤到荥阳，虽然暂时是安全了，但刘邦一路上没有停止思考：为什么自己有为义帝报仇的理由，又有五十六万大军，却依然打不过项羽的区区三万人马呢？思虑再三，刘邦认为主要的原因有两个：其一，论打仗，自己确实不是项羽的对手；其二，自己的队伍以步兵和车兵为主，没有成建制的骑兵，而在开阔地带的战斗中，步兵的机动性和战斗力远远不如骑兵。为了解决这两个问题，刘邦找张良来合计。

针对第一个问题，刘邦很大度，或者说故意显得很大度，反正他现在也控制不了这么大的地盘，干脆把函谷关以东的部分土地让出来，给能够帮助自己消灭项羽的人。但说得容易，这样的人又去哪里找呢？对此，刘邦没有对策，好在张良及时给刘邦指出了当今天下可以帮助他消灭项羽的三个人：英布、彭越和韩信。

在张良看来，英布虽然是项羽手下的悍将，但项羽攻齐国、战彭城，英布都没有主动给项羽施以援手。这让项羽很不满，只是因为项羽现在已经四面树敌才没有动他。英布也常常担心项羽会回过头来干掉自己，所以英布是可以被策反的一个人。彭越也是一个将才，之前他和齐国田荣串通一气，而现在齐国和西楚势同水火，所以彭越是他们可以利用的人。韩信已经开始展露自己的军事才能，对战局的把握十分精准。刘邦进攻彭城前，韩信对刘邦的进攻计划持不同意见，但刘邦没有接受韩信的意见，也没有让他跟自己同行，才导致数十万大军一溃千里。所以，韩信是一个可以独当一面的人。

分析完毕，张良胸有成竹地告诉刘邦："如果大王愿意与别人分天下的话，只要得到这三个人的鼎力相助，就肯定能打败项羽。"

刘邦很高兴，他派手下一个叫随何的谋士去策反英布，并且把话说得很满："只要九江王（英布）反项羽，并能出兵牵制住项羽几个月，我就能兼并天下。"

正如张良所预料的，英布已经对项羽心存芥蒂，经过随何的一番游说，英布投向了刘邦这边。但刘邦错误地估计了形势，他没料到英布没能拖住项羽几个月，他自己也没有能力在几个月之内消灭项羽。

接到英布反叛的消息，项羽并没有亲自出战，只是命令手下大将龙且和项声带兵攻打英布，自己则带领队伍进攻仍由汉军把守的下邑。论作战能力，英布应该在龙且、项声之上，但他毕竟曾经身为西楚将领，历来为项梁、项羽所器重，受项氏之恩在先，不帮助项羽攻齐和击汉，理亏在后。

英布见西楚的军队开将过来，首先胆气就不壮，几个回合下来便丢了自己的整个九江，只能和随何一起逃到荥阳。

英布的失败让刘邦意识到，张良的计划不是一个速成的计划，而是一个长时间的瓦解计划，于是他一面积极联络彭越，一面命令韩信去攻打赵国，慢慢扩大汉国的地盘。

“只能慢慢来了。”刘邦看着拜服在自己脚下的英布，摇头苦笑道。

这边，项羽很快便攻下了下邑，另一边，龙且、项声把反贼英布打跑了。于是楚军的兵锋马上直指荥阳。消灭项羽可以慢慢来，但战胜项羽的骑兵可慢不得。在防御战中，高墙深壑或许可以挡住骑兵，但如何才能在进攻时战胜骑兵呢？张良的回答很简单：“以彼之道，还施彼身！”

在张良的建议下，刘邦开始在他的军队中正式组建骑兵队伍，为首的将军是刘邦手下年轻的勇将灌婴。这时候，听闻刘邦战败消息的大将军韩信也收拢了部分前线逃回的残兵，从后方赶来和刘邦会合。在韩信的策划下，由灌婴指挥骑兵，准备再和楚军打一场。

在彭城，汉军的策略是防守反击，旨在先挫伤楚军的锐气，再集中兵力出击，但韩信和灌婴决定这一次反其道而行之，他们要主动出击。

骑兵

秦汉之前，陆军的主要作战兵种是步兵和车兵，但骑兵的出现逐渐改变了战争的格局。

作为步兵的宿敌，骑兵的发展也是阶段性的。最初，骑兵字面上的意思不过是骑在马背上的步兵，装备比较简陋，除了胯下有一匹马代步之外，普通的骑兵与寻常的步兵并无区别。这就造成了很多不便，不说骑兵在骑行过程中要保持注意力的集中，一手揪着马的鬃毛，臀部悬空，双腿夹紧马腹以保持平衡，甚是辛苦和疲劳，单就如何上马就是一件令人头疼的事情。由于战马的个头儿较高，不是寻常人一下就能跨上去的，至少要会劈叉才行。但不难想象，如果一个步兵头戴铁盔、身披重甲、手持利刃，全副武装地走到战马面前，然后气沉丹田，大喝一声劈叉上马——还没开战说不定就拉伤了胯。于是将士们便发明了简易的办法，搬来一块大石头垫着上马。当然，一些善拍马屁的狗奴才也会卑躬屈膝，以身代石，让顶头的将军踩着自己上马，这才保证了骑兵将士们在战斗前的身体健康。可让士兵们随身带着几十斤的上马石，或配备与骑兵数量相当的上马奴并不现实。终于，在反复的实践中，人们的智慧发挥了作用，有人在马鞍上加装了一个用以蹬踏的吊环，不仅使上下马变得方便快捷，在很大程度上还提升了骑乘的舒适感，这就是马镫的雏形。

马镫是中国人的发明无疑，但出现的时间尚无明确记载，大概是在秦朝之后、魏晋南北朝之前。这是一个有革命性意义的发明。武术有云："力从地起。"在有马镫之前，骑兵双脚悬空，在战斗中仅靠上半身的力量作战，战斗力自然大打折扣。而有了马镫之后，将士们相当于脚踏实地，使用起较重的长兵器来更是战斗力倍增。骑兵冲入步兵堆里，长枪一扫，往往就横扫一大片。有时候，在人潮汹涌的战场上，彪悍的武将一夹胯下的骏马跃入人群，把手中的兵器随便要上一通，原本拥挤的人群马上会自觉地腾出一片圆形的空地。圆形空地的中心是那个彪悍的武将，圆形的半径等于武将的臂长加兵器的长度，煞是威风。骑兵的优势还在于座下的战马保证了他们在打得赢的情况下可以一路狂追，一旦打不过了，拍拍马屁股就可以走人，留下敌方的步兵在原地干瞪眼。这进一步奠定了骑兵在开阔地带战争中的王者地位。

当年，为了能在平原地区对付高机动性、高冲击力的骑兵，步兵将领们也是绞尽了脑汁。有人发明了以步兵结阵的方式对付骑兵，其间还有不少阵型上的变化，比如，在步兵后面安排弓箭手，意图先远距离杀伤骑兵，有用两丈长枪戳的，也有类似撒图钉扎马脚的，还有近战砍马脚的，可谓长短器械无所不用。但现实往往不如理想丰满，步兵正面对抗骑兵常常效果欠佳，偶尔能获胜也不敢深入追击。所以，步兵在野战中往往难以与骑兵抗衡。

那在野战中步兵真的不如骑兵吗？也不尽然。古往今来，以步兵对抗骑兵而获胜的例子并不罕见，尤其是历史上诸多名将手下的精锐步兵，常能打败对手的骑兵。虽然名将手下的步兵能战胜骑兵，一般将领手下的步兵却很难战胜骑兵。深究其中的原因，在于大多数情况下，相较于骑兵而言，步兵缺乏战斗力。

步兵的战斗力来源于纪律、凝聚力和相互协作的能力。和学习骑马射箭一样，纪律、凝聚力、协作能力都需要长时间的训练。把一个农民训练成一个可以上战场自由冲杀的骑兵需要专门的训练，并非一朝一夕的事情，所以，骑兵通常都是“职业选手”。而步兵很多都是战前临时抓来的壮丁，是“业余选手”。这些人可能前一天还在地里抡耙子，今天就要到战场上抡刀剑，哪里适应得过来？以职业对业余，打都不用打，胜负便一目了然。

尽管通过使用一些复杂的手段，步兵在与骑兵的对战中也有可能取胜，但一般情况下，在野外想要对付一支骑兵队伍，最好的办法还是用另一支骑兵队伍。

以往长于抓壮丁的刘邦，这次要使用骑兵对付项羽。那骑兵又从哪里来呢？继续抓壮丁不成？即便抓来了壮丁，什么时候才能学会骑马打仗？这些问题，刘邦统统不需要考虑，因为他的队伍一路走来走的就是混搭路线，说白了就是一群杂牌军，里面混杂了许多秦朝投降过来的士兵，其中就有不少骑兵。最初，为了组建骑兵部队，刘邦找来了手下的校尉李必和骆甲两人，任命他们做将军，并把组建骑兵队伍的事情交给他们。

李必和骆甲在秦朝军队中本就是骑兵，也愿意为刘邦将队伍里原来的骑兵召集起来，可因为自己是秦朝旧臣，自觉公信力不足，便希望刘邦能让手下善于骑射的亲信来做这个将军。于是，以灌婴为将军，李必、骆甲为左右校尉，秦朝骑兵为骨干力量的汉军第一支正式的骑兵队伍迅速组建起来，他们要给楚军的骑兵以出其不意的一击。

汉二年（公元前205年）五月，楚军的前锋军队正渐渐向荥阳逼近，根据他们以往的经验，汉军的步兵根本不敢在平原地带主动攻击楚军的骑兵，只能躲在城池后坚守，伺机而动。所以，在没有接近荥阳之前，楚军的行军队伍十分松散，反正在马上可以凭高远眺，远远地看见步兵冲过来再排兵布阵也来得及。但这次在荥阳南边的京县附近，楚军看到的是席卷而来的滚滚黄尘，还没有缓过神来，汉军的骑兵已经冲到了身前，战刀已经划过了楚军士兵的胸口，战马踏碎了楚军将士的幻想，受到攻击的楚军将士乱作一团。灌婴这位布贩出身的年轻将军率领汉军刚组建的骑兵军团出其不意地给了楚军以重创。

出师不利的楚军暂时撤退，在很长一段时间里，楚军一直没有能力越过荥阳攻击汉国。汉军也没有实力出荥阳进攻西楚国。荥阳成了汉军和楚军僵持的桥头堡。

荥阳之战——刘邦与项羽的第二回合

从汉二年（公元前205年）五月到汉三年（公元前204年）四月，在一年的时间里，刘邦和项羽两军在荥阳到成皋这条线上一直是小打小闹，战争进入短暂的缓和期。汉二年六月，刘邦还抽空从前线回了趟临时的国都栎阳。就在这时，樊哙的队伍掘开河水倒灌入废丘。章邯的军队在废丘城里坚持一年之后，最终弹尽粮绝，章邯本人自杀身亡。刘邦终于拔掉了嵌在汉国内部的“钉子户”，但他回到栎阳并不是为了庆祝，而是要做两件重要的事情。

第一件事是，刘邦要把儿子刘盈送回栎阳并确立他的储君地位。经过沛县的那一路狂奔，刘邦再也没胆量把家人留在外头。他带着刘盈回到栎阳，正式把刘盈立为王太子，任命丞相萧何辅佐太子镇守后方。

第二件事是，刘邦要进一步巩固后方，为前线的战斗提供最有力的保障。当时整个关中地区大旱歉收，饿殍满地。刘邦下令地方上鼓励关中的灾民“就食蜀、汉”，只要不做流民扰乱社会治安，自愿到蜀地和汉中去谋一日三餐的，朝廷还可以发放去蜀汉路途中的口粮。这是一个很好的决定，既解决了令人头痛的流民问题，又充实了巴蜀地区的人口，稳定了曾经饱受秦朝压榨的关中百姓的民心。不管在哪个年代，民心所向都是一个政权取得成功的关键。刘邦本人不如项羽勇武，刘邦的军队不如楚军善战，但刘邦拥有民心这一最强有力的武器，才是他最后获得胜利的根本原因。

刘邦这个人和项羽相比，临场作战、指挥和带头冲锋陷阵的能力可能远远不如项羽，但他天生具有战略眼光，在和项羽正面僵持的时候，他还不忘在侧面壮大自己的实力。汉二年八月，刘邦从关中回到荥阳，同时加封大将军韩信为左丞相，命令韩信带领步兵大将曹参、骑兵将军灌婴一起去进攻那个背叛自己的魏王豹。出兵之前，为了解对手的情况，刘邦询问曾经去游说过魏豹的谋士郦食其，两人有一段这样的对话：

刘邦："魏豹的大将军是谁？"

郦食其："柏直。"

刘邦："没断奶的小子，哪比得上韩信！魏豹的骑兵统领是谁？"

郦食其："冯敬。"

刘邦："哦，这是秦朝大将冯无择的儿子，有些本事，但不是灌婴的对手。步兵统领又是谁？"

郦食其："项它。"

刘邦："他不是曹参的对手。我没什么好顾虑的了。"

精准的判断！刘邦的军事才能从他精准的军事判断力上就可窥见一斑。他最后能夺取天下，靠的绝不仅仅是运气。而这场战斗的结果正如刘邦所料，韩信出兵不到一个月就将魏豹生擒活捉，并押解到了荥阳。

到了汉三年（公元前204年）四月，歇够了的项羽已经不耐烦再和刘邦纠缠下去，他命令军队开始向汉军发起猛攻。楚军包围了荥阳城而且攻势越来越密集，荥阳到敖仓的甬道多次被楚军切断，这让刘邦在城里急得团团转。虽然城里的士兵很多，项羽一时半会儿还攻不进来，但这么多人总不能不吃饭吧？为解燃眉之急，刘邦找来谋士郦食其询问对策。

郦食其到底是一个在战国乱世中生存下来的老派谋士，走的是跟项羽一样的套路，拿出的也是以前那套恢复六国割据来给项羽树立更多敌人的老办法。这时候，被楚军逼急了的刘邦已经是有病乱投医了，但凡有人给他拿个主意，就大呼："此计甚好！"他不管办法正不正确，也不跟大臣们研究可行性，头脑一热，马上同意并安排手下去刻印，准备就这么弄出一群"王"来，帮他搞定项羽。

这是当年项梁等人用过的老办法，具体内容是在全国各地弄出大大小小的诸侯来给强大的敌人树立众多的对手，好让敌人疲于应付，而不是只盯着自己。虽然这个主意理想上很丰满，现实却是很骨感的。即便一下子恢复到战国末年的状态，你就能保证其他新立的诸侯们能乖乖地听自己的话去对抗项羽？搞不好大家联合项羽一起对付你咧。

印刻好了，诸侯的人选选好了，刘邦的心情也缓和了，自以为得妙计的他很是满意，一边吃饭还一边哼着小曲，仿佛第二天项羽就该为诸侯联军忙得焦头烂额。

要是刘邦按照郦食其的主意派人重新把诸侯们都恢复起来，历史或许又是另一个样子。算刘邦运气好，就在这个时候，正好张良路过他门前，他马上叫住张良：“子房（张良的字），你过来一下，我已经有了摆平项羽的妙计。”

张良看到被困在荥阳的刘邦居然红光满面，很是诧异，等刘邦跟他分享完郦食其的妙计后，张良大惊失色道：“大王，要是这么做，那你可就完了！”

刘邦大为不解，张良告诉他：“分封其他诸侯国能成就霸业那是商汤、周武时期的事情。他们能这么做是因为商汤伐桀、武王伐纣都有必胜的把握。我们现在的情况跟他们那时候可不一样。大王，你跟项羽争天下有必胜的把握吗？”

张良一连列举了七件汤武革命成功后所做的事情，刘邦都表示自己没有能力办到。这时候，张良告诉刘邦：“你的手下跟你出生入死，可以说是提着脑袋帮你跟项羽争天下，无非是想成功后各自能得到好处。现在你倒好，把六国全恢复了，到时候你的手下还不作鸟兽散，跑回各自的故国去帮助他们的主人，还有谁跟你打天下？一旦恢复诸侯割据的状态，到时候楚国变弱了还好，如果楚国依旧强大，其他的诸侯谁还听你的？所以，如果你照郦食其的话做，那我们肯定就大事休矣。”

听完张良的分析，刘邦恍然大悟，把吃到嘴里的肉都吐了出来，大骂郦食其：“臭老头儿，差点儿坏了老子的大事。”马上叫人把刻好的印全都用锤子砸了。

张良原本是坚定的复国主义者，刘邦要恢复战国诸侯割据的状态，肯定也包括恢复韩国。如果是以前，张良肯定举双手赞成。现在他却极力反对郦食其的做法，可以证明韩成死后，张良的思想境界确实比以前进步了很多。他意识到，回到诸侯割据的状态是历史的退步，绝不可行，只有建立新的、统一的国家才是正确的出路。

既然不能回到过去，又顶不住项羽的进攻，刘邦只好派人到项羽那里求和。刘邦让使者跟项羽说，大家都是自家兄弟，何必把人往绝路上赶呢？不如各退一步，就以荥阳为界限，荥阳往西划归他刘邦，东面全归项羽，大家化干戈为玉帛不好吗？

还没等项羽说话，在一旁的范增就提醒项羽说：“大王，现在消灭刘邦易如反掌，可不能中了这种反复小人的缓兵之计。”项羽听了，顿时清醒过来，对使者冷哼一声，说道：“亚父说得对，回去告诉刘邦，叫他要滚就滚回巴蜀去，不然我非破城捏碎他不可。”

使者屁滚尿流地跑回城里复命，把项羽的话一说，刘邦听了只能是一脸愁苦，长吁短叹道：“天天这样打下去，什么时候是个头啊？”

就在刘邦彷徨无措的时候，只见群臣中走出一人来，对刘邦说：“此事倒是不难。”

刘邦定睛一看，站出来的人是护军中尉陈平。他也是个有些计谋的人，刘邦赶紧问：“计将安出？”

胸有成竹的陈平给刘邦献上一计：“大王，项羽身边称得上人才的也就是范增、钟离昧、龙且、周殷几个人，而真正有谋略的只有亚父范增。项羽这个人我太了解了，他的缺点就是多疑，不信任人，只要大王你肯花钱，用离间计除掉这几个人，项羽就没什么可怕的了。”说完，他在刘邦耳边如此如此这般这般地耳语了一阵，刘邦听罢大喜过望，一拍大腿：“好，就按你说的去办，我马上让人通知财务给你四万金（指黄铜），只要能搞定项羽，钱你随便花。”

其实陈平这个价值“四万金”的计谋没什么玄乎的，简单得很。待到项羽命人入城催促刘邦投降的时候，由陈平出面接待。陈平先按接待使者的最高待遇摆上好酒好肉，然后假意向使者问候亚父安好：“亚父让阁下来有什么交代吗？”

使者一愣，说：“我是项王派来的使者。”陈平马上表现得大惊失色，连称误会误会，命人把好酒好肉都端下去倒了喂狗，给使者重新上了一碗白菜帮子加稀饭，然后再不多说一句话，转身离去。

这个计策过程简单，操作简便，乍一看根本不值“四万金”，即便是黄铜也不值。然而，计谋是否可行要看是为谁而设的。如果要对付的是像刘邦这般心眼儿多的老油子，那简单的计谋肯定不行，但以项羽的情商，这个“简单”的计谋也差不多了。

使者受了冷遇，酒肉也没吃上，饿着肚子回到项羽那里，不由得又在陈平的言语上添油加醋一番，项羽果然就对范增产生了怀疑。等范增再次催促他攻城的时候，他便支支吾吾地不回答。范增也是硬气，发觉项羽居然开始怀疑自己，马上撂挑子不干：“天下的大势已经定了，以后的事大王你自己看着办吧。我老汉年纪大了不中用，希望大王让我退休回家等死，免得以后孤苦伶仃地死在外面。”

范增的用意可能就是以退为进让项羽认个错。没想到项羽是个直肠子，想不了这么多，还真的同意了让范增退休回家。话说出口下不来台的范增只好即刻收拾东西回家，一路走，一路想，一路生气，郁结于胸，结果背上生了好大一个疮，加上年纪大了，身体本来就不好，没走到彭城就背疮破裂，真的死在了外面。

刘邦最初以为依了陈平的计谋，离间了项羽和范增，两人矛盾爆发，项羽就会退兵，没想到直接把范增给逼死了。还没来得及高兴，刘邦就发现陈平这次真的捅了马蜂窝。范增一死，后知后觉醒悟过来的项羽直接气得奓毛了。楚军打出“为亚父报仇”的旗号，项羽亲自指挥将士们不分日夜地轮番攻城，誓要拿刘邦来偿命。

刘邦就这样咬着牙又硬挺了差不多一个月。其间他也曾指挥队伍几次突围，却都没有成功，打到最后，城里就剩一两天的口粮，到了再打下去就要吃死人的地步，将士们实在坚持不下去了。这时候，刘邦急得抓耳挠腮，再三追问陈平“为之奈何”，可陈平也不是能临场退敌的主，到了这个节骨眼儿上，他“这……这……这……”了半天也没个计策。

眼看刘邦只剩下准备洗洗干净出门束手就擒一条路了，幸好这时他手下有个不怕死的叫纪信的将军挺身而出，他对刘邦说：“大王，现在情况十分紧急，楚军破城只在旦夕之间。我的长相和大王有几分神似，一般人远看不一定认得出来，为今之计，只有让我坐上您的马车，假装出城投降。楚军以为是大王您投降了，就容易懈怠，这样您才有机会从其他地方突围出去。”

刘邦不同意纪信的做法。上次鸿门宴的时候，刘邦为了逃命，他自己骑马却让手下四位将军步行给自己殿后，这四人中就有纪信。好在上次项羽没有追杀刘邦，不然纪信等人的骨头早就成灰了。即便刘邦这次再想逃、脸皮再厚，也不太可能又让纪信去送死，不然手下的将领们会怎么看待他？一而再，再而三地要求别人舍生取义，牺牲小你完成大我，以后哪还有人心甘情愿地为他卖命？刘邦再不装出点儿与手下同生共死的气概，手下的人心就容易散。于是刘邦当即表示自己要亲自率领全军最后和楚军打一场，宁为玉碎不为瓦全，绝不会为了逃命而让手下的将士们送命。

看到刘邦如此表示，纪信甚是感动，一把拉住刘邦："天下可以没有我纪信，可不能没有大王您啊！"

刘邦手下的其他人可不敢去跟项羽拼命，尤其是陈平，他刚刚间接害死了范增，要是被项羽抓住，依项羽的脾气，还不得把他活剐了。于是大家力劝刘邦，大讲了一番"留得青山在，不愁没柴烧""君子报仇十年不晚"的道理。刘邦心里也不愿去送死，一看装也装得差不多了，就借坡下驴，应了手下们的要求。大家商议一番，准备连夜突围。

待计议已定，刘邦找来两千个女子，让她们穿上汉军的军服，拥着坐在汉王马车里的纪信出了荥阳的东门。

楚军看见汉军居然敢出城交战，马上从四周围了上来，准备将这一队汉军围而歼之。待到楚军的士兵冲到近前，却发现汉军士兵其实都是女人，个个走起路来都是弱柳扶风般扭扭捏捏，又见队伍中间一人身穿汉王的衣服，乘坐汉王的马车，边走边让人大声喊叫："城里没吃的啦，我刘邦出来投降了！"

一时间，刘邦带着一群女人出来投降的消息马上传遍了楚军的军营。在古代，女人上阵打仗是跟公鸡下蛋一样的奇事，所以大家都争先恐后地挤过去看热闹，项羽也被惊动了，想出来一看究竟。但那两千个女子被楚军围在中间，乱作一团，在外面的人一时间怎么挤得进去？项羽只能远远地看见一人身穿王服坐在汉王的马车上，样貌与刘邦确有几分相似，又是夜晚，一时间哪分辨得清楚，便真的以为是刘邦投降了。于是楚军将士们认为战争终于结束了，都高呼万岁，向荥阳东门集合，希望一睹刘邦投降这一具有历史意义的时刻。

有人说我纯粹胡说，城里都快要人吃人了，哪还有这么多女子？

天地良心！天知道在那个时候、那种地方，刘邦的军中怎么会有两千个女子！但既然所有的资料上都这么说，那就这么着吧。

刘邦趁着楚军的注意力都被转移到东门的时候，命令手下的将军周苛、魏豹、枞公等替他指挥城里的队伍，自己只带着几十个随从，骑快马从荥阳的西门逃了出去。当然，当时在荥阳城里，刘邦手下肯定不止这几十个人。您若要问其他人呢？刘邦现在逃命要紧，哪里管得了其他人。

至于纪信，他的下场倒是很明确，因为这种李代桃僵的把戏很容易就穿帮了，被擒之后，纪信很从容地告诉项羽，刘邦已经跑掉了。得知自己又被骗后，项羽自然是大怒，把纪信绑在刘邦的马车上给活活烧死了。

靠着纪信的牺牲，刘邦才从荥阳逃出来，一直逃到了成皋（今河南荥阳市西北汜水镇）。但到了成皋，刘邦还是不放心，干脆一口气跑回关中去了。

成皋争夺战——刘邦与项羽的第三回合

刘邦跑回了关中，原来守成皋的英布一看刘邦跑路，怎么还敢待在原地等项羽来进攻，马上跟着刘邦跑了，成皋轻易地就被楚军占领。刘邦很清楚荥阳和成皋对他的意义重大，自然是丢不得的，他回到关中后，马上又纠集了一票人马，准备和项羽再战荥阳。

虽然刘邦总是打不过项羽，但好在他手下能人很多，他也善于听别人的意见。这时候，他手下一个叫辕生的谋士给他出主意，辕生说：“您和项羽在荥阳打了这么久，总是吃亏，怎么还想着去荥阳呢？我建议大王这次要打不如出武关打，反正项羽的注意力都在您的身上，您出武关，他肯定会跟着跑到南边来，这样我们坚守在荥阳的士卒就可以得到休整的机会。您再命令已经占领赵国的左丞相韩信去攻打燕国和齐国，这样就相当于我们从北面和西面包围了项羽，他要防备的地方多了，力量就要被分散，那个时候，我们再以逸待劳，一定能够战胜项羽。”

刘邦一听，是这么个道理，而且自己确实没什么其他好办法了，就带着队伍出武关驻扎到宛城。这时候项羽已经快把荥阳城的城墙都刨平了，拿下荥阳指日可待，可一听说刘邦那厮跑到了宛城，他立即抛下唾手可得的荥阳，带着大队人马急匆匆地直奔宛城而来。

刘邦见项羽果然上当了，就一面命令队伍坚壁清野，不和项羽交战，一面派人催促韩信和彭越赶紧行动。彭城之战后，彭越一直在项羽的后方打游击，以“敌进我退，敌退我进”的策略不断骚扰项羽军队的粮道。这次接到刘邦的命令，彭越更是卖力表现，带着他的游击队不仅断了楚军的粮道，还打败了项羽的亲信项声，杀死了将军薛公。项羽一看这情况，不亲自出马是不行了，只好撇下刘邦不管，命令手下一个叫终公的将军守成皋，自己率队去打彭越。

刘邦一看项羽离开了前线，觉得机会难得，也顾不得分散楚军实力的策略，马上率领大队人马进攻成皋。

为什么刘邦不再等一下，准备充足再出击？其实刘邦也没有办法，彭越虽然表现积极，但韩信的大军在赵国一直没动啊。刘邦清楚，彭越怎么会是项羽的对手，如果他现在不趁机占领成皋，等项羽打败了彭越，自己就没什么机会了。

好在项羽虽然天下无敌，但他手下没几个像样的将领，这个终公也一样，就是给楚军将士送终的，完全不是刘邦的对手。刘邦趁着彭越吸引走项羽主力军的机会，迅速挥师北上，轻易打败终公占领了成皋。

正如刘邦所预料的，游击队长彭越在项羽面前不堪一击，项羽很快打败了在楚国后方捣乱的彭越，正准备一口气把彭越赶到海里喂鱼，这时他又接到了成皋被刘邦占领的消息，不得不回师对付刘邦。

项羽被刘邦踢皮球一样调来调去，依项羽的脾气，当时肯定窝了一肚子的火，他心里肯定发誓要一次性彻底解决刘邦。回到前线的项羽准备步步为营，不受刘邦这个香饽饽的诱惑。刘邦不是爱在成皋待着嘛，项羽就让他先待着，自己先拿下荥阳，再拿下成皋，一步步地把他往绝路上赶。

项羽再次来到已经被围困多时的荥阳。这时，荥阳城里的情况极其差，刘邦上次逃跑时，城里已经“绝食”，之后又过了将近一个月，估计连死人都吃得差不多了。这次项羽终于攻破了荥阳，破城时，楚军生擒了荥阳的守将、刘邦的御史大夫周苛。

项羽对这个在刘邦出逃后，在绝境中依然坚守了荥阳一个月的将领充满了兴趣。他要搞清楚，为什么刘邦带兵打仗不如自己、对士兵的爱护不如自己、身上那股英勇豪迈之气也不如自己，像纪信、周苛这样的人却甘心为刘邦卖命。自己的手下如英布、范增这样的人却接二连三地离开自己？于是项羽命人将周苛押解到自己面前，对他说：“如果你肯投到我的帐下，我就任命你做上将军，封三万户，怎么样？”

周苛鄙夷地看了项羽一眼：“哼！不如你投降我们汉国吧，我们也可以给你高官厚禄，你小子可不是我们的对手。”

项羽哪受得了别人对自己冷嘲热讽，想也不想就又命人支起他平时煮人的大锅，把周苛给煮了。自始至终，项羽从周苛的眼睛里看到的只有嘲弄和不屑，没有看到恐惧和惊慌失措。我们很难想象，用大锅煮活人是一种什么样的场景，即便煮熟了周苛，项羽也没能找到他要的答案。

项羽不理解，也想不通，为什么他们为了刘邦宁可从容赴死也不投降。正如同他不理解天下无敌的自己最后为什么会失败一样。刘邦和项羽成败的原因归根结底在于他们自身，从后来的事情上我们可以看出，刘邦也是个疑心病很重的人，但眼下刘邦知道自己不如项羽勇武，所以他懂得团结身边能征善战的勇士；知道自己不如项羽善战，所以他懂得利用身边有智慧的谋士。而项羽自己太强大了，所以他看不起别人，他太自负了，所以他不相信别人。他不懂得权力斗争在某些时候也需要隐忍，需要妥协，需要退让。但这不能全怪罪于项羽，毕竟刘邦比他大了二十多岁，用现在的话来说就是，刘邦吃过的盐比项羽吃过的米还多。项羽二十四岁起兵，二十七岁就做了天下诸侯的盟主，唯一有能力且能让项羽甘心听命的项梁又早早地死了。项梁的死可以说是项羽最大的损失，它让项羽失去了人生的导师，失去了指引，致使高高在上的项羽越来越偏执。终于，项羽的霸业在自己一次次支起的大锅里被煮得七零八落。

没办法，年轻人终究还是年轻。

项羽可不会想这么多，他拿下荥阳以后又包围了成皋。这次刘邦学精了，看着项羽的大军围拢过来，再看看自己手下已经没有第二个纪信，干脆不再与项羽纠缠，直接带着自己的车夫夏侯婴跑掉了。

可能大家读着读着就觉得奇怪了，刘邦几次都把自己的队伍抛下不管，只顾自己逃命，这算什么本事？其实对将领来说，逃跑也是一个技术活儿，甚至是一个成功的将领必须掌握的技能。下面我们用一点儿时间简单地讨论下在战场上为什么要逃跑，以及如何才能快速成功地逃跑。

在战场上逃跑，无非两种情况：一种是因为胆怯，另一种是为了保命。所谓胆怯的逃跑，是双方胜负未分时，一方因为怕死而临阵脱逃，士兵逃跑称为逃兵，将领逃跑可以称为逃将。这种情况下的逃跑者被抓到，按军法是要被砍头的，不在我们的讨论之列。如果胜负已定，而你只是一个无名小卒，既没有悬赏可拿，又没有身负重要机密，逃跑是否成功只是个人的事情，对整个大局没有影响，这种情况也不在我们的讨论之列。我们要讨论的是，作为一个将领，如何在败局已定的时候适时恰当地逃跑以便保住性命，毕竟留得命在才能图谋再起，君子报仇十年不晚。

要了解逃跑，我们就要先知道怎么打仗，因为有仗打是逃跑的前提。

我们现在看很多古代的战争剧，双方开战时，总是两方的将领先出列，相互报一轮字号，再比拼一番武艺，一定要分出个胜负才算完。有时甚至要双方各派数人反复较量，类似于现在体育比赛的三局两胜、五局三胜。比武胜利一方的将领这时候就显得非常牛，大手一挥，身后的士卒们就好像得到了英雄光环加持一般，神情亢奋地冲杀过去。失败的一方则仿佛全体中了诅咒，尽管兵器可能更加先进，人数可能占优势，但也只能节节败退。让人觉得跟当年玩游戏《三国群英传》一样，只要将领武艺超群，随便带几个阿猫阿狗上去也能平定天下。

然而，事实真的如此吗？其实不然，这种特别的战斗方式在历史上只是极个别的情况。战争的方式是随时间而改变的，早期的时候，诸侯国之间打仗往往以一种我们现在看起来比较特殊的方式进行，操作流程比较固定，大概如下：

首先甲乙双方先行排兵布阵一番，然后双方的最高将领（一般是诸侯国的君主）出列进行问答，通常是进攻的一方（比如甲方）先说话，内容大概就是告诉对方“你犯了什么什么样的错，我为什么要过来打你”之类。然后，甲方将领问对方：“你服不服？”接下来，另一方（乙方）的将领对对方的提问进行回答或解释。如果乙方的将领表示同意或认错，那就相当于双方谈拢，两方队伍就地解散，乙方将领回去自动改正错误；如果乙方表示不同意，就相当于没谈拢，那他们就准备开打，这样双方才能开战。

即便开打了，那时候的对打也是很有讲究的。开打之后，不管你是将军还是士兵，如果觉得和你对砍的是个高手而自己不是他的对手，那你随时可以掉头就跑，而且只要你能够跑出五十步（中途不被砍死），接下来你就不用跑了，可以回头在外围观战。因为在当时，按道义来讲，战斗的时候，逃跑就算你认输，只要你能跑出超过五十步，对方就不能再追杀你。这时候，如果你看见旁边一个人很紧张，跑出了一百步才知道停下来，你是可以嘲笑他的，因为他后来那五十步相当于白跑了，此所谓“五十步笑百步”也。

这样的战争是所谓的“义战”，双方都不搞埋伏，不搞突袭，不能放冷箭，也谈不上用什么阵法战术，简单地说就是单纯比拼武力，毫无技术性可言。而“义战”的目的主要是解决当时诸侯国之间是非对错的问题，并不是为了消灭某个国家或某些人。但这样的“义战”后来越来越少，到了春秋时期，战争的目的就完全变成了单纯的杀戮和扩张。所谓：“争地以战，杀人盈野；争城以战，杀人盈城。”所以孟子才会说：“春秋无义战。”

正因为这样，在战场上逃跑也就成了将领们的一门必修课。在战场上逃跑不用讲究步伐，可以大步流星，可以小步快走，也可以凌波微步；不用讲求风度，可以蓬头垢面，可以披头散发，也可以割须弃袍。但有以下四点注意事项，或者说，要想做一个优秀的逃跑者就要过以下四关：

第一关，要有逃跑的意识。为了适应战争情况的变化，各国的军事家、先贤们总结出了一套套用来打仗的阴谋诡计，谓之兵法。兵法有云：“十则围之，五则攻之，倍则分之，敌则能战之，少则能逃之，不若则能避之。”能熟练运用兵法的统帅，则可称为兵家，而兵家又有云：“能战则战，不能战则守，不能守则走，余者惟死与降尔。”可见逃跑历来都是将领的必备技能。

战场上的情况瞬息万变，毕竟打仗是性命攸关的大事，正确判断战场上的情况、及时做出相应的对策是一个成功将领的必备条件。该坚持的时候自然要坚持，该逃跑的时候也不能含糊。这方面的反面教材是本来应该很强大的项梁，他也许是当时最杰出的将领，也许可以灭秦建立统一中国的楚政权，也许可以……但定陶一战时不知道及早逃命、死在了乱军之中的他，让这些也许永远成了“也许”。刘邦在这方面做得就很好，一看情况不对，跑得是既快又准，真正领悟了“留得青山在，不愁没柴烧”的道理。

第二关，要有逃跑的准备。现在你知道自己要逃了，所以你要有所准备。首先要有一条确定的路线，不能随便跑；其次，逃跑时人多不一定有用，不能说逃就逃，不能蛮干，不能硬来。如果蛮干和硬来能逃掉的话，你就不会输到要逃跑的地步。逃跑的一方毕竟处于劣势，更要讲究策略，要知道灵活运用诸如声东击西、偷梁换柱之类的计谋，不能像纸上谈兵的赵括一样，被围之后居然亲率劲卒从正面突围，最后被秦军乱箭射死在阵前。这一点，刘邦做得也很好，逃跑前还知道玩一把李代桃僵的把戏，很值得大家学习和借鉴。

第三关，要有逃跑的技能。现在你知道要逃了，也做好逃跑的准备了，但还是不能乱来。因为逃跑是个体力活儿，考验的是自己的体力、胯下的马力和手下的能力。如果你平时爱锻炼身体，跑个马拉松不成问题，自然就赢在逃跑的起跑线上了；如果你已经负伤或体力不济也不要紧，只要平时努力学好驾驶技术，考个A本驾照，再配上一匹好马，也能逃脱；如果自己年老体弱，平时又疏于练习，驾驶技术不精湛，那还有办法，就是招募一个得力司机帮自己驾马行车。这就解释了为什么出身贫贱的赵高有能力毁了庞大的秦朝——他本来就是嬴政的司机（中车府令）。

这方面的反面教材是陈胜，他虽然在大局上眼光独到，选人置将有诸多值得肯定的地方，但无奈选错了司机，以致在撤退的路上被自己的司机庄贾所杀，断送了性命。反观刘邦的司机夏侯婴就非常得力，一而再再而三地在乱军中带着刘邦和他的家属逃过对手的追杀。

好了，你有意识，有准备，又有能力，现在你逃出去了，但还有第四关要过。第四关，是要有逃跑的后招。因为对手不是木头人，不会目送你逃跑，人家也懂得那些“斩草除根、赶尽杀绝”“一日纵敌，数世之患”的道理。对一个将领来讲，在逃跑的路上尽可能地阻止对手前进的脚步并保住自己的地盘，跟保住自己的性命一样重要。你不能一味瞎逃，被赶到走投无路的地步必然性命不保。比如周文，他率领数十万人马被章邯从戏水到曹阳再到渑池一路追杀，节节败退，最后走投无路只能自杀。这也是刘邦的逃跑技术之所以比其他人更精湛的主要原因。鸿门宴的时候，刘邦逃跑时不忘命令手下的四位将军步行殿后，一旦项羽派兵追杀，步行的将军们逃不了必然只能拼死一战，这样就可以确保刘邦顺利回到大本营；而彭城一战，刘邦虽然输得很狼狈，但他没有只顾着闷头往巴蜀钻，最终还是在荥阳挡住了项羽的大军，保住了自己和项羽分庭抗礼的资本。

当然，除了这四关要过之外，还要有一点儿运气。即便你在战场上什么能力都具备了，若最后一支流矢飞过来射穿了你的脑袋，那一切就都成了浮云。你天纵奇才、略不世出、盖世英豪、气壮山河都是以你活着为前提的，如果你运气不好死了，就什么都不是了。

所以，逃跑并不丢人，活着才是王道。

背水列阵——韩信破釜沉舟

虽然刘邦在和项羽的正面对抗中一直处于劣势，但并不意味着和楚军对比汉军的实力也一直处于劣势。相反，随着战争的进行，汉军的人数在不断增加，地盘在不断扩大。原因就是，在项羽鞭长莫及的地方，汉军在韩信的指挥下不断取得胜利，其中最能体现韩信军事才能的要数灭赵的战争。

荥阳之战时，韩信按刘邦的命令和张耳带领三万人马去平定魏、代、赵这些地方。韩信以木桶做船渡河，用声东击西的办法击败了魏豹，紧接着又击败了代地的夏说。后来刘邦在荥阳战事吃紧的时候，派人抽调了韩信大部分的人马，还命令韩信继续进攻赵国。这时候，刘邦留给韩信的除了少量军队，还有一个号称拥兵二十万的对手，而正是这个对手成就了韩信。

韩信要进攻赵国也不是什么秘密，赵王赵歇早就知道了。这个赵歇就是当年在巨鹿城里捡回一条命的赵王，大概是信奉了“大难不死必有后福”一类的话，赵歇觉得既然当年自己如此落魄还能幸存下来，这次兵多将广，没什么理由摆不平韩信。于是，他亲点大军二十万，由在巨鹿一直陪着自己的丞相陈餘做主帅，两人一起出征以壮声势，队伍就驻扎在井陉口。

井陉位于太行山东麓，汉军要进攻赵国必须经过井陉，其间仅有一条宽数尺、长约百里的小道，出了这条小道就是赵军驻扎的井陉口。这是一个天险要塞，当时号称“天下九塞”之一，地势非常凶险。

韩信领了刘邦的命令，在代地紧急抓了一批壮丁，东拼西凑出一支队伍后向赵国进发，军队在井陉的小道前停了下来。

韩信不敢贸然前进，因为一旦进入这条狭窄的小路，队伍必须如同长蛇般一字排开，路面狭窄到两匹马都不能并排行走。在这种地方，如果队伍遭到伏击，真就连个周旋的余地都没有。

韩信的担心是有根据的，虽然赵国的国王赵歇没有什么才能，赵军的主帅陈餘也只是个沽名钓誉的货色，但赵军中有一位出色的军师李左车。

李左车可不是一般人物，他是战国四大名将之一李牧的孙子，是当时有名的谋士。李左车敏锐地意识到汉军的困难所在，他建议陈馀，一旦韩信的军队进入井陉道，便让自己率军三万翻山去抄韩信的后路，然后一举截断汉军的粮草供应路线，而陈馀的队伍可以在井陉口坚壁不出，这样汉军的队伍进退不得又没了粮草，几天之内必然会溃散。

按理说，李左车的计策已经好得不能再好了，既省成本风险又少，顶多是花上点儿时间。可陈馀是个假道学书呆子，偏偏要做道德上的翩翩君子，常常挂在嘴边的话是“正义之师不需要什么阴谋诡计”。自认为仁者无敌的他怎么肯理会李左车什么抄后路、截粮草、坚壁不出，还要等韩信的军队进退不能自乱阵脚，于是陈馀当即否定了李左车的建议：“我看兵法上说，如果你的军队是对手的十倍，就应该把他们包围起来；如果是对手的五倍以上，就应该主动进攻。现在韩信军队的情况我打听得非常清楚，说是一万人，其实不过数千，还是从千里之外前来进攻的。如果对付这几千人我们都不敢主动应战，那不是要被诸侯们小看吗？要是这几千人我们都不敢打，以后有更多的敌人来进攻，那我们要往哪儿躲？所以，这一次我们一定要漂漂亮亮地跟他们正面打上一仗，让其他的诸侯都不敢小看我们赵国。”

历史上像陈馀这样的“道德君子”不止一次地告诉我们，什么叫“空谈误国”。而韩信得到了李左车的建议被否决的消息，大喜过望，马上命令队伍整装进入井陉道。

其实，历史记录在这里遗漏了一个重要人物，他就是透露陈馀否决了李左车的建议这一消息让韩信大喜的间谍。大家对这个人似乎并不关心，他本人也没有在历史上留下蛛丝马迹，但认真研究下这个人还是有意义的。

从当时的历史事件中我们可以知道，这个人应该至少有这么几个特征：第一，因为李左车的建议是被陈馀否决的，而向来只有会议批准通过的建议才会被执行，会中已经被否决的建议不太可能很快被不参会的其他人得知，但这个人竟能知道得如此详细，所以他一定是赵国的高级官员，而且肯定参加了当时陈馀和李左车对话的会议；第二，他是一个值得韩信信任的人。不然仅凭他的一句话，韩信怎么会大喜过望，把自己手下的军队全数放进兵家所谓“死地”的井陉小道？考虑韩信本人的出身和经历，他似乎并没有可能安排一个如此高级的间谍到陈馀的身边，而且这个间谍还必须深得韩信的信任；再考虑陈餘和张耳的关系，那么这个间谍很有可能是张耳的亲信或旧部，也可能是张耳和陈餘反目后，张耳策反的陈餘手下，专门替张耳在赵国做地下工作。

前有项伯，后有安插在赵国的间谍。我们可以想象，刘邦集团中像这样安插在对手阵营中的探子并不是个例。正是有这样一群地下工作者的帮助，刘邦才能一步步削弱对手的实力，战胜对手；反观项羽，好容易有一个主动投靠的曹无伤，他却不知道保护，怎么能不失败？

汉军迅速行进在井陉小道中，一路上并没有遇到赵军的骚扰。队伍过了当地称为“绵蔓水”的一条河后，很快到达了离井陉口要塞三十里的宽阔地带。

韩信遥望着远处赵军规模庞大的军营，知道真正的困难才刚刚开始。按理说，队伍千里奔袭到达井陉口前，人马已经相当疲惫了，所谓“强弩之末，不能穿鲁缟”也，应该休整休整再准备交战。可是韩信没有准备休整，因为他有他的苦衷：韩信手下的士兵不仅在数量上远远不及对手，组成上也有问题，他们部分是在魏、代两地连续作战的疲惫之士，部分是出发前刚抓来的、毫无战斗经验的平民百姓。这样的军队根本就是乌合之众，只能靠一股锐气跟敌人战斗。说白了，就是趁大家头脑发热的时候赶紧上，一旦拖一拖，让他们清醒过来，面对数量庞大的赵军，可能都不用对手进攻，他们自己就会溃散。

于是韩信决定冒一把险，他让士兵们背水下寨，同时命令两千骑兵每人都拿着汉军的旗帜，连夜到两军之间的山林中埋伏，主力军则准备天一亮就跟赵军决战。

这个时候的赵军虽然没有采取李左车的建议，但他们扼守井陉口要塞以逸待劳，占尽天时、地利、人和各方面有利因素，可以说已立于不败之地。那韩信如何才能在这场汉军各方面都处于劣势的战斗中取胜呢？

韩信的计划是这样的：先诱使赵军全军出动攻击自己军队的大营；接着，埋伏在林中的两千骑兵快马奔到赵军营中，拔掉赵军的旗帜，全部换成汉军的大旗，造成汉军已经攻陷对手大本营的态势，以期对对手起到心理震慑的作用；然后，如果对方陷入混乱，就可以一鼓作气将他们消灭，如果对方镇定自若，那……就听天由命吧。

作为那个时代最杰出的将领之一，韩信对自己的计划显然还是有一定信心的，不至于落到纯粹靠运气的地步。他的信心来源于两点：一是他通过那个高级间谍了解到赵军虽然人数众多，但军纪比较涣散，跟自己的大军差不多，都是乌合之众而已，只不过赵军比汉军“众”得多；二是韩信对自己的指挥能力和手下将领的执行力还是有信心的，他相信，有他和没有他的乌合之众完全不是一个等级。

战国末年，儒家大师荀子在和赵孝成王的一番谈话中将古代的军队分为五个等级：五流的军队就好比当年齐国的士兵，各个精于技击格斗、好勇斗狠，却是散沙一盘，遇到弱小的敌人就会穷追猛打，遇到强大的敌人则一触即溃，这样的军队是亡国之兵；四流的军队好比当年魏国的武卒，行军时，士兵身穿三层的铠甲，用十二石的强弓，背负五十支利箭，还要带着盾牌、刀剑和干粮，半天就可以走百里的路程，这样的士兵战斗力强悍却不能持久，这样的军队是危国之兵；三流的军队就好比秦国的锐士，他们生性狭隘，凡事以利益驱动，在战场上能奋勇作战，但他们打仗杀敌是为了升官发财，这样的军队是蹈利之兵。

在荀子看来，上面这三种军队都不是好的军队，他们还没摸到常胜之师的门道，而真正登堂入室的军队有以下两种：二流的军队就好比当年齐桓公、晋文公的军队，那是真正有节制、听指挥的军队，是一支来之能战，战之能胜的军队；一流的军队就如当年商汤、周武王的军队，那是真正的仁义之师，是一支战无不胜的军队。所以荀子总结说：“齐之技击不可以遇魏之武卒，魏之武卒不可以遇秦之锐士，秦之锐士不可以当桓、文之节制，桓、文之节制不可以当汤、武之仁义。”

按荀子的理论，陈餘的赵军和韩信的汉军一样，都是五流以外未入品的军队，这样的军队作战，人多不一定有用，人多了说不定还麻烦。韩信自认为自己的能力足矣，对军队的指挥能力不输齐桓公、晋文公，这一下就能把五流外的汉军军队提高好几个档次，天下非汤武的仁义之师不能与他韩信的军队匹敌。

这恐怕就是韩信的信心所在。

第二天天刚亮，韩信便命队伍主动向三十里外的赵军进攻。为了引诱赵军出来，韩信特意命人扛上了自己的大将军旗。

陈餘虽然不屑于用计，但处处处于劣势的汉军敢主动进攻让他感到有必要提防着韩信有什么阴谋诡计，于是一开始只派出部分士兵迎击汉军。

两群乌合之众就这么开打了。

可以想象当时的情况就跟大规模的械斗差不多，人多的固然气盛，人少的未必就尿，双方你来我往好不激烈，却一时难以分出胜负。就这样，汉军的几千人马在赵军大营前和赵军从清晨一直斗到了中午。晌午时分，韩信算算时间差不多了，就命令手下们撒腿往回跑，一路上什么大将军旗、小将军旗都不要了，边跑边丢盔弃甲。

不管在哪个时代，作战时，旗帜都是非常重要的东西，在战斗中能夺得对方的旗帜是大功一件。在大本营里没出战的赵军一看汉军败退，一路丢弃旗帜、武器装备，也忍不住了，捡东西谁不会啊，哪能让别人占了便宜！于是赵军倾巢而出，一路捡战利品，顺便追逐汉军到了汉军的军营前。

二十万赵军一路捡东西捡到绵蔓水边，来到汉军大营前，看到汉军居然有违常规地背水列阵。赵军的将领们哈哈大笑：背水列阵，这不是傻子干的事儿吗？干脆顺便把他们赶到水里喂鱼算了！于是陈餘指挥赵军开始总攻。这个时候，汉军的士兵们背靠着河水已经无路可退，不想到水里喂鱼只能拼死作战，乌合之众居然也迸发出强大的战斗力，双方又从中午打到了下午。

赵军的二十万人到底是乌合之众，打了一天也挺累的，看一时半会儿吃不掉对方，便打算回去洗洗睡下，第二天再来，却不知这时候自家的大营里已经出了大变故。韩信命令事先埋伏好的两千骑兵趁赵军全军出击的时候冲破赵军营门，把军营里所有的赵军旗帜拔掉，插上事先准备好的两千面极为醒目的红旗。快回到自家大营的赵军将士远远地看见自家的旗帜都不见了，到处都是汉军的红旗，便人心骚动起来。这时候不知哪里又有人高喊了一嗓子："汉军夺营了，赵军败了，大家快逃吧！"与此同时，汉军从两面夹击赵军，二十万乌合之众不辨真伪，"轰"的一声四散奔逃。虽然赵军的将领们马上拔出刀来杀了几个跑在前头的逃兵，可光靠杀人怎么止得住士兵的溃散？赵军将领杀得多，士兵逃得就更多，二十万人不一会儿就逃了大半。汉军则一鼓作气斩杀陈餘，又俘虏了赵王赵歇和李左车。

这就是战场上的"军神"韩信，率领一万汉军一举战胜了二十万赵军，体现了他在两军对垒的战场上"陷之死地而后生，置之亡地而后存"的非凡勇气和军事才能。但在政治斗争的战场上，韩信犹犹豫豫、患得患失、毫不果断，为自己日后的结局埋下了伏笔。

韩信打败赵国是在汉三年（公元前204年）十月，在之后的八个月里，韩信听取李左车的建议，让大军一直驻扎在赵地休整，准备不战而屈人之兵，迫使燕国和齐国投降。弱小的燕国确实望风而降了，但总体来说，在这半年多时间里，韩信的大军既没有继续进攻夺取齐国的地盘，也没有全力以赴协助刘邦对抗项羽，使得刘邦先被围于荥阳，后受窘于成皋，几次几乎性命不保，或许刘邦心里对韩信的芥蒂也就此产生了。

鸿沟议和——刘邦与项羽的第四回合

刘邦带着夏侯婴从成皋逃出来后，一口气跑到了修武。这时候天已经擦黑儿，修武是赵国的地盘，离韩信军队的大营不远，刘邦的安全算是有了保障，两人这才停下来歇脚。

晚上，刘邦在修武的驿站里翻来覆去怎么都睡不着，心想："要不是韩信这臭小子按兵不动，我怎么会落到如此狼狈的地步，而且这小子消灭了陈餘的二十万赵军占领了赵国，正是兵强马壮的时候，眼见我在荥阳、成皋屡屡受挫，他既不服从命令攻打齐国和燕国，也不来勤王，再任由他这样下去，保不齐他会有二心。"刘邦越想越睡不着，便把夏侯婴叫起来商量，两人一合计，干脆觉也不睡了，继续上马车连夜往韩信的军营赶。

当两人赶到韩信的军营时，天还没亮，刘邦拿出自己的汉王信物对守营的士兵说："我是汉王的使者，有机密要事报告左丞相。"

士兵一看是汉王的使者，怎么敢阻拦，刘邦也没让士兵去通知韩信，而是直接进了韩信的大帐。

刘邦进到大帐里，看见韩信仍在呼呼大睡，就把韩信放在桌子上的兵符拿过来揣到自己兜里，然后端坐在大将军的座位上闭目养神。韩信直到天亮才睡醒，一觉醒来发现帐中居然有人，再仔细一看是刘邦，以为刘邦是从天而降，大惊失色，忙跪下请安。

刘邦微微一笑，说："大将军睡得可好？"

韩信冷汗涔涔，忙不迭地磕头谢罪。刘邦掏出韩信的兵符把玩了一番，也不看人，对着空气下令：“令，赵王张耳留守赵国；大将军神威无敌，寡人任命你为赵国国相，可从赵国百姓间选拔能征惯战之士充作士兵，即刻启程进攻齐国。”韩信连忙领命称是，两眼直盯着刘邦手上的兵符。

刘邦起身，把兵符纳入自己袖中，对韩信说：“至于这里的士兵，就由寡人替大将军统领，大将军请回吧。”

韩信只好退出帐外，然后派手下去招募乡勇，准备进攻齐国。前一天还是光杆司令的刘邦一下子又有了大批人马，马上派兵去阻挡项羽，终于在巩县（今河南巩义市）挡住了项羽前进的步伐，没有让楚军趁势杀到关中来。然而，荥阳和成皋都已落到项羽手上，下一步他该如何是好呢？

下一步该怎么办，刘邦是没有想法的，但他知道自己必须再跟项羽较量一番，于是他点齐兵马又准备去和项羽正面对抗。这时，刘邦手下的郎中郑忠出来劝阻刘邦：“大王手下这些兵将和项羽正面对敌是没有胜算的，还是坚守不战为好。大王如果要夺回荥阳、成皋，我觉得还是要用以前的办法。上次彭越不是做得不错吗，干脆这次再派些人去帮他在项羽的后方捣乱，只要项羽离开前线，他手下其他的将领都不是大王的对手。”

刘邦听了觉得在理，于是继续坚守不出，同时命令手下的将军卢绾、刘贾率领一支两万人的队伍绕道渡白马津（今河南滑县北），深入楚国腹地找到彭越。彭越的队伍上次被项羽打得丢盔弃甲、狼狈不堪，差点儿被赶到海里做海贼，正有意找回场子，这次得到刘邦的增援后气势更盛，干脆放弃了游击打法，一口气占领了睢阳到外黄之间的十余座城池。

彭越的举动果然再次惹怒了项羽，项羽很快便带领队伍去驱赶彭越。待到项羽前脚一走，刘邦后脚便来到了成皋城下。明知道项羽不在，刘邦自然成竹在胸、气势雄浑，站在成皋城下腰板都比平时挺了几分，便摆开阵势，宣称要和楚军决一死战，并且派出好几个将军轮番叫阵。

出乎刘邦的意料，城里没有动静。

原来，项羽眼见彭越这个跳梁小丑不仅屡次断自己的粮道，现在居然发展到攻城略地，一副要抄自己后路的架势，自然大怒不已，但有了上次的经验，也担心自己一走，刘邦就趁机来偷城。思量再三，项羽留下自己信任的大司马曹咎守城，临走时再三交代曹咎：“我一走，刘邦可能就会来攻打成皋。如果刘邦来了，不管他要什么花招，你都不要理睬，只要坚守十五天，十五天内我必定消灭彭越，然后回来解决刘邦。”

曹咎有些自知之明，知道自己不是刘邦的对手，所以任凭刘邦的手下在城外怎么叫喊，他都假装听不见。刘邦也是急啊，彭越不是项羽的对手，他再清楚不过，一旦项羽解决彭越再回头对付自己，自己恐怕就真得往巴蜀的深山里钻了。

楚军龟缩在城里没有动静。刘邦后悔自己前段时间在成皋城里为了抵挡楚军的进攻把城墙修得太坚固，没留下一两处暗道之类，现在轮到自己攻城，才体会到项羽之前的痛苦。

尽管才过了一天，但在刘邦看来跟过了一个月差不多，随着时间的推移，项羽随时可能回援成皋。刘邦越想越着急，越着急就越无计可施，好不容易打听到龟缩在成皋里的守将是曹咎后，黔驴技穷的刘邦干脆骂起来。

不同于外国人骂人时用词的简单、直接，反反复复就那几句话而已，骂人在中国有着悠久的历史，其方式之复杂、用词之烦琐、表达之形象充分体现了汉语的博大精深。骂人的话可以从粗俗到高雅，从涉及各类器官到完全不带脏字，甚至还有一些你如果没有个大学本科文凭根本听不懂，一段骂你的话被滔滔不绝地说出来，你听完了还在傻笑。

喂，笑什么笑，其实人家骂你呢，你还笑！

刘邦在沛县的底层社会混迹多年，自然精于此道。他手下的将领们大多也是劳苦百姓出身，个个骂起人来都是争先恐后、乐此不疲，从曹咎本人到他的配偶，再到他的祖上八代，都被刘邦和他的部将们在城下扯开来反复地招呼。汉军越骂越起劲，都准备编成段子在成皋城下搭台唱戏了。曹咎身居高位多年，是上流社会的人物，论骂人怎么能比得上刘邦和刘邦的手下。既骂不过刘邦和他的手下，又不能让他们闭嘴，就这么骂不还口地过了五六天。最后曹咎实在忍不住了，他哪里受过这样的窝囊气，气急败坏之下，早就把项羽的告诫丢到了九霄云外，点齐兵马气势汹汹地杀了出去。

曹咎没想到刘邦骂人挺厉害，打起仗又是另一回事，汉军简直就是不堪一击，两军刚交战，汉军便溃不成军，大队人马纷纷逃往汜水对岸。一看刘邦逃了，曹咎忙下令全军追击，这时候，跟曹咎同时投降过来的塞王司马欣提醒曹咎要适可而止，小心刘邦有埋伏。已经怒火中烧到失了理智的曹咎哪还管得了这么多，他甩开司马欣，亲自率领士兵马不停蹄地追上去，誓要亲手缝上刘邦的鸟嘴。楚军又气势汹汹地从成皋城下追到汜水岸边，然后渡河继续追击。

当曹咎率前锋部队渡河渡到一半时，突然前方出现无数汉军士兵，片刻之间，战场变得出奇地安静，没有震天的鼓声，没有人呐喊，对方只是静静地注视着曹咎和他身后的楚军士兵。

“半渡而击之！”

曹咎突然醒悟过来，刘邦不是陈餘那种等你上岸摆好阵势再战斗的假道学书呆子。曹咎大喊道：“中计！快……”后面的话已经完全淹没在一阵阵强弓劲弩的破空声中。岸上早已埋伏好的汉军万箭齐发，一时间矢下如雨。在汜水中的楚军士兵冲又冲不上去，退又退不回来，只能做了汉军弓箭手练习射击的活靶子。

身旁的士兵有的被乱箭射成刺猬，有的没被射死，企图跳入河中逃生，又被淹死了，曹咎和司马欣眼见大势已去，既不愿意投降，又自觉没有脸面回去见项羽，只能在船上拔剑自刎，刘邦趁机夺回了成皋。

项羽倒是很守信用，彭越和刘贾根本不敢也不愿跟项羽正面对敌，项羽一来，彭越没做什么抵抗很快就跑掉了，半个月里，十余座城池又都回到了项羽手中。但他还没来得及庆祝，就听到消息说曹咎仅仅坚守了几天，成皋又落入了刘邦手里，而且汉军已经包围了守在荥阳的将军钟离眜，项羽便马不停蹄地回军荥阳。

当项羽的大军一到荥阳附近，汉军立即放弃了对荥阳的攻击，撤回到广武、成皋城里，双方再次进入僵持的局面。刘邦就这样又和项羽僵持了几个月。

这三年来，刘邦接受手下谋士的建议，采用的是被后世一直沿用了两千多年的先进战术：在前线，刘邦不与项羽打决战，而是一步步地分化、瓦解项羽身边的追随者，又频繁地逼迫项羽在前线和后方之间来回调动，使楚军得不到休整；在后方，彭越一而再再而三地袭击楚军的粮道，使楚军的补给越发不足。项羽看似天下无敌，战必胜，攻必取，楚军将士却在一次次需长途奔波才能获得的胜利之中被刘邦肥的拖瘦、瘦的拖死。随着时间的推移，项羽获得的胜利越多，他和刘邦之间的实力差距反而越小。终于在汉四年（公元前203年）十一月，项羽的大将龙且在救援齐国时被韩信所杀，二十万楚军将士损失殆尽，胜利的天平开始逐渐向刘邦这边倾斜。

龙且的失败和二十万楚军的覆灭让项羽开始对刘邦感到一丝恐惧。刘邦本人就这么死皮赖脸地在广武城里跟项羽耗着，又让项羽对他感到无比愤恨。盛怒之下，项羽命人在阵前搭了一座高台，把刘太公五花大绑在台上，一旁照例支起他煮人的大锅，勒令刘邦出来投降。

多年的征战，几次死里逃生的经历，让刘邦的心智更加坚韧，脸皮和心肠更加厚黑。他知道，经过自己几年的努力，牺牲了数以万计的生命之后，项羽在这场旷日持久的战争中已经由强转弱，自己只要再坚持一下就将获得胜利。这个时候，他能因为一己之私让周苛、纪信，让千千万万将士的鲜血白流吗？

不！不能！不管下面被绑着的是他刘邦的什么人，都不可以！

于是刘邦暗暗咬紧牙关，狠下心肠，表面却嬉皮笑脸，还说出了那句流传千年、把他钉在历史流氓柱上的话："项羽啊，你可不要忘了，我们当年一起在楚怀王手下共事的时候可是磕过头拜过把子的兄弟。既然是兄弟，那么我爹就是你爹啊，你要是准备把你爹煮了，不要忘了分哥哥一碗肉汤喝。"

项羽是贵族出身，生来就是上层社会的人，怎么受得了刘邦这不要脸的家伙的三言两语，大怒之下就要生火把刘太公煮了。这时候，项伯出来阻拦项羽："现在天下的胜负还说不清楚。有志夺天下的人是不会在乎自己家人的安危的。贤侄，你要杀这个老东西还不是跟踩死一只蚂蚁一样容易吗？但你杀了他有什么用呢，只不过是增加了双方的仇恨罢了。"

项伯不愧是项羽身边的第一号楚奸、走狗、卖国贼，什么叫天下的胜负还说不清楚！当时的天下要么姓项，要么姓刘，项伯身为楚国政要、项羽的叔父，自然应该希望项羽获胜，有什么说不清楚的！项伯不为项羽出谋划策夺取天下，还说出这样的话来要救刘太公一命，无非是为了脚踏两条船，一旦刘邦获胜，他就可以借此邀功保命。而项羽居然听了项伯的话，饶了刘太公一命。

项羽竟然对项伯这样的货色言听计从，安能不败。

又过了几天，在一次和项羽的隔空喊话中，刘邦宣称项羽有十项大罪。

所谓欲加之罪何患无辞，但项羽哪里受得了这种气，他一把夺过身边士兵手中的弩箭，射了刘邦一箭。刘邦只见过项羽打仗时冲锋在前，各种近战冷兵器用得出神入化，哪里知道项羽还精通射击？猝不及防之下，刘邦被项羽一箭射中胸口。胸口中箭，刘邦本能地弯下腰来，四周吓坏了的将军们赶紧围上去抬着刘邦就走。在这种情况下，刘邦还不忘就势捂着自己的脚对项羽大喊了一句："臭小子，你敢射我的脚趾！"

刘邦这句话其实是说给自己的士兵听的，为的是稳定军心。在如此紧急的关头，还能保持清醒的头脑，可见刘邦的应变能力比项羽不知高出多少。但应变能力再强也不是金钟罩、铁布衫，不能挡住项羽的弩箭，要不是两人距离较远，刘邦又在衣服里穿了软甲，恐怕他早被项羽一箭射穿了。即便如此，刘邦还是受了重伤，被抬回军营里养伤。

虽然刘邦机智地捂住了脚趾，但捂不住将士们的嘴，三尺长的利箭又不是牙签，被射中了怎么会没事？于是刘邦受伤，甚至重伤不治的流言迅速在军营中传开，士兵们在私底下开始议论纷纷。回到军营里的刘邦听从张良的建议，为了不使军心涣散，让项羽有可乘之机，刘邦决定不养伤，第二天包扎好伤口后，穿上新衣服，可能还化了点儿妆以掩饰重伤后苍白的脸色，一切准备就绪，又由夏侯婴驾车载着他巡视军营。看到刘邦面色如常地出现在各个军营里，军心终于稳定了下来，刘邦得以继续和项羽对峙。

装 × 也是有代价的，刘邦的硬撑延误了治疗的时机，使得伤势日渐加重。刘邦坚持几天后，不得不找借口离开前线，由广武返回成皋养伤。

虽然刘邦受了伤，但两军的形势并没有因此而改变，观望局势的各方诸侯陆陆续续倒向刘邦，甚至连北方的貉族以及燕国都派来骑兵帮助汉军。随后，刘邦又适时地颁布了官员们一定要将所有战死士卒的尸体用棺材盛殓好运送回故里的命令，这样一来，四方百姓更加心归大汉。

随着时间一天天过去，局势越来越往不利于项羽的方向发展，不仅彭越又开始兴风作浪，在齐国的韩信也开始夹击楚军。到了汉四年（公元前 203 年）八月，项羽的楚军逐渐成了困兽。虽然项羽齿尖爪利，却无处施展，而且随着时间的推移，楚军日渐疲惫，粮草的供应也成了很大的问题。无奈之下，项羽接受了刘邦的建议——议和。

汉四年九月，刘邦和项羽宣布正式议和。以鸿沟为界，鸿沟以东归楚，鸿沟以西归汉，双方议定之后，各自罢兵回家。楚军的将士们终于看到了战争结束的希望，可以回家了，万岁！

刘邦和他的将士们也看到了结束战争的希望，再坚持一下就要成功了，万岁！

兵围垓下——刘邦与项羽的第五回合

议和后，项羽按约定送回了刘太公和吕雉，并且马上撤兵回彭城。刘邦一看项羽真回去了，也准备回关中去。这时候，张良、陈平坚决阻止刘邦撤兵，刘邦说："我们和约都签了，项羽他也退兵了，这时候再去打人家，恐怕不好吧？"

张良和陈平对刘邦说："现在我们汉国已经占据了天下的大半，一些诸侯也倒向我们这边，项羽之所以肯退兵是因为士卒疲惫、粮草不济，这正是天亡项羽的时候，如果我们不抓住这个机会，等项羽再缓过力气来，恐怕就没有机会了。"

按理说，这个时候，刘邦的厚黑学功力已非当年起兵时可比，但单单这几句话就可以看出来，张良、陈平的厚黑学水平真到了心黑而无色、脸厚而无形的境界，和他们比起来，刘邦这时候还是差了一点儿。

刘邦的心里很矛盾："是啊，我刘邦和秦朝打了三年，又和项羽斗了四载，好不容易熬到现在，难道真的就这么回去吗？如果不回去，而是去偷袭项羽，天下人会怎么看我，道义又在哪里呢？不！历史从来都是由胜利者书写的，只要我赢了，我就是道义，我就是真理，我就是一切！"

于是，刘邦决定暂时把曾经紧握在手的道义丢在一边，他派人给韩信、彭越送信，让他们来围剿项羽。同时命令手下的将士们重新披上铠甲，给战马套上缰绳，为了彻底结束战争，再来最后一次！

鸿沟议和后，项羽带着他疲惫的将士们慢慢地往彭城走。由于彭越长期在后方捣乱，直通彭城的道路已经被阻断，楚军只好绕道回家，准备休整后再来修理彭越。这样一来，刘邦大军便在阳夏（今河南周口市太康县）附近追上了项羽，并开始不断进攻项羽的队伍。

一开始，项羽以为是其他小股汉军在骚扰他们，并不知道是刘邦又追上来了，只是命令队伍不要过多纠缠，尽快摆脱对方的骚扰。然而，汉军的骚扰一路不断，楚军退了又退，直退到固陵（今河南周口市太康县南）附近，项羽才搞清楚是刘邦撕毁和约追了上来。这下子项羽再也忍不住了，命令队伍掉头反击。这时候，刘邦有二十万人。项羽只有十万人，还是多年征战疲惫不堪的将士。但就算这样，刘邦也不是项羽的对手，正面一交战便被项羽打得大败，只好躲在固陵城里不敢出来。

刘邦背信弃义的举动让双方的关系彻底决裂了。刘邦打又打不过，再议和肯定也没戏，这次项羽怎么会放过他？躲在固陵城里的刘邦对援兵是望眼欲穿，可望来望去都不见韩信和彭越的影子。

“两个该死的王八蛋！”刘邦愤愤地说道，无计可施之下，他只好又问张良，“现在怎么办？”

张良说：“现在项羽兵败在即，这种时候，你却还不肯划出地盘来给彭越、韩信。韩信只得了个齐王的空头衔，彭越连个王衔都没有，他们怎么会来？一旦你给他们划定了地盘，我保证他们马上就到。”

刘邦没有办法，尽管心不甘情不愿，却还是按张良的意思去办了。之前刘邦已经任命韩信为齐王，这次又正式给他划定地盘，把陈县（今河南周口市淮阳区）以东到海边的地方许给了他，又把睢阳到谷城之间的地盘划给了彭越，并封他为梁王。

果然，得到实惠的韩信和彭越马上就精神抖擞，韩信带来了三十万人马，彭越也领着数万之众前来会师。见到刘邦后，纷纷表示要刘邦同意他们立即进兵，前去与项羽决战。此时，刘邦又诱降了项羽的大司马周殷，汉军的将领刘贾也率一支队伍从项羽的侧后方袭来。这样一来，刘邦气势大涨，汉军反过来包围了楚军。

这种情况下，即便是天下无敌的项羽也不敢和汉军正面对抗了，想抽个空子钻出包围圈。但想走哪那么容易呢？汉五年（公元前202年）十二月，刘邦的大军终于在垓下（今安徽宿州市灵璧县）包围了边打边撤的楚军。

在垓下，刘邦手上有六十万人，项羽只有已经断粮的十万人马。越拖延，形势对项羽越不利，项羽决定主动和刘邦决战。但这个时候的项羽和刘邦已经和当年在彭城的情形不一样了，因为刘邦手上有了韩信这张王牌。

清晨，项羽身先士卒，率领十万楚军向汉军发动攻击。汉军方面，刘邦率领二十万人在后方压阵，韩信则指挥自己的队伍与项羽交战。韩信把自己的三十万士兵分作左、中、右三队，由韩信亲自率领的中路军首先和项羽交战。

即便到了这个时候，养精蓄锐过的十万汉军依然不是疲惫的十万楚军的对手，韩信亲临一线指挥才稍稍挡住楚军骑兵的冲击。但韩信没有慌乱，他在前线冷静观察战局，希望能最大限度地挫伤楚军的锐气。在确认阵前的楚军队伍已经发挥极限后，韩信才命令中路军回撤，同时命左右两路军队冲击，包抄楚军的两翼。虽然楚军将士作战依然英勇，可汉军的人数实在太多了，楚军的将士又实在太疲惫了。所谓“双拳难敌四手，猛虎架不住群狼”，战斗一直从清晨打到黄昏，项羽的楚军终于支持不住，只好退回垓下。

在巨鹿，项羽率领楚军将士以寡敌众，面对虎狼之师的秦军，他们挺住了；在彭城，他率领楚军将士以寡敌众，面对数十倍于己、以逸待劳的汉军，他们挺住了；在垓下，疲惫不堪、缺衣少食又以寡敌众的楚军将士终于挺不住了。

天下无敌的项羽也败了！

四面楚歌

虽然汉军挡住了项羽的冲击，但刘邦依然愁眉不展，白天楚军所展现的战斗力让他心有余悸。这是一支什么样的队伍啊，士兵们明明已经疲惫不堪，已经饥肠辘辘，甚至已经遍体鳞伤，却依然勇往直前。而第二天的战斗肯定越发激烈，到时候，楚军如果奋力一击，搞不好会和汉军斗个鱼死网破。

该怎么做才能结束这场战争呢？刘邦陷入了沉思。兵法上说：“攻心为上，攻城为下；心战为上，兵战为下。”项羽最脆弱的地方还是内心多疑，不信任人，上回刘邦他们利用他这个弱点干掉了范增，现在他们依然可以用它一次。对！就这么办！

在楚军大营里，虽然白天的失利使得汉军趁机缩小了包围圈，楚军陷入重重包围中，处境变得更加艰难，但士兵们没有彻底丧失信心，因为他们的统领是曾经带领他们征战八年、无往不利的项羽。

然而，楚军的将士们没想到，身处于主帅大帐中的项羽第一次对自己产生了怀疑："八年来，我一直战斗在最前线，面对过无数次命悬一线的时刻，见识过各种各样的对手，从来没有人能令我感到畏惧。即便是章邯、王离、田荣，还有那个不要脸的刘邦，正面对敌，他们都不是我的对手。可今天那个韩信，那个钻裤裆的小子，那个曾经在我手下当差的逃兵，着实让我感到有心无力。明天，该怎么办呢？"

对刘邦和项羽来说，这都注定是一个不眠之夜。项羽翻来覆去睡不着，干脆起来一个人在帐中喝闷酒。此刻的项羽或许无比怀念曾经在他身边教导他、带领他成长的叔叔项梁，怀念一直忠心耿耿为他出谋划策的范增，又想到鸿门宴后范增曾当面指责他："你个臭小子真是成事不足败事有余，以后夺你天下的必定是刘邦，我们都要成为他的俘虏！"

早知道就听范增的话在鸿门宴上把刘邦杀了！

"呸！该死的刘邦！"

项羽想着想着，又是懊恼又是悔恨，手里的酒樽被他重重地砸在桌子上，吓了侍立在侧的虞姬一跳。

"美人。"项羽刚想说点儿什么，突然四周隐隐传来一阵阵歌声，仔细聆听，那歌声似乎是从四周里三层外三层包围着楚军的汉军军营里飘过来的，歌声在寂静的夜里飘荡，格外引人注意。项羽的士兵们被歌声里那种熟悉的感觉所吸引，纷纷从疲惫中清醒过来，甚至连项羽也不由得随着节拍哼起来。

多么熟悉的旋律啊！这是阔别多年的家乡的音乐，这是优美的楚国歌声！

"不对！"项羽突然想到了什么，"嚯"的一声站了起来，连带着把身前的桌子都掀翻了。

"不对！为什么刘邦的军营里有那么多楚人在唱歌？"

"不对！不对！不对！"

"难道刘邦已经完全占领了我西楚国的九个郡吗？难道他们都像那个叛徒周殷一样投降了吗？"

"你们都是一群该死的叛徒！"

楚军军营里开始传出士兵们的骚动声，想必也是在猜测为何汉军中有这么多楚人在歌唱。项羽没有下令制止士兵们议论，他感到悲伤，感到愤怒。他的信心已经动摇，他的意志开始崩溃。

“我就这样失败了吗？”

项羽没有找手下的将领们商量，他也找不到一个值得他信任的人商量。

“不！我一定要冲出去！我要报仇！今晚我就不信冲不出去！”

项羽刚做了决定，又想到了长年陪伴在他身边的虞姬，他这时才发现，虞姬已经被他愤怒的神态吓得瘫坐在地上不住地发抖。

“虞姬啊，虞姬，你该怎么办呢？”

项羽在心里不断地问自己，不由得吟唱起来：

力拔山兮气盖世，
时不利兮骓不逝。
骓不逝兮可奈何，
虞兮虞兮奈若何！

如何处置虞姬，是将她留下还是带她一起走？项羽没了主意，他只能将自己的无奈反复吟唱出来，唱到最后不由得流下泪来。

常伴身旁的虞姬、帐外守夜的亲兵，谁人何时见过项羽这般盖世的英雄流过泪？大家被项羽的情绪所感染，纷纷掩面跪倒在地，不敢抬头仰视项羽。

突然，虞姬仿佛已下定决心，她站起身来朝大帐的一角走去，那里挂着一柄宝剑。虞姬边走边随着项羽的旋律和唱：

汉兵已略地，
四面楚歌声。
大王意气尽，
贱妾何聊生！

就在歌止的一瞬间，虞姬拔出宝剑，往自己的脖子上一抹。项羽没想到虞姬会有这样的举动，要出手阻拦的时候已经晚了。随着一道血光飞溅，虞姬倒在血泊中。项羽伤心欲绝却又无能为力，只能看着心爱的虞姬在自己的怀抱中死去。

有人会问：历史真的是这样的吗？说实话，我不知道当时真正的情景到底是怎么样的，因为我们无法回到过去，也无法完完全全地弄清楚某件事情在历史上发生的那一刻的每个细节，我们能做到的只是无限接近历史本来的样子。在这里，我能肯定的只有虞姬这首五言绝句是后人托名所作。即便这首诗不是虞姬所作，但诗中所蕴含的虞姬对项羽的感情肯定是真的。虞姬知道，对项羽来说，以往自己在他身边，是他征战之余的慰藉；现在自己在他身边，只能是他突围的累赘。为了让她所敬仰、爱慕的盖世英雄在生死攸关的时候能毫无顾忌地放手一搏，虞姬只有死路一条。

美人已去，军心已散，除了突围，再无出路。

深夜，项羽匆匆埋葬了虞姬，跨上自己的乌骓马，只带了身边最为亲信的八百骑从南边开始突围。当然，有的资料说他把虞姬的头割了下来随身携带，逃到东城外才埋了。这事听起来让人觉得有点儿血腥，按理说，项羽应该也下不了这个手，但谁说得清楚呢。

项羽的逃跑非常突然且迅速，不但他手下的十万将士没想到，就连刘邦也没预料到项羽会跑。等到天亮的时候，刘邦发现楚军乱作一团，抓了两个逃兵才知道项羽前一夜已经跑了。于是，刘邦马上命令灌婴带五千轻骑去追赶，又命令韩信的队伍发动总攻，十万楚军没了主心骨自然溃不成军，一战下来，八万楚军将士很容易就被汉军所斩杀。

正常情况下，项羽半夜出逃，灌婴的队伍天亮才出发，中间隔了好几个时辰，项羽带领的又是最精锐的八百骑从，比刘邦逃跑时的狼狈情景要强出百倍，顺利逃掉应该不成问题。但项羽征战八年，向来都是所向披靡，何时有过逃跑的念头，自然就没学习过逃跑的技能，只顾自己发了疯地跑，其他人的战马怎么跟得上乌骓马的速度？一路下来，不断有人掉队，等他们过了淮河到达阴陵（今安徽定远县西北）的时候，八百骑从已经只剩下百来人了。

这还不要紧，人没了可以再招，马没了可以再养，但要命的是，停下脚步之后，项羽确定，自己迷路了。

哪边才是生路？

项羽站在阴陵的岔路口，同时也站在了自己人生的岔路口，他踌躇再三，拿不定主意。

对一个志在逃跑的人来说，不认识路那是最不能容忍的。无奈之下，项羽只好向田边的一个老农求助。这个老农也不知道是出于什么心态，故意告诉项羽往左走。项羽谢过老农，带着剩下的百来个骑从就往左边奔去。没承想左边竟是一片沼泽，项羽一行人跑得太快，没顾及脚下，等反应过来的时候，大家都已经连人带马陷在泥泞的沼泽里，不少随从就此丢掉了性命。等到项羽一番挣扎从沼泽里爬出来的时候，灌婴的骑兵先锋已经从后面撵了上来。

这种情况下，即便项羽如何勇猛，也不敢跟灌婴的几千骑兵对抗了，于是项羽和他的手下只好边打边跑，希望能尽快甩开汉军骑兵的纠缠。但一夜未眠，又在沼泽里折腾过一番的项羽一行人已经是人困马乏，再难甩开对方了。于是，双方一连又打了九仗。最后，灌婴的五千骑兵终于把项羽重重包围在东城（今安徽定远县东南）外的一座小山丘上，这个时候，项羽身边只剩下二十八个骑从。

身陷绝境的项羽仍心有不甘："八年来，我纵横天下所向无敌，二十七岁就做了天下的霸主，这是古往今来都没有人能达到的成就；而他刘邦是什么东西，沛县的混混儿而已，我现在居然被他打得一败涂地！这不是我自己作战不勇猛，也不是他刘邦有什么大能耐，实在是天不容我。"

"天不容我"是项羽对自己失败的最后结论。为了向手下们证明他仍然是当今世上最优秀的将军，他的失败是天意而非人力所能抗拒的，项羽决定指挥剩下的二十八个骑从最后再痛痛快快地打一仗。实际上，此时的项羽已经对成功突围不抱太大的信心了，但他还是决定打好他人生中的最后一场战斗。

东城溃围战复盘记录

两千多年之后，让我们再次复盘这场可能是世界军事史上双方人数对比最为悬殊的突围战。

战斗背景：项羽由垓下突围后被刘邦的骑兵将军灌婴所追赶，并被他包围在东城附近的山丘上。

对战双方力量对比

楚军主将：项羽

兵力情况：二十八员骑兵

汉军主将：灌婴

兵力情况：骑兵约五千

双方目标

楚军目标：突围

项羽目标：斩将、溃围、刈旗

汉军目标：围歼楚军，活捉或斩杀项羽

战斗过程

第一阶段：

楚军行动：战斗开始，楚军先攻，项羽把手下的二十八员骑兵分为四队，由东南西北四个方向冲击汉军包围圈，四队人马下山之后又分为三处集合。

项羽的意图：通过分散兵力隐藏自己的行踪，扰乱汉军视线，以达到突围或者分散汉军兵力的目的。

汉军应对：楚军的行动让灌婴猝不及防，无奈只好命令队伍从四面追击，不准放过一个楚军士兵。

战斗结果：汉军分三处包围楚军，项羽的目的初步实现。

第二阶段：

楚军行动：项羽趁着汉军分兵的机会，再接再厉又是一番冲杀，然后重新召集分散在其他两处的士兵突围。

汉军应对：无。

战斗结果：楚军突围成功。项羽完成个人既定任务，杀死对方的将领，突破对手的包围，砍倒敌方的军旗。

双方损失：

楚军：骑兵两人。

汉军：将军一人、都尉一人、士兵数百。

这一战是项羽军事天才和个人英雄主义相结合的经典。第一阶段开始时，项羽从山上大喊着率先冲入汉军阵中。在汉军中的项羽所向披靡，无一合之将，其间项羽杀死汉军将军一人，士兵不下一百。刘邦手下的骑将杨喜想从背后偷袭项羽，被项羽勒马回头瞪了一眼，便吓得魂飞魄散，连人带马直逃出好几里地才停住。之后的第二阶段，项羽又斩杀汉军都尉一人，士兵近百人。

等到成功突围后，项羽对自己的表现也很满意。他不无得意地对身边剩下的二十六个骑从说："怎么样，我说不是我不能打，是天要亡我吧？"骑从们都很佩服，纷纷趴在马背上对项羽拱手："果然像大王您说的一样。"

另外，说到以寡敌众，总有人会说到斯巴达三百猛士对抗三十万波斯人的故事，就是希腊历史上著名的温泉关战役。但我们要知道的是，当时雅典方面防守温泉关的其实有六七千人，只是其中三百人是由斯巴达国王列奥尼达率领的斯巴达战士，而且他们据险而守，最后还被围歼了。虽然他们也很英勇，但和以极小代价造成对手极大伤亡且成功突围的东城之战的项羽相比，在综合水平上还是差了一些。

最后的谜团

东城溃围之后的项羽带着剩下的二十六个骑从继续往南逃跑，一直跑到乌江边上才停下来。此时江边没有一艘渡船，只有滔滔的江水不停地在流淌，而灌婴的骑兵很快又要追上来了。就在项羽彷徨无计的时候，远处的一个老者划船过来。他把船停在江边，告诉项羽他是乌江亭的亭长，现在整条江上只有他这一艘船，并请项羽赶紧上船过江，只要过了江，汉军就追不上来了。江东虽然小，但也有几千里地、几十万人口，他仍然可以在那里称王。

出人意料的是，经历了重重艰难困苦终于突围在望的项羽却拒绝了乌江亭长的好意。他仰天大笑："我的失败是天意，为何还要渡江？想当年，我和八千江东子弟一起过江作战，现在却只有我一个人回去，即使江东父老怜悯我还让我称王，我哪有什么脸面去见他们呢？即便别人嘴上不说，难道我心里就不惭愧吗？"

然后，他对亭长说："你是个长者，我胯下这匹乌骓马已经陪伴我征战多年，是一匹难得的千里良驹，我不忍心杀它，就把它送给你，请你载它过江去吧。”亭长拗不过项羽，眼看着汉军已经越追越近，只好牵着乌骓马上船渡江。

看着自己的爱马可以逃过一劫，项羽再无牵挂，于是他命令剩下的二十六个骑从也下马步行。他们丢弃了手中的长枪、画戟，各持短兵器上阵，以步兵姿态对战灌婴的骑兵。

这分明是取死之道啊！接下来事情的发展就不难想象了。虽然我很少直接引用史书所写，且接下来这句描述从理智上来讲似乎过于夸张，但从情感上来说，我又相信它也许真的发生过：

> 独籍所杀汉军数百人，项王身亦被十余创。
>
> ——《史记·项羽本纪》

到尽头了，项羽终究是人不是神，而人力终有尽时。无能为力了，当他决定不上船而下马作战的时候，这样的结果就已经成了定局。战斗的最后，项羽在乌江边上自刎。直到项羽死后，汉军的将士们才敢接近他的尸体。随后，几十个汉军将士在争夺项羽尸体的时候相互践踏致死。最终，项羽的尸体被肢解成五份，由项羽的故人王翳、骑司马吕马童，还有郎中骑杨喜、郎中吕胜以及郎中杨武这五个人抢得。他们为的是刘邦的悬赏：只要拿到项羽的尸首，赏千金，封万户侯。

项羽自刎于乌江，长达五年的楚汉之争终于结束了。只剩下最后一个谜团：经历了重重的艰难困苦，终于到了乌江边上，眼看就能逃脱了，为什么项羽会在这个时候选择放弃？这个时候放弃，那虞姬和八万楚军将士的性命不就白白牺牲了吗？

答案也许就在项羽“无颜对江东父老”的话中。不同于在紧要时刻甚至把关中百姓中的老弱病残都拉上前线的刘邦，项羽自从率八千子弟兵过江之后，历史上并没有明文提及他在江东大规模强征过壮丁，或许他不愿意再让江东的父老乡亲承受战争所带来的苦难。时间往前推一年，当项羽与刘邦对峙于广武的时候，项羽就曾对刘邦说：“这几年天下纷争不断，归根结底不就是因为你我二人吗？刘邦，你要是男人就下来，我们两个人单挑，谁赢了天下就归谁，不要拖累了天下的百姓。”五年来，项羽虽然每战必胜，但他和他的士兵以及他的百姓越来越疲惫，越来越力不从心。如果刘邦能让这个世界安定下来，那不如随他吧。

这就是项羽，如果我没记错的话，他一生都在不断发怒，只有在乌江边上，他才仰天而笑。虽然在战争中，他屠城、坑降卒，但这是他争夺天下的手段，而他争夺天下的原因，就是为了让天下的百姓能过上安定的生活。

人都是感情复杂的动物。

第九章

家天下？共天下？

大汉

项羽死后，西楚国的军民们都投降了刘邦，只有鲁地没有投降，因为先前楚怀王曾封项羽为鲁公。直到刘邦派人拿着项羽的人头到了城下，鲁人确认项羽已死，才开城投降。随后，刘邦以鲁公的身份厚葬了项羽，并亲自为项羽发丧，当场为项羽的死痛哭流涕。虽然刘邦的哭有表演的成分，但也不能完全排除里面确实夹杂着刘邦对项羽这个伟大的对手、这个曾经的“兄弟”的怀念和感情。

刘邦与项羽之争，在于他们都想做天下的主人。权力斗争从来都是残酷的，不是你死就是我亡，来不得仁慈，要不得手软，可惜项羽来不及弄懂这个道理。

刘邦能一步步地由弱变强，最后战胜项羽，虽然主要是因为他有韩信、彭越、张良、萧何等的帮助，但他自身的能力和勇气也功不可没，这一点往往会被人们忽略。大家可还记得，项羽在军事上一直沉迷于斩首行动，在整个楚汉战争中，项羽始终认为只要解决了刘邦，其他人都不是问题。刘邦正是利用了项羽这一特点，屡屡以身犯险，在第一线牵制、吸引项羽，才使得韩信、彭越等人有了可乘之机，而敢于直面天下无敌的项羽，这需要很强的能力和巨大的勇气。

当然，还要有一点儿运气。

汉五年（公元前202年）二月，经过八个年头的努力，有能力、勇气和运气的沛县平民刘邦终于走到了形式上的最后一步：照例先由大臣们联名上表，要求刘邦为了天下的百姓着想，委屈他辛苦一点儿做这个皇帝，刘邦也照例推辞。但群臣们怎么肯答应，他要是不当皇帝，那他们去哪里谋个开国功臣？于是大家一再恳求，个别人甚至要以头撞柱、寻死觅活。最后刘邦再三推辞不过，于二月甲午日“不得已”在汜水边上即皇帝位，国号为汉。

大概就在这个时候，刘邦把自己的名字由刘季改为了刘邦。“邦”者，国也。此时的刘邦可谓实至名归。

建立了大一统的国家，把哪里定为都城就成了最重要的事情。最初的时候，汉朝的临时都城在洛阳。洛阳是个好地方，这里当年是周朝的国都，懒散的刘邦第一反应就是投机取巧，干脆效仿周朝，把洛阳定为汉朝的国都。

当刘邦真决定要长期定都洛阳的时候，一个叫娄敬的齐国人站出来发表了不同的意见。他告诉刘邦，洛阳是不错，可这个地方地小田薄，而且四面受敌，并不适合作为一个大国的国都。反观关中沃野千里、关隘牢固，且人口众多，这才是整个天下的咽喉要地。而且天下一旦有变，只要守住几个关隘，就不至于受制于人，因此，他建议刘邦定都关中。

如果是项羽，保不准娄敬就要去油锅里面洗澡了，可刘邦毕竟是刘邦，不管臣下的话是否中听，只要有利于自己，他都能够从善如流。虽然这时候大多数大臣倾向于定都洛阳，但刘邦在询问过张良后还是接受了娄敬的建议，最终把国都定在了关中，具体地点选择在咸阳城附近。为了有别于秦朝，也为了取帝国长治久安之意，新的国都取名为长安。娄敬非但没有进油锅，还被刘邦赐姓刘，做了郎中并获封号“奉春君”。

皇帝也当了，国都也定了，对刘邦来说，麻烦的事却远没有结束，他还要面对项羽五年前所遇到的难题：除了他自己，这个天下还该归谁？

再封天下：刘邦在家天下的愿望与共天下的现实间的调节与妥协

这是一个很广的题目，可以单独写成一篇洋洋万言的学术论文，但至于这样的文章写了有没有人看，我个人倾向于后者，如果我是读者我肯定不看。所谓己所不欲勿施于人，为了不增加读者的阅读负担，同时说清楚为什么刘邦暂时不能像秦始皇一样做一个独揽大权的皇帝，我简单解释一下当时刘邦的处境，浅入浅出吧。

首先，我们能确定的是，刘邦当皇帝肯定是想自己独占天下的，即便这个蛋糕很大，谁也不愿意别人来分走一块，但现实让他不得不做出相应的妥协。

当时的社会实际上仍处于贵族政治末期，除了秦统一天下的那十五年外，再往前追溯千把年，情况都是一样的，国家和天下是两回事。那时候，中国大地上除了有很多诸侯，另外还有一个名义上统领天下的天子。但这个天子实际上很多时候是哪个诸侯他都控制不了的，诸侯里面实力最强的国君才是真正可能对这个天下发号施令的人，于是有了我们熟知的春秋五霸和战国七雄，这些贵族拥有非常强大的势力。

战国末年，秦始皇嬴政以他非凡的魄力改变了当时的社会格局，建立了一个大一统的国家，把国家和天下等同起来，把很多原来六国贵族的既得利益给取消了，六国贵族自然是不满的。碰巧秦统一天下的时间很短，到了秦末天下大乱的时候，原来的六国贵族后代便趁机把秦朝推翻了，他们的根本目的并不是为百姓谋福利，而是为了拿回本属于自己的利益。并且，当时社会的大环境是，已经经历了周朝近八百年的统治，不仅是贵族，就连平民百姓都已经习惯了纷争的格局。

大家都想，或者说都不反对恢复原来诸侯并立的局面。刘邦也是承认了韩信和彭越的诸侯地位之后，才得到他们的帮助打败了项羽的。他们帮助刘邦打败项羽不是义务劳动，是要得到实实在在的利益的，这个利益就是裂土分疆。同样的道理，虽然现在项羽没了，但如果刘邦想做秦始皇，就这样把其他已经成为诸侯的功臣的既得利益给夺了，那保不齐很快就会出现第二个刘邦，他自己也可能变成第二个嬴政。

当然，我说得比较拗口，读起来不是很通顺易懂，同样的话我们看下面的另一个版本：原来天下有很多地主，有一个姬姓的地主做了名义上的地主头子。这个地主头子对天下的土地有名义上的所有权，但实际上真正归他自己的地很少，绝大部分土地的实际所有权在他下面的地主们手里。这些地主相互认识，地位基本平等，没有谁归谁管的问题。地主们占有了这些土地几百年，老百姓在这些土地上耕作了几百年，大体上还算相安无事，于是大家都产生了默契，连老百姓都默认这是田地主的地、这是熊地主的地、那是赵地主的地。

后来，地主里面出了一个姓嬴的，他破坏了游戏规则，通过强取豪夺的方式兼并了天下所有的土地，做了地主头子，把原来姬姓的地主头子和其他大大小小的地主赶回去种地。对这种局面的产生，其他地主的不满是肯定的。不巧，嬴地主死得早，嬴小地主又比较败家，于是，一个曾经的小地主项某带领其他失地的地主把嬴小地主赶走，又把地重新分给大家，天下回到了最初的局面。

然而，在赶跑嬴小地主的过程中，出力较多、从农民升格为地主的刘某嫌自己分到的土地太贫瘠、种不出粮食，于是刘地主联合几个对分田分地心存不满的小地主又合谋赶跑了项地主，然后刘地主做了地主头子。现在，掌握着天下土地的地主头子刘某开始发愁了：把地自己留着，怕是会成为第二个嬴地主；把地分出去，又怕步项地主的后尘。

于是，刘地主想了个折中的办法：把最大、最肥沃的土地留给自己，并且由自己直接管理，同时把周边其他的土地按劳分配出去，尽量满足那些帮他赶走项地主的地主。

这就是汉初的政治局面，刘邦肯定是想一个人拥有天下的，但形势迫使他即便心里再不愿意，也得分封七个诸侯。他们分别是楚王韩信、淮南王英布、梁王彭越、韩王韩信、赵王张敖、燕王臧荼、长沙王吴芮。后来，刘邦又封驺无诸为闽粤王。诸侯们在自己的诸侯国里居住，全权负责自己诸侯国里的事务，不仅自己收税，也自己任命国中的官员，完全是一个国中之国的架势。

这些诸侯国里，大的占有五六个郡，约几十座城池，顶不济的长沙王的长沙郡也有两万五千户人口。这样一来，把全国大半土地都分封出去了，归中央直属的只剩下十五个郡而已。但事情还没完，刘邦手下现在不是有很多开国功臣吗，这些人还没得到好处呢，于是刘邦只能把其他功臣封为列侯。好在这些功臣胃口也没有那么大，各个列侯在自己的侯国里没有行政权，只是可以收赋税。比如，某某封五千户，那意思是这五千户交的税归你，其他的不归你管，这五千户人还是刘邦的，地还是刘邦的，说白了就是你得到一张长期饭票而已。就这样，他前后一共又封了一百多个功臣为列侯。在刘邦的功劳簿里，排名前十八的功臣是酂侯萧何、平阳侯曹参、宣平侯（原赵王）张敖、绛侯周勃、舞阳侯樊哙、曲周侯郦商、鲁侯奚涓、汝阴侯夏侯婴、颍阴侯灌婴、阳陵侯傅宽、信武侯靳歙、安国侯王陵、棘蒲侯柴武、清阳侯王吸、广平侯薛欧、汾阴侯周昌、阳都侯丁复、曲成侯虫达。

这些被封的列侯大多是跟随刘邦征战多年的武将，刘邦称他们为“功狗”，而刘邦心中的“功人”、汉朝的第一开国功臣则是一直在后方打理事务，为刘邦做后勤工作的文臣萧何。刘邦封给他的是汉初功臣中最多的一万户。原因很简单，如果没有萧何在后方殚精竭虑地给予前线兵员和粮草补给，刘邦早就不知道在荥阳和成皋间死了多少回了。

因为诸侯对自己的诸侯国有统治权，而列侯对自己的侯国没有统治权，所以刘邦对诸侯们很不放心，但对列侯们还是很放心的。放心的标志是刘邦还参照战国时期的铜节发明了“丹书铁券”这种东西。每个列侯一份，上面写着刘邦和列侯的契约：

使河如带，泰山若厉。国以永宁，爰及苗裔。

我看到有的资料上记载的是：

使黄河如带，泰山如砺，汉有宗朝，尔无绝世！

我没见过实物，自然不好分辨两者的真伪，但不管是哪个，意思都是只要大汉朝能一直延续下去，列侯手上的饭票就一直有效。比列侯高一级的诸侯却没有得到刘邦的“丹书铁券”。其实，如果诸侯们警惕性高一点儿，就可以揣摩出刘邦的心思——列侯的权益至少在一定时期是有保障的，而诸侯的权益则是完全没有保障的，因为刘邦压根儿就不愿看到这些诸侯的存在。

当然，“丹书铁券”这东西其实就是刘邦哄骗手下功臣、稳定人心的一个玩意儿而已。等到大汉朝江山稳固之日，就不需要这些人或者这些人的后代了，那时候这饭票有效没效还不是老板说了算？事实上，到了刘邦的曾孙武帝刘彻那一代，这些饭票基本上都失效了。

虽然刘邦对分封是这样那样的不情愿，对独揽一方大权的诸侯们怀有种种戒心，但天下毕竟经过了八年的战乱，很多地方人口凋零，汉初的时候五千户以上的县都算得上是繁华之地，而大乱之后需要的是安定，需要的是刀兵入库、马放南山的休养生息，天下再经不起大的折腾了。

这就是刘邦在家天下的愿望之下做出共天下决定的原因。在之后一段时间内，刘邦和这些诸侯只能保持一种默契：只要你不闹事，我刘邦就暂时不动你。

让刘邦没想到的是，国内暂时安定下来，边境却出事了。

第十章

难缠的邻居

匈奴

在中国悠久的历史上，中原北面一直存在着强大的游牧民族。唐朝之后，他们在不同的时期名字可能不一样，有突厥、契丹、大辽、女真、蒙古、后金、清，等等。尽管叫法不一，给中原带来的麻烦却是一样的，正所谓“时代在变，中原政府的烦恼不变”。

从战国到秦末，中原北面的游牧民族存在多个分支，但可以统一称为胡人或匈奴。匈奴一族的起源似乎已不可考，参照太史公的说法，他们也可能和中原民族出于同源，但两者的社会发展进程完全不同。农耕民族通常在一块固定的土地上劳作、生活，中原的稻米、美酒、绫罗绸缎是游牧民族没有且很向往拥有的；而匈奴历来以游牧为生，通常居无定所，牛、马、羊是他们的主要财产。匈奴人住的是帐篷，习的是骑射。匈奴的男子是与生俱来的战士，他们的铁蹄曾经无数次踏碎农耕民族安静的生活。匈奴对中原来说，是来无影去如风、漂泊不定的梦魇。中原对匈奴来说，却是一块固定在那里随时可取的肥肉。

今天没吃的了，怎么办？

南边不是有取之不尽的美酒佳肴吗？

好的，走起！

长期以来，农耕民族聚居的城镇对匈奴人来说是无主的宝藏，是开着门的粮仓，是免费劳动力的领取地。他们想来就来、想走就走，一轮抢夺过后，等朝廷的大军开到时，他们早就不见了踪影。如果想追击他们，在那个缺乏远距离侦察手段的年代，在茫茫的草原上，到哪儿去找啊？所以，为了阻挡游牧民族的骚扰，农耕民族在边境修筑了漫长的城墙，可是这也不能完全阻止匈奴铁蹄的进犯。战国时候，与游牧民族比邻的国家可以说是饱受其害，大多数时候，各国只能采取一种消极的防御措施，力求降低匈奴每次的劫掠所得，仅此而已，反正他们没有大型的运输工具，每次能带走的东西有限。

当然，有时候农耕民族也会起来反抗。尽管家大业大，但积蓄也有限度，怎么能任由匈奴一直这么予取予夺，不然到了灾年，就是地主家也没有余粮啊。于是先有赵武灵王通过两次胡服骑射改革，打败了林胡、楼烦，开辟了云中、雁门、代郡，后有燕国将领秦开袭破东胡，迫使胡人后退一千余里。

多说一句，这个秦开就是后来作为副手随荆轲一起入秦行刺秦王的秦舞阳的祖父。秦舞阳临场掉链子使得荆轲的刺杀功亏一篑，将门之后如此不济，可见社会上不全是“老子英雄儿好汉”。

战国末年，对匈奴打击最大的当属战国四名将之一的李牧。李牧曾在雁门守备多年，每次匈奴来打秋风的时候，他总是提前把门关得紧紧的，从来不出去教训这帮强盗。如此这般年复一年，匈奴人觉得李牧就是胆怯，于是更加骄横放肆，后来每次出门打劫的时候甚至连刀都不磨。

实际上，在中原军队内部，李牧却时刻积极备战。终于等到时机成熟，他故意透露给匈奴一个破绽，放出数千平民做饵，引诱匈奴的单于率大军来抢劫，而李牧早已经准备好了口袋阵等匈奴往里钻。匈奴的单于哪能想到，平时看起来胆小如鼠的李牧其实是给自己布了一个局，自己却想也没想就往里钻，结果差点儿把老命都赔进去。李牧仅一战便消灭匈奴十多万人，使得此后的十余年间，赵国边境相对安宁。一听到李牧的名字，匈奴连人带马都会肝颤。

李牧之后，对匈奴打击最大的是秦始皇嬴政。因为术士卢生一句“亡秦者胡”的鬼话，嬴政便派遣大将蒙恬率军三十万北击匈奴，赶跑了匈奴的头曼单于并夺取了富庶的河套地区。嬴政又常年在边境备以重兵，使匈奴的势力受到了压制。

秦始皇死后，三年的秦末战乱和五年的楚汉之争让大家的注意力都转向了中原地区。匈奴人趁机恢复势力，又强大了起来。这时候的匈奴单于叫冒顿，是被蒙恬赶跑的头曼单于的儿子。冒顿可不是一个简单的人物，他不仅为了当一把手而杀掉了自己的父亲头曼单于，还懂得从历史中学习经验。他根据当年李牧的经验，不断麻痹当时胡人中最为强大的东胡，然后对东胡发动突然袭击，消灭了东胡并趁机赶跑了月氏，兼并了楼烦、白羊等部落，同时夺回了当年蒙恬所占领的地盘。一时间，冒顿摆平了北方几乎所有的势力，使匈奴成为一个相对统一的国家。他们有战士三十余万，个个以征战为业，以战死为荣，匈奴进入了其有史以来最为强大的时期，正磨刀霍霍地窥视着自己南边刚换了主人的邻居，随时准备过来打邻居的秋风。

这就是刘邦和他刚建立的汉朝将要面对的敌人。

汉朝与匈奴的第一次“亲密接触”

刘邦手下的将领中有两个名叫韩信的。一个是大名鼎鼎的汉初三杰之一楚王韩信，另一个是原六国时韩国王族的苗裔，因为汉朝统一后刘邦封韩国王族韩信为韩王，所以史书上又称其为韩王信。

韩王信的军事才能跟楚王韩信当然没法儿比，但他还算是一个不错的将领。当年在汉中时，韩王信就曾力劝刘邦尽早出来跟项羽一较高下，可见他还是有一定的战略眼光的。他本身又带有韩国贵族血统，因此，消灭项羽后，刘邦把颍川郡封给他让他做了韩王。韩王信封王的颍川是以往出天下精锐士兵的地盘，可以看出，刘邦当时还是蛮看重他的。所以，刘邦要选择人去防备匈奴的进犯时，第一个想到的就是韩王信。

汉高帝六年（公元前201年）的春天，刘邦下令把韩王信的封地迁到太原以北的地方，意在让他去边境防守匈奴。韩王信充分领会了领导的意思，决定在领导面前表现一番，干脆主动提出自己新迁封国的都城晋阳（今山西太原）离边境还是太远，不能及时应对匈奴来犯的突发事件，因此要求把国都改到边境上的马邑（今山西朔州市）。

马邑离边境可是足够近了，天气好的时候，韩王信在城头登高眺望还可以看到匈奴人放牧的牛群。这下韩王信算是在刘邦面前大大地表现了一番，可他高估了自己的能力，自己春天才迁都，秋天马邑就被冒顿单于围了个水泄不通。

韩王信被围已不是第一次了。三年前，项羽兵围荥阳，刘邦留下一干兵将不管，自己落荒而逃，当时韩王信也在荥阳城里。城破时，周苛被项羽放锅里面煮了，韩王信却没有周苛的气节，马上投降。虽然随后他又逃回刘邦大营，但终究是一个有前科的人。

对韩王信这样的人，刘邦一面调集人马救援马邑，一面不免对他产生了怀疑，担心重围之下，韩王信会再次投降。刘邦马上又派人就迁都的问题斥责他乱来。事实证明，刘邦的怀疑不无道理，马邑被围后，韩王信就开始尝试和冒顿接触，准备求和。接到刘邦的斥责后，韩王信感到恐慌，以为自己向匈奴求和的事情败露，干脆一不做二不休，直接向冒顿投降，然后率领叛军掉转枪头进攻太原。

韩王信这下可算是把刘邦惹毛了。汉高帝七年（公元前200年）的冬天，刘邦亲率大军讨伐韩王信，在铜鞮（今山西沁县南）大破韩王信的叛军，韩王信走投无路只好投奔匈奴。虽然刘邦打败了韩王信，可边境的局势没有得到好转。一方面，韩王信的残兵在赵人王黄、曼丘臣的带领下拥立赵利为赵王，继续和汉朝作对；另一方面，韩王信到了冒顿那儿就给他出主意，教他如何对付汉朝。这下情况似乎比之前更糟了。

刘邦既然已经御驾亲征，自然不能半途而废地回去。他又指挥汉军在晋阳大败王黄和匈奴左右贤王的联军，匈奴的一万多骑兵仓皇而逃。紧接着，刘邦亲自坐镇晋阳，指挥队伍在离石、楼烦等地接二连三地战胜匈奴骑兵。匈奴人越退越远，汉军就越追越远，终于汉军的先锋一直追到了代谷（今山西繁峙及旧崞县附近）附近，并打探到冒顿就在代谷的消息。

接下来，刘邦犹豫了。现在冒顿在代谷，如果自己能趁机把他消灭，那这次亲征可以说是“全功”。如果仅仅是像眼下这样打败几个虾兵蟹将就班师回朝，那匈奴和韩王信再来骚扰可怎么办?

当然，刘邦不是莽夫，还是很谨慎的。而且刘邦现在面临两个难题：首先，他出来的时候没预料到公元前200年的第一场雪来得比以往更早一些，当地冬天寒冷的程度超出他的想象，恰巧又遇上连续多日的雨雪天气，更是冷得用天寒地冻来形容都不足以表达。士兵们御寒的衣物准备不足，大部分士兵手上都生了冻疮，不少士兵甚至连手指都冻掉了。手指都没了还怎么打仗？其次，他担心之前匈奴骑兵的败退是诱敌之计，但又实在忍不住看着冒顿这个香饽饽就在眼前而不去咬上一口。最后，尽管有许多困难，但刘邦思来想去还是忍不住诱惑，准备与冒顿干一仗。

进攻之前，谨慎起见，刘邦一连派了十拨探子去侦察，又担心探子们侦察不到位，干脆派那个建议他建都关中的郎中刘敬去和冒顿讨论议和的事情，主要是让刘敬近距离观察冒顿的底细。

过了几天，刘敬还没回来，但探子们都回来了，每个人的回报都是说现在冒顿身边净是些老弱残兵，没什么战斗力，刘邦可以一举把他们消灭。刘邦这下放心了，便等不得刘敬回来，马上调集三十二万大军出发，进攻代谷。

等等，之前不是说不少士兵手指都冻掉了吗？那该怎么办，是不是要等天气暖和点儿再来？

哎呀，汉军最近连续获胜，正是士气如虹的时候，可以说大家的精神都已经超脱了肉体。况且这次进攻代谷，一旦成功消灭冒顿，那刘邦立的可是比秦始皇驱匈奴还大的功绩，士兵冻掉区区几根手指哪能阻挡胜利之师前进的步伐。

拿定主意的刘邦兴奋不已，亲自率着骑兵、步兵、车兵混杂的三十多万人浩浩荡荡地向代谷进发。

队伍走出没多远，刘敬就回来了。刘邦问他冒顿那里的情况，刘敬说：“冒顿确实在代谷，我看他身边只有一些老弱残兵，连马匹都是一些瘦得不中用的老马。可是我不放心，冒顿的表现似乎太明显了，我疑心冒顿把精兵都藏了起来，准备对付陛下，所以我认为现在不宜直接进攻。如果陛下一定要打，也应该设伏，出奇兵制胜。”

刘敬的话，刘邦只听进去了前半段，更加坚定了立即去消灭冒顿的念头。刘敬见自己的劝说无效，干脆拉着刘邦不让他继续走。刘邦一下子就急了：“俗话说眼见为实，既然你看到的跟探子们看到的一样，那还拦着老子去成就这番不世的战功？”于是刘邦干脆叫人把刘敬绑了押到广武的大牢里，准备取了冒顿的项上人头之后再回来处理他。

既然所有亲眼见到的人都说冒顿这艘船上只有老弱病残的乘客，那此时不掀翻它更待何时！可不能等冒顿反应过来，兵贵神速！想到这里，刘邦干脆撇下机动性不足的大队步兵，只带了一队骑兵匆匆往代谷方向赶去。

果然不出刘敬的预料，刘邦带着骑兵赶到平城（今山西大同市东北）附近，突然就中了冒顿的埋伏。对曾经常年经受项羽考验的刘邦来说，中埋伏并没什么稀奇的。一开始，刘邦并不慌张，还想让手下们做迎敌的准备，可看着匈奴的骑兵从四面八方如潮水般拥过来，自己手下来来回回数个遍就这么几个兵，怎么是冒顿大军的对手？好在刘邦比较机灵，一眼瞅见平城东面的一座似平台的山陵，名叫白登山，竟是一个易守难攻的要地，赶忙叫手下向白登山上撤退。

紧赶慢赶，刘邦他们终于在被匈奴骑兵撵上之前登上了白登山。山上虽然好，但退上去就没回旋的余地了。还好手下的士兵们拼死守住山腰的要道，才堪堪挡住匈奴骑兵的追击，刘邦暂时得以歇口气。

刘邦从平台一般的山顶往下张望，四面全是匈奴的骑兵，西面是清一色的白马，东面是清一色的青马，北面是清一色的黑马，南面是清一色的黄马。每一面的匈奴骑兵都不下十万，哪里有什么老弱病残的士兵和瘦弱的老马？刘邦看着简直是羡慕嫉妒恨啊，要知道，当时中原经过八年战乱，马匹已经被耗得差不多了。刘邦作为皇帝自己都配不齐四匹毛色均匀的马，他手底下的很多大臣上班都得乘牛车，匈奴人却如此阔绰！

回去就把那些探子煮了！刘邦愤愤地想。

一开始，刘邦虽然被围，但并不十分紧张，毕竟自己战斗经验丰富，还有三十多万的队伍在后头，他相信只要能坚持两天，援军很快就能赶来。刘邦认为，这次自己带来的可都是长年在战争中洗礼过的将士，到时候双方摆开阵势打一场，必胜不敢说，汉军全身而退肯定不成问题。

现实却狠狠地扇了刘邦一耳光，一连几天，刘邦在山顶上日夜张望，哪儿有援军的影子？原来冒顿早就探得刘邦的底细，一看自己短时间攻山不下，便只派少数人马围困白登山，大队人马早就围点打援去了。虽然后队的将军们知道陛下被围是他自己冒进造成的，但如果他们不及时前去解围，所有人回去都得是灭三族的大罪，于是汉军的大队人马个个舍生忘死、奋勇作战。然而，冒顿准备得也很充分，死死顶住汉军的进攻，使得汉军的大队人马久久不能向白登山靠拢。

这时候，山上的刘邦已经等不及了。因为兵贵神速，刘邦和手下可都是轻兵简从，身边没带多少粮食，这山上又不能打猎，过几天援军再不来，刘邦一干人等饿都饿死了。即便不被饿死，那白登山的地势又高又平，一旦刮风下雨，他们连个躲藏的地方都没有，到时候冻也被冻死了。

在饿死与冻死之间徘徊的刘邦身边幸好还跟着陈平。这个多次在生死时刻为他出谋划策的谋士给他出了一个主意：通过走“夫人路线”让冒顿放刘邦一马。恰巧这个时候本来说好和冒顿会合的王黄、赵利等人又迟迟未到，冒顿自己也起了疑心，生怕刘邦其实还有更大的阴谋。两相作用之下，冒顿在第七天的早晨下令将包围圈撤开一角，放刘邦出去。

看到包围圈的一角被撤开，刘邦不知是否有诈，但肚子实在饿得不行，即便有诈，他也只能硬着头皮上了。于是他自己在中间，命令士兵们摆成圆桶阵，拉满弓瞄准四周的匈奴骑兵。因为不知道冒顿要放自己一马是真心还是假意，刘邦也不敢下令真的放箭，怕一不小心刺激了对方，只能带着队伍提心吊胆地一步步退出匈奴人的包围圈。

刘邦就带了那么一丁点儿人马，前几天还是凭借地形优势才没让敌人把自己消灭。现在他却主动下山走到对方的阵地里，看着四周里三层外三层都是随时可能要自己命的敌人，可想而知，这时候的刘邦是一种什么样的心情。刘邦内心如烈火焚烧，额头冷汗直冒，但他越急就越不敢走快，生怕四周的匈奴兵会突然向自己拥上来，那样的话可就真玩完了。幸好匈奴的骑兵都事先得了命令，就这么任由刘邦一行人撤了出去。

终于走出包围圈的刘邦可什么都顾不上了，立即要策马狂奔。这时候，他的车夫夏侯婴却坚持要队伍继续缓步慢走，摆出一副闲庭信步的样子，不能让匈奴意识到他们的胆怯。好在这个时候，汉军的大队人马也接近了平城，刘邦一干人才得以有惊无险地和大部队会合。走进军营里的那一刻，刘邦都快顶到嗓子眼儿的一颗心才又落到肚子里，想必此时他身上的衣服已经不知道湿了多少遍。

至于陈平究竟使用了什么样的计谋，实际情况我说不上来，不仅我说不上来，当时的人和后世的古人也没几个知道。既然大家都不知道又想知道，那就只能瞎猜。

在众多的猜想中，流传最广的一个说法是，当时陈平的计谋大概是这样的：前一天晚上，陈平趁着夜色偷偷下山去见了冒顿的阏氏[1]。当然陈平是怎么既能单独见到阏氏又不被冒顿知道的，这就说不清楚了。我们清楚的是，陈平是一个既高大又皮肤白皙而且很帅气的男子，而帅哥在女人面前总是容易说得上话的。

陈平见到阏氏后，拿出随身带着的一幅女子画像给她看，告诉阏氏："这是我们汉朝中无双的美女，现在我们陛下被围没办法脱困，已经找人把美女带过来，准备送给单于；而单于得了这样的美女，必然会宠幸她，过不了多久，她可就成了阏氏，到时候您是什么就不好说了。不如趁这个美女还没来，大家都退一步，您让单于放我们一马，我们呢，则把这女子送回去。"

匈奴的阏氏是个妒忌心很强的女人，生怕自己的男人被抢走，看到小白脸陈平又像被灌了迷魂汤，对陈平的话深信不疑，晚上睡觉的时候一个劲儿地给冒顿吹枕边风，说汉朝的地方不好，拿了不能放牧，自己又水土不服，抢来了又有什么用呢？而且汉朝的皇帝也是有神明保护的，不好把事情做得太绝。如此这般，冒顿才同意放刘邦一马。

我们把这个故事摊开来仔细一看，处处都是破绽，但在没有更靠谱的猜测之前，也只能这样说了。

陈平这个人也有点儿意思。陈平本人长得非常俊美，并且他无疑是个能人，但除此之外，这个人的其他方面实在是少有值得后人学习的地方。他当官收受贿赂，他给刘邦出的计策大多是别人连知道都不能知道的所谓"秘计"，说白了就是些不登大雅之堂的阴谋诡计。可刘邦需要的是陈平的智慧而不是德行，即便陈平有这样那样的缺点，刘邦也能容忍和信任他，这是刘邦比项羽高明的地方。

刘邦十分了解陈平，所以对他的定位也比较模糊，如此重要的谋士却不在刘邦最重要的十八个开国功臣的名单中。陈平对自己也有准确的认识，虽然他被封侯，后来又当了丞相，但他晚年的时候曾说："我以往出的都是阴谋诡计，是道家所不齿的。我们家族到我这代虽然风光，但我死了之后

1.相当于皇后。

肯定要中落，那是因为我长期出损招导致阴德缺失。”

陈平死了以后，他的儿子里没有出什么像样的人物，到了孙子陈何，甚至因为强行霸占别人的妻子被弃市，爵位也被没收了，正如陈平所预料的一样。

由此可见，陈平是一个有大智慧的人，因为有自知之明就是最大的聪明，而不管我们信或不信，一个人积德行善终是不会吃亏的。

和亲

刘邦回到了军营里，虽然身边又有了三十几万人马，但白登山顶那几天几夜的寒风把他的胆气全给吹没了，他哪里还敢逗留？只好命令樊哙带领一支队伍去平定代地，他自己灰溜溜地跑回长安了。

刘邦回了长安，可匈奴人没有消停的意思。汉军的撤退又助长了他们的气焰。另外，韩王信做了汉奸后，学会了匈奴的游击战术，更是不遗余力地表现自己，不断地率领叛军骚扰北方的边境，使边境越发不得安宁。樊哙平定了代这个地方后，刘邦原本任命自己的二哥刘仲去那里做王。然而，刘仲和刘邦虽是一母同胞，但他哪有刘邦的本事，没几天就不堪匈奴的骚扰私自跑回了长安。

刘邦看着自己不争气的哥哥只能苦笑：也是，他刘邦自己都打不赢匈奴人，自己这个老实巴交的农民二哥又能怎么样呢？

刘邦倒也不怪罪刘仲，但代王是不能让他当了，就让他做个合阳侯安安分分地过日子吧。不过，对刘邦来说，刘仲可以不管，可不能不管匈奴人。打又打不过，守又守不住，难道要将这偌大的地方弃之不理吗？

刘邦想到了当时劝他不要轻易进攻冒顿的刘敬，又把刘敬找来和他商量有什么办法能让冒顿在边境上消停一点儿。

刘敬说：“办法是有，就是陛下您办不到而已。”

一听刘敬真的有主意，刘邦喜出望外，马上表示只要能解决边境问题，什么事情都可以商量。

刘敬先是顿了顿，又思虑了一会儿，才下定决心般地告诉刘邦：“我们经历了多年的战争，将士们都很疲劳，不好再大动干戈。冒顿是一个为当单于连自己的父亲都可以杀的人，而且他当了单于后还霸占了父亲的小老婆。和这种人是没有什么规矩也没有什么仁义可讲的，我们很难算计到他，要算计也只能算计他的子孙后代。”

刘邦很好奇，怎么才能算计冒顿的子孙后代呢？

刘敬的办法概括起来只有两个字：和亲。具体地说，就是刘邦把自己的大女儿送给冒顿做妻子，每年再多送匈奴人稀缺、罕有的财物，然后派能言善辩的人去教他们礼节。冒顿得了汉朝皇帝的女儿，又贪图汉朝每年送来的财物，就会把皇帝的女儿立为他的阏氏，这样匈奴人每年都能得到自己地盘上没有的珍奇异宝，自然就不用频繁地来抢劫了，边境就可相对得到安宁。而经过汉朝礼仪的教化，皇帝的女儿为单于生下的儿子就会被立为太子，冒顿娶了皇帝的女儿就是皇帝的女婿，冒顿一死，他的太子就是下一任单于，那时的单于就是皇帝的外孙，天底下哪有外孙敢对外公不敬的呢？这样汉朝就可以慢慢解决匈奴的问题了。

上次刘邦从白登山脱困后，自觉愧对刘敬，回来后马上把他从广武大牢里放出来，并给他封了个两千户的关内侯。这次刘邦满以为刘敬能给自己出个扭转乾坤的主意，没想到刘敬却出了这么个馊主意：“你也知道他们是化外之邦，怎么能指望礼教能改变他们的观念、提升他们的思想境界呢？你也知道他们连自己的老子都杀，何况外公乎？难道堂堂大汉竟只能把边境的安危系于一弱女子身上乎？”

通常，这种事情对一个父亲而言是不可忍的，对一个有尊严的统治者而言是不可忍的，对一个自诩为天朝上邦的大国皇帝而言更是不可忍的。但是，刘邦权衡利弊思量再三，最后还是同意了刘敬的建议，派刘敬主持和亲，出使匈奴与冒顿讨论和亲的事宜。

刘邦毕竟是一个优秀的统治者，与国家的安危和百姓的安宁相比，个人的尊严和荣辱并不是一个优秀的统治者所要优先考虑的事情。刘邦有这个思想境界，但他的皇后吕雉就没有了。听说要把自己唯一的女儿送到匈奴去，吕雉整天一哭二闹三上吊，死活都不答应。吕雉毕竟是和刘邦共患难过的夫妻，她不答应，刘邦还真拿她没办法。但都跟冒顿说好了，总不能临时反悔落人口实吧？可吕雉不同意，刘邦又不能强行把自己的女儿鲁元公主送到匈奴去，和亲的事情就这么拖了下来。

等了一阵子，看刘邦这边说好的和亲没了动静，准女婿冒顿不干了，又联合王黄、赵利这些人不断骚扰汉朝边境。汉朝的大军一来，他们就退，汉朝的大军一退他们又来，让汉朝空费了好多人力物力却一无所获。

如此一番折腾下来，刘邦没办法。只能继续和亲，可之前吕雉为了断刘邦的念头，干脆把女儿嫁给了赵王张耳的儿子张敖。刘邦无奈之下只好在宗室里另外找了一个女子冒充自己的女儿给匈奴送过去，又陪上了丰厚的嫁妆，冒顿才稍微消停了一些。

和亲的这位女子具体出身于哪家宗室、生平有何事迹都不见于史册，历史甚至已经把这位伟大女性的姓名隐藏了起来，我们对她可以说是一无所知。但我们可以想象，一个弱女子几乎是只身来到异国他乡，她是“和亲”这个使命的先行者和探路人，承载着保护自己国家的责任，她不仅要适应当地的生活习俗，甚至还要在一定程度上改变枕边人的行为以减轻自己国家的人民所承受的痛苦，这需要多么大的勇气和智慧。历史实在不应该就这么把她忘掉。

至于刘邦，我们可以肯定地说，和亲绝不是他愿意看到的。汉朝和匈奴和亲的约定中，汉朝除了要付出女人和嫁妆，每年还要送出大量的金银、布匹、酒食等物，并在指定地点给匈奴人开放“关市”。和亲的双方名义上约为兄弟，但谁都知道汉朝是不得已委曲求全，处处忍让，低匈奴人一头。可不这样做又有什么办法呢？尽管刘敬为了保全大汉朝或者说是为了保住刘邦的面子说了一大堆和亲的理由，但导致和亲的原因归根结底很简单，三个字就可以概括：打不过。

打不过的责任也只在于刘邦。因为即便他自己不行，不能说别人也不行啊，比如他手下不是还有那个连天下无敌的项羽都不能战胜的楚王韩信吗？他又去哪里了？

答案是：韩信之所以没有出现在刘邦远征匈奴的大军中，是因为在此之前他已经被刘邦软禁在长安城里了。

第十一章

兔死狗烹——韩信与彭越的谋反案

接下来，我们要说到汉朝初年最重要的两桩谋反案。

在刘邦当皇帝的那几年里，“有人谋反”是当时社会最热门的话题之一，号称“十年之间，反者九起”。而下面这两桩谋反案之所以能从其他的谋反案中脱颖而出，是因为案犯是汉初功臣中最重要的两名武将——韩信和彭越。

韩信谋反案

刘邦好不容易才夺得天下，最担心的事情自然是如何保住自己得来不易的胜利果实。开国皇帝们是通过什么样的手段才取得天下，他们自己自然是再清楚不过了。手下的功臣们有什么能力、有多大的能力，他们自然也是了然于胸。如果有一个人的能力跟自己不相上下，甚至某些方面还强过自己，既然自己能做皇帝，那这个人为什么就不能？所以，那些能力太强，特别是功高盖主的开国功臣，向来都为开国皇帝所忌惮。既然自己能造别人的反，为什么别人就不能造自己的反？自己能革别人的命，为什么别人就不能革自己的命？谁又能保证这些功臣就没有意愿来这金銮殿上坐坐？即便手下人很安分，都不这么想，好不容易坐到金字塔最顶端的那个人却很难不这么想，所以，疑心病就成了每个帝王的通病。

所谓“打江山难，守江山更难”，古往今来皆是如此。

当然，刘邦的这些心思，头脑清醒、智慧过人的大臣也能猜到，比如张良。当年，刘邦大封功臣的时候，因为张良是“帝王之师”，是刘邦身边“三个最杰出的人才”之一，是“运筹帷幄之中，决胜千里之外”的功臣，刘邦便任他在齐地挑选三万户来作为自己的封国。面对如此丰厚的封赏，张良却婉言谢绝了，他只挑了第一次和刘邦相遇的留县作为自己的封地，做了个“留侯”。张良的言外之意很清楚：“如果陛下您一旦要清理功臣，希望您能‘留’我一条命。”

然而，当大家把脑袋别在裤腰带上去做一件事情，历经千辛万苦才成功，现在终于到了分桃子的时候，又有几人能有张良般清醒的头脑？

高飞的鸟儿都打尽了，好的弓箭就不需要了；狡猾的兔子都死光了，用来追逐兔子的猎狗就可以煮来吃了；强大的对手被消灭了，给自己出主意的谋士也就没有存在的必要了。对刘邦来说，连项羽都不能战胜的韩信就是他刘邦的良弓、猎狗、谋臣，所以，韩信的结局早已注定。

当年刘邦从成皋逃出又收编了韩信停留在赵国境内的大军后，给韩信的命令是让他自己组织赵国的兵民再去攻打齐国。刘邦没料到韩信抓壮丁的能力这么强，他居然很快就又组建了一支军队，随后不仅攻克了齐国，还斩杀了项羽手下的大将龙且并消灭了西楚国二十万大军。刘邦自己却屡屡受困于成皋、广武、固陵等地。当刘邦因为自己屡次打不过项羽而苦恼不已，正希望韩信能来帮他一把的时候，左等右等，等来的却只有韩信的一封信。信上说他刚平定齐国，这个地方的人反复无常，而且齐国邻近楚国，如果没有人来代理齐王，恐怕这地方是不得安宁的，所以他就想勉为其难做个代理齐王，为刘邦分忧。

之前韩信待在赵地不主动救援刘邦，就已经让刘邦心存芥蒂，现在还借机要挟，可想而知，刘邦收到这样一封信时是什么想法。看完信，他就当着送信使者的面拍桌子破口大骂：“混蛋！老子被困在这里，朝思暮想等着韩信那小子来帮我一把，他却只想着做代理齐王！”

在刘邦身边的张良和陈平一听刘邦公开叫骂，不约而同地踢了下刘邦的脚，张良低声对刘邦说：“现在我们自顾不暇，命都快保不住了，怎么管得了韩信要称什么齐王啊，不如做个顺水人情，不然韩信恐怕要生二心。”

刘邦一听马上醒悟过来，是啊，一旦韩信造反，那不是让他刘邦雪上加霜吗？可是骂都骂了，总不能让别人当作没听见，或让导演喊个“咔”重来一遍吧？好在刘邦的应变能力非常了得，他话锋一转，不假思索地继续骂：“王八蛋，大丈夫要做王就做真王，还代理什么！”于是刘邦当即命令张良代替自己到齐国去，任命韩信为齐王。

刘邦对韩信的感情是很复杂的，一方面，他欣赏韩信的军事才华；另一方面，韩信的一些行为又令他感到担心甚至恐惧。这一次，韩信得到了他想要的齐王称号，但从这一刻起，韩信就正式进了刘邦准备秋后算账的名单。

可怜韩信！虽然在刘邦看来，他是趁机要挟，但实际上韩信并没有造反的想法。做了齐王之后，韩信在面对项羽的说客武涉和自己的谋士蒯通两次劝他脱离刘邦，要么投靠项羽，要么和刘项两家三分天下的游说时，都坚决地站在了刘邦这一边。

韩信永远都不会忘记，当年在汉中的时候，刘邦曾经让出自己的车子给他坐，脱下自己的衣服给他穿，分出自己的饭菜给他吃。韩信是一个没落贵族，内心根深蒂固的士人观念让他坚持认为，自己坐了刘邦的车子就要承载起刘邦的顾虑，穿了刘邦的衣服就应当怀揣刘邦的担忧，吃了刘邦的东西就应当为刘邦尽忠。韩信之所以要求做齐王，并不是有二心或趁机要挟，其实他只是单纯地想做一个王风光风光而已。韩信最大的失误是情商不高，要求提得不是时候。

刘邦可不管这么多，消灭项羽后，刘邦做的第一件事就是跑到韩信的军营里收缴了他的兵权，然后把韩信由齐王改立为没有军队的楚王。楚王就楚王吧，韩信也没有抱怨，军队没了可以再招，好歹自己还是个王啊。

可就是这么个毫无实权的楚王，刘邦也不准备让他当了。汉高帝六年（公元前201年）十月，刘邦听说有人告韩信谋反，便拿着告密信问手下的将领该怎么办。

韩信大概平时也觉得自己的能力远高出刘邦手下的其他将领，自认为要是没有他韩某人在，这群废物的骨头早被项羽敲成灰了。满朝上下，他与别人不合拍，性格又不合群，当了王后恐怕更是两眼高高在上，只用鼻孔瞧人。很多人暗地里都想摆他一道，以致当看到刘邦手上告发他韩信造反的信时，各个武将异口同声，好像排练过："马上发兵，活埋了那小子！"

没有一个人站出来为韩信说话，哪怕只是质疑一下告密信的真伪。

刘邦却没那么冲动，不管怎么样，简单的数学推论他还是懂的：

∵项羽打不赢韩信

刘邦打不赢项羽

∴刘邦打不赢韩信

得出这个结论一点儿也不难。

刘邦一言不发地注视着底下表现得义愤填膺的群臣们，心里不住地骂："你们这群王八蛋，说得轻松，真要打起来还不知道是谁活埋谁呢。"没办法，刘邦只能问陈平这件事该怎么办。

这时，陈平没有附和众大臣，他站出来说："陛下，诸位大臣说得都不对。"

"哦？"刘邦一听陈平的话顿时来了精神，以为陈平会有什么不同的意见。

"陛下，有人告韩信谋反，韩信知道吗？"

"不知道。"

"那陛下度量一下，自己的士兵比韩信的精锐吗？"

"比不上。"

"那您手下的将领比韩信高明吗？"

"那也不如。"

"那敢问陛下，您的兵比不上韩信的兵，将领也比不上韩信，就这么去攻打他，不是逼他造反吗？韩信一旦造起反来，您不是找死吗？"

陈平的一番话表面上看起来是不赞成刘邦干掉韩信，但这才是要逼死韩信的节奏啊，他让刘邦意识到自己的兵比不上韩信的兵，将也比不上韩信，那这样的人还能留在世上吗？

果然，刘邦马上坚定了要抓韩信的决心。面对众武将的慷慨陈词，还没表态的他也不说什么决定出不出兵的话了，问题从"是不是要处置韩信"直接变成了"要怎么处置韩信"。

刘邦接着问了一句："那该怎么办呢？"

这对一肚子都是阴谋诡计的陈平来说还不是信手拈来，他早就成竹在胸：“听说自古以来天子都有借巡狩大会诸侯的惯例，陛下可以假装宣布准备到云梦泽去巡狩，并要在陈县大会各路诸侯。陈县在楚国的西边，陛下到了韩信的地盘上，他是一定要出来迎接陛下的。他知道陛下喜欢到处去玩，所以肯定不会有所怀疑和防备。韩信又不是项羽，只要他来了，要拿住他还不是一个武士就能搞定的事吗？”

刘邦深以为然，于是马上依照陈平的计策，昭告天下说大汉天子要到云梦泽去巡狩，并准备在陈县大会各路诸侯。

接到刘邦即将出巡的消息，韩信突然紧张起来，因为在此之前，朝廷在三个月内接连发生了臧荼和利几谋反的事情。臧荼是项羽封的燕王，利几本是项羽的旧部，这两个人的谋反很快就被刘邦御驾亲征给平定了。韩信虽然没有谋反的打算和准备，但刘邦这个时候来到楚国西边的陈县，会不会是有所图谋？韩信对此不能确定，万一刘邦是来抓他的呢？

也许是韩信点背，有病乱投医的他不知听信了谁的鬼话，出了个昏招。在刘邦快到陈县的时候，韩信逼死了躲藏在自己身边的项羽旧部、自己的朋友、朝廷的通缉犯钟离眛，拿着钟离眛的人头去见刘邦，满以为这样就能和刘邦达成和解。

刘邦这时候已经坚定了要拿掉楚王韩信的决心，怎么肯理会韩信拿什么来，而且韩信杀了钟离眛，正好又加了条卖友求荣的罪名。刘邦抓他自觉是伸张正义，心里本就不多的愧疚兀自又少了几分。

韩信虽然长得人高马大，但显然武艺不佳。两人一见面，刘邦二话不说，立即命令武士一拥而上将他绑了，然后就这么随意往自己的车上一扔，云梦泽也不游了，马上下令起驾回宫。

被五花大绑扔进车里的韩信还不知趣，他自嘲说：“果然跟别人说的一样，现在天下已定，我也该死了。”

刘邦只冷冷地回了一句：“有人告你谋反。”随后刘邦干脆车也不让韩信坐了，叫人把他从自己的马车里拉出来，戴上手铐、脚镣关进囚车里，一路往西，懒得再搭理他。

控制住了韩信，刘邦基本达到了自己的目的，但他还是不忍心就这么杀掉韩信。刘邦也知道，告韩信谋反的信件内容没什么能站得住脚的依据，甚至告密信可能就是刘邦授意手下人弄出来的。于是拿住了韩信后，刘邦很快就下令大赦天下，顺便也把韩信给赦免了。

赦免是赦免，但楚王是不能再让他当了。刘邦把韩信改封为淮阴侯，而且只让他待在长安，让他在自己的眼皮子底下待着，希望韩信能够就这么安安分分地过完他的一生。

韩信也不是傻子，当他逐渐平静下来之后，终于想清楚了刘邦为什么这么对他，正所谓“匹夫无罪，怀璧其罪”。韩信的军事才能既是他得到崇高地位的原因，也是他沦落到这种境地的罪魁祸首。他知道，即便自己什么都不做，但只要他还活着，刘邦就不可能放心，于是他干脆撂挑子不干，整天请病假，窝在家里不上班。

日复一日，韩信就这么在刘邦的眼皮子底下生活。他很少跟人来往，也不屑于跟刘邦手下的将领们为伍，甚至有一次，韩信路过樊哙家门口的时候，樊哙亲自出门跪下来送迎，说：“感谢大王肯光临寒舍。”韩信没搭理樊哙，出门仰天大笑道：“我韩信居然落到跟樊哙这种人为伍的地步！”

樊哙是刘邦手下重要的武将，又是刘邦的连襟，韩信和樊哙同样都是列侯，和樊哙为伍又怎么了？当然，刘邦和大臣们心里知道韩信的委屈和冤枉，大家也都能理解和容忍他的所作所为。对刘邦而言，韩信毕竟是消灭项羽的第一功臣，刘邦虽然不喜欢他，但如果他能看清形势安分守己，就让他这么得过且过地活着也好。刘邦实在是不忍心就这么把他杀掉。

“就这么睁一只眼闭一只眼地让他混日子吧！”这也许是刘邦最初的想法，直到两人之间发生了那次决定韩信命运的谈话。

那次谈话发生在皇宫里，刘邦见韩信长期请病假不来上朝，就派人请他入宫叙旧。韩信毕竟还是臣子，朝可以装病不上，但皇帝有请，只要他还能动弹，那还是不得不去的。两人分宾主落座，酒菜上齐后，刘邦随即主动跟韩信拉起家常、追忆起往事来。韩信对刘邦一直心存警戒和不满，所以一开始话并不多。当刘邦回忆起两人在战场上一起征战的峥嵘岁月时，韩信仿佛梦回当年，不知不觉间也开始畅所欲言起来。

等谈话的气氛逐渐融洽后，刘邦突然话锋一转，开始评论起当朝的各位大臣来。首先，刘邦一一列举了好几个武将的名字，让韩信来评论下他们的军事能力。这时候，韩信马上警觉起来，疑心刘邦是在试探他是否和其他人暗中勾结，于是韩信小心地对各个武将进行了中肯的点评，在军事上，谁擅长什么、欠缺什么、能带多少人，说得头头是道。

韩信毕竟是军事天才，说到专业问题那自然是句句切中要害，听得刘邦不住地点头称是，接着刘邦问了一句："那你看老子我打仗能带多少人马？"

韩信久疏战阵，好不容易逮住个纸上谈兵的机会过过嘴瘾，一时嘴快，想也没想就回答刘邦："陛下你带个十万人就差不多了。"

刘邦不置可否，紧接着又问了一句："那你呢？"

韩信点评了好多人都得到了刘邦的赞同，自然有点儿飘飘然起来，得意地说："我带兵当然是越多越好，多少我都能带。"

"好，等的就是你这句话！"刘邦心里暗自发狠，"敲打了你这么久居然还不知悔改，多多益善是吧？"刘邦面带嘲讽地一笑："既然越多越好，那你怎么被我抓住了？"

从刘邦的笑中，韩信猛然觉醒，自觉失语，忙尴尬地打圆场："陛下你虽然不善于带兵，但善于带将，所以我这种只能带兵的人才被陛下抓住了。陛下这种天赐的神技，我们做臣子的是想学都学不来的。"

刘邦心里骂道："呸，神技，老子的神技是把你们这些诸侯都灭了，你还没真正领教过呢！"

这时候，说什么都没有用了，韩信的马屁拍到了马腿上，只好找个理由讪讪地回家了。或许从这一刻起，韩信和刘邦的关系就已经到了不可挽回的地步。刘邦不再试图挽留韩信。而韩信也意识到自己可以浑浑噩噩混日子的时光到头了，往后的日子里，刘邦随时可能拿自己开刀，他必须为自己的活路打算，哪怕是做鱼死网破的挣扎。

又过了一段时间，因为二哥刘仲私自跑路，刘邦只能派自己信任的手下陈豨做巨鹿郡的郡守去守卫代地。陈豨临出发前曾去跟韩信告辞，韩信一反以往对其他将军的冷漠态度，遣退了身边的随从，主动握住陈豨的手，把他拉到自家的庭院里问道："我有话跟你说，你愿意听吗？"

韩信在汉军中毕竟是军神一般的存在，得到他的指点对自己肯定大有裨益，于是陈豨马上虚心受教："将军有话请讲。"

韩信低声对陈豨说："你要去的地方是天下出精兵的地方，而你是陛下最信任的人。即便是这样，你到了外面，也一定会有人不断在背后告你谋反。第一次陛下可能不信，第二次陛下可能就会怀疑了，而到了第三次，我们的陛下一定会亲自带兵去打你。但如果你有别的意思，到了那边就可以早做准备。一旦你要起兵，我可以给你做内应，你我联手，还有摆不平的事情吗？”

当时手握重兵、独自在外的诸侯往往没有好下场，这是大家有目共睹的事情，他韩信就是活生生的例子。所以，韩信的一番话不由得陈豨不信，于是两人暗地里结下了攻守同盟。

到了汉高帝十年（公元前197年），陈豨果然在代地反叛，自称代王，叛军声势很大，一度拿下了常山郡（今河北石家庄元氏县）五分之四的地盘。刘邦迫不得已，只能自己御驾亲征。出发之前，刘邦曾要求韩信陪同自己一起出征，韩信诈病不去。刘邦出发后，韩信便派人到陈豨家中给陈豨通消息，准备和陈豨来个里应外合，一举干掉刘邦。

当时韩信的计划是这样的：伪造刘邦的诏书把长安城里的囚徒、犯人等从牢里放出来，和他韩信的家臣一起组成一支队伍，然后杀掉还在长安城里的吕后和太子，发动政变，再劫持汉朝的军队和陈豨一起夹击刘邦。

甚至据说为了准备这次谋反，韩信还发明了风筝，准备用来测算某地与未央宫之间的距离，具体方法和过程我不得而知，但想来是利用了类似勾股定理之类的原理。韩信打算计算好距离之后直接打个地道到刘邦的床底下，然后派伏兵从地道进入皇宫，出其不意地干掉吕后和太子。当然这事见于野史，真实性我们不得而知，但至少说明韩信为了谋反已经是绞尽脑汁了。

陈豨曾经是刘邦的心腹，此人仰慕战国时期的信陵君，也学信陵君养士，手下有门客数以千计，据说他回家省亲的时候曾经路过邯郸城，他的门客把城里的客房都住满了。如此众多的手下中有三五能人异士并不稀奇，所以，陈豨本身就是一股不可忽略的力量。韩信则是名动天下的将军，论军事能力在汉朝更是无出其右者。可以想见，两人一旦联合起来，要撼动刚刚成立的汉朝政权也不是难事。由此看来，一旦韩信的计划得逞，刘邦似乎岌岌可危。

然而，天佑大汉，就在计划送出，等待陈豨回复的时候，韩信手下的一个舍人得罪了韩信，韩信把他关起来准备杀掉。这时，舍人的弟弟把韩信谋反的计划全盘透露给了吕后。吕后和丞相萧何一合计，当即决定由萧何出面去请韩信入宫赴宴，借机除掉韩信。赴宴的理由是刘邦在前线打了胜仗，反贼陈豨已经授首，群臣们正在宫里大摆筵席庆贺。

在那个通信基本靠吼的年代，信息的传播速度是比较慢的。韩信自己也不知道当时前线的局势，所以萧何说陈豨已经败了，韩信心里只是感到震惊，却无从分辨消息的真伪。不过，不管怎么样，他表面上还是推辞道："我有病，还是不去了吧。"

萧何的态度不容分说，直言道："虽然你身体不好，但这么大的事不去恐怕说不过去，还是勉强去一下的好。"

萧何毕竟是朝廷上为数不多能入得了韩信法眼的人才，对韩信又有知遇之恩，韩信自觉不能过分驳他的面子，只好答应和萧何一起进宫。收拾停当后，韩信便踏上了他的不归路。

其实哪有什么庆功宴。韩信随萧何进宫后，早已埋伏好的武士一拥而上。韩信哪里是武士们的对手，一下子就被绑了押到长乐宫的钟室里杀害。随后，吕后以谋反的罪名杀光韩信三族。

我写下的事情如果不做特殊交代，则均出自正史，但在韩信谋反这个正史记载的故事里面，至少有以下几个主要的破绽：第一，作为犯了谋反这种大罪的人，为什么陈豨没有被抄家，韩信还能和他的家人互通消息？第二，既然已有谋反的准备和谋反的计划，为什么陈豨谋反之前并没有先通知韩信？有的资料说当时有人告陈豨谋反，刘邦马上查办，结果查到陈豨的家人做了诸多不法的事情，很多事情牵连到陈豨，于是韩王信手下的叛将王黄、曼丘臣等人劝诱陈豨反叛，如是这般，陈豨才反了。这说明陈豨从预备谋反到正式谋反还是有一段时间间隔的，他完全有时间先和曾经有过攻守同盟的韩信通过气再谋反啊。为什么他不这么做，反而是谋反以后才让韩信知道消息？第三，韩信作为最杰出的军事家，行事为什么如此不缜密，谋反这么大的事情居然被手下舍人的弟弟知道了？

于是汉代的陆贾在他的《楚汉春秋》里给我们讲了另一个牵扯韩信谋反的故事。故事只有一个大概：

淮阴侯韩信谋反，刘邦御驾亲征而张良留守关中。恰逢出征时刘邦的身体不适，只能乘坐辒辌车（嬴政的死尸也在这种车里待过几十天）前行。

刘邦的队伍才走出三四里地，张良便追了上来，而且行色匆匆、披头散发，风度全无，赶到车边拉开车窗窗帘就问刘邦："如果陛下死了，是准备按诸侯的规格入葬还是按平民百姓的规格入葬呢？"

虽然刘邦生病了，但脾气一点儿都没变，一听张良的话马上跳起来指着张良的鼻子骂："老子是天子，为什么要按诸侯或平民的规格安葬！"

张良回答说："现在英布在东边造反，淮阴侯韩信在西边叛乱，我担心陛下您会死无葬身之地。"

如果这个故事属实，就和我们所知道的事情完全不符。但写这个故事的陆贾是汉初的功臣之一，还是汉朝初年最有名的大儒，他是与刘邦同时代的人，不比几十年后生活在武帝时期的司马迁，更早于写《汉书》的班固两百多年，因此，他的故事应该不是无中生有。为了尽可能地接近历史的真相，我结合两个版本的故事，只能得出一条重要的结论：刘邦早已洞悉韩信的谋反意图。

刘邦洞悉韩信谋反意图的时间我想大概就是在那次"多多益善"的谈话之后。所以刘邦才没有彻底处理陈豨的家人，韩信才得以和陈豨谋划行动事宜，一切都只是为了让韩信自己暴露。

反形已具，韩信安能不死？

也就是因为这样，刘邦或许早已经有意识地将自己要除掉韩信的打算透露给最信得过的人，比如皇后吕雉、丞相萧何，或者说这些人大概已经猜测出了刘邦要除掉韩信的意图。所以，吕后才敢在不经过审讯，也没有获得刘邦批准的情况下将韩信脸上刺字、割鼻、斩脚趾、乱棍打死、枭首、制肉酱，如此这般，一步步残忍地杀死韩信。

韩信就如同神通广大的孙猴子，最终还是逃不出刘邦的五指山。

当刘邦基本平定陈豨的叛乱回到长安，吕后已经如他所愿杀了韩信。这时候，司马迁在《淮阴侯列传》里仅仅用"且喜且怜之"五个字就生动地把刘邦的心情表达了出来——刘邦的感情是复杂的，他既感到高兴又感到可惜。他可惜的是韩信的才华，高兴的是韩信的死，但重要的是，历史会永远记住韩信的死是咎由自取，是吕后自作主张，跟他刘邦基本没什么关系。

彭越谋反案

如果说韩信的谋反还确有其事，那彭越的谋反就彻底是个冤案。当然，和韩信的案子比起来，彭越的这件案子要简单许多。

汉朝建立后，彭越做了梁王，国都定在“天下之中”的定陶。虽然彭越得了块肥地，可他没有就此目中无人，不仅在国内遵纪守法，该去朝见刘邦的时候也一次没落下，行事算得上谨慎。虽然刘邦肯定惦记着怎么把分给异姓王的地再要回来，但刘邦没像夺韩信兵权一样拿走彭越的兵权。由此可以看出，刘邦对他的表现暂时还是很满意的。这样看来，梁王彭越的小日子过得还是很滋润的。

但事情坏就坏在“滋润”二字上面。

汉高帝十年（公元前197年），刘邦御驾亲征去平定陈豨的反叛。当时因为兵力不足，刘邦就向各地的诸侯发布命令，要求他们带兵来帮助自己平叛。彭越第一时间收到了刘邦的命令，不巧这时候彭越正在生病。当然，也许他真的病了，也许是舒坦日子过多了再也不想出去折腾，彭越就跟刘邦告了个病假，打发手下带着几千人马去邯郸随便应付一下。

那个时候刘邦在前线正因为兵力不足而苦恼不已，这正是彭越等诸侯表现自己的机会，可他们居然如此敷衍刘邦，迫使刘邦只能在邯郸就地抓壮丁。形势所迫，刘邦只能一面瓦解陈豨的叛军，一面大打金元攻势，不仅重金收买叛军的将领，还重赏敢于参军入伍帮助平叛的人，如此这般费了不少力气才消灭叛军。好不容易摆平了陈豨，与此同时，解决彭越恐怕也被刘邦暗暗提上了议事日程。

等刘邦回到洛阳，一口气缓过来的他哪里还会给彭越好果子吃？汉高帝十一年（公元前196年），梁王彭越手下的太仆因为得罪了彭越而跑到刘邦那里，告诉了刘邦一件他当时非常想知道的事情：彭越曾经可能想谋反。

具体地说，因为之前彭越没有亲自带重兵来帮助他平息陈豨的叛乱，刘邦非常不高兴，便派使者去责备彭越。彭越见刘邦责备自己，心里非常不安，就准备亲自跟使者到刘邦那里去解释一下。这时候，彭越手下一个叫扈辄的将军告诉彭越：“之前大王称病不亲自去相助陛下，现在陛下派人来责备了您几句，您又表示能去见陛下了，难道不让人怀疑吗？这样一去，恐怕就要落得跟楚王韩信同样的下场。事到如今已是死路一条，不如我们现在起兵造反，或许还有活路。”

够了，这就够了。对刘邦来说，这就是彭越造反的证据：“来人，速速缉拿反贼彭越！”

虽然彭越当时没有造反的念头，当场否决了扈辄的提议，但也算他谋反了。即便他没有谋反的行为，也算心里有了谋反的想法。即便他没有谋反的想法，手下居然提出这样的建议，彭越自然有不可推卸的责任。不管怎么样，总之彭越就是跟谋反沾上边了。

由于彭越真的没想过要造反，也就没有准备。刘邦派人去抓彭越，自然很轻易地就抓到了。经过一通审讯之后，也不管彭越如何喊冤，主审官就给他定了个谋反的罪名，按律至少是斩首灭族的下场。

刘邦心里清楚，彭越连口头上的谋反之言都没有，完全是“欲加之罪”。如果就这么把他砍了，自己如何堵得住悠悠众口？所以，尽管在法律上朝廷给彭越定的是死罪，但最后刘邦网开一面，把死罪改为流放到蜀地的青衣县（今四川雅安名山区北）。

彭越感到委屈、冤枉，自己无端得了个谋反的罪名，从一人之下万人之上的诸侯一下子落到被流放的地步。如此的心理落差他如何能够承受？但彭越没想到这还不算完，就在被流放的途中，他正巧遇到了吕雉。

也算彭越命里该绝，流放就流放吧，好歹还能活着，谁让他当年趁机要挟刘邦给他个梁王做呢？可彭越不甘于被流放，他见了吕雉这个催命鬼就像见了救星一样，一把鼻涕一把泪地哭诉自己的冤屈，想让吕雉替他求个情，即便不能做王，回到自己的故乡昌邑做个普通百姓也好啊。

这个时候的彭越想必还不太了解韩信的事情，不然怎么会向吕雉这样的杀人魔王求情呢？估计吕雉是杀了韩信后还没杀过瘾，就假装许诺帮彭越在刘邦面前求情，把彭越带回了洛阳。

见到刘邦后，吕雉压根儿没打算为彭越求情。她告诉刘邦，彭越是一个壮士，如果把他流放到蜀地，那是养虎遗患，还不如像对韩信般把他除掉，这样才能震慑那些想谋反的诸侯。

吕雉的想法未必就不是刘邦的想法，但刘邦终究有心慈手软的一面。既然吕雉肯为他背这个黑锅，他又何乐而不为呢？于是在吕雉的授意下，彭越的舍人又向朝廷揭发彭越对圣上心存不满，即便已经被流放，手上要兵没兵要钱没钱，但他还是准备再次谋反。而朝廷上主管刑狱的廷尉王恬开根据吕雉的指示，马上上疏请求将大逆不道的反贼彭越灭三族。

彭越要“谋反”，刘邦很“悲痛”：好吧，既然是大家的意思，那就这么办吧。

于是，流放犯彭越被重新打上谋反的罪名，同样被脸上刺字、割鼻、斩脚趾、乱棍打死、枭首、制肉酱，然后被夷三族。刘邦还命人把彭越的人头高高地挂在洛阳的城墙上警示天下，并且不准任何人收彭越的残尸，否则同样以谋反罪论处。

刘邦知道彭越冤枉，也怕天下人在背地里议论、指责自己，他想用这样的方法威慑天下人，堵住悠悠众口。但就如同当年秦始皇嬴政因为放逐自己的母亲赵姬的事情连续杀了二十七个劝诫的人，却还是不能阻止齐国人茅焦的进言一样，世上从来不缺为了公理正义而不怕死的人。

彭越的一个叫栾布的部下，就是这样的人。彭越出事之前，栾布奉彭越的命令出使齐国，没想到形势变化如此之快，等他出使结束回来复命的时候，原来的主人彭越已经经历了由诸侯到阶下囚再到惨死的一系列变故。回到定陶的栾布打听到彭越的人头挂在洛阳的城头，于是在家收拾好东西，交代完后事便赶往洛阳。

来到洛阳城下，栾布作为臣子出使外地，出使完毕见到自己的国君当然要先办正事，他就对着彭越的人头讲述了自己这次出使齐国的经过和结果。正事办完，栾布便拿出事先准备好的酒肉、纸钱，开始一边烧，一边哭，一边拜祭，完全不顾其他人的眼光。

刘邦派人在城门下守着，本想震慑那些同情者，没想到竟还有人敢来公然祭拜彭越，士卒们一拥而上把栾布捉住。栾布不挣扎也不反抗，就这么由着士卒把他捆了押送到刘邦面前。

公开祭拜已经定罪的反贼，这无疑是对刘邦权威的挑衅，何况刘邦清楚彭越的案子是件冤案，栾布的作为让刘邦在面子上过不去了。于是气急败坏之下，刘邦破口大骂：“你小子居然敢明目张胆地违抗老子的命令，祭祀反贼彭越，证明你跟他就是同谋！”随后刘邦拿出当年项羽对付别人的办法，命人支起一口大锅，准备把这个公开不给自己面子的栾布煮成一锅肉汤。

面对汤锅，栾布毫无惧色，从容不迫地对刘邦说：“陛下，敢听臣一句实话吗？”

刘邦不耐烦地一挥手：“有什么话快说。”

栾布正色道：“陛下，当年您在荥阳、成皋间坐困愁城的时候，是梁王帮了您的忙，拖住了项羽，那时候如果梁王投靠项羽，陛下您就完了。在垓下的时候，如果没有梁王，陛下是消灭不了项羽的。在这些关键时刻，梁王都坚决地站在您这边，他对陛下您的忠诚有什么值得怀疑的呢？前些日子您征兵，梁王是因为身体不好才没亲自带兵去见您。陛下您就因为这样一点儿小事疑心他谋反，没有确凿证据就把梁王全族都诛杀了，这让天下的功臣们感到多寒心啊！没错，我栾布是梁王的人。现在梁王死了，我栾布生不如死，请您马上下令煮了我！”

刘邦听罢沉思了许久，又一挥手：“放了他。”然后任命栾布为都尉。

刘邦的反应更加证实了他内心知道彭越死得冤，那他为什么一定要以谋反的罪名置彭越于死地呢？

因为彭越和韩信一样，是朝廷最重要的功臣和诸侯，是刘邦以往的依仗和如今的心腹大患。彭越无疑比韩信冤枉，而彭越的下场也比韩信的更惨。被夷三族之后，韩信的肉酱怕是被喂了野狗，而彭越的肉酱则实实在在地被刘邦喂了他的“功狗”：当时彭越被剁碎制成肉酱之后，刘邦命令使者将肉酱分成多份，赐给手下那些诸侯品尝。刘邦就是想让他们知道，一旦企图谋反，下场就是这样。

“你们安安分分地过日子，少给我添乱。”

对于刘邦，这才是杀彭越的真实意义。

第十二章

未竟的事业

前面我们说过，刘邦本来是想把所有的地盘都划拉进自己口袋里的，只是形势还不允许他这么做而已。建国初年，他不得已封了七个诸侯的时候，就已经开始准备有计划地把他们一个个干掉。我们也不能说刘邦过河拆桥，除了他自己“家天下”的私欲外，也有让社会长治久安的考虑在内，因为这些诸侯掌握着封国的赋税、军队、地方官员的任免，甚至百姓的生杀大权，其实就是当地的土皇帝。既然是土皇帝，就可能有不臣之心。为了天下的安定、百姓的安居，也为了他刘家的皇位能世代传下去，刘邦肯定是要除掉这些诸侯的。

当皇帝后，刘邦内心可能就产生了矛盾：一方面，他希望社会安定；另一方面，他又希望诸侯们造反。因为只有他们造反了，刘邦才有借口解决他们，甚至说，就是逼也要把他们逼得造反。我们知道，刘邦达成了后面那个愿望，代价是刘邦当皇帝后，几乎始终都在做的只有一件事——平叛。

汉高帝五年（公元前202年）初，刘邦当了皇帝后，马上就遭遇共尉的反叛，好不容易才将共尉消灭。五月，刘邦命令士卒们都回家，本希望这些壮劳力能放下兵器，拿起耕具去恢复社会生产。不料，十月燕王臧荼就反了。平定了臧荼，利几又起兵反叛。之后帝国过了一年相对安定的日子。汉高帝七年（公元前200年），韩王韩信投降匈奴；汉高帝十年（公元前197年），陈豨反于代地；汉高帝十一年（公元前196年），淮南王英布反于淮南。这里还不包括以谋反罪除掉的楚王韩信、梁王彭越及被废掉的赵王张敖等。

如果这是刘邦的日记，恐怕是最令他高兴又心惊肉跳的日记。甚至在很长一段时间里，连刘邦自己都没有信心一定能够在这场斗争中获得胜利。

汉高帝八年（公元前199年），萧何建好了长安的未央宫，刘邦刚从平叛的第一线回来，看到如此壮丽的宫殿，贪图酒色享乐的他第一反应居然是大怒："天下纷争不断，成败还没有个定数，你为什么修建规模如此宏大的宫殿？"

汉高帝十年（公元前197年），刘邦亲征陈豨时，他发出鸡毛信，却没有一个诸侯及时出兵响应，使得刘邦迫不得已只能在邯郸就近征兵。

是的，他心里没底，他不知道下一个反叛的人是谁，不知道下一次平叛的时候，胜利女神是否还在自己这一边，不知道自己日渐衰老的身体能否经得起累年征战的考验，幸好刘邦咬着牙一一挺了过来。

刘邦坚信，这些异姓的诸侯是靠不住的，只有把他们都消灭了，再换上自己刘家的子孙，刘姓的天下才能太平。他认为自己的太子太软弱，这些事情只有他这个老子做完才能让子孙后代永远享福。于是，消灭了臧荼，刘邦任命从小和自己穿一条裤子长大的同乡卢绾做了燕王；拿住了楚王韩信，刘邦把楚地一分为二，任命同宗的将军刘贾做荆王，自己的弟弟刘交做楚王，同时把齐国封给了自己当年在曹家的非婚生庶长子刘肥；平定了陈豨，刘邦把代地封给了自己的四儿子刘恒，把赵国封给了自己最爱的三儿子刘如意。

要给后代留下一个万年不败的基业，恐怕是每个作为帝王的父亲所共有的信念。正是因为有这样的信念，几乎每次平叛刘邦都御驾亲征，以他逐渐衰老、顽疾缠身的躯体不断地推着这个庞大的帝国前行。

到了汉高帝十一年（公元前196年），淮南王英布也反了。英布的谋反实在是被逼的。当年英布和韩信、彭越作为消灭项羽的最重要的功臣一起被封为诸侯，但没过几年，韩信就被灭了三族，随后彭越的下场更惨，不仅三族没保住，自己还落得跟伯邑考一样的下场，用自己的肉制的肉酱还给别人吃了。只要英布是一个思维正常的人，就可以推断出刘邦的心思，下一个被除掉的诸侯轮也该轮到自己了。正巧这个时候，英布小心眼儿的毛病犯了，疑心自己的爱妾和一个叫贲赫的官员私通，非要捕杀贲赫不可。于是贲赫和彭越的太仆一样，逃到长安去告主子谋反。

这种告发谋反的事情，虽然可能大多没什么切实的根据，但刘邦也乐于派人到淮南去调查调查，万一真能查出点儿什么呢？而对英布来说，这种情况近几年看多了，多熟悉的桥段，不就是要拿自己开刀的前奏吗？

先发制人，后发制于人，不反也得反了。

英布毕竟是项羽手下的第一号猛将，他谋反之后先袭杀了荆王刘贾，然后挟持刘贾的队伍打败了楚王刘交，叛军兵锋盛极一时。刘贾当时已经是刘邦手下能力不错的将军了，在楚汉相争时也曾经独当一面，但跟英布一比则完全不是对手，至于刘交，跟英布相比更是差了好几个档次。这也是英布敢于反叛的原因：他认为刘邦已经老了，并且身体不好，不太可能御驾亲征；而刘邦手下的将领中能让英布看得上眼的只有韩信和彭越，现在这两个人早都不在了，至于其他人，则完全不能入他英布的法眼。

的确，这时候的刘邦已经重病缠身，但面对这样的情况，他不得不再次踏上征途。英布一路过关斩将，与刘邦在庸城（今安徽宿州市南）相遇。刘邦在庸城上看到英布的军容整肃，排兵布阵颇有当年项羽的风范，顿时感到心烦意乱。他远远地看见阵前的英布，便问：“你做王做得好好的，何苦要谋反呢？”

英布朗声回答：“我也想坐坐你的位置！”

对于英布的公然挑衅，刘邦当然不能忍，他要用实际行动告诉英布，尽管自己已经老了，尽管饱受病痛折磨的身体失去了当年的雄壮，但他刘邦永远是英布赢不了的。刘邦亲临前线，一边破口大骂，一边指挥队伍疯狂地进攻，在战局最胶着时，他也没有后退过一步。

没想到就在双方僵持不下的时候，英布军中飞来的一支流矢射中刘邦，这次刘邦连脚趾都没来得及捂就被士兵们抬了下去。好在刘邦手下的将军们雄起了一回，终于打败了英布。

英布使用类似项羽用的战法，使用类似项羽用的排兵布阵，自己也是一员难得的勇将，他和项羽在战场上面对刘邦却是两种不同的结果。项羽总能把刘邦打得屁滚尿流，而英布这个“伪项羽”只能败逃流窜，由此可见，当年的项羽真正是一位天生的将才，所谓“千军易得，一将难求”，大概就是这个意思。当然，我们也可以得出这样的结论，刘邦的军事才能在当时也是一流的。即便不能和顶尖的韩信、章邯、项梁相比，也应当相去不远。早年间，他在战场上给后人所留下的废柴印象实在是因为他的对手项羽太过强大。

刘邦受了箭伤，打败英布后便返回长安疗伤，只让手下的将领去追击英布。英布战败后渡过淮河依然连战连败，只能一路流窜，最后在番阳被杀死。又一个异姓王被除掉了，刘邦让自己的第七个儿子刘长做了淮南王，刘贾没有后代，刘邦就让自己哥哥刘仲的儿子刘濞做了吴王。

但这什么时候是个头啊？刘邦已经感到自己的身体渐渐难支，自己生命的火种越来越微弱。可自己的帝国才刚刚建立，他的事业还远没有完成，北方有强大的匈奴，南方的越人也不能让自己高枕无忧，国内正是百废待兴的时候却兵祸连年。这不，他刚消灭了英布，部下的将领又斩杀了陈豨，可听说燕王卢绾又反了。

这一次，刘邦再也没有精力和体力御驾亲征，只能派自己的大将樊哙、周勃去征讨卢绾，顺便把自己的小儿子刘建派去做燕王。好在卢绾的反叛其实也是被刘邦诛杀异姓王的行为逼迫的，他真没有反心，更没做反叛的准备，一看樊哙的大军杀将过来，自思这种情况下他是有理也说不清，干脆带着自己的老婆、孩子和亲信共几千人跑到长城外面去了。

卢绾这个人我们以后可能还要提到他，这里先暂且按下不表。值得注意的是，刘邦这次没有御驾亲征。英布反叛时刘邦身体也不好，但他依然能够勉强支撑着出征，而现在他甚至连“强起”都做不到了，这时候的他越来越感到时不我待。

在从征讨英布的前线返回长安途中，刘邦路过自己的故里沛县，这个他生活了四十多年的地方，这个他起兵的地方，这个他许久不曾回来的地方，在一众父老乡亲的面前，刘邦感到威风、得意，又感到困惑。他有感而歌：

> 大风起兮云飞扬，
> 威加海内兮归故乡，
> 安得猛士兮守四方！

是啊，安得猛士兮守四方？这是刘邦内心真实的困惑，真正的猛士已经被自己消灭干净了，但剩下来的人谁又能保证他们是忠心的呢？一旦自己撒手而去，那自己辛苦打下来的江山又该由谁来守护？

可是，刘邦已经没有足够的时间来安排这些事情了，当他渐渐对国家甚至对自己身体健康的掌控都力不从心的时候，他变得越来越焦虑，越来越多疑。刘邦先是怀疑萧何谋反，后又怀疑樊哙政变，虽然最后都不了了之，但刘邦身边的人都开始感到他性格上的变化。他不仅不信任异姓的诸侯，连对自己的大臣们也开始无端猜测和怀疑，总觉得有人要阴谋夺取自己的天下。

刘邦毕竟老了，又受过两次严重的箭伤，并且伤势一直没得到彻底的康复，身体每况愈下。终于，在征讨英布归来半年后，刘邦感到自己已经油尽灯枯，他再一次病倒了。在太医当着刘邦的面说他的病还可以治的时候，刘邦骂道："我一个平民出身，手提三尺宝剑便取得了天下，这难道不是上天注定的吗？我的生死自有上天注定，即便扁鹊在世也不能左右。"随后，刘邦赏了太医一笔钱便打发他走人，从此拒绝再做任何治疗。

刘邦以微末之身起于沛县，在短短的八年时间里便建立了一个统一的帝国，又引领着这个帝国走过了它最初的八年时光。在这短短的十几年的人生旅程中，刘邦经历了绝大多数人永远都不可能经历的精彩。他从一个普通的平民变成了社会地位至高无上的统治者，其间有人从他的朋友变成了敌人，也有人从他的敌人变成了朋友；有忠诚的臣子，也有背叛的亲信；有成功的印记，也有失败的伤痕；有得到的喜悦，也有失去的痛苦。对躺在病榻上的刘邦而言，一切的一切仿佛就在昨天。

汉高帝十二年（公元前195年）四月甲辰日，刘邦做皇帝的第八个年头，他的生命之火终于熄灭了。

在结束刘邦的故事之前，我再说几句多余的话：

我们后来人总喜欢对前人的一生品头论足一番，而对刘邦，其实当时的人们早就做出了准确的评论，那就是他的谥号：高。

当初那个沛县的小亭长刘邦，最初的理想是做一个快意恩仇的游侠，潇洒地过完一生。然而，时势造英雄，在时势的推动下，他建立了一个伟大的王朝，让百姓们在他的庇护下过上相对安宁的生活；他为一个民族永远地烙上了"汉"的印记，使之成为世界上最伟大的民族之一。

"侠之小者，行侠仗义；侠之大者，为国为民。"不管怎么样，从某个角度来说，游侠刘邦最终成了为国为民的大侠，我猜测，或许这是他内心深处最高兴的事情吧。

纵观他人生最后十几年的表现，我们不由得佩服：高，实在是高。

第十三章

女主天下——双面太后

懦弱至死的孝惠帝刘盈

所谓“国不可一日无君”。老皇帝死了，太子就要即位做新皇帝来治理国家，这是最自然不过的事情。但刘邦死后，这样自然的事情都不能自然地发生。

刘邦的太子是他和吕后的儿子刘盈，汉二年（公元前205年）六月，刘盈就被刘邦立为汉王的王太子。刘邦当了皇帝以后，刘盈自然升格为了皇太子。不知道是不是当年刘邦从彭城一路败逃时候的那几脚把刘盈踢坏了，长大后的刘盈身上完全看不到他老子刘邦身上那种“提三尺剑而取天下”的豪气。刘盈的为人说得好听点儿是比较仁慈，说得难听点儿叫懦弱，这样的儿子完全不对半文盲加大老粗刘邦的脾气，使得刘邦晚年时常因为刘盈在气质上不像自己而苦恼，打算废掉刘盈而改立自己宠爱的戚夫人的儿子刘如意做太子，并几次三番地想付诸行动。

中国有句古话，叫“国赖长君”，意在说明废长立幼的事情大多没有好结果。这一点，朝廷的大臣们远比刘邦清醒，所以，刘邦每次提出废太子，几乎所有大臣的意见都是不同意。不仅是张良这样的聪明人，就连口吃的大臣周昌、一生主要以投机取巧为生的儒生叔孙通都极力反对，叔孙通还曾经为阻止刘邦废太子而以死相逼。张良也献计吕后，让她请来号称“商山四皓”的四位避世隐居的老头儿辅佐太子，让刘邦知道天下的民意都在太子刘盈这里。最终，刘邦的理智战胜了感情，才保住了刘盈的太子之位。

刘邦一死，最紧张的就是他的皇后吕雉。刘邦在时，她贵为皇后，虽然因为更年轻貌美的戚夫人的存在，吕雉逐渐失去了刘邦的宠爱，但她毕竟母仪天下，名分摆在那儿，又有太子刘盈这座靠山，地位不是他人可以轻易撼动的。

虽然吕雉当年只是一个新到沛县的年轻女子，甚至有可能待字闺中时连大门都极少迈出，但之后十几年，她的生活发生了巨大的变化。她见识过秦朝的大牢，协助丈夫造过反，当过项羽的人质，杀死过名满天下的大臣，这一切使得吕雉的性格逐渐变得刚毅起来，她早已不是当年那个奉父母之命嫁给刘邦的少女了。

然而，不管吕雉发生了怎样的变化，现在刘邦死了，她四十多岁就成了寡妇。她的两个哥哥虽然都做了将军，但一个早死，另一个身体不好，即便没死也就只剩半条命在，而她的儿子又未成年。这都让吕雉不由得担心：孤儿寡母怎么镇得住满朝的老臣？

这时候的吕雉还没有太多的政治经验，也没有做好升格为太后的准备，又被刘邦晚年的疑心病所传染，总觉得所有的文武大臣随时准备赶跑他们母子俩。于是，为了保住刘邦留下来的江山，她决定，在想出保证政局稳定的万全之策前先秘不发丧。

就这样一直过了四天，吕后居然还不对外公布刘邦的死讯。要知道，那可是在天气已经挺热的四月，四天下来，刘邦的尸体恐怕都已经开始发臭生蛆了。吕后却仍致力于和她的宠臣审食其商量，准备先把那些她认为可能会觊觎帝位的大臣全都干掉。

想来那刘邦也端的是可怜，管你生前如何地位崇高，多么威风八面，死后也不免落得被人利用的下场。好在天下没有不透风的墙，何况这股风还夹杂着尸臭，终于，吕后的打算还是被别人知道了。

将军郦商也不知怎么得知了刘邦驾崩和吕后准备诛杀大臣的消息。他急忙告诉吕后的宠臣审食其，如果吕后还不发丧，而是准备诛杀朝中的大臣，其结果必然是大臣们在朝中叛乱，诸侯们在外面造反，天下可能瞬间就不姓刘了。

审食其是当年刘邦去造反时留在家里照顾吕雉和刘太公的沛县同乡，他常年服侍在吕后左右，与吕后年纪相仿，又共患过难，还一起做过项羽的人质，两人之间的交情不可谓不亲密。在长期的斗争生活中，审食其与吕后有没有产生过超越患难朋友的友谊，我们不好判断，但至少可以肯定的是，他是当年吕后身边为数不多的绝对信任的人之一。因此，刘邦当了皇帝后，想来是通过吕后的关系，没什么战功的审食其也被封了个辟阳侯。

由此可以推见，审食其应该是很替吕后着想的。所以，他立即把郦商的话告诉了吕后，并且建议她立即给刘邦发丧。吕后很信任审食其，马上就给刘邦发了丧，把大概已经发臭的刘邦的尸体安葬在了事先已经准备好的离长安城三十五里的长陵里。

一切安排妥当后，又过了二十二天，太子刘盈即位。事实证明，大臣们还是比较安分的，新皇帝即位后，天下还是姓刘，天子也还姓刘，吕后之前想象的大臣们时刻准备打倒他们孤儿寡母的事情根本没有出现。

刘盈当皇帝的时候不过十六七岁，依照古人“二十而冠”的概念，他还是个未成年，各位大臣又没有专权的想法，朝廷的大权实际上就落到了太后吕雉的手里。吕后一看大臣们都挺忠于汉朝又都挺能干的，虽然刘邦不在了，但大家紧紧围绕在新皇帝刘盈身边，仍把国家打理得井井有条，不需要自己母子二人去操心，她之前悬着的一颗心终于放了下来。

放下心来的吕雉看着国家政权稳定，她吕太后的架子便摆起来了。以往总是躲在幕后的她现在要走到台前，抖一抖皇太后的威风，教训下那个不识好歹的人。

这个人就是戚夫人。

戚夫人是在刘邦当汉王后、统一全国前出现在刘邦身边的美人，籍贯定陶，再具体的出身、背景就不清楚了，但从她没什么外家势力来看，应该不是什么名门望族。戚夫人来到刘邦身边恰好是在刘邦和吕雉长期分居的时候，之后吕雉又在项羽那里当了多年的人质。这样一来，正好让戚夫人钻了好酒及色的刘邦的感情空子，等到吕雉终于回到刘邦身边时，戚夫人的儿子刘如意都好几岁了。

后来，刘邦当了皇帝，一边是年轻、漂亮、爱撒娇、没什么城府的戚夫人，一边是年纪大、性格刚毅、结婚多年没什么新鲜感的吕后，对刘邦来说，选择更宠爱谁那真的是太容易了。所以，贵为皇后的吕雉虽然表面风光无限，但实际上长期独守空闺。刘邦常年在外平叛，陪伴在侧的都是戚夫人，吕后总独自落得个留守关中的“重任”，有时候甚至很久都见不上刘邦一面。

刘邦还活着的时候，吕雉心里对戚夫人已经是非常怨恨，只是因为戚夫人有刘邦罩着，吕雉才不敢对她怎么样。对此，没什么心机的戚夫人却毫无警觉，仗着刘邦的宠爱就不知进退，居然还几次三番哭哭啼啼地在刘邦面前为自己的儿子刘如意谋求太子的位置，全凭群臣极力反对和刘邦的理智，戚夫人最终才没有得逞。

虽然刘盈的太子之位没有让刘如意夺去，但这事让吕雉和戚夫人彻底决裂。太子不仅是国家的根本，也是她吕后的根本。戚夫人要动太子就如同要动吕雉的命一般，于是吕雉对戚夫人的怨恨更是到了无以复加的地步。可以想见，这种怨恨一旦爆发出来将是一股多么可怕的力量。

戚夫人不懂得宫廷斗争的残酷，既没有外家势力可以凭借，也没有在朝中培养、拉拢自己的亲信，只凭着刘邦的宠爱就任意行事。现在刘邦死了，以往罩在戚夫人身上那层看起来刀枪不入的保护罩瞬间消失得无影无踪，戚夫人便完全暴露在吕后面前。很快，吕后的报复接踵而来。

要对付戚夫人，吕太后不需要找什么借口，而是直接命人将戚夫人剃光头发关到永巷，每天就干舂米的活儿。平日里享受惯了锦衣玉食的戚夫人哪里受得了这种苦，她感到委屈、郁闷，整日一边舂米一边作歌：

> 儿子做王啊，
> 母亲做囚犯，
> 整天做着舂米的活儿，
> 时常与死亡相伴。
> 儿啊，我们相隔三千里，
> 能找谁来告诉你？

从这首歌就可以看出来，戚夫人这个人确实不适合生活在深宫后院里。自己落到这步田地是很惨，但如果能够忍气吞声、委曲求全，说不定吕后还不至于进一步下杀手。毕竟自己的命还在，自己的儿子还在赵国当王，还不是非常惨嘛。不就是头发被剃了嘛，只要头还在，头发剃了还能长。假以时日，等自己的儿子长大，吕后老死，搞不好自己还能翻身嘛，谁让你之前风光的时候一个劲儿地得罪人呢？现在倒好，歌声很快传到吕雉的耳朵里，刘如意的名字再次刺激了吕雉。一想到刘如意这个臭小子三番五次地威胁自己儿子的地位，吕雉更是怒从心头起，恶向胆边生，干脆一不做二不休，派出使者要把刘如意从赵国召回来，斩草除根。

可吕雉的使者一连去了三拨都没有见到刘如意，使者们从赵国国相的口中得到的都是一样的回复：赵王刘如意病了，不便出门。

原来刘邦对自己的这个发妻还是很了解的，当他晚年改立太子的打算落空后，刘邦就非常担心吕雉会在自己蹬腿之后报复戚夫人母子。为了让刘如意远离危险，刘邦早早便让年幼的刘如意之国，还派遣了大臣中脾气最硬、最耿直的周昌去做赵国的国相，意在让他保护刘如意。

即便如此，刘邦还是很不放心，总是想着日后戚夫人有可能被吕后欺负的惨状，以致已经到弥留之际的刘邦一听说自己的连襟樊哙已经和吕后商量好，一旦自己咽气，就干掉戚夫人和刘如意一干人等，便既不思考也不审查，立即命令陈平去樊哙军中斩了樊哙的脑袋。谁都知道樊哙是刘邦最信任的武将，他连樊哙都要不由分说地杀掉，可见刘邦已经紧张到了什么程度。他或许已经预料到戚夫人母子二人的下场，但这个时候的他已经无能为力了。

当然，陈平这种权力斗争中的墙头草是不会为一个马上要死的老皇帝的命令去得罪太后和新皇帝的，他到了军中并没有执行立即处决樊哙的命令，只是把樊哙用囚车押回来。果然和陈平预料的一样，刘邦一死，吕后马上就把樊哙放了出来并官复原职。

不过，还是有人忠实地执行着刘邦的命令，这个人就是周昌。

从严格意义上来讲，周昌可以说是吕雉和刘盈的恩人。在刘邦易太子的态度最坚决的时候，他曾经不止一次地公开在朝廷上讨论这件事情。有一次，刘邦的态度非常坚决，大臣们怎么劝刘邦都没有用，刘邦看起来已经铁了心要把刘盈换下去。大家一看劝不动刘邦干脆闭口不言，说到底，立谁为太子毕竟是刘邦自己的事，谁愿意这么不知好歹地触怒皇帝，万一真把刘邦惹急了，随便给自己安个谋反什么的大逆不道的罪名，最后落得个诛三族的下场又何必呢。

然而，哪个朝代都有所谓的骨鲠之臣，周昌就是这样的臣子。廷议陷入僵局，大家都不再发言的时候，是周昌在朝廷上冒死力争，才让刘邦暂时打消了易太子的决定。周昌这人有个毛病，就是口吃，尤其是在紧张的时候，更是经常结巴得说不出话来。为废立太子的事，刘邦和周昌当场起了争执，紧张的气氛让周昌口吃的毛病又犯了。看到刘邦如此不顾大局，周昌气得面红耳赤，半天说不出一句整话，最后干脆摆出一副不怕死、混不吝的嘴脸，对刘邦耍起流氓来："臣就——就口吃，说——说——说不出话——话来，但臣期——期知其不——不可！如——如果陛下一——一定要——要废——废了太——太——太子，臣期——期不——不奉诏！"说完，周昌跪在地上，摆出一副大义凛然、视死如归的表情。

刘邦被周昌给气乐了，只好作罢，宣布搁置争议退朝。刘邦走后，吕后却从东厢房里走出来，原来吕后听说刘邦要廷议废太子的事情，紧张之下就跑到后殿来偷听。周昌和大臣们的话她都听到了，最后听到因为周昌的力争，刘邦没能废掉太子，吕后一颗悬着的心才放了下来。激动之余，吕后也顾不得什么礼数不礼数，走出来后对着周昌纳头便拜："如果不是阁下，太子的位置这次就保不住了。"

周昌就是这么一个耿直、强硬的人，可就是这么一个耿直、强硬的人，最终也没能拗得过吕雉。吕雉一看周昌不让刘如意进京，就打算先把周昌召回来。太后召自己回京，不管有没有病，周昌都是不敢不答应的。等周昌回到长安，吕后再派人去召刘如意，可就再也没有人敢阻拦，这下刘如意只能乖乖地上了回京的马车。

谁都知道，刘如意一旦回到长安皇宫里将会是什么结果。好在这个时候刘盈念及兄弟之情，挺身而出，主动到郊外去接自己同父异母的弟弟。虽然这个弟弟差点儿让自己做不成皇帝，但年轻的刘盈并不记恨刘如意，而是把他接到自己的寝宫里居住，每天与他形影不离。

可想而知，以吕雉的脾气，看到刘盈横插一道，她会多么愤怒。她可能也找过各种理由斥责自己的儿子，但她还不至于公开说"我要杀了刘如意，你小子长眼的话快滚开"之类的话。而刘盈一直默默地与自己的母亲抗争着，时刻保护着刘如意，甚至刘如意每天吃的饭菜，他都要先亲口尝过。这让吕雉毫无办法，她只能时时从旁窥伺，等待机会。

虽然有刘盈的保护，刘如意暂时安全了，但刘盈毕竟年轻，警惕之心容易懈怠。在十二月的一天，刘盈早起去射猎，刘如意因为天冷赖床就没有跟刘盈一起去，这就给了吕雉可乘之机。要知道，刘盈是天没亮起床出发的，到黎明天亮的时候就已返回皇宫，和刘如意只分开这么短短的一两个时辰，就让吕雉抓住了机会。她命人拿着见血封喉的毒药强行灌入刘如意的口中（也有说是吕雉命力士用被子把刘如意闷死的），等刘盈回来的时候，刘如意已经死挺在床上了。

杀死刘如意后，吕雉很得意，总算去了她的一块心病，但没了赵王并不意味着她会忘掉戚夫人。相反，刘如意的死让她更加肆无忌惮。接下来，吕雉对戚夫人所做的事情简直令人发指，只有后世的武则天对王皇后的暴行方可与之匹敌。

吕雉几乎丧心病狂，她命人砍掉戚夫人的四肢，剜去她的双眼，弄聋她的耳朵，又给她灌了哑药，然后把这样一个人不像人鬼不像鬼、半死不活的戚夫人命名为“人彘”，丢到厕所里。或许是出于对刘盈违抗自己的意愿保护刘如意的惩罚，或许是长期怨恨戚夫人母子所致的心理扭曲，反正猜不到吕雉到底是出于什么样的心态，几天后，她居然叫刘盈来厕所里观看自己的“作品”。

当吕雉不无得意地告诉刘盈，厕所里这个“东西”就是戚夫人的时候，生性懦弱的刘盈哪里受得了这样的刺激，随即当场号啕大哭，但他又能拿自己的母亲怎么办呢？

如果说刘如意被杀只是让刘盈对自己母亲的所作所为感到愤怒，那么吕雉所制造的“人彘”则彻底割断了刘盈和她的情感联系。从厕所出来后，刘盈就大病了一场，病中的刘盈托人转告吕雉，她的所作所为实在不是人干的，而因为有这样的母亲，身为皇帝的他已没有脸面去治理这个天下了。

刘盈这一病就是一年多，病好以后，他就开始纵情于声色犬马，再也不理朝政。虽然他生来懦弱，没有刘邦那样的豪气，没有暴起反抗的胆量，但他没有妥协，他用自己的方式表达着对吕雉无言的抗争，或许他仍然希望终有一日能唤醒吕雉的人性和良知。

接下来的几年，面对一个百废待兴的社会，处于青春年少、本可以大展拳脚的皇帝刘盈做过的可以算得上政绩的事情，我们概括如下：在当皇帝的第三年，刘盈征附近的农民来修长安的城墙，工程进行得还算顺利，一年时间就修了一半。接下来，刘盈下诏减少征用农民工的数量，不能因为修城墙就耽误了老百姓的生活。于是工程速度减慢，又过了两年，也就是刘盈当皇帝的第六年，才把城墙修好，然后……

然后就没有然后了。

公元前188年9月26日，才当了七年皇帝、年纪仅仅二十三岁的汉惠帝刘盈就因为长期纵情于酒色而病死于未央宫。

女主称制

吕后炮制“人彘”事件，戚夫人和刘如意当然是最大的受害者，却也间接导致了惠帝刘盈早死，让吕后最终自食恶果。虽然经历了几年的冷战，吕后跟刘盈日渐生疏，但不管怎么说，刘盈毕竟是吕后唯一的儿子，是她在朝中的依靠。现在刘盈死了，不管吕后会不会感到悲痛，她当前却有一个最最担心的问题，就是如何保住自己的政治地位。这让吕后心思烦乱，使得她在给刘盈发丧的时候虽然想失声痛哭，可嗓子里发出来的只是干号，眼泪怎么都掉不下来。

大臣们看到这种情况虽然觉得奇怪，可谁敢问为什么啊，只能在私底下议论纷纷。这时候，张良的儿子张辟强站出来告诉当时的丞相王陵、陈平两人：“太后之所以哭不出眼泪来，是因为先帝没有年纪大的儿子来继承帝位，她怕大臣们起来造反，所以太后其实时刻准备干掉你们，各位大人必须早做打算。”

别看这些大臣个个年纪比张辟强大上好几轮，可一提到攸关自己性命的事情，他们一时半会儿哪有什么打算，只能请教他“为之奈何”。

张辟强倒是早有打算，他继续说：“依我的愚见，现在唯一的办法就是必须让原本已经在朝中为官的太后的本家亲戚吕台、吕禄、吕产这些人来掌管都城的南北二军，再让吕家的其他人也入朝为官，这样才能让太后放心，你们才能躲过一劫。”

张辟强可以说是洞察了吕后的内心世界。当王陵、陈平这些大臣按张辟强的意思去做之后，再提到惠帝的死，吕后安心地悲从心来，再哭眼泪也掉下来了。但张辟强的主意只解决了部分问题，还有一个最重要的问题没有解决，那就是这个空出来的皇位该由谁来坐？

吕后是如此强势的女人，即便在和惠帝冷战期间，她依然要操控惠帝的婚姻。为巩固自己的地位，大概在惠帝病好以后不久，吕后居然把自己女婿张敖的女儿许配给自己的儿子做皇后。

吕后的想法很简单：如果将来张皇后生下来的是儿子，这个亲上加亲的孙子自然更能任自己摆布，甚至有可能取代自己那个不听话的儿子刘盈。

虽然我们自古以来号称礼仪之邦，可古时候近亲结婚的事情并不少见，但能光明正大地乱伦到这份儿上的屈指可数。虽然刘盈不了解三代之内近亲结婚的危害，可因为吕后的关系，刘盈并不喜欢这个张皇后。刘盈终日沉溺于酒色，和后宫里的其他女人生了五个儿子，但和他的外甥女可能始终没有过实质性的接触。直到惠帝病死，张皇后也没能生出一男半女来。甚至有传闻说张皇后死后入殓时仍是冰清玉洁之身，该消息不胫而走，以致后来民间将张皇后奉为花神。

当然，这个传闻的真实性不可考证。但我们可以知道的是，或许是出于对母亲操控自己婚姻的反感，刘盈干脆一不做二不休："既然睡女人你都要管，那我干脆睡男人。"于是，像闳孺这样的佞臣便成了惠帝的枕边常客。这样一来，刘盈和张皇后更睡不到一张床上，吕雉的如意算盘也落了空。

张皇后无子，这对吕后来说一直是块心病。好在吕雉早有打算，她把自己吕家的一个已经怀孕的侍妾接到了宫里面。等这个美人生下儿子后，吕后便把美人杀了，把刚生下来的孩子给张皇后抚养，对外宣称这就是惠帝和张皇后爱的结晶。

满朝的大臣们不是聋子、瞎子，当然也不是傻子，谁都知道这个孩子来得蹊跷，可见识过吕太后对付韩信、彭越、戚夫人手段的大臣们谁又敢提出质疑呢？

孝惠帝刘盈死后，这个孩子就顺理成章地成了皇帝，史称前少帝。但小皇帝实在是太小了，生活都不能自理又如何管理朝政？吕雉便以太皇太后的身份把持了朝政，成为中国历史上第一位实际意义上的女皇帝。从这一年起，史书上出现了奇怪的纪年——高后元年（公元前187年）。

时间过得飞快，到高后四年（公元前184年）的时候，前少帝年纪大一点儿了，逐渐有了自己的思想，慢慢地通过宫里的闲言碎语了解了自己的身世。可是，小孩子不知世态险恶、人心难测，只有对善恶的直观表达。在听说自己母亲的遭遇后，前少帝便对身边的人说："太皇太后怎么能杀了我的母亲而把我说成是太后的儿子呢？现在我还小，等长大了，我一定要给母亲报仇！"

前少帝的话很快便传到了吕雉的耳朵里，然后他就再也没机会长大了。虽然童言无忌，但吕雉为了防患于未然，尽早除掉这个有可能的祸端还是有必要的。而且，这个时候的吕雉经过多年权力斗争的锤炼，已经心狠手辣到一个很高的层次，不管对方是谁，只要她想把对方弄死，那都是轻而易举的事情，完全没有心理负担。吕雉干脆把前少帝关到了之前关过戚夫人的那个永巷里，对外宣称皇帝病得很重，而且脑子还出了问题，已经没办法继续处理朝政。然后，她问大臣们："现在该怎么办呢？"

吕雉长期在幕后发号施令，吕家的人又在朝中把持朝政和军权，大多数大臣已经被驯得服服帖帖，这时候哪里还有人敢自作聪明提建议？

这么大的事儿，大臣们怎么知道该怎么办？您老还是自己拿主意吧。

既然朝中没有人反对，吕雉很快便宣布废黜前少帝，然后偷偷地把他弄死。小皇帝没有儿子，吕雉便把惠帝的一个儿子常山王刘弘叫来坐皇帝的位子，史称后少帝。

吕雉从这次废立皇帝的事情中了解到，朝中大臣都已经不敢公开反对她，她的胆子就更大了。新皇帝即位后甚至都不用出来上朝做个摆设，吕雉直接以太皇太后的身份亲自临朝管理天下。

这时候的吕雉很是得意，她毕竟做到了前无古人的事情，可她也知道，在古代，一个女人当家做主是所谓"牝鸡司晨"，很容易惹人非议。而且，她还是时常觉得身边有人时刻准备取代自己的位置。即便现在群臣表面上都已经对她俯首帖耳，但她依然很担心，她觉得还是要做更多的事情来巩固自己的位置。

既然朝廷上的大臣们都不敢反对自己，吕雉的担心又出自哪里呢？

除皇子

吕雉的担心其实就在刘邦的其他儿子身上。

刘邦除了跟吕雉的儿子刘盈外还有七个儿子，分别是齐王刘肥、赵王刘如意、代王刘恒、梁王刘恢、淮阳王刘友、淮南王刘长、燕王刘建。除了刘肥（就是刘邦跟曹家女儿的未婚生子），其他的儿子都比刘盈小，作为刘邦财产的继承人，都要屈居于刘盈之后，而这个年长的刘肥是庶出，地位自然不能跟嫡出的刘盈相比。但这个天下毕竟是刘邦留下的，又不是她吕雉留下来的，大家比不过刘盈，难道还比不过刘盈的儿子吗？

对刘邦的其他儿子来说，刘盈在世时，吕雉以太后的身份干预朝政，其他的皇子即便不满也说不出什么不妥。那毕竟是母凭子贵的时代，儿子坐了正位，母亲的腰杆自然挺得笔直。可吕雉没想到，她的依靠刘盈年纪轻轻便挂掉了。依靠没有了以后，吕雉还要对天下发号施令，她的地位就变得有点儿尴尬了。幸好吕雉早有准备，又搞出个“孙子”来要“奶凭孙贵”。但“国赖长君”，一个年纪大的成熟男人来管理国家肯定比一个小屁孩要稳妥，而且让这么小的孩子来掌管天下，他的那些叔伯辈的诸侯会答应吗？当然，吕雉不可能让刘邦的其他儿子来做皇帝。他们做了皇帝，那他们的母亲自然而然就成了皇太后，那她这个太皇太后就没有存在的必要了。

正因为如此，在吕雉眼里，不管这些和刘盈同父异母的兄弟有没有当皇帝的野心，他们都是一群让她不安的存在，必然要除之而后快。

刘邦生前最宠爱的戚夫人和她的儿子刘如意首当其冲做了枉死的冤鬼，追随刘邦的脚步去了。这里面除了吕雉和戚夫人之间的个人恩怨之外，最初恐怕也有为刘盈坐稳江山清除障碍的打算。

惠帝二年（公元前193年），齐王刘肥进京，吕雉办了一场私人宴会来欢迎刘肥。因为刘肥是自己的哥哥，身为皇帝的刘盈便把上座给了刘肥，刘肥毫不犹豫地就坐了。刘肥的不知趣让吕雉勃然大怒、杀心立起，但吕雉表面上没有表露出不满来，只是让下人端来两杯酒放在刘肥的面前，让他给自己敬酒，其实酒里面已经放了一日丧命散之类的毒药。平日高高在上的母后居然这么看得起自己，刘肥受宠若惊，连忙端起其中一杯，就要上前给太后敬酒。

也怪吕雉自己，要杀人干吗放两杯酒？刘盈看大哥给母亲敬酒，自己便把另一杯酒端起来，要和刘肥一起敬母后一杯。吕雉见刘盈不明就里地便要将杯中酒一饮而尽，二话不说，赶忙伸手把刘盈手中的酒杯打落，酒一下子全泼到了地上。这时候，刘肥的神经就是再大条也意识到其中有问题了，于是自己手中的那杯酒他也不敢喝了，赶紧装醉提前离开宴会。

回到自己府邸的刘肥经过多方打听才知道事情的原委，自觉这次是进了鬼门关，恐怕再也没机会活着离开长安。好在这时候，刘肥的手下给他出了一个主意，让刘肥主动提出将自己齐国的一个郡让出来，给吕雉的女儿鲁元公主做食邑，以此来取悦太后，这样才有可能保住自己的性命。

为了保命，刘肥不仅向吕雉请求让出自己齐国的一个郡给鲁元公主，还进一步提出：因为自己母亲早逝，自己从来没有机会尽过做儿子的孝道，希望能尊鲁元公主为自己齐国的王太后，让他这个做“儿子”的能体验侍奉“母后”的感觉。

对刘肥这种已经不能说是卑躬屈膝，简直就是趴在地上舔脚的求饶方式，吕雉感到很满意，马上批准了刘肥的请求，让他回齐国好好过日子。刘肥这才躲过一劫。

喝了一顿酒就丢了一个郡，还认了一个“妈”，刘肥心里的憋屈无处发泄，虽然全胳膊全腿地离开长安，但整个人的精气神似乎全丢了。他也觉得自己窝囊至极，回到齐国后便郁郁寡欢，在刘盈死的前一年就憋屈死了。

干掉了年纪最大的刘肥和最得宠的刘如意，吕雉的心里得到一丝丝的放松。在一段时间内，吕雉对其他皇子的态度还保持在一个相对可以容忍的范围之内。然而，前少帝一死，吕雉的健康逐渐出现状况，她又开始紧张起来，没了儿子又没了孙子的她现在看哪个姓刘的诸侯都可疑，恨不得把他们都除之而后快，而且这种紧张感随着时间一天天过去、自己身体的日渐衰弱而越来越强烈。

到了高后七年（公元前181年）正月，被吕雉打发来做赵王的刘友因为不喜欢自己的蛮横王后，便让她长期独守空闺而宠爱其他的姬妾，使得这个蛮横的王后妒火中烧。偏偏这个王后姓吕，于是赵王后告发赵王刘友背地里经常议论太皇太后的不是，还有谋反的意图，声称自己的丈夫刘友说，准备在太皇太后百年之后干掉所有姓吕的。

刘友实在冤枉，一个连自己老婆都搞不定的人怎么可能有胆子谋反！但赵王后的话正中吕雉下怀，她马上命人把刘友叫到长安来。

接到太皇太后的诏令，刘友忐忑不安地上路。一路上，他小心防范着会有刺客加害自己，又担心像刘如意一样被叫进宫里一去不回，就这样提心吊胆地到了长安。直到安全地进了长安城里自己的赵王府邸，刘友悬着的一颗心才稍微放了下来：看来太皇太后还是讲理的，既派了大队官兵里里外外保护赵王府邸，又没有召见自己，想来自己在这里住几天，等家里那个疯婆子的气消了就可以回家了。

刘友想得太简单了。进了府邸，大半天过去，精神刚刚松懈下来，饥饿感就来了，这时候刘友才发现有些不对劲："怎么过了饭点还没有人把寡人的晚膳准备好？"

"来人啊！寡人饿了！"

刘友喊了几句，没有人回应，便出来寻找，这才发现偌大的府邸就剩他一个人，厨子、保洁、侍卫、奴婢全都不见了踪影。刘友想出门找人问问，却没有一个人回答他，府邸门口立着的全是拔刀出鞘、凶神恶煞的卫兵，刘友还没有发他的王威就被架在脖子上的利刃逼了回去。

一天、两天、三天……刘友才意识到吕雉这是想要他的命。

一开始，那些跟随刘友进京来的大臣中也有可怜他的，就偷偷地给刘友送饭。可这些人被赵王府邸外把守的卫兵们抓住一个砍死一个，之后剩下的人自觉还是保命要紧，就再也不敢可怜刘友了。

到了正月的第十四天（丁丑日），刘友就这么叫天天不应、叫地地不灵地被活活饿死在赵王府邸里。吕雉命人把刘友的尸体拖到长安城外的乱葬岗，随便刨个坑就埋了。

好歹名分上也是母子一场，况且刘友实际上也没得罪吕雉，吕雉的做法实在是过分，然而这仅仅是一个开头而已，还远不算完。高后七年（公元前181年）注定是刘姓皇子们的悲惨一年，更让他们心寒的事情还在后面。

正月干掉了刘友，二月吕雉便叫梁王刘恢去做赵王。刘恢怎么敢违背太皇太后的命令，只得闷闷不乐地去赵国赴任。没想到刘恢的遭遇比起刘友来更是有过之而无不及。吕雉给他安排的王后是自己亲侄子吕产的女儿，骄横跋扈更是在刘友的王后之上。她做了王后就立马把王宫里全换成自己的人，刘恢的一举一动都逃不过她的耳目。但凡赵王刘恢对王宫里的哪个女子表现出一丁点儿兴趣，这个赵王后便会马上派人把该女子给毒杀，再把尸体丢到刘恢面前。每次见到宫女的尸体，再联系自己生活的处境，刘恢的内心都悲痛欲绝。

大家可以想一想，在这样的王宫里，刘恢过的是什么样的生活，甚至可以说，活着对他来说就是身心的双重折磨。在做赵王四个月后，刘恢终于因为不堪忍受这种折磨而自杀。但这又给了吕雉借口，刘恢自杀后，她马上下令说刘恢这个人太不成器，为了几个女人就自杀，实在不是干大事的料，而父亲如此，想来他的儿子也是不济，干脆免去了他儿子继承王位的权利。

又过了三个月，燕王刘建大概是被兄弟们的遭遇吓着了，惶惶不可终日，还没等吕雉出手就病死了。刘建死的时候已经有了儿子，本是可以继承燕王王位的，可吕雉命人把这个庶出的孩子杀死，然后宣布因为没有后代，燕国的封号就此取消。

仅仅一年的时间，刘友、刘恢、刘建接连死去，加上之前已经不在了的刘肥、刘如意和惠帝刘盈，刘邦的八个儿子只剩下代王刘恒和淮南王刘长。

刘恒和刘长能够活下来是因为他们运气好，并非有什么高明的手段。刘长自幼死了母亲，吕雉一手把他抚养长大，对吕雉来说，刘长等于自己的半个儿子，要保命自然不成问题，而刘恒能活下来则得益于他不得宠的母亲。

当时刘恢一死，赵王的位子又空了出来，于是吕雉又命代王刘恒去接任赵王。有了刘如意、刘友、刘恢的前车之鉴，这个时候，除了傻子谁还敢去接赵王这个要人命的头衔，被逼急了的刘恒便用“要为母后守边”的借口回绝了接任赵王这道催命符。

代王刘恒在刘邦的诸多皇子中并不得宠，他的母亲薄氏仅仅侍奉过刘邦一次便生下了刘恒，之后再也没得到过刘邦的宠幸。如果说吕雉与刘邦关系的转折是因为当年吕后“年长，常留守，希见上，益疏”（《史记·吕太后本纪》）的话，薄氏和刘邦的“希”更是远到了西伯利亚。论凄惨程度，薄氏比吕雉有过之而无不及。

想来吕雉是因薄氏和自己同病相怜而起了恻隐之心。当年刘邦死后，吕雉让各个皇子之国，但如果皇子的母亲还在世，吕雉就把她幽禁在长安城里，不让她跟随自己的儿子到封国去。唯独对这个比自己还不得宠的薄氏，吕雉网开一面，让她跟着儿子去了代国。这也是吕雉对刘恒相对放心的原因，况且代地不比富庶的中原地区，地方偏远、贫瘠不说，邻近的匈奴还整日骚扰不断，一旦没了代王刘恒，吕雉一时半会儿还真找不到合适的人去接管代地。在种种因素作用之下，吕雉放了刘恒一马，刘恒得以在吕雉大肆诛杀皇子的时候活了下来。

从各位皇子的经历可知，其实刘邦的儿子中，像脓包的不止刘盈一个，而是兄弟们都差不多，跟他们的老子刘邦比起来，差得不是一星半点儿，可见刘邦对后代教育的失败。但话又说回来，有这样一个强势母后常年打压，想不㞞也很难。

现在问题来了，皇子们㞞不㞞是他们自己的事，但这些刘姓的诸侯一个个被除掉，让人们不禁纷纷猜测：难道吕氏将代刘？

吕氏将代刘？

吕家是不是要代替刘家来掌管这个天下？对这个疑问，太皇太后吕雉似乎早就给出了答案。

惠帝即位之前，吕雉的大哥吕泽被封为周吕侯，二哥吕释之被封为建成侯，两人均有军功在身，封侯也无可厚非。后来吕泽病死了，他的儿子吕台被封为郦侯，吕产被封为交侯，加上皇后吕雉，整个吕家的外戚势力差不多仅此而已，看上去并不强大，但这只是暂时的。当刘盈做了皇帝，大权落到吕雉手上的时候，她便开始封自己吕家人为诸侯。

汉初时，整个朝廷上至刘邦本人，下到刘邦手下的功臣，其实都十分忌讳异姓封王的事情。这在刘邦那里很好解释："天下本来就是老子的，凭什么你要来分一块，给老子滚！"大臣们的心思也很容易揣测："凭什么你能封王我就封个侯？蛋糕就这么大，你切走大头，我们得到的就少了，为了我们的利益，不得不干掉你。”

所以，尽管刘邦在建国初年分封了七个诸侯，但在刘邦和臣子们的不懈努力下，在高祖刘邦驾崩之前，真正留下来的仅有偏安一隅的长沙王吴臣（吴芮的儿子）而已，可见异姓诸侯当时生存环境的艰辛。

我认为，各方利益的冲突才是影响异姓不得封王的根本原因，至于大臣们所说当年刘邦和功臣们曾经杀了一匹白马，把马血涂在嘴唇上起誓，说什么“非刘氏而王，天下共击之”的所谓白马盟约，未必确有其事，恐怕只是大臣们用来搪塞吕雉的借口而已。不然如此重要，甚至说在一定程度上影响了后来历史走向的这件事为什么不见于刘邦自己的传记中？当然，不管怎么样，吕后要封吕家人做王，阻碍是确确实实存在的。

然而，从古到今，大到一个国家，小到一个企业单位，领导做什么都不会一帆风顺，总会有人明里暗里地反对，阻碍在任何时候都是存在的。可这些只是客观因素，统治者自己的主观意愿还是占主导地位的。比如，刘邦要废太子的事情，尽管大臣们据理力争甚至死谏，但说实话，不管废太子这事对不对，如果刘邦坚持一意孤行，太子要废也就废了。大臣们之所以不怕触怒刘邦进而保住刘盈的太子地位，是因为刘邦在大是大非面前是一个讲道理的人，而吕雉是一个不讲道理的人。

当年因为张辟强的主意，吕台、吕产、吕禄掌管了长安的禁军，使得吕家开始得势，也为吕雉临朝称制初步扫清了障碍。至此，吕家人开始一改以往低调的表现，而当吕雉以太皇太后的身份称制之后，吕家人更是膨胀到无法制衡的地步。从某种程度上说，汉初的宫廷斗争，包括后来几年间整个刘邦后代皇族的悲剧，归根结底就坏在张良那个十五岁儿子的嘴上。从他嘴里轻松说出的几句话，最后差点儿造成汉朝初年不可逆转的政治危机。用现代人的理论来说，这就有点儿类似于蝴蝶效应。

掌管大权的吕雉在高后元年（公元前187年）初就开始打算封自己家的人为诸侯。一开始，吕雉对群臣还是有所顾忌的，于是她首先试探了右丞相王陵的态度：“吕台、吕产、吕禄历年来为朝廷可谓鞠躬尽瘁、劳苦功高，封为王亦无不可，丞相以为如何？”

王陵是朝中比较耿直的老臣，以遇事直言不讳而闻名，可即便是这么耿直的人，不同意吕姓封王也不敢直言顶撞吕雉，只是把刘邦从棺材里拉出来当挡箭牌，用那套可能是杜撰的白马盟约的说辞来搪塞太皇太后。

然而，不是每个人都和王陵一样耿直，敢触怒吕雉的还是少数派。像左丞相陈平这种政治上的墙头草，自然是风往哪边吹，他就往哪边倒。吕雉在王陵那里得不到自己想要的答案，就转而来问陈平。陈平、周勃这些人怎会不懂得吕雉的言外之意，他们自然懂得见风使舵：“当年高皇帝平定了天下，所以他可以封自己的儿子为王，现在是太皇太后您临朝称制，封自家的子弟为王又有什么不可以呢？”

既然反对派只是少数，吕雉便心里有数了，她干脆把右丞相王陵拿掉，让他去做前少帝的太傅。王陵也是硬气，见吕雉坚持要封吕家人做诸侯，还故意支开自己，他干脆撂挑子不干，直接告病还乡。王陵的举动却正中吕雉下怀，既然丞相的位置空了出来，她立即把那些不敢反对她的人（比如陈平）和那些支持她的人（比如审食其）提拔到最重要的岗位上来，这样吕雉在朝中更是说一不二、为所欲为了。

拿掉了老刺头王陵，吕雉便一步步地开始她的计划。首先，她给自己已经过世的大哥吕泽封了个“悼武王”的头衔，以此来试探大臣们的态度。

大臣们谁敢有不同的意见！这时候，右丞相是最会见风使舵的陈平，左丞相是吕雉的老相好审食其。某种程度上来说，这些人都是吕雉自己的口舌、传声筒而已，他们能有的意见就是同意吕雉的意见。

就这样，吕泽成了吕家第一个诸侯。吕泽就是当年彭城之战后带兵在下邑接应刘邦的将军，这对当时弱小的汉国来说也算是雪中送炭、大功一件，尽管他英年早逝对吕雉来说确实“悼”得可惜，可现在成了诸侯也算死后风光了。

然而，吕泽被封悼武王的意义不是在表彰他对汉国雪中送炭，而在于他对后来的影响：既然高祖身后有了第一个非刘姓的诸侯，那就能有第二个、第三个……既然吕家的死人能称王，活人又有何不可？果然，死人吕泽为王没过半年，吕雉便下令将惠帝的儿子刘强、刘不疑封王，刘山、刘朝、刘武封侯，以此暗示拥护刘氏的大臣们。

大臣们怎么会不会意，既然吕雉给足了刘家面子，大家也不能驳她的面子不是？于是，在刘姓多人受封后，大臣们便纷纷请求吕后，因为悼武王以往对汉朝社稷是有大功的，现在他的儿子吕台对朝廷也是忠心耿耿，既为了表彰先人，又为了鼓励后人，应该封吕台为吕王。

吕雉对大臣们的提议很满意，大笔一挥立即同意。

吕王的分封就像是彻底捅破了吕雉要扶植本家势力的那层窗户纸，之后她更加肆无忌惮了。可以说，随着吕雉一人得道，吕家的很多人在一日之间便平步青云、鸡犬升天。吕种、吕平、吕禄、吕他、吕更始、吕忿、吕媭，只要是跟吕雉沾边的吕家人，都被封为列侯。

等等，也许有人注意到了，这里好像混进了奇怪的东西。嗯，是的，吕媭是吕雉的亲妹妹、大将樊哙的妻子，却也被吕雉封了个临光侯。虽然女性封侯在女权相对较高的整个汉朝并非个例，但为了扩大吕氏一族在朝中的势力，把自己的妹妹都用上，可见吕雉的作为已经到了多么不择手段的地步。

高后七年（公元前181年），因为代王刘恒不愿意接手赵王一职，吕雉索性就把自己哥哥的儿子吕禄封为赵王。同年九月，吕雉在燕王刘建死后派人杀了他的儿子。次年十月，吕雉又封自己本家的吕通做了燕王。尽管吕雉在扶持吕家这件事情上已经竭尽所能，但可惜的是，吕氏一族除了吕雉外，其他人的资质普遍都比较平庸，并没有出色的人物来继承吕雉的政治事业。这成了吕雉晚年最为揪心的事情，因为上天留给她的时间已经不多了。

高后八年（公元前180年）三月，吕雉在一次出游的途中突然犯了迷糊，只觉得恍惚之间被一只苍犬一类的小动物撞了一下腋下，随后撞她的东西一下子不见了。这事让吕雉吃了一惊，回到宫里马上召来巫师问卜，巫师占卜的结论是此乃赵王刘如意的亡魂所为。从此，吕雉便闷闷不乐，最后一病不起。

苍犬是什么动物我不知道，是不是刘如意的冤魂我也说不清楚，但这些都不重要，重要的是吕雉病了，而且病得很重。经过太医的多方诊治，吕雉的病情都不见好转，身子骨一天不如一天。这个时候，吕雉以往刻意回避或者不愿面对的最重要的问题就不可避免地摆在了她的面前。这个问题不仅吕雉遇到过，后来的武则天也遇到过，那就是：一旦自己百年之后，这个至高无上的统治权应该交给谁?

吕雉在这个问题上的最终选择，其实就是她会不会让吕家取代刘家管理天下的答案。

吕雉是刘邦的妻子，名义上是刘家的人。可在吕雉看来，如果她把权力传给刘邦的后人，他们跟自己不是一个姓，而且这个权力本来就是她从他们手里面抢来的，再传回去不是自己打自己耳光吗？而且，因为自己这些年对刘氏一族的所作所为，一旦刘家的后代重新掌权，他们肯定要对吕家的人进行打击报复。如果不传给刘家的人而是传给吕家的人，他们倒是跟自己一个姓了，可那又都是别人家的人。

该怎么办呢？

现在我们知道了，最终吕雉并没有做出让吕家取代刘家掌管天下的事情，或者说她没有过这样的想法。她杀刘姓的皇子，立吕姓的诸侯，更多的可能是她自己随性而为，在做这些事之前和做了这些事之后，可能吕雉都没有想过以后由谁来继承大统的问题。

可没想过并不代表问题就不存在，现在该杀的她也杀得差不多了，该立的也立好了，而她自己也快死了。这个时候的她可能才想到，等自己一死，自己身后这一大家子人该怎么办？

在父系氏族的社会里，权力继承的问题是女性统治者始终无法解决的问题，可她们又不得不面对这个问题。

吕雉的胳膊终究拧不过历史规律的大腿，她解决不了这个问题，而她的病情一天比一天严重。最后，吕雉感到自己已经快不行了，再也没有精力去应对和思考这个问题，她索性选择了逃避。

高后八年（公元前180年）七月，吕雉发出自己人生最后一道重要的制书，下令任命赵王吕禄做上将军，管理当时长安禁军的北军，又命令吕王吕产为相国，管理长安禁军的南军，并反复叮嘱他们：“如今虽然我们吕家人都称王称侯，但满朝的大臣心里其实是不服的。现在我快要死了，我死以后，你们一定要紧紧抓牢军队的控制权，把守住皇城内外，不要私自离开军队去给我送葬，免得为别人所控制。”

“就这样吧，我能做的就这么多，剩下的我再也管不了了，你们好自为之吧。”

从吕雉的话中，我感受到了一个表面上风光无限的统治者内心的孤独和无奈。

另一个吕太后

哲学家告诉我们："任何事物都有两面性。"人当然也不例外。吕雉即将病故，历史就要进入新一章的时候，还有一个问题是不得不提的：从公元前194年到公元前180年，这十几年间，掌控汉朝政权的实际上是一个以"残忍"而闻名的吕雉，那为什么汉朝没有步秦朝的后尘迅速灭亡呢？

为了回答这个问题，我们有必要认识一下被隐藏在历史尘埃下的另外一个吕后。

公元前195年，高皇帝刘邦病危，作为他的正妻，吕后向刘邦提出了最后一个问题，也是她最为关心的一个问题："陛下百岁之后，如果萧相国死了，那谁能接替丞相的位置呢？"

刘邦回答说："曹参可以。"

吕后接着问："曹参年纪不小了，而且他长年征战，身体也不算很好，如果他也死了，谁又能胜任？"

刘邦想了想，回答说："王陵可以。但王陵这人有点儿一根筋，遇事转不过弯来，可以用陈平协助他。陈平这个人智谋是很多的，但难以独担重任。另外，周勃这个人虽然老实、木讷，不爱说话，但他在军事上是个靠得住的人，可以让他做太尉。"

吕后还想问在这些人之后大臣中谁可担重任，刘邦却只笑笑说："之后恐怕你也不在了，就不要管了吧。"

正因为刘邦去世前有这样的安排，吕后也基本遵循了刘邦的安排，所以在萧何之后，曹参、王陵、陈平都坐到了丞相的位子，周勃也在太尉的位子上坐了十几年。直到陈平做了右丞相，吕后才提拔自己的亲信审食其做左丞相，而且这个左丞相是不太管事的，平日里只专职监管宫里的事情。

因此，基本上汉朝开国之际由萧何定下的与民休息的政策在他去世十几年后仍然得到了很好的执行。可以说，萧规不仅曹随，而且王随，陈也随，使得在刘邦去世后的十几年间，百姓的生活稳定，社会生产力得到很大程度的恢复。这不得不说有吕后的功劳在里面。

虽然吕后为人狠毒，对自己的敌人毫不留情，但与之相对的是她对社会、对百姓的宽容。在汉初的君臣里，刘邦本人是没什么文化的，丞相萧何不过是做过主吏掾，而刘邦的其他手下大多也是平民出身，所以，汉初君臣上下的整体文化素质是不高的。受当时的条件所限，汉朝初年，朝廷基本上沿用了秦朝的律法，而秦朝的法令有些是有问题的（不然陈胜、吴广就不会起义，刘邦也就不能当皇帝了），比如“三族罪”。

前面提到过了，夷三族不仅杀的人多，并且流程比较复杂，包括刺字、割鼻、斩脚趾、乱棍打死、枭首、制肉酱等步骤。俗话说：“杀人不过头点地。”如果一个人实在是罪无可恕，那一刀砍了也是死，干吗弄得这么麻烦呢？而且，人最后都被制成肉酱了，怎么还分辨得出之前是不是被刺过字、割过鼻、砍过脚趾，是被乱棍打死的还是被掐死的、捏死的抑或淹死的？

我们知道，吕后自己用三族罪对付过韩信和彭越。也许是她震慑大臣们的目的已经达到了，也许是她自己也觉得这样的刑罚实在过于残忍，吕后在称制的元年便下令废除了“夷三族”的刑罚。

还比如“妖言令”，这其实是一条很不靠谱的法令。所谓“妖言”就是平日里臣民们所发的一些针砭时弊或批评皇帝的言论。一旦有人发表“妖言”，被举报或让皇帝听到了，结果只有一个，那就是弃市。

既然散布妖言是重罪，那就有问题了：什么样的言算是“妖言”呢？

在当时界定某句话是“妖”还是“不妖”，可不是随便哪个官员可以说了算的，必须皇帝亲自审定。可你要具体说这句言怎么算妖、怎么算不妖，那可就说不清楚了。法律上对此并没有一个硬性的评判标准，用现在的话说就是判断标准的主观性太强。也许同一句话，你今天说的时候，皇帝心情大好，骂人的话听起来也顺耳，那就不算妖；要是不巧第二天皇帝心情不好的时候，你说了同样的话，那就算你倒霉：“来人，拖出去，砍了！”

可世上有哪个领导能做到让所有人都满意呢？又有哪个领导能不犯错呢？难道说了几句不中听的话就该死吗？

答案显然是否定的，而一贯容不得诸侯说自己一句不好的吕后却要废除妖言令，这其实是朝廷广开言路的一种表现。尽管到了最后，或许是因为吕后自己的身体状况出了问题，已经提到议事日程上的废除妖言令的政策没有最终落实，但自吕后掌管朝政以来，社会刑事案件减少、人民安居乐业也是不争的事实。

吕后体恤民情不仅体现在对内减轻刑罚、鼓励生产，对外她也延续了刘邦后期的和亲政策，避免发动大规模的战争消耗民力。当年的白登之围在满朝文武中的影响是极其深刻的，朝廷对冒顿这个人不免有些谈之色变，又赶上刘邦死后朝廷居然由吕后一个女人说了算，冒顿就更加不像话了。冒顿曾经给吕后送来一封很长的信，他在信里很直白地跟吕后说："你死了男人，正好我老婆也没了。我们都孤单得很，不如用我有的来填补你缺少的，那我们不都称心如意了吗？"

吕后接到言语这样粗暴、直接，意图这样赤裸裸的信，第一反应当然是暴跳如雷。她马上开会讨论要出兵扫平匈奴，会上樊哙站出来宣称："太后只要给我十万人马，我就能横扫匈奴。"

"哼！"这时候，站在一旁的将军季布冷冷地说，"樊哙应该被杀头。当年高皇帝率领三十二万大军仍然在白登被围了七天七夜，樊上将军你当时也在军中，那时候怎么不说横扫匈奴呢！现在口气倒是大了，你这是欺君罔上！而且秦朝就是因为对匈奴用兵过度最后导致陈胜、吴广起来造反，社会生产到现在还没有恢复过来，现在你樊哙又要对匈奴用兵，这是要动摇天下的根本！"

很显然，季布的直言让吕后很不高兴，冒顿的无理更让她无法忍受，可季布说的是事实，国家确实还处在百废待兴之中，百姓才刚过上几天安稳日子，实在没有能力去摆平匈奴。最后，吕后这个在权力斗争中态度强硬的女人还是压下了心中的怒火，给冒顿回了一封信，言辞十分恭敬，大意是："我丈夫死了，我现在就是个未亡人，虽然还没死，可剩下的事情就是等死了，而且我已年老色衰，见面都恐怕会污染了单于的眼睛，您提的那件事情还是算了吧。"

然后，吕后派人出使匈奴，还随信附送了很多礼物。虽然不可否认，在这件事情上，吕后肯定有自己的考虑，但她能够不计个人荣辱，避免因为一己之怒就将百姓重新带入战火之中，那也是极其了不起的气度。而且，这个气度感化了冒顿。这个杀了自己老子、睡了自己后妈的野蛮人收到吕后的回信居然被感动了，又给吕后回了一封信，说自己这里是化外之邦，自己就是个粗人，不懂得什么礼数，并为自己之前种种不礼貌的言辞向她表示歉意，希望能够和大汉朝延续以往的和亲政策。

在惠帝三年（公元前192年）的春天，吕后又在宗室里面选了一位公主与匈奴和亲，并以此换来了边境数年的和平。想当年，刘邦和手下三十二万大军达到的效果也不外如是！

除了延续以往的政策，吕后对自己家里人的管理也不放松，并没有因为自己不断杀刘姓王封吕姓王而任由吕家人过于骄横跋扈。比如，吕王吕台死后，他的儿子吕嘉继承了王位，可吕嘉不仅为人乖张、骄奢淫逸，行事也是肆意妄为。高后六年（公元前182年）的春天，吕后便废黜了吕嘉的诸侯资格，改立他的弟弟吕产为王。在那样一个时代，作为一个王朝的统治者，吕雉能够做到这样也算是不易了。

不用怀疑，这也是吕后。她和那个残杀情敌、逼死皇子的吕雉确实是同一个人。尽管她把刘邦的小家搞得几近支离破碎，但对天下这个大家她也算得上是尽职尽责。在吕临朝称制期间，她始终鼓励发展生产，减轻刑罚，予民休息。在她的统治下，社会安定，犯罪率逐年降低，农业生产得到了恢复和发展，这都不得不说是她不可磨灭的功绩。

高后八年（公元前180年）八月，吕雉终于即将走完她的一生。十几年来，虽然她让吕氏一族的声望和地位达到了顶点，却也给整个家族埋下了极深的祸根。她知道在自己死后，自己那群平庸的侄孙辈没有能力去守卫他们所拥有的一切，而刘邦的子嗣们一定会对他们进行反击，朝廷的大臣们也不会善罢甘休。

物极必反，这是永恒不破的真理。我不能得知，吕雉在她人生最后的时间里是否因自己十几年来对刘姓皇室的所作所为而感到一丝后悔，但能肯定的是，吕雉一定意识到一场针对吕家的政治风暴正在酝酿之中，可她已经回天乏术了。

高后八年八月中旬，吕雉终于平静地走完了她的一生，但这种平静只是暂时的。

一场酝酿多时的暴风骤雨马上就要来临。

THE
COMPLETE HISTORY *of*
HAN DYNASTY

2

文景与汉武

公元前180年
孝文帝刘恒继皇帝位

公元前87年
汉武帝刘彻驾崩

上医治国
◎著◎

北京联合出版公司
Beijing United Publishing Co.,Ltd.

图书在版编目（CIP）数据

文景与汉武 / 上医治国著. -- 北京 : 北京联合出版公司, 2023.8（2026.1 重印）
（大汉帝国全史）
ISBN 978-7-5596-6957-5

Ⅰ. ①文… Ⅱ. ①上… Ⅲ. ①中国历史－汉代－通俗读物 Ⅳ. ①K234.09

中国国家版本馆CIP数据核字(2023)第102379号

大汉帝国全史　文景与汉武

作　　者：上医治国	出版监制：辛海峰　陈　江
出 品 人：赵红仕	责任编辑：徐　樟
产品经理：张建鑫	特约编辑：郭　梅
封面设计：人马艺术设计・储平	美术编辑：任尚洁

北京联合出版公司出版
（北京市西城区德外大街83号楼9层　100088）
联合读创（北京）文化传媒有限公司发行
天津中印联印务有限公司印刷　新华书店经销
字数 1072千字　710毫米×1000毫米　1/16　69.75印张
2023年8月第1版　2026年1月第7次印刷
ISBN 978-7-5596-6957-5
定价：198.00元（全五册）

目录

第十四章　孝文帝刘恒 ... 1

灭吕 ... 1

刘恒其人 ... 10

巩固帝位 ... 14

汉文帝的“文” ... 21

得之以文，失之以文 ... 25

一个天才的悲剧人生 ... 33

第十五章　七国之乱 ... 41

刘启与晁错 ... 41

刘启和他的叔伯兄弟们 ... 46

七国之乱 ... 48

第十六章　太子之争 ... 69

三个女人一台戏 ... 69

父死子继还是兄终弟及 ... 76

第十七章　汉初的儒与道 ... 82

第十八章　张骞 ... 89

第十九章　汉武雄风 ... 96

马邑之谋——大汉旧军事战略的最后一次尝试 ... 96

卫氏崛起 ... 102

突袭茏城 ... 107

连战连捷 ... 112

天生勇将霍去病 ... 117

横扫漠南 ... 121

漠北决战 ... 124

小论卫青和霍去病 ... 129

飞将军李广 ... 135

第二十章　一个书呆子的闹剧——淮南王的谋反 ... 142

淮南反案 ... 142

大独裁者 ... 153

西汉的皇帝和丞相 ... 156

第二十一章　穷兵黩武 ... 159

再战南越 ... 159

平定西南 ... 165

汗血宝马 ... 166

第二十二章　司马迁与《史记》... 180

太史公 ... 180

将门虎孙 ... 184

征途 ... 191

《史记》... 201

第二十三章　巫蛊之祸 ... 207

站在金字塔顶端的两个男人 ... 207

第一件事情 ... 209

第二件事情 ... 210

巫蛊之祸 ... 213

终成大错 ... 221

第二十四章　最后的岁月 ... 226

惨败 ... 226

即将崩坏的社会 ... 230

时代的终结 ... 237

第十四章

孝文帝刘恒

灭吕

吕雉一死，正如她生前所料，刘家马上就有人跳出来要干掉吕氏一族。

第一个出来挑事的是齐王刘襄。刘襄是惠帝刘盈的哥哥兼“便宜侄子”刘肥的儿子。他这个时候已经接替自己窝囊而死的老爹做了九年的齐王。刘襄和自己的老子刘肥不同。虽然在吕后称制之后，齐国又被拿掉了济南、琅邪两个郡，可他不准备像自己老爹那样窝囊致死，而是在齐国国内暗地里做着反击的准备，并先后派出他的两个弟弟刘章和刘兴居到皇宫里做皇帝的侍卫郎官，意在随时获取政府最核心部位的第一手动态。

刘章和刘兴居也都不是寻常人物，他们作为刘氏子孙，在吕后对整个刘氏皇族采取高压态势、大多数刘家人避之唯恐不及的时候来到离吕后最近的地方，不仅没有受到吕后残杀刘姓诸侯的牵连和波及，还各自混上了爵位。刘章被封为朱虚侯，刘兴居被封为东牟侯，刘章还娶了吕禄的女儿。论能力这两人更是不凡，尤其是这个刘章，在刘邦孙子辈里真算是出类拔萃，不仅孔武有力，而且不同于其他刘姓宗室的胆怯、懦弱，向来只有他刘章折腾人的份儿，从来没人能制得住他。吕禄的女儿到了他刘章的家里就只能乖乖地待着，愣是没敢闹腾。

不仅吕家的小辈不敢闹腾，连吕雉本人对刘章也得高看一眼。高后七年（公元前181年），有一天，吕后在宫里宴请一些亲戚朋友，刘章这时候正在宫里面做侍卫。吕后一看刘章，心想正好他也在，平时看这小子挺牛气的，现在正好试试他是真牛还是装牛。于是，吕后便下令让刘章来做宴会上监酒的人。

刘章也不推辞，但他提出了一个要求："我是将门之后，要监酒就要严格用军法来执行。"

"那也好。"吕后没深思便答应了。

宾主坐定，宴会开始。

席间自然是觥筹交错，等大家酒喝到兴头上，刘章先是站起来给吕后敬酒，然后自己耍了一通剑舞助兴。末了，刘章趁着酒劲儿对吕后说："我不仅剑舞得好，而且文武双全，还会作诗，请太后批准我作一首与耕田有关的诗。"

吕后一听就笑了，心想："老娘当年在沛县种地的时候你还在你娘肚子里咧，哪懂什么耕田？"就问他："要说种地的事情，高皇帝做过，你爹可能也懂一点儿，而你生下来就是个王子，怎么敢说懂得种地？"

刘章正色道："太后，我还真知道怎么种地。"

吕后便让他说说种地是怎么回事。刘章说："种地无非就是这样：深耕穊种，立苗欲疏，非其种者，锄而去之。"

这四句可了不得，翻译成大白话就是：犁地要犁得深，浇水要浇得足，插秧的时候要插得整齐一点儿，要是不是自己种的，就全把它拔了。

这是刘章对吕后残害刘姓皇族赤裸裸的抗议，让吕后一时语塞，说不出话来。大家又喝了一会儿，有一个吕家人因为不胜酒力，仗着是吕后的亲戚，也没请示便醉醺醺地起身回家。刘章一看有吕家的人私自离席，正好给他这个监酒逮住机会，于是马上提剑追出去。到了殿门外，他二话不说，一剑就把那人的脑袋砍下来，回来立即向吕后报告："太后准许我以军法监酒，刚才有个人未经请示便私自离席，我已将他军法处置了。"

吕后因为之前确实答应过他，便无话可说。这下大家酒也喝不下去了，宴会只能匆匆结束。

这一年，刘章虚岁二十。

此事往往让很多人叫好，大家认为这件事体现了刘章勇猛的气概，让吕家人忌惮，让大臣们看到了刘家子孙中还是有希望之星的，使其开始逐渐依附于刘章。

依我看，其实不然，刘章毕竟年轻，做事没有经过深思熟虑，只是逞一时之快。他这事情做得至少让两拨人看出刘章或者说刘章一家人太强势、不好惹：一拨是吕家人，另一拨是刘邦的老臣们。虽然那些老臣以后可以把他推出来做出头鸟，但这件事也让他们觉得这个人实在是不好惹，这为他们兄弟三人最后的失败埋下了祸根。

第二年，吕后死了，因为自己的老婆是吕禄的女儿，刘章便得知了吕产、吕禄把持南北军的用意和吕后的临终嘱咐，由此他分析，吕家可能要作乱。于是刘章马上派人把消息告知自己的哥哥齐王刘襄，让刘襄起兵打进关中做皇帝，自己在长安城里做内应。

多年来，刘襄等的就是这一刻。他在手下中尉魏勃的帮助下杀了反对出兵的齐国相国召平，然后向天下发出反吕檄文，并且劫持琅邪王刘泽一起发兵西进。

刘襄起兵西进，长安城里的吕禄、吕产就紧张了。因为他们虽然掌握了最为精锐的南北禁军，可谁也没真正上过战场，又不知道打仗是怎么回事，更不敢离开长安。两人思来想去，最后一合计，只能请大臣中他们认为比较靠得住的灌婴带兵出征。

灌婴毕竟是刘邦的老臣，平日打心底里看不惯吕氏一族的所作所为。这次吕禄让他去攻打刘襄，灌婴自然是一百万个不愿意，心想现在吕家人在长安城里只手遮天，幸好还有刘姓的皇族敢出来公开和他们对抗，如果自己就这么带着一票人马把刘襄灭掉，那姓吕的日后岂不更无法无天了。接到命令的灌婴心情极其烦乱，毕竟服从命令是军人的天职，而中央政权现在明面上还在吕家人手里，到底是助吕还是助刘，他反复思考也下不了决心。最后灌婴一咬牙一跺脚，到荥阳后干脆停下来，派人暗中和齐国沟通，静观其变。

幸好这时候第二个反吕的人跳了出来。准确地说不是一个人，是一大票人，而且都是刘邦的旧臣，为首的是丞相陈平和太尉周勃。

当然，这些人反对吕氏并不是因为他们刚正不阿、大义凛然或高风亮节，主要是为了自保。一方面，因为这时候守护长安周围京畿重地安全的南北二军的军权都在吕家人手里，就好比吕家人把刀架在了满朝大臣的脖子上，随时都可以取了他们的项上人头；另一方面，吕家的人尤其是相国吕产、上将军吕禄心里也惶惶不安，既担心灌婴在前线倒戈，又忌惮大臣们在朝中搞破坏。周勃和陈平也相信有迹象表明吕产、吕禄准备借这次叛乱清除朝中的老臣，之所以犹豫未发是因为他们还需要灌婴在前线对抗刘襄而已。

陈平和周勃的政治水平比起吕产、吕禄两个无能之辈，显然高出了不知几筹。他们深谙“先发后发”一类的道理，在生死攸关之际怎么会犹豫？

他们要保住自己就必须除掉吕氏一族，而要除掉吕氏一族必须先夺取军权。太尉周勃虽然是名义上的三军统领，可南北两军的军权实际上在吕产和吕禄的手里。如何忽悠二人把手中的军权交出来就成了他们首先要做的事情，于是陈平和周勃出招了。

吃柿子先拣软的捏，陈平比一般人更懂得这个道理，所以他选择了相对更为无能的吕禄下手。陈平找来吕禄的好友、郦商的儿子郦寄，让他游说吕禄放弃军权。为了确保郦寄能百分百按照他们的要求去办事，陈平和周勃还事先把郦商软禁了起来。

父亲落在了别人手里，郦寄哪里还顾得上什么朋友情面，只能急匆匆地按陈平的意思跑去忽悠吕禄，准备用吕禄的命来换自己父亲的命。

“我说吕大人，你知道齐王那边为什么要造反吗？我告诉你，现在朝中的九个刘姓诸侯、三个吕姓诸侯都是大臣们讨论通过并认可的，这一点你们应该完全放心。可你们看看自己现在干的叫什么事？太皇太后死了，皇帝又小，你吕禄怀揣着赵王的大印不回到赵国去享福，却留在长安城里做什么上将军，你说你什么意思，是不是要钻个空子将皇帝取而代之啊？就是因为这样，所以大臣们才急了嘛。要我说，你应该把你的军权交出来给太尉，也让吕产大人把军权交出来，然后跟大臣们商议好，表明你们没有谋反作乱的想法。这样大臣们就放心了，齐王他自然会退兵回去。你们呢，也能在自己的王国里安享一生，这样不是很好吗？”

吕禄这人作为吕雉的亲戚，因吕雉而飞黄腾达，除了比较爱享受外，人生大概就两件事情没弄懂，概括地说就是，这也不懂，那也不懂。他听了郦寄的话，居然觉得如此在理，竟无言以对，就准备把自己的上将军印交出来，收拾收拾行李回赵国去享福。

但吕禄实在是太无能了。是就此撒手，放弃军权回到赵国做个诸侯，还是继续紧握军权，在长安城里担惊受怕，他自己做不了决定，只好求助于亲友团。或许是吕雉一人透支了整个吕家的福气，不料，吕家其他人也没有一个能拿定主意的，或以为可行，或以为不可行。只有吕雉的妹妹吕媭还算是有点儿脑子，一听说吕禄准备交出军权，气得她把自己的金银首饰全扔到地上，破口大骂吕禄："你要是这么做，我们整个家族就完了，我也不用守着这些没用的财宝，免得到时候全归了别人！"

小姑暴怒，侄子吕禄吓得噤若寒蝉，这下堂堂的大将军吕禄更不知怎么办了。

在吕禄彷徨犹豫的时候，陈平他们没有停止行动。其间，他们又在暗地里做了许多瓦解吕氏集团的事情，其中最重要的一件事是免除了审食其的左丞相职务，让他去做有名无权的太傅。

我们知道，吕后在世时，审食其是长居宫中的，是吕雉最重要的亲信。丞相的任免应该是出于皇帝一人的决策，而不是靠大臣们投票表决的。我们不得而知陈平他们是如何绕开吕氏集团让小皇帝下诏的，但从这件事情上我们可以看出，以陈平、周勃为首的汉朝旧臣这个时候已经不再处于只能束手待毙的状态，而是已经有能力可以和吕氏集团抗衡了。但陈平他们依然很谨慎地避免表面上的冲突，毕竟军权还在吕家人手里，大臣们两手空空，总不能凭一张嘴说死吕禄、吕产他们吧。

两方的僵持在吕雉死亡一个月后发生了戏剧性的变化，极大地加速了事情发展的进程。八月庚申日的早上，吕产的亲信郎中令贾寿出使齐国回来，见到吕产便把灌婴准备和齐国联合起来铲除吕氏一族的事情告诉了吕产，然后数落了他一通："之前你不早之国，现在才想走，哪还那么容易？"最后贾寿给吕产出了个主意，让他快快进宫把皇帝这张牌攥在自己手里。

相国吕产被手下数落，居然也没什么脾气。之前他正为这事该如何抉择而发愁，正好有个明白人给他出主意，于是他就准备照办，收拾东西带上人马进宫。

如果吕产进宫看住了皇帝，再挟天子以令天下，那大臣们铲除吕氏集团的计划搞不好就要落空，还好这时第三个反吕的人跳了出来。

这个人就是曹参的儿子、代理御史大夫曹窋。汉初的政治制度是皇帝五日一朝，只对大事做做批示，平时的日常事务全由丞相和大臣们商议决定。这天，御史大夫曹窋按例要去相国吕产那里商量事情，恰巧听到了贾寿和吕产的谈话。曹窋是个反吕分子，得到如此重要消息的他哪里还有心情商量事情，随便找了个理由便匆匆跟吕产告辞，出了吕产家大门就往周勃、陈平那里奔去。

事情到这个地步已经没有妥协的余地，箭在弦上不得不发了。

陈平和周勃知道，要对抗吕产的阴谋，首先还是要搞到军权，于是周勃乘车来到北军军营外，准备以太尉的身份进入军营接管北军。

周勃一行人来到北军营门前，营门紧闭，周勃示意手下去通报。

“来人啊，快开营门！”

“你谁呀？”

“太尉周勃在此，速速开门。”

“请出示陛下的信物。”

“我们是奉了陛下的旨意，从现在开始，北军由太尉大人接管，速速开门。”

“请出示陛下的信物。”

“我们奉的是陛下的口谕。”

“请出示陛下的信物。”

……

汉初沿袭秦朝的制度，军队只服从于皇帝一人，执行命令只认信物（大多是虎符）不认人。所以尽管他是三军统领太尉周勃，没有皇帝的信物在手，同样是连军营都进不去的。就算进得去军营，手上没有主将印信虎符，周勃也调不动军队。

信物、将军印、虎符，这些东西周勃统统没有，而这个时候吕产随时可能收拾妥当进宫。迫不得已，周勃只好兵行险着。他一面派人去找襄平侯纪通，一面让郦寄和大臣刘揭一起去找吕禄，让他们一定要从吕禄那里把将军的印符诳过来。

纪通因为父亲纪成有功于朝廷而被封侯，其本身并无出众的本领，但他手上掌管着一件别人都没有的东西，那就是皇帝的符节。为了叫开营门，周勃派手下请来了拿着皇帝符节的纪通，当然也可能是将纪通劫持到军营门口的。

与此同时，郦寄和刘揭见到了大将军吕禄。一见面，郦寄就故作大惊失色状，脸色惨白地告诉吕禄："我刚刚得到消息，皇帝已经下令由太尉接管北军并让您老之国。您看，管理诸侯国事务的典客刘大人我都带来了，您要不信可以问问他。我看您老还是赶紧把大将军的印信留下，即刻动身去赵国吧，不然就大祸临头了。"

周勃的这番行动可以说是冒了十二万分的风险。只要吕禄镇定一点儿，稍微表示下怀疑，或者要求去皇帝面前复核，那周勃的谎言便不攻自破。别的不说，光矫诏这一条，砍头、抄家、诛三族都有富余。

然而，吕禄、吕产平日里只懂得作威作福、吃喝嫖赌，一个弱智低能，一个低能弱智。吕禄弱智经不起吓唬，吕产低能办事犹豫不决，完全不是做大事的料。吕禄被自己的"好友"郦寄这么一吓唬，又听手下说北军营门外周勃正拿着皇帝的符节嚷嚷着叫开门，便以为他是要带兵来捉拿自己的，登时吓得体如筛糠、屁滚尿流，大将军的头衔、印章什么的立马都不要了，拿出来就往刘揭手里塞，然后急匆匆地离开。他没敢走前门，独自牵了一匹马出后门，一溜烟就没影了。

周勃有了皇帝的符节才进了北军的营门，又从刘揭手里接过大将军的符印，这才把一颗悬着的心放下来。幸亏吕禄这个废物没敢找皇帝对质，这下周勃一家老小的性命算是暂时保住了。

掌管了北军的周勃把士兵召集起来，宣布士兵如果愿意跟随刘氏，就把左胳膊露出来，愿意继续跟随诸吕的，就把右胳膊露出来。士兵们平日里看不惯吕禄的趾高气扬，早受够了吕家人的气，又知道吕禄这个窝囊废已经跑了，哪里还用选择，几万人齐刷刷地把左胳膊的肱二头肌亮了出来。

现在大臣们手里有了北军，应该可以和吕产的南军有一拼之力了吧？其实哪里需要硬拼，这边周勃接管了北军，那边低能的吕产还没有进宫呢。原来陈平找来愣头青刘章去帮助周勃，又让曹窋告诉卫尉紧守宫门，不让吕产进宫。

吕产本来是带了一大票人马准备进宫挟持皇帝的，结果到了宫门前人家不让进。事情都已到这份儿上，人家不让进你就不进了吗？可偏偏吕产想想又把人带了回去，回去后他想想觉得不对劲儿，又带着人到皇宫前叫门，叫门不得后又准备回去。如此反复，直到吕禄逃跑、周勃接管了北军，吕产的人还在皇宫门口静坐示威。

这时候，曹窋远远地看到静坐在宫门外的吕产，他倒是有心去擒拿，可惜自己老爹曹参的武艺自己十成里没学得一成，只好去给周勃报信。周勃也很谨慎，没敢亲自带兵去捉拿吕产。虽然他以前也是一员武将，但一来年纪不小了，二来一旦在城里打开巷战，地形狭窄，人多不一定有用。而且，功夫再高也怕菜刀，他拿下北军对恢复刘氏天下已经是大功一件，现在犯不上以身涉险。要是冲锋在前，一不小心挂了，那可就让别人抢了自己的功劳，所以周勃决定继续坐镇北军，而叫刘章进宫去保卫皇帝。

愣头青刘章急于立功为哥哥刘襄日后即位添加筹码，但他也不是傻子。周勃让他去保卫皇帝，他立马向周勃提出请求队伍支援。为了能把刘章当枪使，周勃勉强给了他一千多士兵，让他赶紧去保卫皇帝，其实就是让刘章去做个先锋，探探吕产的虚实。

刘章带着一千多人的队伍来到皇宫外，远远地看到吕产那边的阵势，心里不由得问候了周勃的十八代祖宗。这个时候，吕产的人也看见他们了。刘章想走是不可能的，而且即便现在他掉头就走，北军被夺的消息不久也会被吕产知道。若他立马召集南军，两军在长安城里斗起来，伤亡和胜负都是不可预料的。最后，刘章一狠心一咬牙，命令士兵们冲上去拼个鱼死网破。

这时候，大风又来了。

历史就是这么有意思，很多事情根本是解释不清楚的，比如大风，它又来了。就在双方即将短兵相接的时候，大风骤起，吹得其他人都睁不开眼睛，更别说动手拼命了，只有刘章仍然死死盯着吕产不放，一场上万人的大械斗瞬间变成了吕产和刘章两个人的单挑。

论武力，平日里养尊处优的吕产怎么会是二十出头的壮小伙刘章的对手，一看拿着剑的刘章气势汹汹地冲过来，狂风之中身边没有一个人上来保护自己，吕产赶紧撒腿就跑。由于平日在长安城里都是别人拉车载着自己走，当时又没有地图和GPS，吕产根本不认识路，东窜西窜就进了郎中令的家里。平时都是郎中令到吕产家里给相国大人请安，吕产从来没有屈尊到下属家体恤过民情，进了郎中令的家就跟进了死胡同一样，再也走不了了。最后，走投无路躲到郎中令家厕所里的吕产被刘章揪出来一剑杀死。

由此可见，吕产这个人脓包到什么程度。都已到这个份儿上，哪怕出来放手一搏，再坏也是两败俱伤，甚至还有逃脱的可能，他躲到厕所里算怎么回事？而且以古人出恭的设施和环境，就是刘章不进去杀他，只要在外面把门一锁等上半天，里面的吕产熏也被熏死了。

这边北军军营里，还没得到消息的大臣们惴惴不安，恐怕已经做了好几套刘章失败后的应急方案。等刘章把吕产的人头拿给周勃看后，周勃大大地松了一口气，对刘章行了一个大礼，并告诉刘章："天下定矣。"

其实，这个时候陈平、周勃这些老臣的心里恐怕是这样想的：刘章这个人的利用价值已经到头了。他们让刘章亲自去给齐王刘襄送信，告诉他吕氏集团已经被铲除，他可以回家洗洗睡了。

吕产被杀，吕禄逃跑，吕氏一族可以说是树倒猢狲散，此时，周勃、陈平终于可以放心大胆地匡扶汉室了。

很快，在陈平和周勃的带领下，大臣们都甩开膀子干起来：吕氏家族无论老幼都被逮捕处决，逃亡的吕禄也被抓回来斩首，吕媭被乱棍活活打死，吕雉生前所立燕王吕通被杀，女婿鲁王张偃被废，最后就连吕雉所立的后少帝也被刘兴居和夏侯婴硬生生地从龙椅上拽了下来。吕氏一族被连根拔起，吕雉对汉朝政治十多年的影响被彻底抹去。

这时，离吕雉身死才过去一个多月。

扳倒吕氏一族是刘姓皇族和大臣们的共同目标，但吕氏倒台后，皇族和大臣们的利益冲突就随着一个不可避免的问题的出现浮上了水面：接下来，谁适合做皇帝？

吕氏倒台，刘章一家出力颇多，功劳自然是最大的，但刘章肯卖命不光是为了伸张正义，他的心思很明确。在刘邦孙子辈的皇子中，就数刘章、刘襄、刘兴居兄弟三人最有能耐。虽然他们的老爹刘肥窝囊，但他毕竟是刘邦的长子，他们兄弟是长子的儿子，也就是长孙，这个皇位自然要让他们三兄弟中的一个来坐。

可这个时候大臣们不乐意了，尤其是陈平、周勃。这些老臣觉得经过吕氏的教训，皇帝还是傻一点儿、软一点儿、好糊弄一点儿的好。刘章这样的人锋芒太露，当年只不过是一个小小的侯爷就敢在吕后面前杀人，这样的人一旦得势，天知道他会干出什么事来。如果他们一家坐了金銮殿，陈平和周勃这些老臣哪里还有立足之地？

那以什么理由能否决刘襄三兄弟即位，却又不直接触怒愣头青刘章呢？老臣们可算是挖空了心思，当然不敢直接说，也不敢说因为刘肥无能，所以他的后代不适合当皇帝，这样就得罪了高祖刘邦。最后，老臣们把事情推到了刘肥老婆的身上。以陈平为首的大臣们公开表态：“虽然先齐王（刘肥）是高祖的庶长子，刘襄三兄弟确实能力不凡，但先齐王的王后是谁呀？是姓驷的。现在刘襄的舅舅驷钧，就是齐国太后的弟弟，那可是全天下有名的恶人。驷钧是恶人，可见他姐姐也不是什么好东西。大家都还记得吕后的事情吧，难道你们想刚走了一个吕后又弄来个驷后吗？所以刘襄他们家不合适。”

那请问还有谁合适呢？

代王刘恒呀，他是高祖活着的儿子中年纪最大的，见识多，性格沉稳。这么多年了，在艰苦的代国，他不喊苦，也不叫累，多么仁慈、宽厚啊，而且他母亲薄氏也是谨慎出了名的，没有比他更合适的人选了。

那刘恒又是什么样的人呢？

刘恒其人

刘恒的外祖母是战国时期魏国宗室女子，与人私通生下了薄姬，也就是刘恒的母亲。年轻的薄姬大概有几分姿色，恰逢秦末的时候魏豹当了魏王，于是薄姬家里托关系把她送进魏王宫里做了一个普通的妃子。

魏豹本身是一个能力很一般的人，只是因为出身王族才做了诸侯。他自己并没有什么大才干，也没有大的野心，原本可以安安分分地在天下霸主的手下做一个悠闲王爷，但魏豹的人生因为薄姬的进宫而发生了巨大的转变。

这一切要从一个叫许负的老婆子的到来开始说。许负可不是一般人，这个老婆子是当时天下最有名的相士，看相识人言无不中，此次前来是应魏王的邀请给妃子们相面的。

许负一出场便表现不凡。她真无愧于当时天下第一相士的名号，在几十号妃子中居然一眼就看出薄姬腹中卵子隐隐透出帝王之气，于是她指着薄姬说："这个人以后会生皇帝。"

这句话无疑大大刺激了魏豹："我的妃子会生皇帝，岂不是说我是小皇帝他爹，也就是老皇帝？"本来安分的一个人，心马上就大了起来。

魏豹原本是依附于汉王刘邦的，这个时候正是楚汉之争的开始阶段，他刚刚跟着刘邦从彭城灰头土脸地跑回来，正窝囊着呢。有了许负这句话，"老皇帝"魏豹再也不把刘邦放在眼里了。平日里高高在上的汉王，他现在怎么看都不顺眼，便瞅了个空子跟刘邦请探亲假回家，回到魏国就跟刘邦翻脸了，表示要中立，要跟刘项两家三分天下、逐鹿中原。

魏豹的脑子不会转弯，人家说那是皇帝他妈，可没说他就是皇帝他爹，连这种文字游戏都玩不溜还造什么反呢？之后魏豹可就一直在走下坡路了。他先是拒绝了郦食其的劝降，接着，刘邦派韩信去攻打魏国。汉魏两军隔河相峙的时候，他让大军把守渡口，要消灭韩信。没想到韩信根本没有从渡口渡河，而是用了一堆木桶和木板做成简易的竹筏，从渡口上游过河了，然后汉军突然抄后路活捉了魏豹。韩信占领魏国后把魏豹送到了荥阳，刘邦倒是没杀他。可不久荥阳被项羽团团围住，刘邦逃命的时候把魏豹留在了城里，结果他被周苛以"反复无常的人难以一起死守"的罪名杀掉了。直到这个时候，魏豹盼望的小皇帝还远没有踪影，可以说，刘恒在他妈肚子里就坑惨了自认为是老皇帝的魏豹。

魏豹被汉军俘虏后，魏王宫中那些有姿色的妃子和宫女自然落入了刘邦手里，但那个时候刘邦正每天被项羽打得焦头烂额，哪里有空闲去理会新来的女人。在汉国守了一年多空闺的薄姬想来日子并不好过，后来她还是在以前魏国姐妹的帮助下才得到一次让刘邦临幸的机会。

薄姬很识趣，刘邦召见她的时候，她跟刘邦说："我昨晚梦见苍龙盘在我的肚子上。"这话让刘邦听得很舒坦，想来当夜格外卖力。薄姬也确实争气，居然让刘邦一击中的，十个月后，她生下了刘邦的第四个儿子，就是刘恒。之后，薄姬再也没有得到过刘邦的临幸，有个妃子的名号其实跟守活寡没什么区别，但她从未表现出不满，也不试图去争取什么，一手把自己的儿子带大。由此我们可以看到薄姬身上的一些特点：低调、忍让、善于抓住机遇。

这些其实也是早年刘恒身上的特点，但要注意，这些不是他所有的特点。

因为薄姬并不受宠，连带着刘恒这个儿子在刘邦眼里也是可有可无，看看他分到的是什么地方就知道了。代地那是什么地方，说好听点儿是出精兵的地方，说白了就是山穷水恶的地方，要不是为了生存，谁会整天什么事都拼命？况且代地靠近匈奴，如果不是和亲的缘故，一年下来能有三五个月不被匈奴人骚扰就算是烧高香了。但薄姬和刘恒始终低调谨慎地坚守在代地，默默地忍受着这一切的不公，正因为这样，他们才躲过了吕后的迫害，最终等到了机会。

高后八年（公元前180年）九月，以陈平、周勃为首的一班老臣把吕氏满门赶尽杀绝后，决定派出使者迎立代王刘恒做皇帝。那时刘恒已经在代地吹了十六七年的西北风，行事越发谨慎。面对这个天上掉下来的大得无以复加的馅饼，他一时也拿不定主意，尤其他的手下们都认为朝廷的老臣狡猾多诈，恐怕不会真心想立他为帝，建议刘恒还是称病不要去长安为好。

就在众臣一边倒的反对声中，代国的中尉宋昌出来力排众议。他指出，刘姓江山已经坚如磐石，哪怕是吕后这样强横的人物也不曾动摇，现在即便有大臣想作乱也得不到天下人的支持，所以大臣们要拥立刘恒为皇帝，就算不是他们的本意，也是因为天下的民心所向。宋昌希望刘恒速速进京，不要迟疑。

一边是做皇帝这个世间最大的诱惑，另一边是为自己的安全而顾虑重重，刘恒还是拿不定主意，只好向自己的母亲薄太后请示。可薄姬也是谨慎的人，怎么拿得定这么重大的主意？既然问人已经没有办法了，无奈之下，刘恒只能去问鬼神。刘恒宫中的术士给他占了一卦，占卜的结果是“大横庚庚，余为天王，夏启以光”。

在这里，我们不需解读这个卦签，只需要知道“天王、夏启”这四个字眼的意思就够了。天王，就是比诸侯还大的王，是天大的王；夏启，那就更不必说了，这是历史上第一个父死子继的统治者。

那么天意也很明了了。

即便有如此明了的天意，自己心里也非常想去，刘恒依然不敢下去长安的决心，毕竟十几年的隐忍生活早已让他习惯于低调和谨慎，多少大风大浪他都走过来了，可不能这个时候在阴沟里翻船。刘恒思量再三，又和母亲商量后，决定派自己的舅舅薄昭去和周勃接触，试探朝中大臣们的意图。

其实薄昭哪里能试探出什么来，他是代王的舅舅，一旦刘恒即皇帝位，他就成了皇帝的舅舅，地位远非现在一个地处偏远的诸侯王亲戚可比，所以，他自然希望刘恒到长安去。果不其然，薄昭见到了周勃，周勃只将大臣们的意愿和他一说，他便跑回代国拍着胸脯向刘恒保证，大臣们要拥立他刘恒做皇帝的事情千真万确，没有什么可怀疑的。

不顶千尺浪，难得万斤鱼，何况是面对这世上最大的诱惑？即便再有风险，也值得放手一搏。终于冲破了心理障碍或者说终于忍不住诱惑的刘恒这次下定决心了，即使是龙潭虎穴，他也要去闯一闯。刘恒找来主张进京的宋昌，又叫上六个有胆识的近臣，赶着马车前往长安。

君臣八人来到了长安城外。

刘恒来到长安城外就不再走了，而是派宋昌做先锋，再去试探陈平、周勃他们的想法。刘恒停下来的地方是刘邦的长陵，一看地方，明显就是经他精心选过的。在这里停下，万一大臣们有不利于己的举动，他自己背靠高皇帝的陵寝，仰仗着刘邦的余威，想来别人也不敢放肆。刘恒这一切的小心谨慎都是无用功，群臣早在长安城外三里的渭桥上恭候他多时了。

翘首以盼把脖子都伸直了的群臣终于看到刘恒来到渭桥上。作为拥立新君的重要功臣，周勃此时自觉高人一等，得意扬扬。待到刘恒下车，群臣纷纷跪拜在地，只有他独自一人迎了上去。见到刘恒，他也不请安，也不问好，独独躬身说了一句：“请大王借一步说话。”

既然来到渭桥，刘恒肯定已经拿准了大臣们的意思，他心里不再彷徨犹豫。虽然现在还是个代王，但他骨子里已经把自己看作帝国新一任的皇帝了。听了周勃的要求，刘恒既不表态也不回话，权当听不见。这时候，宋昌伸手拦住了还要上前的周勃，正色道：“大人如果有公事，就请在这里说；如果是私事，不好意思，王者天下为公，不听私事。”

周勃自讨了个没趣，又不好意思当着这么多大臣的面退回去，只好讪讪地跪下来，把自己出门前就揣在怀里都揣热乎了的天子玉玺双手奉上，心想自己献玺好歹算是首功吧。没想到，刘恒见了玉玺并没有欢喜地接过去，只是看了一眼周勃，淡淡地说：“太尉大人，这事还是到寡人府邸再说吧。”周勃只能尴尬地把玉玺揣回了怀里。

此时的周勃才意识到，眼前的这个代王刘恒似乎并不像他想象中那么简单，大有一种被人扮猪吃老虎的感觉。

进了长安城，满朝文武前呼后拥地跟着刘恒来到代王府邸，刘恒和大臣们按宾主之分落座。刘恒在朝西的主人位刚坐定，丞相陈平、太尉周勃、御史大夫张苍、大将军陈武、宗正刘郢、朱虚侯刘章、东牟侯刘兴居、典客刘揭等大臣马上又跪倒在地，请求刘恒继皇帝位。刘恒照例再次推辞说：“继承高皇帝的基业是多么重大的事情，我没有这个本事，还是请我的叔父楚王刘交来商议，由他老人家来决定吧。”

大臣们哪里肯答应，心想：“都到这份儿上了，你就不要再做戏推辞了，不做皇帝那你来长安干吗？”大臣们都跪在地上请刘恒三思。刘恒就一连推让了三次。

这下大臣们急了，不让刘恒坐朝西的主人位，把他拉到朝南的正位坐好，周勃又跪着把怀里揣着的玉玺捧过头顶，大家跟着呼啦啦地都跪倒在地，大有今天他不答应他们就不起来的架势。刘恒忙起身又推让了两次，最后他自己也觉得戏演得差不多了，姿态也做足了，表面悲伤但内心愉悦地接过了皇帝的玉玺。

从此，代王刘恒就成了皇帝刘恒。

巩固帝位

做了皇帝的刘恒并没有得意扬扬，相反，他行事越发小心谨慎。因为他比任何人都清楚，自己这个皇帝位子是“捡”来的，坐得并不稳当，所以，刘恒做皇帝后要做的最重要的事就是想办法让自己的位置稳定下来。

为了坐稳自己的江山，刘恒首先是要任用自己的亲信。于是，主张刘恒进京的宋昌得到了重用。在刘恒接过玉玺的当晚，宋昌便被任命为卫将军，统领南北军，跟随他从代地过来的张武被任命为郎中令，其他五个随行的近臣也先后做到了九卿的高位。可当时跟他一起来的一共就七个人，刘恒不得已还是得依靠朝廷原来的老臣们办事。

以周勃为首的这批老臣自认为是功臣，自然想得到重赏。刘恒在做皇帝的元年便开始论功行赏，他认为在平定吕氏一事中，出力最大的是太尉周勃，给周勃加封了一万户，赏金（黄铜）五千斤；然后是陈平、灌婴，各加封三千户，赏金两千斤；杀了吕产的刘章、保管皇帝符节的纪通、撵走小皇帝的刘兴居各加封两千户，赏金一千斤；从吕禄那里诳来大将军印信的典客刘揭也被封侯，赏金一千斤；而最先起来反吕的齐王刘襄得到的赏赐是重新拿回了当年被吕雉夺走的城阳、琅邪、济南三郡。

得到重赏的周勃更是得意扬扬，平时退朝的时候，他都是第一个转身走人，而皇帝刘恒在殿上目送，直到他的背影消失在门口后才离去。当然，朝廷的老臣并非全如周勃那样爱争功劳，其中也有些识趣的，比如陈平。陈平似乎是最早看穿刘恒内心不安的大臣，他主动提出因为自己的功劳不如周勃大，请求把自己右丞相的位置让给周勃，间接把周勃推到了风口浪尖，而他则躲在了背后。

根据陈平的提议，一即位，刘恒就对朝廷的人事进行了一次大的调整：由周勃出任右丞相，陈平改任左丞相，太尉一职则给了灌婴。这样一来，刘恒暂时和老臣们达成了共赢的局面。

但这仍然不足以让刘恒安心。

吕氏一族之所以在吕雉死后迅速失败，主要是因为刘氏的号召力强大。天下姓刘，刘姓的诸侯们随时可以出来继承大统，这些诸侯现在成了刘恒的心腹大患。尽管当年吕雉已经很努力地杀了大部分，但现在刘恒的前面还有他的叔父楚王刘交，东面有最先起来反抗吕氏的齐王刘襄，朝中还有刘襄不怕死的兄弟刘章、刘兴居，自己还有个同父异母的弟弟淮南王刘长，一旦自己被推翻，他们都可能出来坐自己还没焐热乎的皇帝位。因此，这些都是让刘恒寝食难安的人。

得到封赏的大臣们充分理解刘恒的难处，刘恒继皇帝位后不久，他们便联名主张赶紧将他的长子刘启确立为皇太子。这当然是刘恒所希望的，太子是国家的根本，确立太子后，一旦皇帝自己出了意外，至少天下人知道合法的继承人是谁。当然，大臣们的提议刘恒没敢一下子就接受，他甚至假惺惺地表示要通过选举的方式来决定继承人的人选。

接下来还是老戏码，大臣们依旧全力主张，刘恒则步步推辞。和以往一样，又折腾了一阵子，最终刘恒在大臣们的强烈要求下“无奈”地宣布立自己的长子刘启为皇太子。

然后，不正常的事情发生了。孝文皇帝元年（公元前179年），楚王刘交薨了；同年，齐王刘襄也薨了。刘襄死后，他的儿子继承了王位，这时刘恒下令封赏有大功的刘章、刘兴居兄弟，便从齐国挖出两个郡来，一个给刘章，让他做了城阳王，一个给刘兴居，封他做了济北王。说是赏，其实对他们兄弟来说基本没得到什么实惠。而且，又过了两年多，刘章也薨掉了。

这实在是太不正常了。如果说刘交是因为年纪大了病死的，那也说得过去，可刘襄能有多大年纪？顶多三十出头。刘章更是二十来岁、身体倍棒的壮小伙子，几年前，他长跑追逐加杀人还一气呵成不带喘的，怎么说薨就薨了？

按史料上的说法，因为当年反吕的时候，大臣们和刘章、刘兴居有口头协议，答应事成之后让刘章做赵王、刘兴居做梁王。结果后来大臣们改主意，拥立代王刘恒做了皇帝，原来的承诺就没法儿兑现了。而且，刘章、刘兴居本来是要立自己的哥哥齐王刘襄做皇帝的，这事惹得新皇帝很不高兴，才使得原本有大功的兄弟俩没能论功行赏。然后，兄弟仨因为自己提着脑袋辛苦一番，结果却为他人做了嫁衣感到闷闷不乐，刘襄和刘章才郁郁而死。

我认为这恐怕不是史实，刘襄和刘章的死必定有蹊跷。他们要么是被刘恒背地里下黑手毒死的、暗杀的，要么就是被刘恒逼死的。总之他们的死一定跟皇帝刘恒脱不了干系，因为就在刘章死后两个月，济北王刘兴居就反了。

孝文帝三年（公元前177年）五月，匈奴的右贤王率部进犯上郡。六月，刘恒命令当时的丞相灌婴率八万五千人前去迎敌，自己还亲自到太原督战。这时候，刘兴居认为双方会陷入一场持久的混战，于是起兵造反，企图从背后杀刘恒个措手不及。

刘兴居这个济北王只有济北这一个郡，就算全民皆兵，他又能有多少人马？这样他还要造反，目的恐怕不可能是做皇帝，更可能是自保，或者说，他的处境已经到了反也死、不反也死的地步，与其坐以待毙，不如奋力一击拼个鱼死网破。

这或许才是历史的真相。

然而，刘兴居错误地估计了形势。刘恒是到了太原督战不假，而且一连逗留了十多天。可右贤王这次只是为了打家劫舍而来，灌婴的大军一到，他们就跑得没影了，这着实摆了刘兴居一道。接到刘兴居造反的消息，刘恒马上就从太原赶回长安，也不管匈奴了，将灌婴的八万五千人扩充到十万，交由大将军陈武率军前去征讨刘兴居。可怜刘兴居就那一丁点儿人马，怎么是陈武的对手？结果，陈武的十万人马一路掩杀过去，才一个多月的时间，刘兴居便兵败自杀。

除掉刘襄三兄弟，刘恒就要对最后一个人下手了。这个人就是他同父异母的弟弟淮南王刘长。

高祖八年（公元前199年），刘邦路过女婿赵王张敖的地盘，好酒及色的他到哪儿都不客气，当夜便临幸了自己女婿的一个赵姓美人。第二天起来后神清气爽的他也没想到善后的事，拍拍屁股便继续上路。

没想到，和薄姬一样，赵美人也一击中的。发现美人怀孕后，谨慎的女婿张敖再也没敢碰这个身负龙种的女子，立即命人在自己的王宫外单独搭建了一间房子给赵美人住。从以往的事情来看，刘邦不算是一个薄情寡义的人，事情到这里原本应该有一个美好的结局：美人自己经历了一番辛苦生下孩子，最后终于过上了幸福的生活。

然而，现实不同于童话，赵美人的苦难随后才刚刚开始。因为被手下贯高连累，张敖不久便背上了谋反的罪名。诸侯谋反，他身边的人自然也没有好果子吃，赵美人连带入了大狱。孕中的美人哪吃得了牢狱之苦，只能向狱卒禀报自己怀了皇帝的孩子。原本她只在外地和刘邦做了一夜夫妻，没名没分已经够惨了，最后腹中这个胎儿也没有成为赵美人的护身符。盛怒之下的刘邦哪里还想得起来自己睡过女婿的女人，对下面人的报告置之不理。赵美人的弟弟也曾经找宠臣审食其，希望通过吕后出面替赵美人求情，可妒忌心极强的吕后一听刘邦又在外面有了女人和孩子，早恨不得他们统统死绝，哪里会替赵美人说话？最后，走投无路的赵美人在生下孩子后只能愤愤自杀。

等到贯高谋反的案子真相大白后，刘邦的火气也消了，这才想到赵美人的事情。听说美人生下孩子后便自杀了，刘邦懊悔不已，就把自己这个可怜的儿子接到宫中交给吕后抚养。所谓近墨者黑，以养母吕雉的脾气秉性，本就很难指望刘长日后能长成什么样。果不其然，长大后的刘长俨然已经成了当时全国最跋扈的二世祖。刘恒做了皇帝后，作为当今皇帝唯一的弟弟，刘长的跋扈更是到了无法无天的地步。

文帝三年（公元前177年），淮南王刘长入朝。虽然是皇帝的弟弟，但刘长的表现也太放肆了，他不仅出门的时候要跟刘恒挤同一辆车，还在大庭广众之下直呼刘恒为“大哥”。这让一旁的大臣们听着都觉得太不合乎礼仪。面对这种大不敬的行为，刘恒只是微微一笑、听之任之，皇帝的纵容让刘长更加放肆。

刘长敢于目空一切，要说他身上没有一些惊人且足以自傲的本事那也不尽然。他最大的能耐就是力气大，而且不是一般地大，大到能扛鼎。我们知道，在司马迁笔下的能人异士中，“有气力”的不在少数，但能扛鼎的只有两个半。一个是万夫莫敌的项羽，另一个就是刘长，还有半个是秦武王嬴荡。为什么说嬴荡是半个呢？因为当年他跟手下比赛举鼎，鼎是举起来了，可终究力气还差了那么一点儿，最后一下没扶住，千斤重的大鼎掉下来压断了腿骨，没两天他就重伤不治身亡，所以嬴荡勉强算半个。

有这样的背景，又有这样的能耐，刘长当然极少把天下人放在眼里。这几天，到了长安的刘长闲来无事，一想到当年自己母亲的凄惨遭遇便悲从心来，可他不敢归罪于刘邦，也不敢迁怒于吕后，便干脆把所有罪责推到那个没有帮忙劝说吕后的审食其身上。某天白天，在长安城的淮南王府邸里，刘长一边喝酒一边想着母亲赵美人的事情，他越想越气愤，正好酒劲上头，一时间怒从心头起，恶向胆边生，他干脆起身拿了一把铁锤往袖子里一塞，带了个下人就到审食其家敲门。

这时候的审食其已经不是当年那个一人之下万人之上的丞相了，基本上处于赋闲在家的状态，淮南王赏脸亲自上门找他审食其，他哪有不去迎接的道理？正当审食其准备给刘长请安的时候，刘长冷不防地从袖子里掏出铁锤，给他来了一招天灵碎裂。审食其又没有练过铁头功，就算练了也来不及运气发功，一下子就被刘长砸得脑浆四溢，可怜审食其临死都不知道自己到底做错了什么。

锤杀了审食其后，刘长命令手下把审食其的人头割下来别在自己的裤腰带上，然后径直奔皇宫而去。进到宫里见了皇帝，还没等刘恒发问，刘长便主动交代说，他刚刚把辟阳侯审食其杀了。然后，刘长开始痛诉他认为审食其该死的三大罪状：一是自己的母亲无罪枉死，审食其没有力争；二是刘如意母子无罪被杀，审食其也没有力争；三是吕后杀刘氏宗室明明不对，审食其还是没有力争。所以审食其是国贼，他现在杀审食其是为国家除了一个奸臣，如果大哥认为他做得不对就请治他的罪。

刘恒沉默了一会儿，只回了一句："你是我弟弟，治罪我看就算了吧。"

审食其毕竟是列侯，又当过左丞相，尽管个人能力一般，可无能又不是死罪，就这么被刘长杀了，让大臣们感到惶惶不可终日，而刘恒一味地纵容让刘长更加忘乎所以。回到淮南的刘长甚至开始无视朝廷的汉律，而是按照自己的意愿在淮南拟了一套法律出来。不仅如此，刘长把自己出行的车马仪仗比照皇帝弄成一样的规格和样式，自己发出的命令也比照皇帝称"制"，俨然把自己当成了和大哥刘恒一样的存在。

对于刘长的不法行径，许多大臣都表示了担心，袁盎就曾上疏刘恒："现在有的诸侯过于骄横，将来恐怕会生出祸患来。"刘恒的反应只是点点头表示知道了，而对刘长的所作所为，他仍然是不闻不问、听之任之。这样一来，四肢发达、头脑简单的刘长会做出什么事情来，恐怕大家都不会奇怪。

到了文帝六年（公元前174年），刘长已经放肆到公开驱逐朝廷在淮南指派的官员，然后自己任命亲信，且草菅人命、枉杀无辜的地步，甚至还比照皇帝封天下给自己的手下封侯。

刘长都已经不像话到这个地步了，文帝也只是下诏书斥责了他一下而已，可就这么一下，刘长却不高兴了，不高兴的结果是他决定造反。于是，刘长派人联络了匈奴和闽越，他自己准备以辇车四十辆反出谷口（今陕西淳化县西北）。

请注意，不是我打错了，也不是你看错了，确实是辇车四十辆。从"四十"这个数字可以看出，刘长的智商已经低到常人不可理解的境界。

这样造反当然是不可能成功的，刘长的阴谋败露后，文帝让人把他押到长安治罪。大臣们哪里肯放过这个治刘长罪的机会，而且刘长的罪行证据确凿，于是大臣们联名上疏“按律当斩”。这时候，刘恒还是不同意大臣们的决议，他自己最后给刘长定的是“废王爵，流放蜀郡”，并严令即便是流放，地方上每天仍要按时供应刘长五斤肉、两斗酒，还允许他携带平时最宠爱的十个姬妾一起随行。

现在看来，以往刘恒对刘长所作所为的纵容并不是出于爱护，而是循序渐进地在不知不觉中把一个没有头脑、没有判断力的年轻人推向覆灭的深渊，用我们现代人的话说就是两个字——“捧杀”。

大臣们也不都是傻子，有的人还是把刘恒的心思看得蛮透的，比如之前提到的袁盎。当他得知刘恒对刘长谋反案的宣判时，再次提醒刘恒：“陛下长久以来对淮南王纵容惯了，他又是性子刚强的人，现在把他流放到蜀郡，恐怕他会受不了。到时候万一淮南王自杀了，陛下还是逃不过一个杀弟弟的骂名。”

刘恒理所当然地继续装傻。他告诉袁盎：“我只是考验考验他，让他吃点儿苦头、长点儿记性而已。”

结果不出袁盎所料，刘长是皇帝钦定的谋反犯，沿途的官员谁也不敢揭囚车的封让刘长下来活动。刘长也确实硬气，直接在囚车里绝食寻死，就这样，囚车一路前行，直到路过雍县。雍县县令胆子比较大，皇帝又没有说不能打开囚车，干吗不让犯人透透气？可等他揭开囚车栅栏上的封条的时候，才发现刘长已经死去多日。

等刘长的死讯传到长安，文帝这才假惺惺地问袁盎：“之前没有听你的劝告，现在淮南王真死了，朕该怎么办？”

袁盎看了看文帝，淡淡地说：“人都死了还能怎么办，陛下您放宽心吧。”

刘恒还要继续装傻：“如果一定要善后，你说怎么办？”

想必袁盎心里也是一阵冷笑，他回答：“要不陛下就杀了丞相和主管司法的御史大夫向天下谢罪吧。”

刘恒默不作声，第二天发布诏令，将一路上没有给囚车开封的县令都抓来杀掉，然后把刘长就近葬在了雍县。

至此，他的心头大患终于除去了。

刘恒自认为“捧杀”弟弟的过程只是百密一疏，然而，随着时间的流逝，百姓逐渐清醒过来，或多或少猜到了刘恒的心思。在刘长死后的第六年，民间便开始流传一首暗讽文帝的歌谣："一尺布，尚可缝；一斗粟，尚可舂；兄弟二人不能相容。"一时间歌谣广为传唱，搞得刘恒好不尴尬。

不管怎么样，现在刘恒的长辈没有了，兄弟没有了，像样的侄子也没有了，他终于坐稳了皇帝这个位子，可以放心地一展自己的抱负了。

汉文帝的"文"

刘恒做了皇帝之后，一方面是当时的社会形势使然，另一方面是坐稳自己位子的需要，他实施了一系列休养生息、鼓励生产的政策来获取民心。

这些政策和举措大部分是历史上很多所谓有为的君主都使用过或做过的，包括亲自下地劳作来鼓励耕种；减少刑罚，比如下令废除肉刑，后来又废除了吕后当年想废但没正式废除的连坐法和妖言罪；减少政府支出，比如下令让待在长安的诸侯们之国；勤俭节约，减少开支。最有名的无过于有一次刘恒想建一座露台，结果找手下人估计了一下，大概需要百金的预算。刘恒就表示这相当于十个中产阶级家庭的总资产，怎么能这么浪费呢，建造露台的事最后还是算了。

这些事倒也不能说刘恒做得有多出彩，毕竟要做一个明君，体恤百姓只能算是最基本的要求。要在历史上数量超过一个加强连的皇帝中脱颖而出，就必须有一些不一样的地方，而刘恒作为明君，确实有些事情是除了他，少有其他皇帝能做到的，比如平定南越。

南越大概相当于现在越南、广西、广东的大部分，加上福建的小部分地区。当年秦始皇发兵五十万征服了南越地区，置桂林、南海、象郡。到了秦末天下大乱，南海龙川令赵佗趁乱而起，兼并了桂林、象郡，自称南越武王，只能算是一个偏安一隅的土皇帝。汉初的时候，出于安定社会的需要，刘邦派陆贾出使南越，正式任命赵佗为南越王，国都番禺就在现在的广州市。赵佗得了封号，也是心满意足，十几年来，两家相安无事。到了吕后执政的时候，出于国家安全的考虑，吕雉听信了手下大臣的建议，禁止在匈奴和南越的边市流通铁器。大臣们觉得铁器有什么用？匈奴人既不耕田也不种地，拿了铁器只能是去锻造兵器，反过来侵略汉朝。

这下子赵佗不干了。南越人也是吃米长大的，没有铁器，社会生产力就会大幅下降，社会生产力下降，粮食就不够吃，汉朝莫不是想等到全南越的人饭都吃不饱了，再来把他们一举吞并吧？于是赵佗也不称臣了，扯起大旗改称南越武帝，发兵攻打邻近的长沙郡，公开和汉朝对立。

赵佗之所以敢造反，在于南越地区独特的区域特点——岭高林密、气候潮湿、瘴疠横行。现在两广地区的人或许没有体会，但两千多年前，当地那种自然环境是长期生活在中原的人无法适应的。赵佗亲身经历过当年秦始皇平定南越的战役，五十万大军前仆后继，完全是靠人海战术堆进去的，其间军队的非战斗损耗远超出战争直接带来的伤亡，其艰苦程度甚至是文字不足以表达的。

面对赵佗的造反，吕后派隆虑侯周灶做将军，带领几万军队前去征讨。可这次，汉军比三十几年前的秦军更加不济，周灶出门前没想过了解当地的天气情况，一上来就遇到了岭南闷热的三伏天，士兵根本适应不了当地的气候，一路上不断有人中暑倒下或染病身亡，几个月下来，队伍连阳山岭都没法儿翻越，更别说去攻打南越了。又过了一年，吕后死了，朝廷干脆把周灶的队伍撤了回来。

看汉朝不能拿自己怎么样，这下赵佗更加得意忘形。他干脆让队伍经常在边境上来回示威游行，又重金收买闽越、西瓯等地作为南越的附属国，自己摆出一副大国天子的姿态来。

刘恒要巩固自己的统治地位，就要做出一些成绩来，不能让别人小看了自己，解决吕后不能解决的南越问题当然十分必要。

既然武力不能解决问题，刘恒决定给赵佗来软的。他先派人查清了赵佗的祖宗八代，知道赵佗的祖籍在真定（今河北正定县）后，刘恒马上派人把赵佗的祖坟保护起来，还安排专人按时祭祀。不仅如此，刘恒还把赵佗当年遗留在中原的亲属招到政府做官，让他们享受荣华富贵，然后又找来当年出使过南越的陆贾，任命他做太中大夫，命令陆贾带上自己的亲笔信和礼物再次去到南越。

赵佗见到老朋友陆贾自然就知道了汉朝皇帝的意思，接过陆贾递上来的文帝写的书信便读了起来。刘恒的这封书信写得很有意思，集中体现了刘恒执政似柔实刚，“文”的思想理念。我把信件的大概内容叙述一遍，以飨读者：

我是高皇帝偏房的儿子，从小不受宠爱，奉命在北方的代国守卫边疆。代国那个地方极其偏远，我天资又不高，书也没好好念，就从来没跟您通过信（先自降地位介绍一番）。您应该也知道这些年汉朝发生了很多事情，高皇帝去世后，孝惠皇帝也去世了，所以吕后才出来主持朝政。然而，很不幸，吕后当政不久就病了，结果她的那些亲戚就在朝中乱来，吕后也没办法管理他们（反正他们都死了，就把责任都推到他们身上）。好在全凭朝中大臣齐心协力才把那些吕姓的乱党全部剿灭，我是因为诸侯和大臣们的强迫才不得不出来接手这个烂摊子的（委屈得很，做不好你也不要怪罪）。

现在我当了皇帝，听说您曾经委托隆虑侯周将军寻找您失散多年的弟弟，还要求把首先挑事的长沙王的两个将军免职。现在我按您的意思把将军博阳侯给查办了，您的亲弟弟还在真定老家，我也派人找到了，还自作主张派人帮您修了修您家先人的坟墓（这事做得还不错吧？）。前些日子，我听说您派兵到边界去不停地骚扰，那样只能是苦了长沙的老百姓，可这样对贵国难道就只有好处吗？如果您坚持一定要这样（我就只好开战了），结果必然是将士们伤亡数量的增加，这会害得别人的妻子变成寡妇，别人的孩子变成孤儿，别人的父母变成孤老，这就相当于得到了一种好处却失去了十种好处，这样的事情我是一百万个不情愿做的（我想你也是吧？）。

我也问过朝中的大臣们，能不能按您的意思重新把边界调整一下，大臣们说边界那是高皇帝定下来的，不能变更。这让我也没有办法（有本事你找刘邦说去）。现在我想通了，即便得了您的地盘，汉朝也大不了多少；得了您的财宝，汉朝也富不了多少（不要逼我，我比你强得太多），所以从今天起，服岭以南的地方就由您自己管理吧。可是呢，您现在也称了皇帝，我们两个皇帝之间没有互通使节，这样不好，容易起争端，一旦争执起来，双方互不相让是仁义的领导所不愿意看到的。所以，让我们摒弃前嫌，从今以后互通使节吧（话说到这个份儿上再不臣服你就理亏了)。

我这次叫陆贾来就是这个意思，表达表达我的心愿，希望您同意我的观点，不要再来边境骚扰了(不要逼我出手)。最后，随信送上上等棉衣五十件、中等棉衣三十件、下等棉衣二十件(就两广那天气，刘恒想焐死赵佗呀)，祝您在家没事的时候多听听音乐，不时去慰问慰问周边的国家。

赵佗看了刘恒的信，大概是读懂了其中的意思，吓得屁滚尿流，马上跪下来磕头认错，让手下把皇帝的旗号全都扯下来丢掉，然后给刘恒写了一封回信：

野蛮地区的老头子赵佗冒死罪斗胆写信给皇帝陛下，我是前朝在南越的官员，蒙高皇帝赏赐做了南越王。到了孝惠皇帝的时候，比照先帝的意思，孝惠皇帝对我们也是多多赏赐，可是到了吕后当政，她把我们当下等人看，命令不得给我们金属、铁器、农具，让我们种不了地。马、牛、羊这些牲口在边境交易也只给公的不给母的，让我们种都没法儿配(您看这像什么话)。

我这儿就是老少边穷地区，被她这么折腾一番，几年下来，剩下的马、牛、羊都老了，我怕再过些时日连祭祀的牲口都不够，要是因为这个得罪了神灵就不好了。所以我曾经三次派出使者去朝廷反映情况，可派去的人都被吕后扣押了，又听外人传说吕后把我在中原的亲戚都杀了，祖坟也刨了(实在是走投无路)。

这时手下的人对我说，我们南越在朝廷中没有地位，在外面也没有什么名声，要是不称帝人家都看不上我们(所以说称帝也不是我的主意)。再说我南越旁边那些闽越之类的小国，全国上下满打满算也不过几千人，他们却也称王，我南越好歹也有几十万人口，所以就斗胆称了帝。其实我就是心里郁闷，自己在这里娱乐娱乐，也没敢出去和谁争天下。可吕后大发雷霆，削去了我南越的诸侯国资格，又断绝了双方的往来(都是她的错)。我当时疑心是长沙王在朝中说了我的坏话，所以才发兵去教训下他。现在蒙陛下宽宏大量，我感激不尽，从今往后一定专心侍奉陛下，再也不敢有其他想法了。

刘恒就这么轻而易举地搞定了十万大军都不能搞定的南越，而且终赵佗一朝再没给政府添过乱。

不战而屈人之兵，善之善者也。

另外，对赵佗这个人，我其实还有个疑问。他的生年我们知道得不是很详细，他死的那年我们倒是很清楚，是在建元四年（公元前137年），这时候秦朝已经灭亡快七十年了。考虑到赵佗本人是秦始皇时期的一个将军，受命作为副将跟随任嚣平定南越，他当时再年轻也应该在三十岁上下。最后加上平定南越到秦二世亡国这几年，这样算下来，赵佗临终时怎么也在百岁以上了，比照国内外几千年的历史，似乎从没有一个帝王能有如此长久的寿命。

所以，史书在这里大概出了一点儿问题。

得之以文，失之以文

刘恒的施政理念就是给大家提供一个宽松、柔和的政治环境，有事情当然要管，法律的底线不能逾越，可也不能像秦始皇一样用法律勒着人的脖子。文帝十年（公元前170年），平时素有长者之名的将军薄昭大概是因为自己的外甥做了皇帝，平日谨慎的他也放纵起来，居然杀了人，而且这个人还是皇帝派来的使者。

这下让刘恒犯难了，一边是国家的法令、皇帝的尊严；一边是自己的亲舅舅、薄太后唯一的弟弟，怎么处理都不好。如果将此事置之不理，那国家的法律就会成为一张废纸，要是把舅舅拉出去砍头，又没办法向母亲交代，最后刘恒只能采取一个折中的办法：让大臣们去帮他解决这个棘手的问题。

得到皇帝的命令，满朝的大臣一起到薄昭家里喝酒，席间大家都劝他："事情已经到这地步了，您老还是自行了断的好，不要让皇帝为难。"这薄昭怎么会答应，就把大臣们都轰出了家门。可大臣们没完成刘恒的指示怎么敢回去复命，稍一商量，他们又敲开薄昭家的门，这次可不是去喝酒，而是每个人都穿着丧服、扛着花圈，直接到薄昭家给薄大人哭丧来了。这下逼得薄昭没有办法，只能在家里抹脖子自杀。

薄昭一自杀，刘恒就对天下人宣布，薄昭贵为皇亲国戚，虽然一时头脑发热犯错杀了人，但他后来幡然醒悟，愧疚之下已经自戕了。这样既保全了皇家的脸面，也保全了国家的法律不受亲情的践踏。对薄昭的处理是刘恒施政方式的体现。事实上，文帝在位时期，各种政策的实施大多就是以诸如此类“文”的方式去进行。

但是，金无足赤，人无完人，刘恒也不是那么完美无缺的人，先不说他有什么缺点，就是他的“文”也是有问题的。比如，在法律上，他废除了刺字、割鼻、斩足三种肉刑，本意是给罪人一个改过自新的机会，毕竟鼻子不是韭菜，割了可再也长不出来了。但为了达到惩戒犯人的目的，也不能什么惩罚都没有。经过刘恒的同意，当时汉朝把刺字改为服苦役，割鼻改为打三百大板，斩足改为打五百大板。

然而，这世上很多人做事时出发点是好的，结果往往事与愿违，这事也是一样。刘恒自己没试过，不知道这三五百大板可不是人人都受得住的。以前犯了罪被割个鼻子、砍个脚什么的，惨是惨了点儿，可毕竟人还活着。经过刘恒这一改倒好，脚是保住了，但五百大板打下去小命没了。有意思的是，或许是刘恒的本意感动了世人，或许是刑罚的变相加重震慑了百姓，终文帝一朝，犯罪的人确实减少了，偌大的一个国家，一年到头刑事案件加起来也就四百来起。

再说经济方面，刘恒确实心系百姓，时刻不忘减轻百姓的负担。汉朝初年，刘邦定下的规矩是田租十五税一。到了刘恒当皇帝的第二年，他就把田租减少到了三十税一，又过了十几年，刘恒觉得国库充盈，干脆把田租废除了。不用交田租当然减轻了老百姓的负担，可这样一来，政府靠什么来维持庞大国家的正常运转呢？难道靠加重对商人的盘剥？刘恒有一套他自认为有效的办法，就是进行货币改革。

秦朝的时候，国家通用的货币是半两钱。对社会经济学一窍不通的刘邦在建国以后或许是因为国家的铜产量不足，或许是出于革旧迎新的考虑，就废除了半两钱，转而使用只有五分重的荚钱。可这种荚钱又薄又轻，货币的真实价值远远及不上它的面值，这又造成了通货膨胀。

刘恒即位不久便废弃了荚钱，改用重量和秦朝的半两钱差不多的四铢钱，这应该说是件好事，但在流通四铢钱的同时，刘恒废除了盗铸钱令，允许私铸钱。刘恒认为这样可以让老百姓的腰包都鼓起来，可我们现代人知道，这样做的后果只能是彻底扰乱整个货币市场，造成比使用荚钱带来的通货膨胀更大的混乱。此外还有一个不可逃避的史实："生财有道"的刘恒是汉朝第一个公开允许买官卖爵的皇帝。

虽然刘恒在做皇帝的时候确实使百姓的赋税减少、政府财政宽裕，甚至到了后来朝廷钱库里的钱存放太久，穿铜钱的绳子都烂掉了，但对其中的一些政策，我只能表示"呵呵"。

最后再说个人的好恶方面，刘恒自己虽然力行勤俭节约，当了二十几年皇帝的他没有为自己在宫里增加任何娱乐设施，宫里的一切都是沿用前人留下来的东西，可他对身边的两种人大方得很。其中一种是宠臣，比如邓通。曾经有相士给邓通相过面，说这个人最后会穷困潦倒地饿死，刘恒听了哈哈大笑，说："天下都在我手里，让谁发财还不是我说了算？我就偏不信这个邪。"第二天，刘恒就把蜀郡严道的铜山赏赐给邓通，让他自己铸钱花，可见刘恒"因为有权，所以任性"的程度。

可笑的是，相士的话最后还是应验了。虽然在刘恒当皇帝的时候，邓通要风得风要雨得雨，但他一不小心得罪了太子刘启。刘启本不是大度的人，他当了皇帝很快就派人把邓通缉拿归案，给邓通定下的罪名是偷盗境外的铸钱。

可怜邓通自己就能开矿铸私钱，想当年他邓家铸的钱可是在全国范围内广泛流通的，这样的人还有必要偷盗境外的铸钱吗？但审理案件的官员们还是想方设法拿到了他们想要的"真凭实据"，坐实了邓通的罪状。最后判决的结果是：不要邓通的命，只要他把偷盗的钱都吐出来就行了。

宣判后，朝廷把邓通放了出来，只查抄没收了他所有的财产，即便这样，离审理认定他盗窃的数额也还有好几个亿的差距。刘启派人时刻跟在邓通的身边，一旦有人给他送钱送物，立即予以没收，是钱则直接没收抵数，是物件则没收后折现抵数。

邓通没钱吃饭？他刘启不管，反正在没补足剩下的数额之前邓通身上的一个子儿都不归他。

邓通只是靠着一个无稽的理由就飞黄腾达起来的佞臣，虽然任何一个皇帝身边都有小人，但邓通这个人即便被放在历史上的佞臣堆里也是排得上号的。原因是，一般要做佞臣，你怎么也得有那么一两个特长，比如刘恒身边的其他佞臣，有的长得好看，有的会看风水，反正你总得有点儿什么才能让皇帝看上吧？而对于邓通，史书上的评价是三个字：无伎能。现在我们知道，邓通的这个“无伎能”不仅是说缺乏能力和水平，他甚至连反抗的勇气和自我了断的决绝都没有，最后只能在穷困潦倒中被活活饿死。

还有一种人能让刘恒慷慨掏腰包，那就是方士。自从有了皇帝，从秦始皇以来，许多帝王都爱求长生，刘恒也不例外。在这一点上，他远不如他老子刘邦。刘邦不相信人会长生不死。可世上有几人对待生死能像刘邦那般豁达？

不过这也很好理解，天下都是你的，你爱干什么都行，面对这样的诱惑谁能忍得住？谁不想永远享受这无边的权力，难道还有人想把它交给别人？既然皇帝们想长生不老，至少是不死，光靠大臣们每天高呼“吾皇万岁万岁万万岁”显然是不够的，他们还需要另外一群人的帮助，就是方士。

在最传统的中国人眼中，其实是没有神仙的，大家认同的说法是人难免一死，死后都变成鬼到阎王爷那里去了。随着时代的变迁，或许是因为现实的压迫、阶级的剥削使老百姓们不能忍受现实却又无法摆脱，思想中便产生了一种超脱于世外、自由又无拘无束、不受任何限制的幻象，这就出现了仙人或者真人。

《庄子》中对真人的特点和能力有这样的描述：他们用脚后跟呼吸，进到水里不会弄湿身体，在烈火中不会觉得热，有的可以腾云御风而行，有的可以驾着飞龙在天上四处游弋；他们不食人间烟火，呼吸的是风，喝的是甘露，并且有无穷无尽的寿命。

这样的仙人让凡人多么神驰向往，以致后来越来越多的人想摆脱现实的束缚去追求神仙般的生活。而社会上历来是有需求就有市场，为了迎合大众的需求，不知道从什么时候开始，有了固定的一群人专门来研究和鼓吹神仙说，他们就是方士。

方士是一类特殊的群体。之所以叫方士，大概是他们掌握了一些神奇的方术或一些奇妙的方子。历史上早期的方士大多来源于战国七雄中的齐国和燕国，究其原因很简单：因为齐国和燕国靠海。古人认为海是世界的尽头，海的那边有什么，谁能知道？

你不知道，可方士们会告诉你：海的那边有三座神山，分别叫蓬莱、方丈、瀛洲，山上的房子都是用金银建造的，里面住着很多仙人，还放着吃了就能长生不死的仙药。反正你又去不了，也没有真凭实据来反驳他们的话，再碰上两个能说会道点儿的一扯，恐怕谁听了都会信以为真。这就是为什么伟大如始皇帝嬴政一样却也会被徐福骗得团团转。

同样，汉文帝刘恒也宠信过好几个方士，但对他影响最大的莫过于新垣平。

新垣平的出现大约在文帝十五年（公元前165年）。某天，刘恒听下人来报，有个赵国的方士叫新垣平，不远千里来给自己贺喜。他感到很好奇，于是召见了这个人。

一见到新垣平，刘恒就问他喜从何来。

新垣平早就准备好了说辞，他告诉刘恒："我在赵国的时候远远地望见长安城的东北角有神气升腾，直冲云霄，在天上汇聚成了五彩的祥云，想来是上天在保佑陛下。"

在千里之外的赵国就能看到长安城的神气，这需要什么样的眼力？还五彩祥云！若是两千多年后的现代人听到这话，大概会马上反问他一句："你是猴子请来逗乐的吗？"但生活在两千多年前的刘恒才刚刚被一个叫公孙臣的方士忽悠去长安城外祭祀了五帝，公孙臣之前跟刘恒说国内将会有黄龙现身，这样的祥瑞听说真的出现了，致使他对方士的兴趣大增，现在一听新垣平说长安城内有神气，他想也没想就信以为真了。

新垣平建议刘恒在神气升起来的地方建五帝的庙宇，这样可以让神仙们住下，以便长期保佑皇帝和长安城。刘恒对新垣平的鬼话一点儿都不怀疑，马上命令官吏们陪同新垣平出城寻找神气出现的地方。

新垣平带着皇帝的手下出了长安城的北门，七拐八拐地来到渭水的北岸，经过一番瞎折腾，在一片晚霞底下划定了地界。接着，新垣平亲自上阵负责庙宇的设计和建造，至于建造庙宇的预算……皇帝说了，钱要多少给多少，还做什么预算。

等到五帝庙建成，刘恒亲自去庙里祭祀了五帝，顺便观摩了新垣平口中所说的五彩神气。也说不清楚刘恒到底看到了什么，反正回来后他非常高兴，一下子就赏了新垣平一千金（黄铜）。这下子新垣平更来劲了，接着给刘恒玩出了新花样，先是建议他改换年号，后来又建议他举行封禅仪式。

换年号是以前的皇帝都没做过的事情，刘恒也不敢尝试。封禅大礼是古代有大德的君主才有资格举行的，失传了很久，已经没有人知道具体的过程是怎么样的了。当年秦始皇举行封禅大礼也只能是他自己制定一套规矩来弄，并不能确定就符合古人的原意，刘恒也没有马上去做这件事，只是吩咐手下的博士们尽快研究出个方案来。

新垣平见自己的建议没有马上得到实施，回家计划了几天，又有新点子了。一天，新垣平在宫里见到皇帝，先说了几句无关紧要的话，突然他鼻孔扩张，猛地吸了几口气，然后大为惊异地说："陛下，我似乎闻到了宝气，是不是陛下的宫里出现了什么宝物？"

刘恒一听来精神了，可这长安的皇宫这么大，怎么知道宝物在什么地方？于是刘恒命令手下人仔细寻找，他自己也学着新垣平的样子到处嗅。就在大家一通忙乱的时候，宫外一个百姓前来献宝物。刘恒很高兴，叫人拿过来一看，是一只古色古香的玉杯，杯上还刻有"人主延寿"四个字。新垣平在旁边一看，便认定这是神仙给皇帝送过来的祥瑞之兆。这下刘恒高兴得不得了，听到消息的大臣们也纷纷进宫来向皇帝表示祝贺。

一番瞎折腾以后，刘恒已经乐得找不着北了，他正准备出门走走，在宫门口又看到新垣平正在太阳底下眯着眼仰望天空。刘恒感到很奇怪，便问他在干吗。

新垣平很严肃地回答，他在等"日再中"。

当时没有手表，刘恒并不知道眼下具体的时辰。当他也抬头观望的时候，正好看到太阳处于天空的正中，再让手下人去看宫里计时的刻漏，手下却说已经是午后过一刻了。

这下刘恒是前所未有地高兴，先有神仙明示自己得到了延长的寿命，后有过了正午太阳又回到中天的奇景，不就意味着作为天子的刘恒在过了人生的巅峰之后还可以迎来另一个如日中天的时刻吗？刘恒没有再犹豫，马上下诏书把他当皇帝的这第十七年重新称为元年，史称"文帝后元年"。

新垣平再次得到了丰厚的奖赏，随后他又跟刘恒说汾河那里也有宝气，让刘恒在那里也修建一座庙宇，迎接宝物的出现。

有人会问，长安乃都城，沾天子的光还说得过去，汾河那地方能有什么宝贝呢？按新垣平说的，还真有。当年周朝有象征天下的九鼎，在运输的过程中，有一个掉落到了汾河里。新垣平所说的宝气大概指的就是这玩意儿，他建议把这个宝鼎给捞出来。对新垣平的建议，这时候已经没什么判断能力的刘恒都一一照办，这让负责基础工程建设的新垣平又大赚了一笔。

我们现在看新垣平使用的手段，那些神气、宝气之类的就他能看见，别人都看不见，可见都是他故弄玄虚。至于“日再中”这样违反天体运行规律的事情，大概是他串通皇帝的下人一起哄骗皇帝，或是在计时的漏刻上做了手脚。这些都不能算什么祥瑞的兆头，新垣平这样做无非是为了让皇帝开心，只要皇帝开心了，他自己不就什么都有了。

实话说，搞三两个基础工程建设对一个偌大的国家来说顶多是肥了像新垣平这样的人，还不至于到劳民伤财的地步。幸好新垣平不管怎么折腾都没有像当年的徐福、卢生那样，建议皇帝出海去求什么不死的仙药。这可能是因为地域限制：当年的徐福是齐国人，卢生是燕国人，都来自靠海的地方，而新垣平来自战国时号称“四战之地”的赵国——一个地地道道的内陆国家。

当然，尽管如此，新垣平也是社会的蛀虫、硕鼠，是正直的人所不能容忍的，他也早被人盯上了。盯上他的人是当时的丞相张苍和廷尉张释之。张苍不仅是丞相，还是汉初有名的天文学家，精通律历、阴阳学说等。张释之是文帝一朝的名臣，以公平断案著称于世。他们俩是不会放过新垣平这种人的，何况丞相张苍跟方士还有仇。

当年方士公孙臣曾经跟皇帝说汉朝得天下顺应的是土德，应该重视黄色，想要皇帝改元。而张苍作为政府方面的学术权威，对这种说法坚决予以否定。一开始，刘恒是倾向于张苍的，可没过多久，居然有人报告说在成纪这个地方真的出现了黄龙，这下似乎是公孙臣的话应验了。刘恒便倒向了公孙臣这边，还把公孙臣召到朝廷里担任博士，让他着手研究变更制度、改元的事情。虽然在我们看来，这种事情根本说不上谁对谁错，但这让张苍很没面子。此外，尽管张苍很喜欢读书，而且读的书很多，史书上说他读书“无所不观，无所不通”，但可惜口才不好。双方一理论起来，他争辩不过公孙臣，这更让他对方士耿耿于怀。而新垣平是什么人？新垣平出现后马上就取得了皇帝的信任。公孙臣一看，好嘛，这小子厉害，玩不过。公孙臣干脆跟皇帝说自己要去云游四方，不在朝廷里待了。新垣平轻易干掉了公孙臣，而张苍连公孙臣都玩不过，就更别提新垣平了，这让他更加厌恶这群信口开河的方士，时刻准备着揪住他们的小辫子。

被张苍和张释之盯上的新垣平哪里还有好果子吃。在丞相和廷尉的授意下，新垣平受到了全方位的监视。不久，他们就挖到了新垣平造假的确凿证据，不仅找到了给皇帝献玉杯的人，连在玉杯上刻字的工匠也给挖了出来。

当然，即便有了证据，张苍他们也没敢直接跟皇帝讲。万一皇帝不信怎么办？万一他信了，但面子上下不来怎么办？张苍想来想去，决定让人私下找个没什么身份、地位的人上疏，告发新垣平，万一不成功，他也好摆脱干系。好在刘恒还是个智力健全的皇帝，当铁证摆在面前，他才恍然大悟，什么祥瑞、什么天意，一切都是新垣平导演的闹剧。

原来他在把皇帝当猴耍。

汉文帝刘恒是一个好皇帝，这是毋庸置疑的。说了这么多，恐怕有人误会我是一个喜欢给历史翻案、哗众取宠的人。大家不要误会，其实我只是想说，十全十美的人是不存在的，不要因为一个人在后世被大家所推崇，就一定要把他塑造得完美无缺。因为是人就会有缺点，是人就会犯错误。我认为历史对现代人的作用就是让大家少走古人走过的弯路，少犯前人犯过的错误。所谓“前车之覆，后车之鉴”，大概就是这个意思。而要做到这一点，知道一个人的缺点、教训应该比知道他的优点、经验重要得多，因为别人成功的方式你可能学不来，但别人失败的教训你能避免。

至少到这里，结局依旧是美好的。刘恒醒悟过来之后便把新垣平发送到廷尉张释之那里受审。新垣平哪里受得了牢内的审讯、顶得住廷尉的威严？过堂的时候，廷尉张释之虎躯一震，新垣平立马吓得屁滚尿流，很快便把几年来自己做过的所有事情和盘托出。欺骗皇帝在古代那是灭门的大罪，经由受害方兼皇帝刘恒的审核，新垣平便毫无疑问地被砍了脑袋。

新垣平死后，刘恒进一步检讨了自己过往的所作所为。他下令停止汾河边的工程建设，同时下诏书向天下检讨了自己的一些错误，重新把注意力放到发展农业生产上来，并且再次和匈奴单于进行和亲，以减少边境百姓受匈奴侵扰的痛苦。简单地说，刘恒依旧贯彻了他一直以来“文治天下”的施政理念，直到五年之后的后元七年（公元前157年）六月己亥，汉文帝刘恒崩于未央宫。

公平地说，刘恒当政的二十三年里，他的“文”让百姓得到了安居，让社会生产力得到了恢复和发展，让国家变得富裕，这是值得肯定的，这也是他看得到的。但同样是他的“文”间接导致国家即将经历一场几乎可以颠覆政权的动乱，这是他看不到的。

一个天才的悲剧人生

在刘恒做皇帝的第十二年，在长安城里，一位英俊的年轻人渐渐合上了眼睛。一年多来，他每日以泪洗面，心力交瘁，现在终于可以解脱了。

这个年轻人就是贾谊。

贾谊于公元前200年出生于洛阳，曾经师从秦末汉初的大儒、后来官至宰相的张苍学习《左氏春秋》。洛阳这个地方可以说是人杰地灵，很多年少有为的才子生于此地，按现在的话叫青年才俊，而贾谊更是才俊中的才俊。

十八岁那年，相貌堂堂、才华横溢且美名在外的贾谊就得到了当时河南郡吴郡守的赏识和喜爱，成了郡守府里的座上宾。这个吴郡守也不是寻常人物，他是李斯的同乡，并且是李斯的忠实粉丝、拥趸，立志要像自己的偶像李斯那样帮助帝王管理好国家。刘恒即位初为了选拔官员，曾经下令对全国在职的官员进行考核。经过严格的考核和评定，吴郡守的行政管理能力在所有被考核的官员中排名第一，从而被提拔为九卿中的廷尉。所谓英雄惜英雄，既然能入“治平天下第一”的吴廷尉的法眼，贾谊自然也不是等闲人物。

作为吴大人极为赏识的青年，贾谊早年的人生可谓一帆风顺。在吴大人升任廷尉的同年，二十二岁的贾谊便经吴廷尉的推荐入朝做了博士。

博士是秦朝沿袭六国旧制而设立的一种官职，主要的职责是“掌古今、辨然否、典教职”，说白了就是首先自身要有极高的文化修养，然后平时给皇帝做参谋，顺便再搞点儿教学活动。这样的工作显然就是为贾谊这种人量身定制的，初出茅庐的他对处理政治问题并没有太多的生涩感，反而感到如鱼得水。每当文帝颁布诏令要博士们对某个问题进行讨论时，很多年纪大的博士可能被辩得哑口无言，而贾谊的发言总能切中要害，让同僚们不由得佩服。贾谊超人一等的才华很快引起了文帝刘恒的注意，一年之后，贾谊便被破格升迁，做了高级顾问官太中大夫。

得到皇帝信任的贾谊做起事来更加卖力。文帝二年（公元前178年），贾谊给刘恒上疏，对当时社会上出现的弃农经商现象及日渐奢靡的社会风气表示了担忧，提出朝廷应当采取重农抑商的政策，以达到发展农业生产、增加粮食储备、预防饥荒的目的。这就是有名的《论积贮疏》，疏中所引用的《管子》的“仓廪实而知礼节，衣食足而知荣辱”等话语即便在今时今日依然有其现实意义。因为这封上疏，贾谊再次得到刘恒的重视。刘恒下诏在全国范围内鼓励农业生产，这让经过战争和动乱的社会得到了进一步休养生息的机会，也让贾谊更加声名远播。

常言道“祸兮福所倚，福兮祸所伏”，贾谊官场得意的背后也隐藏着巨大的危机。这个危机是很多天才遭遇过的。天才们因为年少时才华横溢，一直被别人捧得高高在上，往往自觉鹤立鸡群，而自身优越感爆棚就容易造成对人情世故的不了解和为人处世经验的缺乏。简单地说就是，智商太高，情商太低。

由于情商不足，自觉天下为公、毫无私心且得到皇帝无条件信任的贾谊在不知不觉中开始大规模地得罪人。

当时的长安城是天下最富庶、繁华的地方，除了平民百姓，长安城里聚集了一大拨皇亲国戚和官宦子弟。其实按照朝廷的制度，不管是什么王或什么侯，只要皇帝把地方封给你了，你就要到封给你的地方去，这叫“之国”。可很多贵族老爷就爱待在长安城里，有国不“之”。

他们中有的是因为在朝为官，不得不留在长安，有的没什么官职却也赖在长安不走。这很好理解，谁会放着灯红酒绿的花花世界不待，而跑到自己偏远的封国去静修呢？但这里要注意的是，比如你是食邑五千户的侯爷，并不等于朝廷会按时把五千户的税收打到你的卡上，通常是要你的手下从你所获封的地方挨家挨户地把税收上来，然后再不远千里地送到你在长安的府上供你用度，这就无形中增加了很多不必要的损耗，而这是连套新衣服都舍不得添的文帝所不愿意看到的。

而且，达官贵人们都聚集在长安城里，老百姓过日子就要十分谨慎。平时百姓上街都要百般小心，要注意不能踩到人，更不能跟别人发生肢体冲突。也许满大街要么是官人老爷，要么就是官人老爷的亲戚、奴才，哪个都不是平头百姓惹得起的，路上随便两个人撞一下搞不好就会变成两家侯爷之间的冲突，朝廷根本没法儿管理地方治安。贾谊想文帝之所想，急文帝之所急，上疏向文帝建议让所有有封国的侯爷都之国。

贾谊的上疏自然得到了皇帝的同意。文帝为了给侯爷们施加压力，同时也为了清除那些他早已不满的功高震主的大臣，干脆把当时的丞相周勃叫来，说："之前我就想让大家之国，可惜最后没具体落实，正好这次贾谊提出了同样的建议，我觉得他的建议很好，你作为百官之首的丞相，应该多起带头作用。"最后逼得周勃不得不自己申请退休，回绛县养老。

这下好了，满朝文武要么是侯爷，要么正想办法弄个侯爷当，他这一建议就把侯爷们都逼到穷乡僻壤的封国去了，不是断人家活路吗？贾谊就这样几乎把所有的大臣都得罪了。

但刘恒是不可能主动出来帮贾谊背锅的，他还对大臣们说："贾谊虽然年纪轻轻，但见识并非常人所能及，朕觉得他是难得的人才，应该让他做九卿一类的高官，众爱卿看怎么样？"

大臣们哪里会同意，纷纷站出来表示反对："那个洛阳来的小子年纪不大，心眼儿却不少，学问一般，弄权的本事却不得了，一旦让他专权，他还不把国家的事搞得乱七八糟。"

刘恒施政善于用"萝卜加大棒"的方式，免去了朝廷中功劳最大的周勃的职位，又敲打了群臣，自然要搞一些事情来平衡、安抚老臣们的情绪，贾谊就成了挡箭牌和替罪羊。但贾谊是什么人，刘恒心里最是清楚，大臣们的反对并不能让他失去皇帝的信任。可是不巧贾谊还得罪了一个人，让他不得不面临自己仕途的真正危机。这个人前面提到过，叫邓通。

这是一个彻彻底底的小人。

古时候的皇帝都是非常迷信的，刘恒也不例外。刘恒曾经做了一个梦，梦见自己跟黄帝一样要上天做神仙，可当年黄帝是骑着一条龙飞上天的，刘恒自己没有龙骑，想飞又飞不上去。正在他干着急的时候，突然出现一个戴着黄色帽子的人，这个人从后面推了刘恒一把，刘恒就飘飘然地飞上了天。醒来以后，刘恒非常高兴，就带着人满世界寻找那个在梦中推了他一把的人，终于在渐台这个地方找到一个戴着黄色帽子并且容貌和梦中所见之人非常相像的人，这个人就是邓通。

从渐台回来后，刘恒把邓通留在了自己身边，对他的喜爱甚至达到了荒谬的程度。刘恒不但和他一起玩乐，还封他做了上大夫，还有我们在前面说过的，刘恒甚至因为相士的一句话就把蜀地的矿山拱手相送，并允许他铸私钱。

虽然邓通和贾谊都是皇帝的近侍，但邓通这样的人显然是贾谊最看不上眼的。贾谊三番五次在刘恒面前出言讽刺邓通。论学问，邓通大概就相当于贾谊两三岁时的水平，争辩起来自然不是贾谊的对手。虽然邓通在贾谊面前口不能言，但在刘恒面前能说会道得很。他不断寻找机会在刘恒面前说贾谊的坏话，最后竟然让刘恒对贾谊这个锋芒太露的年轻人产生了厌倦。在群臣和佞臣的内外夹攻之下，刘恒也不提九卿的事了，而是决定将贾谊外放到长沙，去给新任的长沙王做太傅。

刘恒外放贾谊的心思我们无从猜测，可能是对朝中群臣的一种妥协，可能是邓通的谗言起了作用，也可能是对贾谊的保护，或者是想让他历练历练，抑或是对他的打磨。毕竟这时候贾谊只有二十五岁，还有大把的时间可以等。

然而，刘恒和贾谊都不会想到，这一等就再也等不到机会了。

长沙是当时汉朝最后一个异姓诸侯国，地处偏远的长沙郡，临近岭南，气候闷热潮湿，贾谊十分不习惯。加上自己是柔弱文人出身，身子骨本来就不太好，来到这样一个地方，贾谊时常感到自己命不久矣。好在长沙王吴著是一个安分守己的人。贾谊到了长沙后事情并不多，得以安心调养身体和做学问，同时他仍然不忘为皇帝献言献策。于是贾谊写出了凭吊屈原顺便抒发自己郁闷心情的《吊屈原赋》、建议文帝礼待大臣的《阶级》、建议禁止私钱流通的《谏铸钱疏》，以及其文学代表作之一的《鹏鸟赋》等。

“赋”这种文学形式，现代能读得懂、品味得出其中奥妙的人已经不多了，但凡有此能力的人大概都读过贾谊的这些论著。如果没读过，大家也不要去找来读，估计和我读的感受差不多，三个字就可以概括：看不懂。

大家只要知道这些作品里的政治观点在当时而言都是合适的，文学成就在当时而言是极高的就够了。

就这样过了三四年的光景，有一天，刘恒又想起贾谊来了，就让人把贾谊召到未央宫里聊天。虽然长沙王对自己不错，但贾谊不愿再留在长沙那种地方了。他认为，既然皇帝召见自己，想必是在政治上又遇到了什么疑惑和难题，他准备抓住这次机会就时事发表一些独到的见解，让皇帝再次重视自己。

可贾谊没想到，眼前的刘恒已经不是刚即位时那个时刻如履薄冰的皇帝了。几年过去，刘恒的皇帝位子越坐越稳当，他也越来越有皇帝样。这时的刘恒除了关心民生，兴趣开始向玄学方面转移。他开始想了解世上有没有鬼、鬼长什么样、神仙又是什么样、是三头六臂还是长了个畜生脑袋、人能不能长生不老、神仙是怎么炼成的，以及天上人间那些事儿，等等。

虽然谈话内容出乎意料，但贾谊充分给我们展现了平日里博览群书的重要性，他没有准备竟也答得头头是道。君臣二人从入夜一直聊到深夜，刘恒听着听着便入了迷，不但把自己的席子挪到了贾谊的边上，甚至连身子都不由自主地往贾谊身边靠。直到三更时分，贾谊已经说得口干舌燥，刘恒依然感到意犹未尽，不由得感叹："许久不见贾先生，朕还以为自己的学问已经超过了先生，没想到还是远远不及啊！"

可叹贾谊满腹经纶、治世报国的学问和抱负，却只能在牛鬼蛇神这些虚无缥缈的事情上耍嘴皮子，这正是：

可怜夜半虚前席，不问苍生问鬼神。

长谈过后，刘恒虽然没有把贾谊留在京城，但也没把贾谊继续留在长沙浪费他的才华。刘恒有一个很讨自己喜爱的小儿子叫刘胜，又名刘揖，这个时候正在做梁王，是一个聪明好学的孩子。刘恒这次决定把贾谊安排给梁王做太傅，想让贾谊好好地教导自己的小儿子，也算让贾谊把天赋从长沙重新带回皇家。

这一年，贾谊二十八岁，还年轻得很。

虽然同样是做太傅，但做梁王太傅跟做长沙王太傅相比，地位自然不能同日而语。贾谊原本已经快沉寂下来的那颗以天下为己任的心又活跃了起来。很快，梁王太傅贾谊就给皇帝上了长长的一卷疏，向文帝刘恒疾呼当今国家看起来安定平和，但实际上危机四伏。在他看来，眼下国家至少有一件可以令人痛哭的事情，有两个让人流泪的问题，有六处使人叹息的潜在危机，至于其他乱七八糟的事情，更是说都说不清楚。

贾谊指出，对当时的社会来说，最重要的、能令人痛哭的事情就是诸侯的存在和他们有企图反叛的阴谋。当年刘邦当皇帝的时候就一直致力于铲除异姓诸侯，可在铲除异姓王的同时他又分封了一批同姓王。异姓王固然会反，同姓王难道就当真可靠吗？从后来济北王、淮南王的事情可以看出，同姓王一样是靠不住的，他们靠不住的原因并不在于他们跟皇帝关系的远近，而在于他们所获封地的大小，也就是实力的大小。

依贾谊看来，当时世上唯一的异姓王长沙王吴著之所以没造反，并不是因为他多么忠于皇帝、忠于朝廷，而是因为长沙国是当年最弱小的一个诸侯国，吴著没有能力造反。同样，如果当年韩信、彭越这些人只做一个小小的侯爷，可能最后就得了善终；如果樊哙、灌婴、周勃这些人当年得了几十座城做王，恐怕早就反了。贾谊告诉刘恒，对诸侯来讲，皇帝疏远他们，他们就会有危机感；皇帝亲近他们，他们就会忘乎所以。因此，诸侯的存在就是社会最大的危机，不管他们是不是姓刘。

那怎么去应对这个危机呢？贾谊也提出了解决的办法：诸侯死了，就把他的封国拆开，封给他的儿子们，儿子死了再拆开封给孙子们，一步步把大诸侯国分成若干个中诸侯国，再把中诸侯国分成若干个小诸侯国，直到最后实在拆不开“地尽为止”。只有诸侯们的力量弱了，皇帝才能用仁义去教导他们，只有他们的地盘小了才不会生出反叛之心，这叫“割地定制”。

这篇上疏叫《陈政事疏》，它还有个更有名的称呼，叫《治安策》，直到两千多年以后依然被认为是“西汉一代最好的政论”。

但贾谊的上疏并没有引起刘恒的重视。就在同一年，刘恒没跟大臣们商量就把犯了谋反罪绝食而死的淮南王刘长的四个儿子封了王。贾谊再次上疏表示反对，他认为淮南王谋反正是取缔他的地盘划归中央的好机会，若弄死了人家老爹又把地盘留给他儿子，不是主动给人家机会报仇吗？

刘恒当时自以为神不知鬼不觉地捧杀了弟弟刘长，封他的儿子们为王，表现自己对弟弟的哀思是他消除天下人的怀疑并洗脱此案和自己干系的步骤之一，自然不可能听贾谊的建议。他拿着贾谊的上疏，看完之后随手一扔，暗自摇头：建议倒是不错，但看不透大局，毕竟还是年轻啊。

刘恒未必没想过再等上若干年，等贾谊经过时间和实践的磨炼，为人处世更成熟、老练后再把他调回朝廷委以重任，那时以他的能力必定是国家的栋梁之材。可惜的是，谁都没有料到，这个年轻人没有机会变得更成熟了。

文帝十一年（公元前169年），梁王刘胜入朝，骑马出游的时候不小心从马背上摔下来，直接摔死了。梁王没了，梁王太傅自然就失业了。贾谊回到了京城，他长久以来的愿望终于变成了现实，但他从来没有想过会是以这样一种方式。

刘胜的死跟贾谊应该没有什么关系，可他认为自己是刘胜的老师，自然对刘胜有看管的职责，现在刘胜坠马而死自然就是自己的过失。虽然没有受到任何人指责，但贾谊陷入了深深的自责之中。他整日愁眉不展，想到伤心之处时常失声痛哭。

像贾谊这样的人往往都有一个致命的缺点，就是凡事都求全责备，把自己看得太重，事事都要关心，事事都想做好，容不得自己有一点儿疏忽，谅解不了一丝错误，仿佛地球哪天不动了也跟自己有关。正如后世的大文豪苏轼对他的评价："志大而量小，才有余而识不足。"他始终放不下刘胜的死，承受不了外放多年不受重用的不公正待遇，就这么把自己往绝路上逼。

一年多后，贾谊终于流干了眼中的泪，也流干了心中的血，精神和肉体同时垮塌了下来。我们不知道，在贾谊最后的时间里，刘恒是否见过他，是否因自己对贾谊的弃用而后悔过，但这一切都已经无可挽回了。

文帝十二年（公元前168年），年仅三十三岁的青年政论家、文学家贾谊永远合上了他那双可以洞悉国家未来的眼睛。

刘胜死后，贾谊曾经上疏刘恒，提了他对国家的最后一个建议：梁王刘胜死了，而且他没有儿子，按律梁国应该被取消诸侯国资格划入中央，但既然皇帝没有接受他之前割地定制的建议，就希望皇帝不要取消梁国，而是把皇帝的其他儿子改封到梁国去。此外，皇帝应该牢牢把握住梁和淮阳这两个地理位置很重要的诸侯国，并且扩大这两个诸侯国的地盘，让二者的边界连起来。这样一旦其他的诸侯国有变，这两个诸侯国便可以成为中央政府一道可靠的屏障。

这个建议刘恒倒是听进去了，但他只有四个儿子——太子刘启、淮阳王刘武、代王刘参和梁王刘胜，太子自然不能动，现在刘胜死了，代地是边境最重要的诸侯国，这个也不能动，就只能把淮阳王刘武改封梁王。刘恒还把梁国的地盘扩大，覆盖了北至泰山、西至高阳的广大地区。

贾谊至死都不忘提醒刘恒，诸侯是靠不住的，他们今天不反不代表明天不反，今年不反不代表明年不反，这一代不反不意味着下一代不反，只要诸侯存在，就总会有反的时候。

现在我们知道，这真的是一个深谋远虑的建议，尽管那个时候社会还很安定，吴、楚等国的诸侯还很安分，梁国的重要性还不是那么明显。

然而，贾谊早已看穿了这一切。

第十五章

七国之乱

刘启与晁错

孝文皇帝后元七年（公元前157年），当了二十三年皇帝的刘恒在未央宫里驾崩，随后太子刘启继皇帝位，就是汉景帝。刘启即位后做的第一件大事就是重用自己的老师晁错做内史，而刘启和晁错早已经准备好要做出一番大事来。

这是一对有意思的师徒。

刘启的母亲窦氏原本只是刘邦后宫里一个普通的宫女。趁着刘邦驾崩，吕后把一些在后宫里没有得到过刘邦宠幸的宫女打发给了诸侯们。窦氏本是赵国人，自然想回到近家的赵王宫中。于是她找关系托负责分配的宦官走个后门，宦官当面答应了下来。窦氏不懂规矩，以为宦官答应了就行了。想来说话就是上嘴唇一碰下嘴唇那么简单，他们当场又没有立什么字据之类的东西，如此空口无凭，哪能作数？那个宦官很自然地说过就忘，到正式分配的时候，也就没想起答应过窦氏的事，稀里糊涂地就把窦氏分到了代国。

分配方案下来以后，起初窦氏哭天喊地死活不愿意去，可胳膊怎么拧得过大腿，最后不得已还是去了代国。本来她以为这只是自己倒霉人生的开始，然而出乎所有人的意料，她的霉运就这么到头了。

跟窦氏一同去代国的还有其他四个宫女，窦氏在这五人里不见得有什么特别出众的地方，可一到代国，代王刘恒偏偏喜欢上了她，迅速把她纳入后宫。入了代王宫的窦氏还挺得宠，没过多久便为刘恒生下了女儿刘嫖。到了孝惠皇帝七年（公元前188年），窦氏又生下她的第一个儿子刘启。有儿有女，窦氏在代王宫中的地位更是稳固。接着没过多久，刘恒的王后就死了。

这还不算完，后面还有更加不可思议的事情。代王后虽然死了，可这个王后早已为刘恒生下四个儿子，但这四个儿子在刘恒当上皇帝的最初几个月里接二连三地病死。等到大臣们要求皇帝刘恒立自己的长子为太子的时候，刘恒的长子已经变成窦氏的长子刘启。

当然，如果你非要觉得享受当时最好卫生医疗条件的皇帝一家，在几个月里一连死四个孩子肯定不正常，其中必定有一些不为人知的隐情，这一点儿也不为过。

真的，这种想法一点儿也不为过。

不管怎么样，刘启顺利当上了太子。刘启当太子以后也非常顺利，基本没受过什么挫折，除了小时候有一次跟吴王的太子下棋之外。

在一般人眼里，下棋就是一种消遣、娱乐，还能出什么事情？话虽然不假，可你也得看下棋的人是什么样的主。想那吴王刘濞富甲天下，他的太子当然骄横跋扈，平日里谁都不被他放在眼里。刘启作为皇太子，那就是等着做皇帝的人，以脾气秉性而论，自然也不是善茬。两个不知天高地厚的小子在一起下棋，下着下着就因为悔棋一类的事情发生了争执。吴王太子大概是平日里得势惯了，来到皇宫竟也反客为主，先发制人，对刘启一顿嘲讽。

刘启平日里要找个人吵架都难，怎么受得了吴王太子几句尖酸刻薄的挤对，两个人吵着吵着就动起手来。刘启哪里受过这样的气，仗着自己有“主场优势”，提起桌上铁制的棋盘就往吴王太子头上砸，一下子把吴王太子砸得颅内出血，没几天人就死了。

两个未成年人的简单争吵竟然发展到一人致死的地步，尽管对方也有错，但不得不说，刘启同学的戾气也太重了。俗话说，名师出高徒，反过来也一样，从学生刘启身上就能看出他的老师晁错大概是个什么样子。

关于晁错的性格特点，史书上总结为四个字：峭直刻深。具体点儿说就是，他为人严厉、耿直、苛刻、心狠。当然，不可否认，他是个有能力的人。

当年文帝刘恒即位后，为了恢复早年被焚书令和项羽火烧阿房两次劫难所破坏的学术体系，政府到处寻找散落在民间的百家书籍和有学识的能人，其中全国懂得《尚书》的人只剩下居住在济南的伏生。这个时候伏生已经九十多岁，是不可能再到朝廷来供职的，甚至从济南到长安一路的车马劳顿也非伏生所能承受的。于是，皇帝命令太常[1]在朝中筛选一个优秀的年轻人去济南向伏生学习《尚书》，最后被选中的人就是晁错。

晁错不辱使命，很快便学成归来，做了一名博士。晁错早年是法家的门徒，这下又掌握了儒家的《尚书》，便成了学贯儒法的高人，一下子牛气起来，开始对国家政治、政策积极地发表自己的见解。然而，彼时以贾谊的满腹经纶尚且不能在朝中立足，晁错的结果自然也好不到哪儿去。虽然晁错积极表现，但刘恒对他只是赏识而已，对他所提的建议大多看过、听过就完事了，并不予采纳或实施，给他的官职也只是俸禄千石的太子家令。

可要说晁错是不是真的倒霉，也要看他跟谁比，他跟贾谊比起来还是要幸运得多。虽然都生于公元前200年，都没得到皇帝的重用，而且这两个同龄人对政治有相似的见解，但晁错比贾谊幸运——他得到了太子刘启极大的赏识。年轻的太子对自己这个讲起理论来滔滔不绝的老师可谓佩服得五体投地，而且受太子的影响，太子府上的人对这个学问很高的先生也都敬佩不已，私底下给他起了个“智囊”的外号。因为有了这个机会，晁错得以不断地向刘启灌输自己的政治思想，这为他以后能在朝廷上一展抱负打下了基础。

到文帝十五年（公元前165年）九月，晁错迎来了自己政治生涯的第一次转机，这个转机源于策问。可能有些人不了解何谓“策问”。我们知道，汉代是没有科举考试的，作为当时国家选拔人才的方式之一，“策问”我们还是有必要交代一下。

文帝即位第二年十一月，发生了一次日食。这在现在当然最多算是一次难得的天文景观，没什么稀奇的地方，但在古人看来，这就是件非常了不得的事情。皇帝作为上天的儿子，在人间是说一不二的，可如果皇帝做错了事情，又有谁敢告诉皇帝呢？自然是谁都不敢，敢的只有一个，那就是他老子，也就是老天爷。可老天爷是不会直接跟人说话的，他只会以一些稀奇古怪的现象来提醒自己的儿子：“小心，你小子犯错了。”

1.朝廷主管宗庙礼仪和教育的官员。

在古人看来，日食便是老天爷提醒他儿子的一种方式。老天有了暗示，天子刘恒感到诚惶诚恐，就下诏书要在天下臣民中选举“贤良方正”的人，让他们上疏直言皇帝的过失，这便是策问的雏形。

文帝二年（公元前178年）的这次策问只能看作一次尝试，毕竟命题太宽泛了，不好作答。要你指出皇帝的过失，这个过失可能有，也可能没有，也可能有但皇帝自己不承认，这作答起来就比较麻烦。好比考试的时候只给你一张有一千个空格的纸，其他什么话都没有，就让你写一篇文章，这样的文章反而很难写得好。

然后又过了十几年，到了文帝十五年（公元前165年），文帝再次下诏在全国选举“贤良方正”。这次刘恒的话就说得比较清楚了，要求“有司（有关部门）、诸侯、三公、九卿和主郡吏（地方的一把手）”选举一些有才干、敢说真话的人，从“朕之不德、吏之不平、政之不宣、民之不宁”这四个方面入手作“命题作文”，皇帝本人还要亲自阅卷。

这是汉代历史上第一次真正意义上为选拔人才而进行的策问，可以看作一次全国性的统考。要是早几年，你随便找个人让他猜策问谁会得第一，懂行的十成里有九成九的人会把宝押在贾谊的身上，那是想都不用想的事情。只可惜，夺冠的最大热门、朝中学问最大的贾谊已经在文帝十二年（公元前168年）的时候病死了。最后，经过皇帝亲自批阅，这次策问的第一名落到了平阳侯曹窋、汝阴侯夏侯灶、颍阴侯灌何及廷尉和陇西太守五人共同推荐的晁错身上。

“全国统考”第一名的晁错终于离开了太子府进入朝廷，被任命为中大夫。自以为马上能一展宏图的他立即接二连三地上疏皇帝，今天要求削减诸侯的领地，明天提出要变更以往的法律，前后一共写了三十篇文章（说他不是早有准备，鬼都不信）。但以他“峭直刻深”的性格，在官场上肯定是混不开的。当年文帝提出重用贾谊都被老臣们压了下来，这次大臣们要打压晁错那还不是手到擒来的事情。就这样，晁错在中大夫的位置上一待就是七八年。

尽管没得到重用，但至少晁错没被进一步打压。后来文帝死了，自己的学生刘启做了皇帝，最“高兴”的可能莫过于晁错了。果然，刘启一做皇帝，马上破格提拔晁错做了内史。内史是掌管京畿重地的行政长官，按理说，晁错应该先做好自己的本职工作，管理好长安地区的行政事务，可晁错丝毫不介意越俎代庖，身为内史的他却致力于修改国家的法令。景帝刘启不同于自己的老子刘恒，他对自己的老师言听计从，对晁错的信任和重视甚至超过了朝廷其他所有的大臣，凡事都以晁错的意见为准，这让很多大臣心生不满。

当时的丞相申屠嘉早就不爽晁错的为人了，又看不惯晁错老在朝廷上指手画脚。他暗地里时刻盯着晁错，准备一有机会就揪住晁错的辫子教训他一番。

晁错这人行事不算谨慎，做了内史后，看着他的内史府紧挨着太上庙的外墙，而府邸的正面朝东，他每次出门总要拐几个弯，很是不便，干脆叫人凿穿太上庙的外墙开了扇南门。这事很快便被申屠嘉知道了，他心想："这下好了，敢在太岁头上动土，你小子这次是不想活了。"申屠嘉跟手下的长史一商量，准备第二天就跟皇帝告状，要治晁错"大不敬"的罪。

没想到，当晚晁错不知道怎么得到了申屠嘉要告状的消息，吓得他连夜跑到宫里，请自己的学生给自己做主。等到第二天，申屠嘉见到皇帝建议他拿晁错问罪的时候，事先已经给了晁错承诺的刘启就跟申屠嘉打起了哈哈："哎呀，丞相说的这事朕早就知道了，也派人去看过了。内史是拆了太上庙的墙，不过那是外墙而已，不至于像丞相说的这么严重，我已经警告他下次一定注意。"

申屠嘉这个人在朝中是出了名的廉洁、正直，脾气也是一等一的倔强，告状不成的他回到家里又气又懊悔，结果急火攻心，不久就呕血而死。

申屠嘉一死，丞相的位子空了出来，御史大夫陶青就上位做了丞相，而间接害死申屠嘉的晁错则再次跳级，从内史直接升迁为御史大夫。这下简单地修订修订法律已经不能满足晁错的胃口了，他准备把自己当年和太子谋划了很久的一个计划拿出来施行。

和贾谊一样，晁错也认为诸侯的存在才是这个国家最大的安全隐患，削减诸侯的地盘以便减弱他们的实力才是解决问题的唯一办法。但与贾谊提出通过割地定制这种温水煮青蛙的方式来慢慢解决诸侯问题的办法不同，晁错的性格决定了他等不了这么长时间。他主张主动出击，快刀斩乱麻，找各种机会、借口不断削减诸侯的地盘。在晁错看来，这件事是当下一定要做的，有机会要做，没有机会创造机会也要做。

两个字就可以概括晁错一生中要做的最大、最重要也是最后一件事情：

削藩！

刘启和他的叔伯兄弟们

晁错所主张的削藩无疑是景帝一朝影响最大的一件事情，在说这件事之前，我们有必要再了解下那些在地方上掌握着实权的刘启的叔伯兄弟。

刘邦当皇帝之初分封了七个异姓诸侯，他经过自己的不懈努力干掉了六个。到汉文帝驾崩那年，没有子嗣的第五任长沙王吴著薨掉后，异姓诸侯才算死绝。这时，天底下的诸侯终于都是他们刘家的了。而刘启即位的时候，全国的诸侯大概有二十二个之多，分别是吴王刘濞、楚王刘戊、衡山王刘勃、齐王刘将闾、城阳王刘喜、济北王刘志、济南王刘辟光、菑川王刘贤、胶西王刘卬、胶东王刘雄渠、淮南王刘安、燕王刘嘉、赵王刘遂、河间王刘德、广川王刘彭祖、庐江王刘赐、梁王刘武、临江王刘阏于、汝南王刘非、淮阳王刘余、代王刘恭、长沙王刘发。

在这些人里面，刘濞、刘嘉是刘启的长辈。刘戊、刘勃、刘将闾、刘志、刘辟光、刘贤、刘卬、刘雄渠、刘安、刘遂、刘赐、刘武是刘启的同辈。刘喜、刘德、刘彭祖、刘阏于、刘非、刘余、刘恭、刘发是刘启的子侄辈。

但认真数起来，其中只有梁王刘武是刘启的亲兄弟，刘德、刘彭祖、刘阏于、刘非、刘余、刘发是刘启的儿子。其他的诸侯虽然也姓刘，但只能算是刘启的旁亲。而后来的事情就如贾谊当年所担心的一样，诸侯会不会造反，只在于他的地盘够不够大、实力够不够强，跟他姓不姓刘没有关系。

在这些诸侯里面，我们要重点提到的就是当时诸侯中综合实力最强的吴王刘濞。刘濞是刘邦的二哥刘喜的儿子，他的吴王相当于是捡来的。当年英布叛乱杀死了荆王刘贾，刘贾没有儿子，刘邦平叛后不能把偌大的地方放着不管，要知道这里可是有三个郡、五十三座城、方圆千里的地方。刘邦想来想去，决定把荆改称吴，在自己子侄辈的人里排排坐分果果，挑选一个年纪大的来管理吴国，这一排就排到了刘濞的头上。

传说刘邦以前并没有关注过刘濞这个人，下了诏令以后才认真观察他。这一看不要紧，刘邦发现刘濞有反相，然后心里就后悔了。但君子一言驷马难追，诏令都下了，他也不好意思再撤回来，只能抚摩着刘濞的背告诫他："五十年后，东南方可能有人作乱，不会是你小子吧？你跟老子可是一家人，不要乱来哟。"刘濞赶紧跪伏在地，连称不敢不敢。

这其实是个似是而非的故事。这个故事前半段是有可能发生的，参照当年韩信当上大将军的过程可以看出，刘邦这人在封侯拜将这种别人眼里的大事上一向比较随意。这个故事的后半段则是不可能的，如果刘邦能预见刘濞会反，那他肯定会改换其他人选，甚至会暗中把刘濞杀了。前面多次提到过为什么刘邦一直致力于铲除异姓诸侯，因为以刘邦决绝的性格，他不会在给子孙留下基业的同时顺带留下可以预见的隐患（虽然他给同姓封王的做法在后世看来也未必可取）。所以，这大概是后人在真实事件的基础上依照后世的事实嫁接上一段人为想象所造成的结果。这种事情史书上比比皆是，比如刘邦当年斩那条大白蛇。斩蛇的事情应该是有的，但之后那个一脸倒霉相的老太婆明显是后来人为加上去的。如果刘邦后来没有成功，没有成为汉朝的开国君主，那老太婆就没有出场的必要，可能就不会出现在后世的史书上了。

当了吴王之后，刘濞的日子过得应该还算可以。吴国那个地方山高皇帝远，当年秦始皇的强权都没法儿管理到那个地方，现在国家到了主张休养生息的刘家皇帝手里，刘濞自己在吴国还不是想干啥就干啥。

当然，这个时候刘濞还是相当安分的，没敢主动给政府添乱，可到了刘恒做皇帝的时候，中央政府和吴国之间的情况就发生了变化。刘濞派遣自己的太子入朝觐见新皇帝，没想到自己的太子被新皇帝的太子刘启在棋台上秒杀，事后刘恒派人把吴国太子的尸体送回吴国安葬。知道了事情原委的刘濞这时候表现得非常愤怒，按照我们正常人的思维，中年丧子毕竟是人生最大的痛苦之一，至少要来个伏尸痛哭、仰天惨呼"我的儿呀"之类的，等心情稍微平复之后再讨论善后和对肇事者的惩罚。可刘濞当时简直出奇地愤怒，扬言"都是一家人，在长安死了就埋在长安算了，拉回来做什么"，直接派人把自己儿子的尸体和皇帝派来的人赶回了长安。

大概在此之后，刘濞就开始大肆收罗各地的杀人犯、流窜犯和不法之徒，为将来做打算。刘濞还在吴国宣布：“不管你在别的地方犯的是什么罪，只要你到吴国来，我刘濞都可以既往不咎，给你改过自新的机会。”

估计可能从这个时候开始，刘濞便有了报仇的心理。该去朝见皇帝的时候，他就说自己病了，经不得路途颠簸，没法儿去见皇帝。刘恒当时对刘濞并没有警觉，加上自己的儿子杀了人家的儿子，刘恒心里感到愧疚，也没办法面对刘濞。既然他不愿意来，刘恒干脆以刘濞年纪大了为借口，让他以后都不用到长安来了。这看起来是照顾他，其实是省得两人见面尴尬。

到了后来，经济学上的半文盲刘恒废除了盗铸钱令，这让刘濞成为最大的受益者。吴国一面靠山，一面临海，开山得钱，煮海得盐，盐铁在哪个朝代都是暴利行业，在刘濞这里更是无本万利的买卖，刘濞很快就富得流油。加上朝廷免除了税收，手头极为宽裕的刘濞又经常对吴国的百姓进行赏赐和慰问，让刘濞得到了百姓的拥护。可以想象，一个既有钱又得人心的诸侯心里对皇帝始终抱有怨恨，他会做出什么事情来。

双方的关系在刘恒做皇帝的时候还好，因为刘恒向来都以软刀子杀人，极少直接和对方硬碰硬，后来也没有再去刺激刘濞敏感的神经。可刘启当了皇帝，情况就不一样了。刘濞一听到杀子仇人刘启的名字就目露凶光、咬牙切齿，恨不得扑上去咬下刘启的一块肉来报当年的杀子之仇。但刘濞知道，他的对手不是普通人，而是皇帝，这个人的实力比自己强，地位比自己高，如果自己就这么冒冒失失地冲上去，肯定会落得个谋反的罪名，本就不占天时地利的自己再丢了人和，那是不可能打得赢对手的。

所以，他要等一个借口。

七国之乱

刘濞等的借口说来就来。

当上了三公之一的御史大夫，一心要削藩的晁错开始小试他的牛刀。晁错首先派人在各个诸侯身上到处抠错。果然，功夫不负有心人，他查到赵王刘遂犯了一个案子，上报皇帝，皇帝下令削了赵国的常山郡；他又抓住了胶西王刘印卖官卖爵的把柄，皇帝又下令削了胶西王的六个县；他还查到楚王刘戊在景帝二年（公元前155年）来长安为薄太后守孝的时候，晚上睡了跟自己一起来的妃子，晁错判定这是“大不敬”的罪过，让皇帝下令砍刘戊的头。

其实这些算什么罪？卖官卖爵的事情也不是他胶西王兴起的，刘启的老爹汉文帝刘恒才是始作俑者。在那样一个年代，刘戊作为一个诸侯，不过就是在守孝期间睡了自己的女人，顶多算是不道德，怎么就犯了死罪呢？但不管怎么说，晁错最后虽然没能杀掉刘戊，却借这件事情让皇帝下令削了楚国的东海郡。

捏完一圈软柿子之后，晁错觉得有了皇帝的支持，诸侯们都是案板上的肉，任他宰割。他信心大增，准备动一个硬的试试。

晁错要动的这个硬的就是刘濞。

晁错关注刘濞已不是一天两天的事情了。早在刘恒当皇帝的时候，晁错就三番五次地上疏检举刘濞的过失，请求文帝削减吴国的封地，但刘恒都没有接受，这让晁错内心很不爽。晁错好不容易熬到自己的学生当了皇帝，试探性地动了几个诸侯的封地，也没见他们敢公然反对，他就更不客气了，开始对刘濞下手。

景帝三年（公元前154年），御史大夫晁错再次建议皇帝削藩，而且点名要削吴王刘濞的藩。晁错是这样上疏的：

当年高皇帝平定天下后，因为自己的兄弟少，儿子年纪又小，他只能把地盘分封给众多同姓的诸侯。别的不说，齐国有七十多座城，楚国有四十多座城，吴国有五十多座城，这三个诸侯的地盘就占了天下的一半。吴王刘濞因为当年太子的事情就诈病在家，不来朝见先帝，这在古代是杀头的重罪，但先帝仁慈，不忍心查处他，还赐拐杖让他在家里好好休养。先帝这是多么宽厚、仁德啊！可刘濞非但不痛哭流涕改过自新，反而越来越骄横霸道，每天在吴国铸私钱、卖私盐，还诱使天下的罪犯逃到吴国去帮他作乱。对付这种人，陛下就应当削减他的地盘，反正现在刘濞的情况已经很明了：削他会反，不削他也会反。如果陛下现在就动手削减他的地盘，他反得虽快，但是他没准备，这样造反带来的危害小；如果不削，他反得虽慢，但到时候他准备好，造起反来危害就大了。

晁错以前不是没向文帝刘恒提过削藩的建议，刘恒也未必不想削藩，可他还是几次否决了晁错立即实施削藩的要求。或许是刘恒没有想好用什么样的办法削藩，但他是一个政治家，知道作为政治家在考虑一件事情时，除了要考虑该不该做，还要考虑什么时候做、怎么做。和老谋深算的刘恒不同，年轻的刘启至少在这件事情上看起来不像一个政治家，他一看晁错讲得很有道理，就准备着手削藩的事情。

刘启把晁错的上疏拿到朝廷上讨论，让晁错公开阐述自己的观点，还让大臣们跟晁错讨论一下。晁错也不推辞，先是高谈阔论了一番削藩的理由，然后清了清嗓子，朗声抛出自己的观点："眼下诸侯们是'削之亦反，不削之亦反'。"

现在大家都知道皇帝是支持晁错的，又有申屠嘉的前车之鉴，哪有人敢再去跟他争辩什么。也有几个不同意削藩的，比如太后的侄子窦婴。他是一个有办事能力的人，但他并不以口舌之利见长，也说不出什么明确的反对理由来。

直到廷议结束也没有人能驳倒晁错，这让刘启很高兴："看来老师是正确的，既然如此，我明天就削他刘濞的藩。"

其实，即便大臣们敢跟晁错争论，也会掉进晁错的陷阱中。"削之亦反，不削亦反"的事情除了让时间去证明，当时的人怎么去证明真伪？窦婴过分纠结论点本身，掉入了晁错的套中。这就是晁错聪明的地方，但这也隐藏了晁错致命的失误。当时只要有人跳出来反问他一句话，晁错可能就傻了，也许皇帝依然会削藩，但削藩后的事情会完全不一样。

这句话就是："我承认你的观点没错，诸侯们是会反。但请问，削了以后，他们反了怎么办，刘濞真反了怎么办？"

晁错是不知道怎么办的，但刘濞知道怎么办。对刘濞来说，情况是反之亦削，不反亦削。可如果削藩是皇帝自己提出来的，诸侯们也说不出什么反对的理由，毕竟普天之下莫非王土，皇帝自己的地，他爱怎么削就怎么削，是削成方的或圆的还是多边形的，那还不是皇帝自己说了算。但晁错提这个就不合适，诸侯们就可以说他把持朝政，欺负皇帝年轻不懂事，离间皇家的感情，是乱臣贼子。而刘濞作为皇帝的长辈、国家的忠臣，自然要站出来为皇帝清理身边的奸臣。

刘濞等的就是这个借口，现在他不用再坐以待毙，而是可以奋力一击，顺便算一下当年他儿子的旧账！

清君侧，反了！不对，上了！嗯——好像也不对，反正就是来了！

刘濞得到廷议削藩的消息，马上就开始计划起兵造反。即便有了说得过去的借口，刘濞也没有一味蛮干，而是主动联络因为被削藩而心怀不满的楚王、胶西王、赵王。尤其是胶西王刘印，他是刘濞外交公关的主要对象，原因是胶西王这个人体格强壮、好勇斗狠，喜欢带兵打仗，全身上下一股子蛮劲在诸侯里面是出了名的。简单地说就是，这个人胸肌大而无脑。

果然，刘濞的说客到胶西国和刘印一接上头，拿出“清君侧”的幌子，刘印便欣然答应起兵响应刘濞。就这样，刘濞还是不放心，他又乔装打扮亲自到胶西国和刘印签订了攻守同盟的协议，还约定一旦事成，他们两个平分天下。这下刘印更是格外卖力，他又联系了胶东王刘雄渠、齐王刘将闾、济北王刘志、济南王刘辟光和菑川王刘贤，准备和吴王刘濞、楚王刘戊、赵王刘遂一起组成九国联军，去修理一下刘启和晁错这对不知天高地厚的师徒。

万事俱备，等刘启削藩的诏书一到吴国，刘濞马上就翻脸了。他把奉诏前来的使者砍了，又把朝廷派到吴国的官员们统统抓起来杀掉，然后向吴国全国发布动员令：“我今年六十二岁了，还亲自挂帅领兵出征，我的小儿子今年才十四岁，也在军中充当马前卒，现在国中年纪比我小儿子大又比我小的，都要出征。”一下子在吴国召集了二十几万人。

收到刘濞起兵的消息，原本约定好的其他八个诸侯也准备行动。这时却发生了两个变故：一是之前答应刘印的齐王刘将闾后悔了，他或是继承了自己父亲刘肥的懦弱，或是比自己的兄弟理智，觉得这事是不可能成功的，于是反过来派兵驻守齐国，不让其他国家的军队进出自己的地界；二是济北王刘志也后悔了，他托人转告刘印济北国国都的城墙坏了，士兵们都在修城墙，腾不出人手来。但楚、胶西、赵、胶东、济南、菑川六个诸侯还是纷纷效仿刘濞，杀掉朝廷派到自己国中的官员起兵造反，史称“七国之乱”。

景帝三年（公元前154年）正月，刘濞带领他的二十几万大军从广陵出发，气势汹汹地朝长安杀将过去。胶西王则率领胶东、菑川、济南四国联军先攻齐国，他们把临淄城团团围住，准备教训出尔反尔的刘将闾后再和吴、楚会师进攻长安；而赵王则派人勾结匈奴，准备伺机而动。

吴军渡过淮水后和楚国的队伍联合，又勾结了东越，这下刘濞的声势更加浩大，他充分展现了自己土豪的本色，向天下发布公告："凡是活捉或杀死汉军大将的，赐金五千斤，封万户；列将，三千斤，封五千户；裨将，二千斤，封二千户；官职二千石的，一千斤，封千户；官职千石，五百斤，封五百户。如果有带兵投降或献城投降的，士兵超过一万人或城中户口超过一万，就等同捕杀大将；士兵或户口五千，如同列将；三千，如同裨将；一千，如同二千石；其他的小官吏投降也有不等的封赏，而且赏赐是朝廷规定的一倍以上。"

这还不算，紧接着，刘濞告诉其他六国诸侯："我吴国的钱遍布天下，可以说各位诸侯怎么用都用不完。如果你们那里有应该得到封赏的人，尽管告诉我，我一定、马上、立即把钱给你们送过去。"

怎一个"壕"[1]字了得！

一方面，重赏之下必有勇夫；另一方面，由于朝廷准备不足，或者干脆说就没有准备，吴楚联军一开始势如破竹，一路杀到了梁国。要是吴楚叛军消灭了梁国，那他们下一步就准备西进叩关。这时候，长安城里的刘启和晁错都慌了。晁错毕竟只是个纸上谈兵的政论家，说白了就是个书呆子，平日里自认为秉持真理，与同僚谈及理论来头头是道、正气凛然，大有天下无敌的感觉，所以他整天在朝廷上嚷嚷"削之亦反，不削亦反"，仿佛他已经窥破了对方内心的黑暗，对方会因为受到道德的批判而跪伏在地不敢动弹。如果对手是君子，那这招可能有用，可一旦对手不讲道理，他就直接傻了。

当晁错嘴里批判的武器遇到刘濞手中武器的批判，就是秀才遇到兵，根本没有道理可讲。他心里大骂刘濞这个王八蛋不讲道理，可不管他急得再怎么跳脚，他口中的礼义廉耻根本无法抵挡刘濞的几十万大军。这时候刘启满头是汗地来问自己的老师："为之奈何？"晁错就给自己的学生出了这么一个主意："要不这样，你亲自带兵出征，我替你留守关中。"

1.网络用语，即"土豪"。

这真是一个奇馊无比的主意！也只有晁错这种人才想得出来。要知道，他的学生不是一般人，是帝国的统治者，是万民之主，是皇帝。千金之躯尚且不坐危堂，何况是皇帝的万金龙体呢？而且在大臣们看来，削藩的主意是他出的，削藩的对象是他选的，现在出问题了他却让皇帝冒着生命危险去带兵打仗，自己安安全全地躲在后方是什么意思？是不是等皇帝在前线一旦有个闪失他好在后方有什么行动？这么看来，当初他极力主张削藩的动机就有问题，这一切是不是他早就预谋好的？

当然，晁错这种书呆子、理论上的巨人是不大可能有谋反篡位的野心的，他的想法其实远没有大家想的这么复杂。很简单，这已经是他能想出来的最好办法了，因为在读书人的眼里，皇帝率领的军队那叫王者之师，王者之师天下无敌嘛！

但经历过政治考验的大臣们可不这么想，晁错的言论马上在朝堂上引起轩然大波，大家都在私底下议论纷纷。虽然刘启没有说晁错什么，但脸色铁青。

这时候，汉初那些能征善战的功臣基本上都已经死光了，朝中那些将军谁真的有军事才能，刚当了两年多皇帝的刘启还真不怎么清楚，好在文帝临死之前已经给他预备了一个人选：一旦国家有急事，周勃的儿子周亚夫可以担当重任。

对父亲的临终交代，刘启心里也没有底，但这个时候只能死马当活马医了，周亚夫就周亚夫，总不能真就自己出征吧？

于是，刘启第一次否定了晁错的建议，转而任命周亚夫为太尉，率军抵抗吴楚联军，周曲侯郦寄率军进攻赵国，老将栾布率军进攻围困齐国的四国叛军，最后刘启还下令召回了原来公开反对削藩的窦太后的侄子窦婴，让他做大将军屯兵荥阳。

晁错讪讪地回到家，很是不爽，又接着出他的馊主意。晁错认为袁盎曾经在吴国做过多年国相——诸侯的国相历来由皇帝亲自选派，除了帮助处理诸侯国事务，他们还有一个重要的任务，就是替皇帝监视诸侯的举动——却从来没有提醒过皇帝刘濞可能造反，那他一定收了刘濞的贿赂。晁错觉得现在把袁盎抓起来，一审问就知道他们在搞什么鬼了。

袁盎和晁错两人历来不和是满朝皆知的事情，早年两人地位差不多的时候就开始相互看不顺眼，甚至到了不能共处一室的地步：同一间屋子里，只要袁盎在，晁错就不进来；晁错一进来，袁盎立马就出去。后来晁错得了势，袁盎便没有好果子吃。晁错当了御史大夫之后便以袁盎收受吴王贿赂的借口找人彻查过他，还把袁盎定了死罪。当时刘启爱惜袁盎的才能，下令赦免了袁盎的死罪，但在晁错看来，死罪可免活罪难逃，他还是把袁盎赶出了朝廷，做了一个普通老百姓。

按理说，袁盎都已经是平头百姓，还能跟刘濞有什么勾结，晁错这样做无非是借机公报私仇。事情都紧急到这份儿上了，晁错还惦记着杀袁盎，这下连晁错自己的手下都看不过去了，他们表示反对："大人，您这么做就不对了。如果吴王没有反，您把袁盎抓起来，是有可能避免他造反的。可现在他反都反了，再抓袁盎还有什么意义呢？况且以袁盎的为人，他不太可能会做这种事情。"由于部下的反对，晁错只好暂时作罢。

虽然没真把袁盎抓起来，但有这个打算就是晁错犯的致命错误。

袁盎是什么人？他在当时不仅以直言敢谏闻名，而且非常得人心，连丞相申屠嘉这样的人也把袁盎视为座上宾。当年袁盎曾经被选调去陇西做过一段时间的都尉，结果他的人格魅力使得陇西的士兵都愿意为他卖命。不同于晁错，虽然身居高位，在朝中可能也是孤家寡人，而袁盎尽管已经成了平民，但在朝中还是有很多朋友的。晁错要杀他的打算很快就被知情人告诉了袁盎。

狗急了还会跳墙，何况是人呢？尽管已经是庶民一个，但性命攸关之际，袁盎也不得不反击了。他找到大将军窦婴，希望托窦婴的关系进宫面见皇帝，想就吴王造反这件事情当面跟皇帝解释。

窦婴是袁盎的朋友，朋友相托当然没有问题，于是窦婴马上去见皇帝，说："陛下，袁盎原是吴国的国相，吴国的情况没有人比他更清楚了，现在我们正跟吴国交战，不如陛下亲自召见他了解下情况。"

这时候，刘启正在跟晁错商量军队粮草的调配问题，也正想找人了解下那个被自己打死了儿子、多年未曾与自己谋面的吴王刘濞究竟是何等人。不管怎么说，打仗嘛，知己知彼最重要，刘启立刻同意召见袁盎。

袁盎早就在宫门外候着了，一得到皇帝召见，他便急匆匆地进来，毕竟每秒钟都可能关系到自己的生死。

此刻刘启和袁盎的内心都是焦急的，也不用再客套什么。袁盎一进来，刘启开门见山便问："现在吴国和楚国造反了，你觉得该怎么办？"

袁盎前一晚一夜没睡，早已把面圣时可能出现的情况和问题在心中默默寻思了多遍，可谓成竹在胸。唯一出乎他意料的是，晁错居然在场。按以往的情况，晁错在场，袁盎早就背着手离去了，但此时他不敢也不能离开。多年来，第一次和晁错共处一室可能让袁盎浑身不自在，他沉默了几秒，深吸了一口气，强忍住愤怒和不快，毕恭毕敬地回答："他们是不可能成功的。"

刘启正为叛乱着急不已，见袁盎这样回答马上来了兴趣。他又问袁盎："刘濞在吴国开山得钱，煮海得盐，富甲天下，肯定收买、网罗了很多人才，而且这个人隐忍了几十年，年过花甲才造反，肯定已经策划好一切，你怎么能断定他不可能成功？"

袁盎正色道："陛下，刘濞是有几个臭钱，但真正的英雄豪杰是金钱能够收买的吗？而且，如果他网罗到身边的是真正的贤才，那这些人是不会赞同他造反的。所以，他收买的不过是一些地痞、无赖、亡命之徒而已，刘濞靠这些人怎么可能会成功？"

袁盎的话让刘启听了很高兴，他又望了望晁错，让晁错发表下意见。虽然晁错看到袁盎心里十分恶心和不爽，但就事论事，袁盎的话并没有什么不对，于是他低着头不看袁盎，只回了一句："袁盎说得有道理。"

两个素来不合的人在刘濞的问题上居然达成了一致，这让刘启感到既意外又高兴。他接着问袁盎："既然你觉得刘濞的造反是不可能成功的，那么计将安出？"

袁盎等的就是这句话！他上前一步，低声对皇帝说："臣确实有办法，但这等机密越少人知道越好，请陛下遣退四下的无关人士。"

刘启见袁盎果然是有备而来，心里不免一阵激动，马上挥手示意身边的奴才们退下。这时候，晁错自恃是御史大夫兼皇帝的老师，又担心袁盎私下跟皇帝说自己的坏话，便装傻充愣，在一旁站着不动。袁盎一看该走的没走，转头毫不客气地对晁错说："我接下来要跟陛下说的话事关国家存亡，做臣子的是没有资格知道的。"

晁错看了看皇帝，正想开口说什么，但刘启挥挥手让他暂时离开。无奈之下，晁错只好恨恨地盯着袁盎，不情愿地退到正殿旁的厢房里。

晁错出去后，刘启又一次问袁盎："为之奈何？"袁盎担心晁错在外面偷听，赶紧上前一步，压低声音告诉皇帝："现在吴楚两国布告天下，说他们刘姓诸侯的土地是当年高皇帝封的，本来大家相安无事，现在是晁错从中捣乱，整天惦记着要削他们的地盘，所以他们才造反。他们造反的借口不是要推翻陛下，而是要干掉晁错，恢复他们原来的封地。"

"既然这样，"袁盎顿了顿，继续低声说，"我的计策就是，依据他们的借口，我们只要把晁错杀了，然后发布诏书赦免吴、楚等七个诸侯的罪并恢复他们的土地，这样他们造反的借口不存在了，就应该不战而退；如果他们不退，那他们清君侧的借口便不攻自破，这样道义、舆论都站在了陛下这边，到时候，他们便是天下人人得而诛之的反贼，打败他们不是轻而易举的事情吗？"

刘启这段时间对晁错充满了意见，想到自己老子当了二十多年皇帝也没见出过什么大事，而自己刚当上皇帝，晁错就闹出这么大的乱子，刘启心里非常不爽。再说晁错这个人平日里指点江山时振振有词，可一出事就蔫了，出的是什么馊主意："还好意思让我去前面拼杀，他自己坐镇后方，再让他这样闹下去，恐怕不久刘濞就可以到未央宫里亲自跟我讨论讨论当年打死他儿子这事的赔偿事宜了。"

死道友不死贫道，还是保住自己要紧。

刘启沉默了好一会儿，觉得袁盎说得在理，心里暗暗做了决定。他说："假如事情像你所说的那样，朕也不在乎这一两个人了。"

刘启的一句话就要了晁错的命。

接下来，刘启也没有必要和一个将死之人讨论了。他马上下令任命袁盎为太常、刘濞的侄子刘通为宗正，让他们立即着手准备和吴楚联军交涉的事情。事情到了这一步，晁错的结局可以说是天知地知、你知我知，连他父亲都预见到了，只有晁错自己不知道而已。

当晁错跟刘启提议削藩的时候，晁错的父亲立马不远千里从老家颍川郡赶到长安来见自己的儿子。见到晁错后，老父亲便问："当今陛下即位不久，现在任用你来协助他处理朝政，我听说你一上来就整天修订什么法律，搞什么削藩的事情，是不是？殊不知疏不间亲啊，你这样做搞得大家都怨声载道，值得吗？”

面对父亲的质问，晁错倒是一脸正气：“您说得没错，可如果不这么做，圣上的尊贵就得不到体现，国家也会陷入危机之中。”

老父亲对自己这个儿子可是太了解了，他无奈地摇摇头：“是啊，这样做的话，他刘家的天下是安稳了，可我们晁家马上就要大祸临头了。我这就回家去，你自己好自为之吧。”说罢转身就回家了。

回到颍川后，老父亲便在家中服毒自尽，临死前留下遗言说：“我不忍心活着看到晁家家破人亡的那天。”

现在看来，父亲的死并没有让晁错意识到问题的严重性，以他的性格，反而可能更加坚定了他将削藩进行到底的决心，并且直到最后，他的决心和信念都从未动摇过。

袁盎做了太常十几天后，或许是出于皇帝的授意，或许是晁错长期在朝中不得人心，碰巧又发生了这么大的事情，当时的丞相、廷尉、中尉便联名上疏，弹劾御史大夫晁错的几大罪状，要求皇帝将晁错腰斩，晁错的父母、子女、兄弟一并弃市。刘启很痛快地在上面批了一个字：可。

得到皇帝的诏令，为了不给晁错过堂申辩的机会，中尉没有直接去抓人，而是到晁错家里说皇帝有事与他相谈，要晁错立即入宫觐见。晁错不知所以，以为有什么大事要发生，马上穿了上朝的衣服跟着中尉上了车，结果直接被拉到东市口拦腰剁成两截。

自己为什么会死，一心为国的晁错至死还被蒙在鼓里。

随后，袁盎和刘通带着晁错被杀的消息和皇帝对叛军的赦书朝前线出发了。到吴楚联军的兵营前，两个人一合计，觉得刘通是刘濞的侄子，估计刘濞不会对他怎么样，于是便让刘通先去见刘濞，顺便宣读皇帝的诏书。

刘濞一看皇帝居然真的杀了晁错，等于撕掉了自己“清君侧”这块反叛的遮羞布，这时候他也不装了，彻底地暴露出自己的野心和阴谋。面对皇帝的诏书，刘濞既不下跪也不谢恩，而是轻蔑地告诉刘通：“我现在已经是东帝，你们西帝的诏书就不用念了！”

然后刘濞便不再搭理刘通，让他自己赶紧收拾收拾，哪儿来的滚回哪儿去。至于袁盎，刘濞让士兵把他看守起来，干脆不见他，免得还要跟他扯皮。

袁盎毕竟曾经在刘濞手下做过事，刘濞对他的才能有所了解。为了壮大自己的力量，刘濞虽然不见袁盎，却还是派人去和他接触，希望能用金钱收买他，让他留在自己的军中做个将军。但就像袁盎自己说的那样，真正的英雄豪杰怎么会是金钱可以利诱的，结果双方越说越戗。最后刘濞恼羞成怒，也顾不得什么两国交战不斩来使的规矩了，派五百个士兵把守住袁盎住的帐篷，准备第二天就拿他的人头祭旗。

事情到了这个地步，如果出使的是晁错这样的人，那他百分之百死定了，而袁盎充分展现了平时人缘好的作用。

当时吴军中负责看管袁盎的校尉司马（官名）原本是袁盎当吴国国相时的部下，当年他在相府里当差时曾经和袁盎的婢女私通。汉代不讲究三从四德，没有人会把他们浸猪笼，但私通毕竟也不是什么光彩的事情。这事后来被袁盎察觉，可他没有把司马抓起来以儆效尤，只是睁一只眼闭一只眼假装不知道。直到有一天，司马发觉自己私通婢女的事情已被袁盎知道，吓得连夜从相府里逃了出去。结果袁盎亲自骑马去追，追上后非但没有怪罪他，还成全了他和自己婢女的好事。后来尽管袁盎离开了吴国，他们也多年未曾再见，但司马并没有忘记袁盎对他的这份恩情，现在他报恩的时候到了。

司马知道，天一亮袁盎就要人头落地，他赶忙连夜花大价钱买了两石好酒，假装来慰劳自己的手下。正巧那几天天气骤然变冷，士兵们守在营帐外面正是饥寒交迫，看到美酒自然不会拒绝。空腹饮酒本来就容易醉，何况顶头上司还一直在旁边使劲劝酒，士兵们安有不醉之理？等到把守在外的士兵都醉倒在地，司马马上拔出刀，一刀豁开帐篷，帐篷里只有还弄不清情况的袁盎一个人。

“大人，请你随我速速离去。”司马也顾不上施礼，拉着袁盎就往外走。

“是你！”袁盎显然认出了司马，“你这是何故？”

因为随时可能有巡夜的士兵经过，司马也来不及过多解释：“大人，明日吴王就要拿你祭旗，现在不走就晚了。”

袁盎一听也急了，刚想走，却透过豁开的帐篷看到外面东倒西歪躺着的士兵，顿时明白了是怎么回事。他马上停住了脚步，拒绝离开：“不，不，不，此事与你无关，你不必为此犯险。”

不得不说，袁盎真是一个好人，在这种紧急的情况下，他还不愿意逃跑，就因为考虑到自己一跑势必会连累看守自己的司马。好在司马还是很了解老领导的脾气的，他告诉袁盎，自己来之前已经回家把家里人安顿到了安全的地方，等老领导一走，他自己也要逃。这下袁盎没有了后顾之忧，还不赶紧溜之乎。

袁盎依司马的指引，趁着夜色，光着脚、灰头土脸地跑出吴军军营。跑了好几里地后，他在途中遇到梁国的巡逻兵，得了一匹快马才得以逃脱。

尽管晁错死了，但事情并不像袁盎之前说的那么简单。这边袁盎刚刚逃得性命，那边刘启的日子也不好过。

长安城里的刘启在慌乱和紧张之际杀了晁错，等他逐渐平静下来，越想越后悔，毕竟晁错的出发点是好的，他也是一心为了刘家皇室，弄出这么大的乱子来也不能全怪他。这下倒好，自己一时冲动杀了晁错，如果不能换回点儿什么，那自己不就要受到良心上的谴责了吗？杀了晁错后，刘启大概变得有点儿神经质了，每天但凡抓住一个从前线回来的官员就问："吴、楚退兵了吗？"被问的人都只敢摇头不语，生怕再刺激了皇帝。

一天，刘启揪住谒者仆射邓公问："听说你刚从前线回来，现在晁错死了，吴、楚两国该罢兵了吧？"

邓公看着刘启深吸了一口气，仿佛下定决心似的回答："刘濞造反是已经准备了几十年的事情，晁错只不过是个借口而已，怎么会因为晁错死了就退兵呢？而且陛下的所作所为恐怕会令天下人失望，以后怕是不会再有人给陛下出谋划策了。"

刘启终于逮住一个敢说话的人了，忙继续追问为什么。

邓公接着说："晁错主张削藩，是利社稷、安国家的大计，并没有为自己谋一点儿私利，现在这件事情才开始做，陛下就把他杀了，那真是亲者痛仇者快。"

刘启沉默了许久，深深地叹了口气，说："你说得在理，我也后悔啊！"

晁错的死当然是冤枉的，但公平地说，是他寻事在先，袁盎才迫不得已出主意杀他。而且，以晁错严厉、耿直、苛刻、心狠的性格，他在朝廷上是不可能长期站得住脚的，即便当时他不被袁盎弄死，以后也会被其他人弄死。

所以说，性格决定命运。

尽管刘启表达了后悔之心，但人死不能复生，而且晁错的死彻底揭露了刘濞造反的事实，让刘启在道义的战场上获得了胜利，剩下的事情只有也只能在现实的战场上真刀真枪地见分晓了。刘启的希望则寄托在太尉周亚夫的身上。

周亚夫是当时朝廷中为数不多的将才，虽然他的军事才能得到过汉文帝的肯定，但刘启对周亚夫的认知并不多。现在这场仗究竟该怎么打，打不打得赢，刘启心里没底，但形势所迫，容不得他再多加考虑、研究，他只能祈求高皇帝保佑大汉气数未尽，走一步算一步了。

刘濞的叛军旗开得胜，气势汹汹而来，周亚夫率领的汉军是帝国的希望所在，也是志在必得，双方在实力上可谓旗鼓相当。我们知道，“战争成败的决定因素是人”，这个“人”指的是将士，更指的是军队的统领。接下来，双方主帅的决断在很大程度上决定了这场看似势均力敌、可能旷日持久的战争的胜负。

刘濞出兵的时候，他手下的大将军田禄伯曾向他献计，希望他让自己带领一支五万人的队伍和他的队伍分兵前进，刘濞依原定路线走函谷关，而田禄伯则沿着长江、淮河逆流而上，攻取淮南和长沙，从武关方向进攻关中。

战场上历来讲究出奇制胜，而且刘濞这种谋反分子本来在道义上就理亏在先，要取胜就更不能堂堂正正地和对手交锋。田禄伯的建议虽然未必会成功，但不失为一条可行之计。可刘濞听信自己儿子的话，担心田禄伯会打当年武臣、韩广自立门户的心思，并没有同意田禄伯的建议，错失了一次可能取胜的良机。

而周亚夫率军出征的时候，队伍本来是准备经由渑池出函谷关，走最近的路线抵达前线的。但就在大军出发前夕，一个叫赵涉的跟周亚夫说：“将军，吴王财大气粗是出了名的，这种人最喜欢收买一些要钱不要命的死士。现在如果他知道将军准备率军去抵挡他，一定会在大军预定经过的路上埋伏杀手暗杀将军。依我的建议，将军不妨放弃原来的行军路线，从蓝田出武关，绕路抵达洛阳，这样虽然会比原计划迟到一两天，但如果将军能避开对手的耳目突然到达洛阳，定会打吴王个措手不及。”

周亚夫觉得赵涉的话在理，便率队伍改道前往洛阳，并且派人在原来预定路线上的险要地段进行搜索，果然搜到了吴国派来的伏兵。

虽然刘濞没有同意田禄伯分兵前进的计策，在关中伏击周亚夫的计划也落了空，但他还是有机会赢得这场战争的。当时刘濞手下一个姓桓的年轻将军建议他："考虑到吴国的士兵多是步兵，步兵适合在地形复杂的山区战斗，反观汉军中车兵和骑兵比较多，这样的队伍适合在平原上战斗。因此，我们不应一座城一座城地打，而是应该带领队伍赶快行军，占领洛阳的武器库，并且占领敖仓补充队伍给养。一旦大军顺利占领荥阳—成皋—洛阳一线的险要地段（请参照刘邦和项羽的斗争史），即便一时半会儿不能入关，吴楚联军的赢面依然很大。如果让汉军的队伍抢先到洛阳，再占领敖仓，逼得我们必须在平原上与他们决战的话，吴楚联军就输定了。"

这又是一个非常合理的建议，如果刘濞照办，说不定他这个"东帝"就做成了。对大将田禄伯的建议，他拿不定主意，听了自己儿子的话没同意。同样，对少将桓将军的建议，他也拿不定主意，又去听诸位老将军的话，没想到他手下的那些老将也就是白长了几岁，老成持重过了头，一听是桓少将军的提议，就纷纷摇头："年轻人血气方刚，去打个冲锋可以，哪里懂得大局。"于是刘濞觉得真理应当掌握在大多数人手里，又对桓将军的建议置之不理。

这下好了，刘濞弃奇计不用，一路拖沓前行，放任周亚夫躲过了伏击抢先到达洛阳，然后汉军又顺利进驻荥阳。直到队伍进入荥阳，周亚夫总算把一直以来悬着的一颗心放下了一半："七国反在前，却让我抢先占领了荥阳，这下还在荥阳以东的叛军就没什么可让我担心的了。"

当然，光占领荥阳，并不足以保证能打退吴楚联军，来势汹汹的几十万叛军毕竟不是纸糊的，好在周亚夫又得到了一个人的帮助。

之前，周亚夫到洛阳的时候，做的第一件事就是找来一个姓邓的都尉请教对敌的良策。邓都尉原本是周亚夫父亲周勃的门客，是个很有计谋的人。

周亚夫见到邓都尉，直接问他："现在我们应该怎么对付叛军？"

邓都尉没有丝毫犹豫，想必他在来之前就已经料到周亚夫找自己的目的，他给周亚夫出的是一个极为冒险但起到了关键作用的主意："太尉大人，吴楚叛军现在来势汹汹，难以与之正面交锋，下官建议将军干脆将队伍转向东北，到昌邑一带坚守不出，把和吴楚叛军交战的正面战场留给梁国。梁国我们就不要了，让它自生自灭，大军坐山观虎斗。同时，我们的队伍可以从侧面切断叛军的粮草供给，等到他们两家斗得差不多的时候，太尉再率军一鼓作气杀出，定能将叛军杀个片甲不留。”

这个计策真的是非常冒险。梁国是皇帝的亲弟弟刘武的封国，也正是因为这样，刘武才会拼死抵抗，毕竟如果亲哥哥倒台了，他自己也不会有好果子吃。可任他自己孤立无援最后战死是一回事，看着他要战死却不救又是另一回事。周亚夫无法做出决断，只能给皇帝去了一封信，着重说明了战胜吴楚叛军的办法：“吴楚两地的步兵是出了名的彪悍、不畏死，汉军难以和他们正面对抗，只有以梁国为诱饵消耗叛军的兵力，我们再从中寻机断叛军的粮道，等到叛军的兵力消耗得差不多了，我们出击才有取胜的可能。”

以当年刘恒所做的事情推测，即便社会安定，刘启对自己的兄弟也不见得会有多好，况且都已经到这个时候了，刘启也顾不得什么兄弟情深，只要能摆平叛乱，再多牺牲几个人他也不在乎。于是，刘启私底下表示同意周亚夫的计划。

这下可是苦了梁王刘武，梁国内本来就没多少兵力，吴楚叛军又兵多将广，梁国基本上是打一仗败一仗。幸好刘武手下有两个优秀的将领——善守的韩安国和能攻的张羽——两人相互配合才能堪堪挡住叛军的进攻。好不容易等到朝廷的大军前来，刘武就像见了亲人一样，马上派人到周亚夫军中求援。

周亚夫不答应。

再去求援。

周亚夫还是不答应。

又去求援。

周亚夫连见都不见。

刘武怒了，一封信告到自己哥哥那里，要他活剐了周亚夫。

“哎呀，贤弟莫急，待朕修书一封催促周太尉出兵。”

等到皇帝的使者带着诏书到了梁国，再由梁国的大臣陪同使者到周亚夫的军营里，周亚夫干脆不接旨，宣称：“将在外，君命有所不受。”

刘武每天站在城头上看着城外黑压压的叛军，盼望的救兵却还在昌邑一直不动，眼泪都快流出来了，他一边骂娘一边亲自督战，没办法了，扛得住得扛，扛不住得死扛！

就这样，刘武一直死扛了两三个月。

周亚夫其实也没闲着，他一面指挥骑兵不断地骚扰吴楚叛军的粮道，还抽空放火烧掉了叛军囤积的粮草，一面命令队伍坚守不出，禁止和叛军主力交战。到了二月，刘濞也开始扛不住了。打梁国，梁国死守不下，打汉军，汉军坚壁不战，而他的几十万人马可是每天都要吃东西的。虽然他有很多钱，可这时候再多的钱也买不来一斤米、半斤盐。民以食为天，这天都要塌了，还打什么仗。

时间一天天过去，随着军队的粮草供应越来越少，刘濞的心情也越来越急，眼见要是再拿不下对手，自己的军队可就要“崩盘”了。大概是迫于无奈，刘濞开始要起小聪明来，最初号称要堂堂正正打正面战的他这时候也准备出奇制胜了。

一天夜里，刘濞派出小股精兵突袭汉军军营，意图趁着夜色朦胧对汉军进行骚扰，一旦汉军内部因搞不清楚情况而阵脚大乱，吴楚联军就趁机大举进攻，一举将汉军击溃。

然而，刘濞的理想很丰满，现实却很骨感。刘濞的小股精兵摸到汉军军营中又是放火又是敲锣打鼓，起初确实一度引起汉军的骚乱。但周亚夫充分展现了自己出色的军事才能，他只是睡意蒙眬地在床上用耳朵听了一下便断定只是小队人马的骚扰，于是跟身旁的亲兵简单交代了几句便翻了个身继续睡觉。

主帅的淡定起到了定海神针的作用，一开始慌乱的士兵们有了主心骨，几桶水下去把烧起来的火苗浇灭，大家该睡觉的睡觉，该站岗的站岗，秩序很快就恢复正常。

过了几天，刘濞一计不成又生一计，他命军队从汉军军营的东南方向大举佯攻，其实是在西北方埋伏了精兵，准备等汉军注意力集中到东南方后一举从西北方突破汉军防线。周亚夫从军营里远远地观察到吴楚叛军在东南方的攻势，只是嘿然一笑，马上下令队伍装出向东南方集结的架势，实际上则把军队主力调度到了西北方向。

刘濞远远看见汉军的东南方烟尘陡起，遮天蔽日，便自以为得计，马上下令吴楚的精兵从西北方发动突袭。吴楚联军的行动正中汉军的下怀，他们成功伏击了刘濞寄予厚望的精兵，将前来突袭的吴楚军队打了个措手不及。战斗一直持续到傍晚时分，刘濞见始终不能攻破汉军的防线，只得命令队伍撤退。汉军谨守周亚夫的命令，也不追击，放任吴楚叛军撤出阵地。

想来刘濞平时读的都是死书，只懂得生搬硬套，接连使了浑水摸鱼和声东击西之计，结果都没有成功。这下黔驴技穷的他再也想不出什么办法来，更要命的是，这个时候，军队的粮草已经耗尽了。

本来大家放着好好的日子不过，把脑袋别在裤腰带上，顶着谋反的帽子跟刘濞出来混，无非是要搏一把荣华富贵，可现在队伍被挡在梁国进退不得，倒是不欠军饷，但军粮没有了。初春的空气中依然透着丝丝寒意，在吴楚联军的军营里，士兵们渐渐连饭都吃不上。一开始是老弱病残和受伤的士兵被活活饿死，没过几天，健康强壮的也顶不住了。钱毕竟不是万能的，这时候空有金山银山又有什么用呢？于是吴楚的士兵和下级军官为了活命，开始大规模地逃亡。

这一切都被汉军的侦察兵看在眼里，周亚夫算准了刘濞的军粮应该已经耗尽，立刻指挥队伍开始对吴楚联军进行攻击。当汉军出现在吴楚联军的大营前时，刘濞手下的将士们早就饿得手脚发软，哪里是养精蓄锐多日的汉军的对手？吴楚大军很快被汉军杀得乱作一团。战斗持续了整整一天，到了晚上，刘濞自觉大势已去，再也无心恋战，打起了逃跑的主意。此时的刘濞一心只想着怎么才能不被周亚夫抓住拖到长安剐了，逃跑起来倒是十分干脆，几十万的大军也不要了，连夜带领几千精兵慌忙跑路。

刘濞这一跑，吴楚联军立即成了一盘散沙，士兵们降的降、跑的跑，谁都不愿意再顶着反贼的帽子跟汉军对抗，沉寂了数月的军营突然间变得嘈杂起来。楚王刘戊起初还觉得纳闷儿，出门一打听，再一看军营里混乱的阵势，忍不住破口大骂刘濞王八蛋，居然没通知自己一声就跑了。可骂人解决不了任何问题，而且刘戊发现，由于刘濞逃跑的时候没有通知他，现在他已经陷入汉军的重重包围之中，想跑也跑不掉了。

外面的士兵早乱成了一锅粥，汉军的喊杀声越来越近，士兵们的慌乱声、惨叫声不绝于耳，走投无路的刘戊此时已经不再为稳定军心做任何尝试。他失魂落魄地走回军帐中，眼里流下不知是悔恨还是痛苦的泪水，他知道眼下自己只有两条路可以走：要么投降，要么死。想到自己所做的事情，刘戊很清楚，即便投降，最后自己也免不了被砍头的下场，而且临死前不免还得受一番羞辱。沉思了好一阵后，不愿意做俘虏的他一狠心举起剑抹脖子自杀了。

随着刘濞的逃跑、刘戊的自杀，吴楚的几十万大军在一夜之间溃散，周亚夫的队伍则乘胜追击，很快就占领了吴国。

至于刘濞，他没有往自己的老巢跑，而是急急如丧家之犬、忙忙似漏网之鱼一般向东奔逃，一直逃到了会稽的丹徒附近。他在那里聚集了一批残兵，企图依靠当地少数民族的支持东山再起。

有人觉得奇怪，为什么刘濞没往吴国而是往楚国跑？大概是他觉得跑到楚国比逃到吴国更容易活命。因为如果在楚国待不下去，他还可以北上跑到齐国，不行再往辽东，实在不行还可以到茫茫草原上去做野人，但如果跑到吴国，一旦汉军逼近，他还能往哪儿跑呢，总不能跑到海里打鱼吧。

刘濞想得倒是挺好，但此一时非彼一时，他这个败军之将已不被刘启放在眼里，汉军也没有大规模地追捕他，而是使出了刘濞自己惯用的伎俩：在全国范围内悬赏黄金一千斤收买刘濞的人头。

丹徒这个地方聚居的是当时少数民族中的东越人，虽然东越人在七国之乱前长期受刘濞重金资助，也曾声称唯刘濞马首是瞻，但我们知道，靠金钱维系的友谊通常不会长久，尤其是在这种时候，东越人只要脑子没进水，就不会对刘濞以礼相待，更别提和他同仇敌忾了。

“什么？以前刘濞给过我们很多好处？”

“哎呀，过去的事情就让它过去吧，还提它做什么。”

对东越人而言，继续支持刘濞对抗汉军是傻子才会做的事情，现在他们唯一要做的事情就是迅速投靠朝廷。至于刘濞，则需要他体现自己的最后一点儿剩余价值——那颗价值千金的人头可不能落到别人手里。

周亚夫击溃吴楚叛军一个月后，东越的首领以劳军为名诱杀了刘濞，将刘濞的人头送到了长安。

吴楚联军一破，其他几路叛军也就成不了什么气候了。胶西、胶东、菑川、济南的四国联军在胶西王刘印的带领下气势汹汹地围攻齐国国都临淄的军事行动雷声大雨点小，因为他们兄弟几个都不擅长带兵打仗。胶西王刘印不知道如何指挥进攻，齐王刘将闾也不擅长防守。但在这种情况下，防守的一方总是占便宜的——毕竟实在不成的话，在敌人进攻的时候，只要知道关好城门，站在城墙上往下扔石头就可以了。

刘印在城墙外面的进攻受挫，很是焦虑，而在围城里面的刘将闾心情更加焦虑。刚开始的一个月，刘将闾还能佯装镇定，但到了后来，他整夜整夜地失眠，一到天亮就派人到城头踮起脚眺望：朝廷的援军怎么还不来？

实在等不下去了！刘将闾召集手下的官员，想找人出城去长安求援。手下的官员个个低头不语，刘将闾环顾手下的武将，声音提高八度："诸位将军，谁能出城去长安求援，寡人重重有赏！"

说得轻巧！眼下城外叛军重重，谁会去挣这没命花的钱！正当刘将闾感到失望的时候，文官中一名姓路的中大夫走了出来："大王，我愿前往。"

"你？"刘将闾看着路中大夫那不算健硕的身板，眼中充满了疑惑。

路中大夫拱手长揖，坚定地说："虽万死不辞。"

"好吧，"刘将闾心里不由得一阵苦笑，"请多保重，快去快回。"

路中大夫虽然是个读书人，但端的是一条响当当的汉子，只身涉险却毫不畏惧。他受了王命之后，先是趁着夜色逃出城，又一路昼伏夜出，好不容易才逃出叛军占领的地盘，接着便星夜兼程赶往长安。

到了长安，路中大夫见到皇帝刘启，跪下来就是一番四国联军如何如何残暴、齐国君臣如何如何不屈抵抗的哭诉。刘启这时候已经得到吴楚联军兵败的消息，心情正大悦，便让路中大夫赶紧起身，还告诉他朝廷已经派老将军栾布率军赶往齐国平叛，并让路中大夫在长安休息几日再回临淄。

得到这样的好消息，路中大夫哪里还有心思休息，告退之后甚至来不及睡上一觉便急匆匆地往回赶。

到了临淄城外，路中大夫本想按原路返回城中，没想到这次却惊动了城外叛军的哨兵，等他想跑时已经被几个士兵摁倒在地，像拖死狗似的被拖到了刘印的帐中。刘印这时候还在为攻城发愁，听说士兵抓到的是齐国的中大夫后，他急中生智，挽起袖子露出胳膊上高高隆起的肱二头肌，单手从士兵手中接过几十斤重的大刀要了几个刀花，然后一把横在路中大夫的脖子上："告诉你，要想活命的话，明天就到城下公开告诉刘将闾那小子，就说吴楚联军已经攻入关中，让刘将闾赶紧开城投降。不然的话，等寡人的大军攻入城中，那就要屠城了。"

目睹刘印威风凛凛地要了一轮大刀的路中大夫这时候看起来已然被吓得体如筛糠，双腿哆嗦着一味地点头。

第二天，城门外，刘印得意扬扬地命人把路中大夫押到阵前，对城楼上的齐军喊话。看到刘将闾出现在城头的时候，那个前一晚看起来已经被吓傻的路中大夫却用尽平生最大的力气喊道："朝廷派出的百万大军刚刚打败了吴楚叛军，现在正向我们这里开来，大家只要再坚守几天就可以了！"

望着路中大夫脸上嘲弄的表情，刘印感到自己被愚弄了，抄起刀愤怒地砍下了路中大夫的脑袋。但杀了路中大夫并不能帮刘印敲开临淄的城门，相反，路中大夫的话让城里的军民们士气大振，本来就攻城乏术的刘印在城外更加没了办法。就这样又耗了几天，等到栾布率领汉军赶来的时候，四国联军马上一触即溃，临淄的围困迅速被解除。

刘印他们是反贼，虽然打了一次败仗被迫撤出临淄，但也不能算一败涂地。按我们常人的理解，他们至少应该聚集残兵和栾布的汉军来个玉石俱焚、鱼死网破，或者直接往匈奴那儿跑，组个新组织，实在不行直接逃到海上去，至少可以生存下去。可他们一看攻城没戏，就全部直接撤回自己的封国去了，似乎他们回去就可以安安稳稳地睡觉了。造反那么大的事搞得就跟小孩子过家家一样，刘邦这些后代的智商着实让人着急。

吴楚军破，临淄解围，这时候刘启在长安城里终于可以喘口气了。他暗自庆幸："看来天命还是在吾啊！"

至此，景帝三年（公元前154年）发生的声势浩大的七国之乱短短几个月就被平定了，真是来也匆匆去也匆匆。除去被杀的刘濞和兵败自杀的楚王刘戊，其他诸侯的结局我也简单地介绍一下。

胶西王刘印回到胶西国后，拒绝了自己的太子刘德要么继续抵抗要么逃亡入海的建议，而是在栾布的队伍进入胶西国后选择了自杀，陪他死的还有他的儿子和母亲；胶东王刘雄渠、济南王刘辟光和菑川王刘贤则要么投降被诛杀，要么自杀。七国之乱里面唯一活得长一点儿的是稍微硬气的赵王刘遂，尽管匈奴人没有如约前来助阵，但当年卖友救父的郦寄并没有继承乃父的军事才能，战斗一开始便陷入了僵局。刘遂死守邯郸城，和郦寄展开了拉锯战。这场战斗持续了七个月，直到栾布收拾完四国联军挥师邯郸后，局势对刘遂而言才急转直下。

到了邯郸城下，栾布并没有加入郦寄无劳无功的攻城战，而是采用了当年秦国大将王贲攻魏时水淹大梁的办法，掘开河水倒灌入邯郸城中。邯郸的城墙顶住了千军万马的攻击，刘遂的士兵经受住了围城的考验，但他们无法对抗大自然的力量，好几处城墙在河水的冲击和浸泡下轰然倒塌。刘遂眼见城里的活物都快成游鱼了，却仍然不肯投降，而是在城破之时选择了自杀。

另外，齐王刘将闾由于最初曾参与策划叛乱，听说栾布已经知道了这件事，而且正准备顺手把自己灭了，惊恐之下在家连灌了几瓶毒酒，一死了之；济北王刘志则听从手下谋士的建议，通过梁王刘武去游说景帝刘启，最后竟然没有受到惩罚。朝廷只是把他的封国由济北改为菑川，他成为九国诸侯里唯一幸存下来的。

刘启是幸运的，这样一场足以动摇帝国统治根基的叛乱在很短的时间里便被平息，原先晁错设想的削弱诸侯国的目的也部分达成了；刘启又是不幸的，为了这场胜利，很多该牺牲的和不该牺牲的人都牺牲了，刚刚得到恢复的社会生产力受到重创，百姓的生活也受到了极大的影响，本来或准备有一番大作为的他不得不重新把工作的重点转移到休养生息上。

刘启没有想到，这又是一场斗争的开始。

第十六章

太子之争

三个女人一台戏

景帝四年（公元前153年），为了国家政局的稳定，刚刚平定了七国之乱的刘启马上决定立太子。

立嫡以长是一个国家选择继承人的重要原则。通常来说，皇后的大儿子也就是嫡长子是最适合做太子的人选，但让刘启颇为尴尬的是，尽管自己从当太子时就开始努力，可这么多年过去了，当时的皇后、薄太皇太后的侄孙女薄氏一直都没怀上孩子。现在刘启要立太子，薄皇后占着皇后的位子却没有儿子。最后，无奈的刘启只能在其他嫔妃生的儿子里面选年纪最大的刘荣做太子。

太子不是皇后的亲生儿子，这让两者的关系变得非常微妙和不确定。当时的明眼人都知道，眼下这种情况只是暂时的，在不远的将来，太子和皇后要么换掉其中一个，要么两个都推倒重来。总之，这样的局面是不太可能长久的。

以此为背景，就给了另外三个女人登场的机会。这三个女人改变了帝国继承人的命运，也改变了帝国的命运。

所以，我们必须介绍下这三个女人。

先出场的是景帝的姐姐长公主刘嫖和太子刘荣的母亲栗姬。刘嫖是窦太后的大女儿、皇帝刘启的亲姐姐，身份地位自然不一般。栗姬是齐国人，这个女人除了颇有些姿色外，还有两个特点：一曰蠢笨，二曰善妒。早年栗姬在宫里就没有好人缘，只是因为入宫早，长得也还凑合，于是占得先机，很早便为刘启生下了三个儿子。后来因为刘嫖经常给自己的弟弟刘启介绍美女，而且介绍一个成一个，每个人得宠后的地位都高过栗姬，这让栗姬心里非常不爽。但那时候的栗姬没有外家势力可以依靠，所以只能在心里暗暗咒骂，表面上并不敢有过火的表现。可自打她的儿子被立为太子，她自己就好像已经触手可及皇后的宝座，平时紧紧夹着的尾巴马上就翘了起来，鼻孔朝天，懒得再看周围众人，甚至连刘嫖也不放在眼里。

自从刘荣被立为太子，刘嫖也想跟栗姬搞好关系。毕竟有了太子做靠山，栗姬眼下就是宫里所有嫔妃中最有可能成为皇后的那个人。有了这样的优势，即便是皇帝的亲姐姐也要忌惮她三分。谁都知道，要搞好关系就要多亲近，而且中国人历来讲究亲上加亲。怎么才能和栗姬母子亲上加亲呢？刘嫖想来想去，最后想到了自己的女儿阿娇。

刘嫖是皇帝的亲姐姐，刘荣是皇帝的亲儿子，那么刘嫖就是刘荣的亲姑姑，刘嫖的女儿跟刘荣要是在一起，那就是……（你懂的）搞不好他们生下来的孩子就是先天痴呆或者缺胳膊少腿的残疾人。刘嫖可不管这么多，虽说汉律中有禁止有血缘关系的男女结婚的条文，但实际上并没有什么人遵守。再说早个几千一万年，古人们还坚信女子受孕是上天的恩赐，而不认为是男女交媾的结果。反正那时候也没有人研究什么遗传学，古人更没听说过近亲结婚的危害，刘嫖就准备觍着脸把女儿给栗姬送上门去。

等刘嫖带着女儿阿娇拍开栗姬的门说明来意后，栗姬笑了，心里暗想："你刘嫖以前不是老爱给皇帝介绍女人吗，为什么不去找她们呢？现在想来拍老娘的马屁，给我滚一边去！我儿子是什么人？是太子，那是准备当皇帝的，你女儿不过是区区一个公主而已，再看她那小鼻子小脸的寒碜样，跟你刘嫖一个德行，让我看着就恶心，赶紧有多远给我滚多远。"

当然，话不能这么说。栗姬只是冷冷地拒绝了刘嫖的提议："我们家刘荣还小，况且也配不上您长公主的女儿。"

本来刘嫖下了很大决心才放下身段主动上门，结果栗姬毫不留情地拒绝了她，刘嫖一气之下拉起阿娇就往外走。栗姬也不起身送客，只感到这一口憋了多年的恶气终于出了，不由得对着刘嫖的背影放声大笑起来。

刘嫖在栗姬这里吃了瘪，对栗姬更是恨得咬牙切齿。她觉得自己需要找一个人来帮她教训一下栗姬，好让这个不知好歹的女人知道马王爷到底长了几只眼。

可是找谁好呢?

其实不用刘嫖亲自去找。这时候，一个叫王娡的妃子开始主动接近她。王娡不知道从哪里听说了刘嫖在栗姬那里碰壁的消息，而她正对这样的机会求之不得，因为她打算借助刘嫖的力量让自己更进一步。刘嫖和王娡，一个有所需，一个有所求，双方一拍即合。

王娡就是这第三个出场的女人，她可不是一般的女人。和栗姬这样的一般妃子相比，王娡这个女人身上至少有两个不一般的地方。首先，她的出身不一般，王娡的母亲臧儿是汉初的燕王臧荼的孙女。虽然后来家道中落，但王娡毕竟是贵族后裔，眼光和见识不是一个齐国的小女子可比的。其次，王娡的经历也不一般。早年因为家道中落，王娡在母亲臧儿的安排下很早就和邻村一个叫金王孙的男子结婚，并生下了一个女儿。婚后王娡过着平常人的生活，一切看起来是那么地平静和自然。可突然有一天，臧儿也不知道是哪根神经搭错了线，莫名其妙地跑去给自己的孩子算了一卦，卦象显示“两女当贵”。以卦象为指引，臧儿跑到金王孙家里，不顾女婿的反对，强行让王娡和丈夫离婚，然后准备把王娡和没出嫁的妹妹王儿姁一起送进宫里。

也不知臧儿究竟使了什么通天的手段，这事她居然办成功了，这在我们看来是不可思议的事情。王儿姁还好说，但王娡毕竟是已经生过一个女儿的妇人了，想来当时的太子刘启再博爱也不至于到这个地步吧？反正我思来想去也想象不出她是怎么办到的。

不管怎么样，王娡到了太子宫里还是很争气的，毕竟轻车熟路。她一连给刘启生了一男三女，这个儿子就是刘彻。王娡毕竟有眼光，有见识，不同于其他妃子，只懂得默默地给太子刘启使劲生儿子。她虽然只生了一个儿子，但王娡告诉刘启，在怀上孩子的那晚，她曾经“梦日入怀”。

显然王娡走的是当年薄太后“苍龙盘腹”的路子，这种事情你说有就有，其他人谁又能知道或证明呢，或许王娡也就是图个彩头而已。太子刘启当时也很配合，告诉王娡这是个好的兆头。虽然刘启当时很有可能就是这么一说，但王娡至少让他在一众庶出的皇子中记住了这个孩子。

等刘彻生下来的时候，太子刘启已经升格为皇帝。景帝四年（公元前

153年），刘荣被封为太子的同时，四岁的刘彻被封为胶东王。身为皇帝的第十个儿子，刘彻和母亲王娡的身份和地位似乎已经定格，不太可能会有什么变动了。

大家都知道，皇帝不喜欢他那个表亲皇后。在刘启当皇帝的第二年，太皇太后崩掉以后，没有孩子的薄皇后失去了靠山。谁都明白，她被别人从皇后的位置上拉下来是迟早的事情。可论资排辈，即便薄皇后倒了，也轮不到她王娡上位。王娡要继续往上爬，自然不能指望当年在刘启母子身上发生过的事情再发生一次，她需要一个得力的人帮助自己，这个人就是刚被栗姬羞辱了的长公主刘嫖。

自从刘嫖提亲被栗姬拒绝后，王娡就主动到刘嫖那里走动。向来是锦上添花易，雪中送炭难。这个时候，王娡没有像其他人一样去巴结栗姬，而是对刘嫖多多关怀。一来二去，刘嫖觉得王娡这个人还是蛮不错的，识大体、懂得做人，至少比那个该死的齐国女人强多了，她不如把女儿许给王娡的儿子。

对于刘嫖的这个想法，王娡当然求之不得，她们很快便给两个小孩定了娃娃亲。其间的具体过程我们不得而知，民间传说小刘彻与陈阿娇“金屋藏娇”的故事大概只保留了真相的一个轮廓。这个故事大致是这样的：

某天，长公主刘嫖把刘彻抱在怀里玩耍，玩着玩着就问他：“小子，想娶老婆了吗？”

小刘彻歪着脑袋认真地回答：“想！”

刘嫖就指着身边的侍女问他：“这个给你做老婆怎么样？”

刘彻摇摇头。

刘嫖又指着另一个侍女问他：“这个呢？”

刘彻又摇摇头。

刘嫖是什么人？她是皇帝的亲姐姐，荣华富贵自然不在话下，她府上年轻的侍女又何止一两百人？她估计也是闲得无聊，就不厌其烦地一个个指给刘彻看，刘彻都摇头表示不满意。最后刘嫖指着女儿陈阿娇问刘彻：“那阿娇好不好？”

这时候，刘彻拍着手，高兴得嘴都合不上了，说：“如果能够娶阿娇做老婆，我一定用黄金盖一间房子给她住。”

刘嫖听了大喜过望，心想这才是她大汉朝的好女婿。从此，刘彻让她这个准丈母娘越看越满意。于是刘嫖开始几次三番地去皇帝那里，让他为两个孩子赐婚。刘启一听自己的儿子这么喜欢姐姐的女儿，也挺高兴的，就同意了两家的娃娃亲。

“金屋藏娇”一事的作者言辞凿凿，仿佛亲眼所见，只可惜，这个故事并不见于正史，而是出自民间流传的《汉武故事》。鉴于该书几乎通篇都充斥着怪力乱神、虚无缥缈的神仙鬼怪故事，连带这个广为流传、看似可能的故事也变得十分不可信，因此，我们还是把它当个故事看好了。反正就是因为栗姬的嫉妒和愚蠢，加上王娡的精明，最终促使刘嫖和王娡站在了一起。

有了王娡和刘彻这两张牌，刘嫖对栗姬开始了打击报复。她借皇帝姐姐身份的便利，不断在刘启面前夸奖刘彻这孩子聪明懂事，又说了不少栗姬的坏话。有一次，她甚至大清早就哭哭啼啼地跑到宫里跟皇帝诉苦：“陛下啊，你不知道，昨儿个晚上栗姬请宫里的嫔妃们吃饭，也请我了。陛下你是知道的，你姐姐我和栗姬一向玩不到一块儿，本来我是不想参加什么宴会的，但为了陛下的后宫和谐，姐姐我还是去了。可陛下你猜怎么着，那个栗姬指使她的下人每次上菜经过我身边的时候，偷偷地在我背后诅咒我，她们的口水都淋到我背上了。陛下，姐姐我造的什么孽啊，栗姬她现在就这么对我，等哪天她当了皇后，我这个姐姐恐怕就只有死路一条了。”

正所谓积毁销骨，谗言对一个人来说，一次两次的可能还没什么，但架不住刘嫖见皇帝的便利。经过刘嫖一而再、再而三的诋毁，刘启对栗姬也有了看法，而且随着刘荣当太子的时间越来越长，栗姬等待做皇后的时间也越来越长，她开始不满起来，对皇帝的态度也越来越差。

据说有一次，刘启得了病，他觉得自己病得挺重的，恐怕快不行了，就把栗姬叫到身边问：“万一我不行了，太子当了皇帝，希望你能善待其他的皇子和嫔妃们，好吗？”

栗姬一听，一脸的不快，连皇帝的话她也不回答了。

刘启又问了一句：“可以吗？”

要是一般明事理的人，哪怕面对的不是皇帝，而是个普通的亲人，这时候即便心里再不满也会答应一句，再好声安慰病人，至少做做表面工作。

可栗姬不，她甚至恨不得刘启赶紧挂掉，好让自己的儿子当皇帝，于是她“言不逊”，嘴里很不高兴地嘟囔了一句，大概是说“我凭什么要照顾他们”，可能还附带了脏话。这让刘启非常生气，对栗姬的印象变得更差了。当然，还是根据《汉武故事》的记载，栗姬骂刘启作“老狗”。

但我认为，即便栗姬再傻，要她当面骂皇帝老狗也是不可能的。就如同戏文里唱的“蓝脸的窦尔敦盗御马，红脸的关公战长沙，黄脸的典韦，白脸的曹操，黑脸的张飞叫喳喳”。老百姓对文学艺术中人物的认知有个特点，就是过于绝对化和脸谱化。好比我们小时候看电影时总要问一句：“哪个是好人？哪个是坏人？”仿佛好人就是十全十美的，一出场便普照万物，坏人一定是十恶不赦的，放个屁也带有污染大气的险恶用心。这显然不准确，历史上每个人的好与坏都需要综合许多因素考虑，即便是性质最恶劣的人，也不是每时每刻都惦记着做坏事的。

在刘嫖、王娡和栗姬这三个人的剧情中，栗姬无疑是个反面角色，她的愚蠢最终甚至连累了自己的儿子刘荣。虽然事后以成败论英雄，可即便要丑化一个人，也没必要用如此拙劣的手法。刘启本就不是什么善茬，他小的时候就可以因一言不合便敲死玩伴，如果栗姬在他病重这种特殊情况下说了这样的话，想必不要说栗姬是准备做皇后，就算她已经是皇后了，恐怕也保不住自己的项上人头。所以，栗姬大概是说了一些不中听的话，比如“哼”之类的，更可能接近于句首发语词，让皇帝听了很不满也是肯定的，但她怎么也不至于直接对皇帝进行人身攻击。

到了景帝六年（公元前151年）的九月，刘启终于再也无法忍受那个跟自己既没有感情又没有子女的薄皇后了，便开了皇帝废后的先河。这下皇后的位置空出来了，作为太子母亲的栗姬更加觉得自己上位只是时间问题，可刘启同样无法忍受栗姬的愚蠢和嫉妒，再也不跟栗姬提立后的事情了。这时候，一直躲在背后的王娡开始出招了，而且一出就是致命的狠招。

大行是朝廷负责礼仪的官员，王娡偷偷找到他，说：“天下不可一日无主，主不可一日无后，现在薄皇后被废了，太子的母亲栗姬是最适合做皇后的人选，陛下其实心里早有决定，大人何不主动向陛下提出立后的事情，跟未来的皇后搏个拥立的功劳呢？”

大行一听，觉得确实是这个道理，况且王美人也是皇帝的爱妃，她自然懂得皇帝的心意，她肯提醒自己，那肯定是看好自己的。他这些年正盘算着如何继续往上爬，现在这是凭空掉下来的大好机会，一旦栗姬当上皇后，以后还不对他感恩戴德？大行似乎已经看到自己的前途一片光明。

第二天，正好大行要跟皇帝汇报工作，他先对自己近期的工作做了一番精心准备的发言，听得刘启不住地点头。眼见自己得到皇帝的赞许，大行汇报完工作，接着进言说："陛下，自古以来都是子以母贵、母以子贵，现在太子的生母还没有封号，这让臣子们觉得不妥。臣窃以为，栗姬适合立为皇后。"说完，大行对自己语气的把握还十分满意，扬扬自得地站在一旁，等着皇帝拍板同意，大赞自己是国之栋梁，事事懂得为皇帝分忧。他想着想着，心里还不住地窃喜。

皇帝历来都不是无所不能的存在，他高坐于金銮殿之上，面朝着的是天下的臣子，背对着的是庞大的后宫。两者如果各自为政，皇帝在中间就显得游刃有余；如果两者团结在一起，就很容易让他觉得自己被两面夹击，感到腹背受敌。所以，对皇帝而言，最不可忍受的事情之一就是妃子和大臣们互相勾结。听完大行的一番话，刚才还面带微笑的刘启脸色骤变，拍案而起："这是你该管的事吗？"接着，他便命殿下的武士把大行架出去直接给砍了。

想那大行也端的是可怜，甚至连一句辩解的话都没机会说，临了还是个冤死鬼。刘启杀了大行，很自然地认为大行的话是栗姬授意的，看来她已经等不及要做皇后了。他完全没有想过大行只不过是王娡的一枚棋子，还是一枚弃子。这下刘启更是对栗姬这个人厌恶到了极点，回到后宫，他甚至都懒得去见栗姬一面。

在王娡出狠招的时候，作为对手的栗姬在薄皇后被废之后却没有采取任何有利于自己的行动，自以为优势很大的她只是眼睁睁地巴望着那个空着的皇后宝座。结果，就这样过了几个月，栗姬非但没有等到做皇后，自己儿子的太子之位也保不住了。

景帝七年（公元前150年）的冬天，尽管太子本人并没有什么过错，可刘启觉得栗姬实在是不像话，还是下诏废除了刘荣的太子之位。这下栗姬才如梦初醒，悲愤、怨恨之下一病不起，不久便病死了。到死刘启也没有再去见栗姬一面。

太子被废，栗姬病死，再加上刘嫖不断在弟弟面前替王娡和刘彻说好话，这场宫廷斗争最后以王娡的大获全胜而告终。四月乙巳，王娡被正式封为皇后；丁巳，胶东王刘彻被册封为太子。一切似乎就这么尘埃落定了。

可有人并不这么想："你刘启既然能坏了立嫡以长的规矩，废掉长子刘荣的太子之位，难道就不能让我来做皇帝吗？"

父死子继还是兄终弟及

这个起了当皇帝心思的人就是刘启的亲弟弟、在刘启的母亲窦太后那里最得宠的梁王刘武。

在讲这个人之前，我们有必要简单地了解下封建时代统治者的继承制度，看看到底什么样的人可以坐上天下之主的位置。

在很久很久以前，国家最高统治者的继承遵循的是禅让制，就是前任统治者感到自己快不行了的时候，在天下臣民中选择一位能力最强、威望最高的人来代替自己治理国家。这种选择注重的只是继承者的品德、能力，而不考虑这个人的出身、地位。这应当是对百姓最有利的一种继承制度，但这是上古时代才有的事情。从大禹把统治权交给自己的儿子启的那一刻起，这种天下为公的继承制度实际上就不复存在了，历史进入了家天下的时代。

在之后的中国，长期存在两种家天下的继承制度，一种叫父死子继，另一种叫兄终弟及。周朝之前，这两种制度交替实施、并行于世。比如商朝，商汤死的时候，他的大儿子太丁已经早他一步不在了，于是他的二儿子外丙继承了统治权；外丙死后，外丙的弟弟中壬即位；中壬没过几年也死了，权力又移交到太丁的儿子太甲的手上；太甲一死，他的儿子沃丁上位；沃丁崩后又轮到他的弟弟太庚……想必大家看到这里已经混乱了，这样不确定的继承制度显然会给国家的政治局面造成一定程度的混乱。

那为什么统治者们就不能把规矩定死呢？有一种说法是，因为商朝人的平均寿命很短，单算男性的平均寿命，大概35岁不到，因此，很多统治者到了要死的时候，自己的儿子还很小，甚至可能还没有儿子，所以只能让弟弟来继承皇位。

然而，让弟弟来继承皇位对即将死去的统治者来说是有疑虑的。最大的疑虑就是，等自己弟弟死后，权力能不能再次回到自己的后代（如果有的话）手中？即便弟弟很大方，表示会还政于侄子，那弟弟的儿子们会同意吗？如果他们不同意，双方难免大打出手，到时候局面可能就无法收拾了。当年战国时期宋国的国君宋宣公不把继承权留给儿子，而是留给了弟弟公子和，最终造成了宋国好几代的混乱。可大多数时候，统治者不这样做又有什么办法呢？要怨也只能怨自己死得早。

好在随着社会的进步，人的平均寿命得到了延长，只要不出什么意外，大多数统治者都能活到自己的儿子成年，父死子继的制度才最终占据了主导地位。即便这样，最高统治者的位置也不一定只有前任统治者的儿子才会觊觎。远的不说，刘恒的事情便已证明：只要你老子姓刘，你就终归有可能坐到那个最高的位子上。

有了自己父亲这个活生生的例子，也难怪刘武坐不住了。当然，刘武之所以会真正生出当皇帝继承人的心思，还得怨刘启自己。在景帝三年（公元前154年）的时候，刘武入朝，刘启在一场只有自己家人参加的宴会上喝高了，当着众亲戚的面醉醺醺地说了一句："如果我死了，这位子……"他拍拍自己的屁股底下的席子，"让给弟弟你来坐。"

这话一出，在场的人因为都没有心理准备，好不容易才反应过来，窦太后和刘武自然都是一脸高兴样。当然，刘启只是说了一句醉话，但君无戏言，皇帝是能够随便开玩笑的吗？于是窦太后的侄子，也就是皇帝的表哥窦婴马上起身提醒皇帝："陛下，我大汉的江山是高皇帝打下来的，然后传给了他的儿子，父传子是高皇帝定下的规矩，陛下恐怕是喝醉了，怎么能说传给梁王呢？"

窦婴这个人什么都好，就是凡事太较真、太实在。皇帝不过就随口这么一说，又没立什么字据，更没有让刘武把玉玺揣兜里。再说了，皇帝是说"如果"他死了，那时候刘启当皇帝才第三个年头，位子在屁股下还没焐热乎呢，更别谈想到自己身后的事情。窦婴的一番话让皇帝哄老娘没哄成，他自己也被窦太后一怒之下开除了门籍，再也不能进宫了。

这事给了刘武一个错误的信号，似乎太后跟皇帝都有意愿让自己继承帝位。于是，七国之乱时，刘武格外卖力，毕竟哥哥要是被赶下台，自己的继承权也要打水漂了。平定七国之乱后，朝廷派人来清算战功，梁国士兵斩获的叛军人头数居然和中央军的差不多。这可以说是一件天大的功劳，刘启给了弟弟极大的赏赐和肯定。这下，刘武就更觉得自己皇太弟的位子是十拿九稳了。

可让刘武没想到的是，一转眼，刘启便立了刘荣做太子，再也不跟他提什么“千秋之后传位梁王”的事情了。如果非要说刘启在景帝三年（公元前154年）的时候就预料到之后刘武和他的梁国会派上大用场，未免过于夸张。要说也只能说现在刘启的表现正常了，知道什么时候开得玩笑，什么时候开不得玩笑。

可刘武不这么想，太后的支持、皇帝的金口，加上自己的功劳，这可都是实打实的硬条件，一旦哥哥刘启死了，皇帝这个位子，舍他刘武其谁？刘武便把自己看作未来的皇帝，自顾自地得意起来。

既然自认为是“未来帝”，那就不能等同于一般的诸侯，首先不能弱了气势。刘武在梁国比照皇帝的上林苑修建了一座东苑，据说方圆三百余里，又大量增建了宫殿，自己出入宫门不仅有成千上万人前呼后拥，还要清道，事事都按皇帝的标准来执行。并且，从这时候开始，刘武公开以重金厚禄招募天下能人异士。一时间，全国的人才都开始向梁国流动，东边齐国的公孙诡、羊胜、邹阳，西边蜀地的司马相如之流，纷纷汇集到梁国的国都睢阳。刘武利用这些人给自己造声势、出主意，为自己有朝一日能获得帝国的继承权做准备。

看到堂下济济的人才，刘武很是得意，常在心里自我营造一番“周公吐哺，天下归心”的景象，大有天下英雄尽入我彀中的感觉。

到了景帝七年（公元前150年）十月，刘武再次入朝。这次刘启给了他更高规格的待遇，命使者拿着皇帝的信物，驾着皇帝御用的四匹马的副车，早早地在函谷关口等待刘武到来。刘武一到函谷关，使者便用皇帝的副驾将他从函谷关一直载到了长安。刘武这次入朝似乎也有所准备，入朝结束后，他并没有马上回国，而是向皇帝申请在长安留住一段时间，陪伴母亲窦太后。

这样的要求太后自然不会拒绝，哥哥刘启看上去也很高兴。每次同刘武一起出入时，刘启都让弟弟和自己坐一辆车子，他们还一起在御用的上林苑里打猎，兄弟两人仿佛形影不离、亲密无间。

就这样又过了一个月，朝廷发生了一件重大的事情：太子刘荣被废了。这下刘武激动万分，以为哥哥刘启是在为他将来当皇太弟清除障碍。他马上更加积极地在宫里走动，仗着母亲窦太后的宠爱，不断地在瞎了眼的老太太耳边吹风，要让哥哥及早把自己定为帝国的继承人。

窦太后本来耳根子就软，前几年因为生病眼睛又瞎了，更架不住小儿子的哀求。而且，老太太也有自己的私心：下任皇帝如果还是自己儿子的话，那么自己还是说一不二的太后；要是换成了自己的孙子辈，那太后就成了自己的媳妇，自己成了太皇太后，眼还瞎了，到时候说不准会被安排到哪个犄角旮旯度余年，恐怕再也享受不到这无上的富贵荣华。所以，太子的位子空出来后，窦太后便几次三番地叫人把皇帝刘启请来，商量立刘武为储的事情。

刘启的心思我们很清楚，他是不可能把位子让给刘武的。但谁让他当年嘴欠，说了让人当真的假话，导致无法直接拒绝窦太后。还好，根据“君有事，臣子服其劳”的原则，这种让自己左右为难的事情当然是让忠心的大臣们去做更好。

一天，窦太后又跟刘启唠叨：“你们兄弟同心，都是娘的骨肉，看你这几年身子骨也不好，还不如哀家硬朗，你现在还没立太子，万一将来有什么三长两短，那为娘的该怎么办？依我看，还是让你弟弟刘武给你分忧才好。”

刘启一听窦太后又提立储的事情，本想糊弄过去，可老太太都说得这么直白了，他只好说这样的大事还是要跟大臣们商量，需要大臣们同意才行，自己可不能随便坏了规矩。

老太太见之前说了几次刘启都没有答应她，也是来气，就说：“那好啊，你现在叫他们一起来这里，当面跟我商量下。”

这下糟了，老太太脾气倔是出了名的，哪个大臣能在窦太后面前做到威武不能屈？好在刘启早有准备，他马上一连说了十几个人的名字，让侍从们去召这些人进宫议事。

刘启找来的这些人的具体名单我们不得而知，只知道里面有袁盎，从这个人选可见他早就费了不少心思，因为这时候袁盎已经因病辞官，闲居在家。

七国之乱平定之后不久，袁盎因为自己多次向朝廷提出建议却不被采纳，加上自己身体也不好，就从楚国相国的位置上退下来，赋闲在家。和一般官员的退休不同，袁盎退是退了，但没有休，皇帝一遇到事情仍不时派人找他进宫商量。可不管怎么样，立储这样的大事总该由皇帝和国家重臣来商量、讨论，他袁盎现在终归是平民百姓一个，怎么说都不合适。要说只能说袁盎和其他人都是刘启慎重挑选出来对付窦太后的，反正老太太也看不见他们是谁。刘启选择他们是因为他们口才好、耿直，不畏强权。

果然，皇帝找来的这十几个人对太后要立梁王为储君的要求表示强烈的反对，个个引经据典、议古论今，驳得老太太最后也无话可说。

不难猜测，其间必定言辞激烈，甚至针锋相对，窦太后试图以威势压人，大臣们秉持道义，悍不畏死，双方的争论持续了许久。他们具体说了什么，当时不在场的人都不晓得，我们现在更是无从知晓，我们知道的只是这次讨论有两个结果：一是窦太后以国家大局为重，放弃了让刘武做储君的想法；二是刘武从此恨透了袁盎这些人。

数月后，刘启趁热打铁，宣布立王娡为皇后，立王娡的儿子胶东王刘彻为太子，正式确定了帝国的继承者。

刘启不愿意直接忤逆母亲，选择了让袁盎他们来替自己说话，最后虽然表面上保存了自己的孝道，却害死了袁盎他们。

刘武彻底失去了做储君的机会。他闷闷不乐地回到梁国，越想越愤怒，竟然要把气全都撒在反对立自己为储的十几个大臣身上。于是，刘武和手下谋士羊胜、公孙诡策划派出刺客刺杀那天参与议论的大臣们。

谁都知道，这种刺杀并无实际意义。哪怕你把所有的大臣都杀光，就能改变自己不能当储君的事实吗？刘武的目的仅仅是泄愤而已。由此可见，这个人的心智其实并不成熟。

不管怎么样，刘武的刺杀计划还是被执行了。第一个被刘武派去刺杀袁盎的刺客从梁国到了关中，可他并不认识袁盎，一路走一路跟别人打听人们对袁盎的看法。这个刺客大概是个游侠，心里多少有些侠义之气，他每每向路人提到袁盎，但凡知道的人所给的评价都是“好人啊！”“侠义啊！”“难得啊！”“君子啊！”，几乎所有提到袁盎的人都对他的为人赞不绝口，弄得这个刺客最后竟下不了手了。末了，他一狠心，干脆去面见袁盎，跟袁盎直接把话挑明："我是梁王派来杀你的，但我一路打听过来，知道你是个宽厚长者，我现在下不了手了。但我可以告诉你，我不杀你，以后还有的是人要来杀你，你自己小心。"

然而，明枪易躲，暗箭难防。何况袁盎现在不过是布衣一个，完全暴露在阳光底下，他怎么防得了？最终袁盎还是死在了刘武后来派出的刺客手里，当时在场参加讨论的其他十几个大臣也都无一幸免。

袁盎和晁错，两个人虽然性格迥异、水火不容，但两人同样能力不凡且直言敢谏，同样为国尽忠且不畏牺牲，也同样间接死于景帝刘启之手。无怪乎连史圣司马迁也把晁错和袁盎放在同一篇传记里，还发出了"悲彼二子，名立身败"的感叹。

当刘启收到十几个大臣都被刺杀的消息，马上便知道是刘武干的好事。虽然刘启最后只拿了羊胜和公孙诡做替死鬼，但刘武不理智的行为正中刘启的下怀。

刘武做出这样的事情，这下窦太后也不好再说什么。刘启再也不用装好脸色给刘武看了。刘武再来入朝，刘启也不再跟他坐一辆车子，不再一起打猎；刘武再想留在长安住一段时间，刘启也不再批准。至于储君的事情，刘武连想都不要想了。

景帝中元六年（公元前144年），刘武在郁郁寡欢中染疾暴毙。

终于，刘彻坐稳了太子的位置。而刘启之所以急着确立继承人，除了为国家政治的大局考虑，恐怕还跟他的身子不好有关。或许是因为即位之初的那场动乱让他受了不小的惊吓，之后的刘启一直是大病时发、小病不断。景帝中元四年（公元前146年），刘启甚至还给自己建了一座德阳庙。还没死就给自己立庙，怎么看都不是一件吉利的事情。由此可以推测，长期以来，刘启的身体状况大概就是两种状态：生病和准备生病。在很长一段时间里，恐怕他只盼望着自己能多熬些时日，等待太子刘彻长大成人。

最终，刘启又熬了五年。景帝后元三年（公元前141年）正月甲寅，刘启感觉自己时日无多，提前给当时仅十六虚岁的皇太子刘彻举行了冠礼，赋予了他"人治"的权力。

九天后，汉孝景帝刘启崩于未央宫。

第十七章

汉初的儒与道

战国是一个学术上百家争鸣的时代，战国末年尤其以儒、墨、道、法四家名气最大。秦始皇嬴政正是以法家思想为指导统一了六国，随后又出现了以统一学术思想、巩固帝国统治为目的的“焚书”事件，由此可见学术思想对政治的影响之巨大。

然而，时间来到秦末汉初，情况又有了变化。墨家的那套“兼爱”“非攻”理论在统治阶级中失去了地位（当然，它也可能从未获得过相应的地位），只能到基层百姓中求生存。而因为嬴政的关系，法家的名气也被搞得奇臭无比，世人连提都不愿提。天下于是便形成了儒、道两家争霸的局面。

我们知道，道家讲究清静无为，予民自治。老子主张“柔弱”和“谦下”，认为应该通过这样的手段去战胜强大的对手。他认为，要想不受别人的欺负，就要先让对手不想欺负你。你变柔弱了，爱闹事的人就不会来跟你生事。如果他铁了心要欺负你，你就让着他，他满足了也就完事了。他从你这里得了甜头，就会以为欺负人是件简单的事情，从而变得越发不可收拾。随着被他欺负的人不断增多，终有一天，他会碰到一个比他更强横的人。所以，你让着他并不吃亏，只是骗他上当而已，最终胜利还是属于你的。

与道家不同，儒家注重君臣父子的等级制度和繁文缛节，提倡礼义廉耻。这些东西在民不聊生的乱世是没什么用的，连汉初的大儒叔孙通都承认“儒生不能进取，只可守成”。所以，汉初动荡的社会局势决定了道家在上层社会中的主导地位，而儒家则成为受压迫的对象。

我们清楚，在汉初的君臣中，开国皇帝刘邦是个没什么信仰的，看到儒生戴的冠还要往里尿一壶，对儒家那一套根本不感兴趣；而刘邦身边的大多数大臣要么尊崇道家，要么是杂家，基本上都不是儒家的信徒。

比如曹参，他是刘邦手下武将中排名第一的功臣，这个人毫无疑问是笃信黄老的。他到齐国去做国相，齐国那地方有很多儒生，曹参却尊胶西国的盖公做老师。盖公研习的就是黄老之学，应邀到了曹参那里后，他就教曹参用道家清静无为的思想管理齐国。结果，曹参在齐国九年，齐国大治。

惠帝二年（公元前193年），相国萧何去世，死前他推荐素来与之不和的曹参继任丞相一职。曹参赴任之后，只对相府的工作人员进行了调整，把能说会道的吏员通通赶回了家，然后招了一批木讷、不爱说话，只知道埋头干活儿的老实人进来，而朝廷所有的规章制度一律沿用萧何当年的制度，不做一字改动。据说，当时甚至到了这种程度——朝廷上的事情报告到曹参这里，他的回答永远只有一句话："按萧相国以前定的规矩办。"平日里，手下人如果不小心犯点儿小错，曹参也只是敷衍过去，并不求全责备。

于是有人就奇怪了，既然曹参什么事都不管，那他一天到晚都在忙什么？答案是曹参每天在家就做一件事——喝酒，有时还趁着酒劲和下人中的同道一起纵情和唱，笑傲京城。

曹参就这样做了一阵子丞相，朝廷中很多"积极上进"的官员都看不惯其所作所为。于是，有人就想去提醒他。这些人本来也是好意，可一进曹参家，曹参便看出了他们的意图。但凡想开口谈"正事"的，曹参便主动给他们敬酒。丞相位极人臣，这么大的官给他们敬酒，不喝是不行的，而曹参又是长年锻炼出来的海量，结果可想而知，每个进丞相府的大臣都是竖着进去横着出来的，始终没有一个人能开口劝他一句。

时间一长，连皇帝刘盈也看不下去了。刚好，曹参的儿子曹窋当时在刘盈身边做中大夫，刘盈便让曹窋不上朝的时候回家帮忙问问，就说高皇帝驾崩不久，眼下正是需要老臣们尽心尽力办事的时候，是不是因为自己年纪轻不懂事，曹相国看不起他才这样怠慢政事。

皇帝的要求让了解父亲脾气的曹窋十分为难，他忐忑不安地回到家，看见父亲又在亭子里喝酒，心情好像还不错，就硬着头皮上去请安，然后把皇帝的意思跟父亲说了。结果，刚才还面带微笑的曹参顿时暴跳如雷，把酒杯一摔，揪过曹窋就是一巴掌，又让下人狠狠地赏了儿子两百大板，让他滚回去专心服侍皇帝，还说国家大事他曹窋还没有资格关心。

曹窋平白无故地挨了顿板子，要不是因为自己是曹参的亲儿子，这两百大板下来，他恐怕早被打死了。等曹窋让人架着一身是伤的自己进宫面见皇帝时，刘盈十分过意不去，他告诉曹窋好好养伤，其他的事情他自己去问曹参。

汉初的上朝制度是五日一朝，刘盈耐着性子又等了三天，终于等到了上朝的日子，就亲自问曹参："相国，曹窋也没什么错，您干吗要这样责罚他？他说的那些话都是我让他说的。"

这时，曹参出列，把帽子摘了跪伏在地，说道："臣斗胆问一句，依陛下看，陛下跟先帝比起来怎么样呢？"

刘盈马上回答说："我怎么敢跟高皇帝比？"

曹参接着问："那陛下觉得，我曹参比萧相国又怎么样呢？"

刘盈顿了顿，犹豫了一下才说："似乎也比不上。"

曹参再拜："这就对了，陛下。既然您比不上高皇帝，我也比不上萧相国，而他们已经把这江山打下来了，规章制度也制定好了，我们就应该按着他们已经铺好的路一直走下去，这样就可以了。难道还需要改变什么吗？"

刘盈听了哑然失笑道："对对对，相国您说得对，您回去该喝酒还喝酒。"

三年以后，曹参最终喝死在了丞相的任上，但这并不能抹杀他当政期间对恢复社会发展和维持社会安定所做的贡献。他死后，当时的百姓将其和萧何放在一起歌颂："萧何为法，讲若画一。曹参代之，守而勿失。载其清静，民以宁一。"

对于一个人物的定性，人民的评判往往才是准确的。同时，百姓的歌声也反映了当时的社会需求，而汉初的社会稳定正是缘于统治阶级对人民需求的了解。此后，不仅是朝中大臣，就连皇室贵族，甚至皇帝本人，也大多信奉黄老。文帝是信黄老的，景帝的信仰我不太清楚，大概也是信黄老的，因为文帝的皇后窦老太太是黄老的忠实粉丝。她因为自己信奉黄老，便要求太子和皇族中所有的窦家人都要研读黄老的学说，禁止他们读其他学派的书，这也导致了黄老之学在汉初宫廷的盛行。

当然，道家的圣典《道德经》之所以受当时的政治家欢迎，大概还因为这本书的言语非常简练，即所谓的微言大义。说白了，就是它留给读者想象、发挥的空间非常大，任何人都可以将自己想做的事情套上黄老的外衣，然后按自己的意思解释一番。

可时间到了公元前140年，这时距刘邦建立汉朝已经过去了六十多年，国家的生气恢复了，人口也成倍增长了，粮食也堆积成仓了，国库也充盈了，国库中很多钱甚至因为长时间花不出去，串钱用的绳子都烂掉了。简单地说就是，社会又经得起折腾了。

这时候又碰到刘彻这么一个雄才大略且好大喜功的皇帝，儒家也该翻身了。

刘彻也是学黄老出身的，但他对道家那一套非常不感冒，而儒家提倡的新王要改制，要改正朔、易服色、建明堂以别于旧王这一套很对刘彻的胃口。这里只需简单讲一下什么是明堂，大家就知道为什么刘彻会喜欢儒家了。

明堂并不是当时的儒生窝在角落胡乱编出来糊弄统治者的东西，这一制度在《礼记》中就有记载。所谓明堂，就是明诸侯尊卑之堂。比方说，一堆朝廷官员平时待在一起，这三公那九卿，你是什么侯，他又是什么侯，乱哄哄的，也说不清谁比谁牛，但只要你进得明堂来，往属于自己的位置上一站，自己在朝廷中是什么地位便一目了然，不需要再解释说明什么。

按《礼记》中记载的规矩，在这个明堂里，皇帝一人背对屏风，面南背北而坐，皇帝面前有向下的阶梯，臣子中地位最高的三公站在阶梯的中间，地位低一点儿的诸侯站在东边的阶梯上，地位再低一点儿的伯爵站在西边的阶梯上，都要面朝皇帝而站。如果你的地位比伯爵还低，对不起，你就不能站在阶梯上了，请到正门的东面站着，地位更低者就到正门的西面站着，而且都不能东张西望，一律要向北面对陛下。如果你不是中原人，而是少数民族的首领，不好意思，那你连明堂都没资格进。东方的少数民族同胞请站在东门外边，南边来的少数民族同胞站在南门外边，西边来的少数民族同胞站在西门外边，北边来的少数民族同胞站在北门外边，一律面朝陛下。

然后，你以为这就完了？非也，如果你是没有爵位的郡守一级的官员，那就更不好意思了，你连看正门的资格都没有，请到二重门以外站着。尽管你已经什么也看不见了，但依然要恭恭敬敬地面朝皇帝站着，形成一幅“万国衣冠拜冕旒”的景象。

以这样的阵势来彰显皇帝的威严，刘彻怎能不喜欢？！于是，刘彻一即位就任命窦婴为丞相，田蚡为太尉。窦婴和田蚡又推荐赵绾做御史大夫，王臧做郎中令。这几个人都尊崇儒学，于是就准备按着刘彻的意思把定礼仪、建明堂的事搞起来。随后，刘彻下令以策问的方式向全国征召贤良文学之士，结果儒家董仲舒凭《天人三策》位列第一。刘彻又让人打造了减震性能极好的马车，把赵绾和王臧的老师，即当时已经八十多岁的申公，从鲁国千里迢迢请到长安来求教。一下子，儒学好像就要在朝廷上压过其他学派一头了。

然而，世上的事但凡有门派，便有门派之争，学这家的尊崇这家，自然也就看不上其他的。学术界也是如此，学儒的瞧不上道家的清静无为，崇道的看不惯儒家的繁文缛节，见面时双方往往要在口头上相互贬低、讽刺挖苦。在当时，道家恶心儒家倒也没什么，可儒家反过来指责道家时就出问题了。道家的后台是谁？那可是太皇太后窦老太太，赵绾这些人贬低道家本来就让老太太很不满了，何况他们还策划要让长安的侯爷们“之国”。

“之国”这事当年文帝就干过，那是诸侯们不能接受的，尤其跟皇帝的外家沾点儿关系的诸侯，更加不愿意“之国”。他们于是都跑到窦老太太那儿说窦婴、田蚡、赵绾和王臧的坏话，窦老太太对赵绾等人的不满因此就变得更强烈了，处处给他们下绊子、设障碍。

关于儒家的祖师孔子，有则很有名的故事，内容大概是这样的：当年，孔子经常在各国之间来回跑，到处给自己求官要官。有一次，他跑到陈国和蔡国之间时被困住，一连饿了十天，几乎快饿死了。这时候，他的弟子子路就偷了别人家的肉，又抢了别人家的酒，拿去孝敬孔子。孔子见到酒肉，顾不上问东西是哪里来的，也没管什么仁义道德，拿起来就是一顿胡吃海塞。后来，孔子一行人脱困后到了鲁国，鲁国的国君以极高的规格接待孔子时，孔子的表现就不一样了：席子摆得不正，他不坐；肉切得不齐，他不吃。

于是，子路就很奇怪，他问老师：“为什么您前后的表现相差如此之大？”孔子回答说：“那个时候我们是在求生存啊，哪里顾得了那么多，现在我们是要生活，就要把礼义廉耻捡起来。”

这个故事不管怎么解读，至少说明孔子是一个很懂变通的人。后世的儒者却多为顽固之辈，赵绾、王臧亦是如此。他们看到太皇太后总是对朝廷大事横加干涉，就建议皇帝以后凡事都不要向太皇太后请示。

窦老太太的眼睛虽然瞎了，但耳朵灵得很，赵绾几人的建议很快就被老太太知道了。这下子，他们彻底惹怒了窦老太太。老太太将他们视为蛊惑皇帝的新垣平第二，勒令刘彻将窦婴、田蚡、赵绾和王臧全部打入大牢。尽管刘彻多次向老太太求情，但老太太始终坚持严肃处理：因为窦婴、田蚡毕竟是皇家的亲戚，不好赶尽杀绝，便就地免职；至于赵绾和王臧，这两人都不是皇家的亲戚，那就杀头。

赵绾和王臧到底知趣，没敢再为难皇帝，没等宣判自个儿就在大牢里自尽了。赵绾、王臧一死，什么改正朔、建明堂的事情也就吹了。年轻的刘彻也拗不过老太太，可他转念一想，自己才十八九岁，急什么呀，老太太年纪那么大，估计也熬不了几天了，等等再说吧。

终于，建元六年（公元前135年），窦老太太薨逝，之后再也没人能阻止刘彻倒向儒家。他重新把尊儒的事情提上日程，按照董仲舒的建议“罢黜百家，表章六经”。刘彻不但把明堂建了起来，还把儒家提倡的巡狩、封禅、改制、郊祀等所谓的大典都搞了个遍，又按儒家的意思创立了年号。刘彻这一番举动正式确立了儒家作为国家学术的正统地位，在之后的两千多年里，儒家的这一地位都未曾改变。

巡狩、封禅、郊祀、改正朔、易服色、定年号，这一切在现在看来都不过是些虚头虚脑的把戏而已，尽管它们在当时意义重大。这里有一个问题：对我们现代人而言，其中哪一点最有意义呢?

答案或许会出乎你的意料：定年号。

年号的确立是在公元前122年。这一年，刘彻去雍县祭祀五帝，途中闲暇之余还不忘去打打猎，结果，他猎到了一头从未见过的异兽。这只动物全身的毛发都是纯白的，每只脚上有五个蹄，头上只有一只角。看过西方神话故事的人大概都知道，西方似乎也有这玩意儿，叫独角兽。但那个年代的人是不知道这个名字的，当时大臣们纷纷猜测，认为这大概就是传说中的麒麟。刘彻一听是麒麟，很高兴，就亲自作了一篇《白麟之歌》来记述这件事情。大臣们却觉得，此等上古神兽出现，光写篇文章哪里够?于是，他们就请皇帝定年号为“元狩”来纪念这件事情。刘彻认同了他们的建议，这一年便成了历史上第一个有皇帝年号的年份——元狩元年。

然而，这时刘彻已经在位十九年了，过去的十八年没有年号怎么办?刘彻就让大臣们再讨论讨论。讨论的结果是，把之前的十八年进行三等分，然后依照当时国家发生的重要事件分别补一个年号，定为“建元”“元光”和

“元朔”。此后，一出现刘彻自认为的祥瑞征兆和大事件，他就会宣布改年号。这传到后来就成了各朝各代皇帝约定俗成的规矩，有的皇帝甚至改年号改上了瘾：唐高宗李治在位三十四年间换过十四个年号，而他的老婆武则天虽然只当了十五年的皇帝，却也改了十三次年号，有的年号甚至只存在了数月。

皇帝似乎觉得，最近好像什么事都不顺，反正闲着也是闲着，改个年号去去晦气呗。

后来一直到明清时期，皇帝继位确立年号后才不再改动，年号因而成了皇帝的代称。比如，爱新觉罗·玄烨当了皇帝，定年号为康熙，就可以称他为康熙皇帝。

对此，或许有人有疑问：对于我们来说，年号有什么用?

答案是，有了年号，我们现在的人就可以很准确地知道史书上的某件事发生的具体时间，或某件物品出现的具体时间。比如，考古学家挖到一件东西，不知产于何时，这时一看底部的落款“元狩四年”，就知道它是公元前119年的东西了，十分方便。

汉武帝之前的皇帝是没有年号的，秦始皇没有，汉高祖没有，文帝和景帝也没有，后人只能在写史的时候人为地给它粗略划分个“前××年”“中××年”“后××年”。再往前追溯到周朝，人们对时间的描述一律可概述为“唯王××年”。如果考试的时候，老师给你个东西，说是东周的，让你考证下时间，你一看落款是“唯王五十二年”，而东周一共五百一十五年，哪里知道“唯王五十二年”指的是这五百多年间的哪一年。当然，如果你很牛，知道东周在位的君主中只有一个人干到了五十二年，那就是末代的赧王，那么，翻看下年表，你就能很快得出答案。要是不幸来个“唯王二年”，任谁都要骂娘了。

然而，刘彻按着儒家的方式做了这么多，他真的信奉儒家吗?其实不然，刘彻要的只是儒家的排场，他内心实际向往的是法家的独裁。刘彻想要的是如嬴政和刘邦一般，做出一番经天纬地的事业。刘彻生性雄才大略，身子骨比他父亲刘启硬朗太多，精力旺盛得无处发泄。

大丈夫在世，就要建不世之功，享奢靡之福，清静的不取，无为的不要。

时势造英雄，英雄亦造时势。汉帝国的权杖传到刘彻手上，意味着一个新的时代即将来临。

第十八章

张骞

要想和父辈们不同，刘彻首先就要改变汉朝当时在世界上尤其是在周边国家中的地位。说白了，最重要的就是，要和匈奴论清楚谁是孙子谁是爷的问题。年轻的刘彻想要改变父辈们在位时汉朝被动挨打的局面，想要建功立业，可他对汉朝外面的世界几乎一无所知，因此也就无从下手。当时，整个朝廷的情况跟刘彻差不多，大臣们只知道北方有一个强大的敌人叫匈奴。匈奴的地盘有多大？匈奴以外还有没有其他国家？还有多少国家？那些国家的人都是什么样的？是不是都如匈奴人一般穷凶极恶？好多问题长期困扰着刘彻，无法得到解答。

后来，由从边境投降而来的匈奴人口中，刘彻逐渐了解到北方除匈奴外还有很多国家，这些国家有的屈服于匈奴，有的与之对立。其中有一个月氏国，本来也是一个很强大的国家，前几年因被匈奴打败，不仅整个月氏的部族都被赶出了水草茂盛的祁连山，月氏国王的头颅还被匈奴人砍下来做成了饮酒的器具。现在，月氏人对匈奴可以说是恨之入骨，只是力不从心，他们希望能找到一个大国帮助自己消灭匈奴。

刘彻一听便来了兴致，如果能派人联络到月氏，两国联合起来不就可以夹击匈奴吗？刘彻是个决绝的人，凡事想干就干，极少瞻前顾后。他立马开始在朝廷中招募愿意出使月氏的人。

朝廷之事历来是“上面动动嘴，下面跑断腿”。鬼知道月氏在什么地方，有多远，要过几座山、几条河。什么？不知道？什么都不知道怎么去？就这样，刘彻的征集令发出好多天都没一个人响应。就在刘彻失望之际，他手下的一个郎官自告奋勇，表示愿意出使月氏。

这个人就是张骞。

张骞是汉中人，在刘彻身边做郎官的时间不长，刘彻甚至可能都没来得及注意身边有这么一个人。张骞的能力如何，水平怎么样，刘彻可能一概不知，但既然只有他自告奋勇，那也没得选择了。

建元二年（公元前139年），一支以张骞为首、以匈奴人堂邑父为副手、成员百余人、规模和规格都不怎么高的使节队从陇西出发，义无反顾地踏上了未知的前路。

当时要去月氏，别说导航，张骞手头上连张地图都没有，只知道月氏大概在匈奴的北面。张骞的队伍出了陇西便一头扎进匈奴的地界，开始如盲人瞎马般乱闯，结果可想而知。很快，他们就被匈奴的骑兵发现了。百十来号人的队伍怎么跟匈奴打？毫无悬念，他们全被活捉了，并被带到了匈奴单于那里。

匈奴单于见过不少汉族俘虏，但一听说这次捉住的是汉人派去月氏的使节，他便哈哈大笑道："月氏在我匈奴的北面，汉朝人怎么能越过我去月氏？如果我想派人出使南越，你们汉人会同意吗？"

不过，匈奴单于还是挺佩服张骞的勇气的。他没有杀张骞，而是没收了他的所有随从及物品，把他留在匈奴并派人看管了起来。能活下来已经是意外了，张骞于是只好在指定的地方过着半监禁的日子。他就这样在匈奴生活了十年多，不但学会了匈奴语，还娶了一个匈奴女子为妻，末了又生了个儿子。但尽管这样，他内心始终没有忘记自己的使命，一直保留着象征汉朝使节身份的节杖。后来，张骞在衣着、生活习惯、语言等外在方面看起来跟匈奴人已经没什么两样，匈奴人对他的看管变得越来越松懈。这时，张骞瞅了个空子，跟自己的副手堂邑父一起带了干粮，又偷了两匹好马，趁夜逃出了匈奴，继续去完成自己的使命。

虽然在匈奴生活了十几年，但张骞还是不知道月氏在哪里，因为匈奴人自己也不知道月氏人当年被打败北逃后到底去了哪里，张骞只能继续一路向北。这次，他的运气似乎好一些，出匈奴后，他闯入了大宛国。大宛的国王倒是知道匈奴的南边有汉朝这么一个国家，江湖上一直传说它很强大，也很富裕。大宛的国王很想见识见识汉朝的风采，可惜他从来没见过汉朝人。

张骞见大宛国王有心与汉朝结交，为了完成任务，也顾不得许多，马上夸下海口："我们皇帝派我来出使月氏，我却迷失了道路。如果大王能派人带我到月氏，一旦我完成任务回去，我们皇帝一定会送来数不清的金银珠宝感谢大王的帮助。"

大宛国王听了很高兴，说："这事好办，从这里出大宛就到了康居，过了康居就是月氏的地盘。但是，康居和月氏的人都不通匈奴的语言，我可以派向导和翻译跟你们一起去。"

在大宛国王的帮助下，张骞随着向导很快便到了康居。康居国和大宛素来交好，也很乐意帮张骞去月氏。就这样，在出使十几年后，张骞终于踏上了月氏的土地。

然而，时间可以冲淡一切，仇恨也不例外。月氏人在国王被杀、全族北逃后又立了新王，而且占领了大夏国大片肥沃的土地。十几年来，他们过上了相对安定的生活，月氏年轻的一代甚至已经不太记得当年发生的惨剧。这时候月氏人的复仇热情已经冷淡，张骞再想游说月氏的国王和汉朝联合起来对付匈奴就没那么容易了。结果，张骞在月氏国逗留了一年多，始终无法说服月氏人为十几年前的仇恨对匈奴进行报复。无奈之下，他只好踏上返乡的旅程。

这次张骞长了心眼儿，为避开匈奴人，他决定绕道经羌族的地盘回中原。可人算不如天算，在张骞离开的这段时间，原属羌人的地盘已经成了匈奴的势力范围，张骞一入境便被匈奴人逮到。

再次被匈奴人抓到，就没上次那么凶险了，因为张骞在匈奴也算有车有房有老婆孩子和长期居住证的人。匈奴人也没有为难他，继续让他和自己的妻子、孩子在一起生活。这次，张骞在匈奴又生活了一年多，后来竟碰上匈奴发生内乱。原来，匈奴的军臣单于死了，军臣单于的弟弟左谷蠡王伊稚斜自立为单于，和侄子於单打了起来。这一乱起来便没人顾得上张骞，张骞带着自己的妻子、孩子和副手堂邑父趁乱跑回了长安。

此时，已经是元朔三年（公元前126年）。

虽然时间已过去许久，但听说张骞回来，刘彻还是马上召见了他。在见到皇帝之前，张骞的心情是忐忑不安的。虽然这十三年来他历经千难万险，好几次都差点儿把命搭进去，可自己毕竟没有完成皇帝交代的联络大月氏打击匈奴的任务，天知道皇帝会怎么对自己。

好在这时候的刘彻已经不是当年那个对匈奴一无所知、无可奈何的年轻皇帝。世易时移，自从卫青当了将军，汉军夺回了中原失去多年的河套地区，大汉朝已经有能力独自对匈奴作战了。对于现在的刘彻而言，大月氏能来当然好，不来也无所谓。只是张骞却不好处理，严格地说，他并没有完成既定任务，但考虑到他在外漂泊多年，始终矢志不渝，没有功劳也有苦劳，刘彻最后决定，不讨论什么功过，就把张骞不清不楚地晾着算了。

又过了两年，大将军卫青在对匈奴作战时再次取得巨大胜利，一举将匈奴右贤王所部打回了“解放前”。这让张骞想到自己常年在匈奴生活，一身的经历和经验对军队或许还是有用处的，便投到大将军卫青的帐下，做了一名校尉。

自从有了熟悉匈奴地形、水源的张骞的帮助，卫青的军队在草原上就更不会断水或迷路了。也正因如此，张骞才得到了自己本来应得的那份奖励：受封博望侯。

然而，张骞并不适合做一名征战沙场的将士，他在军中的角色更接近高级向导，而非指挥千军的将领。张骞所擅长的依然是在未知的地区探索，游走于各国各民族之间，沟通往来。但是，这时候皇帝已将注意力全然放在了进攻匈奴这一件事上，整个国家都在围绕着这一目的运转，哪里还有机会让张骞重返那依然充满未知的西域？

好在，张骞的等待并不算漫长。元狩四年（公元前119年），汉军分东西两路跨越两千里大漠清扫了匈奴主力，使蒙古大漠以南再无匈奴人常驻的痕迹，这使得刘彻对西域又有了兴趣。

所谓西域，最初指的是匈奴以西、乌孙以南，东西长六千多里、南北宽一千多里的地区。这里原本有三十六个国家，后来逐渐分化成五十多个，即便我们不怎么了解西域的历史，对其中一些国家也早已耳熟能详，比如楼兰、安息、大月氏、大宛，以及精绝古城。这些国家大小不一，有泱泱大国，比如安息，即波斯帝国；也有一些芝麻绿豆大的地方，也称一国，比如单桓国。据记载，单桓全国上下有二十七户，共一百九十四人，如有需要，可发动四十五人参军。这都不如我家所在的单元楼里住的人多。

元狩四年（公元前119年）之后，匈奴人逐步退却，把汉朝和西域各国交通往来的道路让了出来，并且已没有能力再对西域各国进行严密的控制。这下刘彻又动了心思，准备让张骞再次出使西域。

这时候，张骞因为在先前的战斗中误期而丢了爵位，正寻思着找个机会把可以荫福子孙后代的侯爵爵位给挣回来，就对皇帝说："臣在匈奴的时候曾经听说有乌孙这么个国家，乌孙王叫昆莫，是一个了不起的人物。听说他白手起家建立乌孙，经过多年的发展竟也能与匈奴抗衡。陛下如果能不吝财物结交乌孙，就好比斩断匈奴一条臂膀，进而西域其他国家也就更容易倾向我大汉了。"

刘彻虽然赶跑了匈奴人，但他们只是跑了，并没有被消灭，保不准什么时候还会杀回来。刘彻当时正思量着怎么才能彻底消灭匈奴，听张骞这么一说，马上就拍板同意。

元鼎二年（公元前115年），刘彻任命张骞为中郎将，率领由三百人、六百匹马、数万头牛羊以及价值几千万的黄金珠宝和绫罗绸缎组成的使者团，再次踏上通往西域的道路。由于漠南的匈奴势力已经被肃清，这次张骞的出使很顺利，使者团平安到达乌孙，张骞很快便见到了乌孙王昆莫。

昆莫以前从来没见过汉朝的使者，不懂得汉朝的外交礼仪，可他见过很多匈奴的使者，便以接见匈奴使者的方式接待张骞一行人，大大咧咧地跟张骞行了一礼。张骞一看他们竟把天朝上国的使者当匈奴人对待就不干了。要知道，匈奴人已经被大汉的天兵赶到天边吃沙子，早已不是当年那个雄霸北方的强大民族，怎么能将汉人和匈奴人等同起来？不过，张骞久在塞外生活，听闻乌孙人贪财，便对昆莫说："我们皇帝陛下的赏赐我已经带来了，按照我们的规矩，大王应该跪拜受礼，不然，礼物我可就原封不动地带回去了。"

依照现代人的观点，国家与国家之间，无论大小，均为平等关系。大家可以想象下，让一个国王对另一个国家的使者行拜礼是什么画面。然而，乌孙人毕竟是实用主义者。再说，他们大概也从来不讲究"男儿膝下有黄金"那一套，既然有好东西干吗不要呢？于是，昆莫依张骞的意思行了拜礼。这样，张骞心里得到了满足，昆莫得到了实惠，实在是双赢的局面。

之后，张骞先送上早已准备好的厚礼，然后说："我们陛下很是敬仰大王，希望大王能搬回南边居住，陛下还愿意将汉室的公主嫁与大王为妻，这样两家结为兄弟，还怕他匈奴人吗？"

乌孙王不喜欢匈奴人，他很喜欢汉朝的厚礼，也喜欢娶异国的公主。可要他和匈奴人完全划清界限，站到其对立面上，昆莫还是要仔细思量一番的，所以没一下子应承下来。而张骞也没有一味死等，他又命手下多名副使带着礼物，由乌孙的向导引路，从乌孙的国都赤谷城出发，前往大宛、康居、月氏和大夏等国。

又过了好一阵子，在维持现有平衡还是倒向汉朝之间，乌孙王还是没法儿决断，遂打发一队人先跟张骞回去，想先看看传说中的汉朝究竟是什么样子。张骞带着这一队人和几十匹作为礼物的马回到了长安。皇帝很高兴，将张骞提拔为大行，并以很高的规格接待这些使者，让乌孙的使者领略了汉朝的强大。

两年后，张骞在赤谷城派出去的副使们陆续回到了长安，他们把有关沿途所经国家的信息带回长安，让汉朝人开阔了眼界。从此，汉朝和西域各国的往来逐渐成为常态，每年从汉朝出发的使者少则五六拨，多则十几拨，规模也从几十人到几百人不等，西域各国到长安的使者更是络绎不绝。

然而，这一切是张骞所不知道的，因为从乌孙返回后第二年，长期奔波积劳成疾的他就在长安病逝了，享年五十岁。

张骞两次出使西域，第一次出使更是历经十三载，其中的艰难险阻是旁人所不能想象的。虽然第一次他没能完成促使月氏和汉朝联合对付匈奴的任务，而且第二次乌孙虽和汉朝建立了邦交，最终却没有按汉朝皇帝的意思搬到南边，但是张骞始终矢志不渝地坚持着自己的使命，并开阔了汉朝人的眼界，他的精神和贡献是值得后人学习和肯定的。若干年后，一条从长安出发，途经中国现在的甘肃和新疆地区，跨中亚和西亚，连接地中海各国，横贯欧亚大陆的贸易交通线正式形成，并在其后的数百年间对中国及欧亚各国的文化和经济交流产生了巨大的影响。它的路线大体就是张骞当年所走的路线。由于当年这条路上的主要流通物是中国产的丝绸，所以人们形象地称它为"丝绸之路"。

这是张骞对国家和民族所做的最为重要的贡献，尽管他生前并未看到，但历史将永远记得。

我们再回到元光年间的汉朝。起先，刘彻的想法是联合月氏对付匈奴，但建元三年（公元前138年）以后，张骞一去便杳无音信，想来恐怕是凶多吉少，刘彻已经等不了了。对刘彻而言，驱逐匈奴这件大事，有月氏人帮忙要干，没有月氏人帮忙，自己想办法也要干。

大臣们反对？不管。没有经验？不管。

刘彻决定先投入激烈的战斗，然后一切自会见分晓。

第十九章

汉武雄风

马邑之谋——大汉旧军事战略的最后一次尝试

自白登之围后，从刘邦到吕后再到文景二帝，汉朝对匈奴一直采取和亲政策。然而，汉朝付出女子、财物以及帝国尊严换来的往往只是边境数年的和平，有时甚至只是减少了匈奴大规模入侵的次数，都不能称之为和平。总之，匈奴人常年在边境上溜达，高兴时进来扰一下，不高兴也进来扰一下，每当皇帝下定决心集合步兵、骑兵和车兵准备前去驱赶他们的时候，匈奴人早回到草原深处的帐篷里睡大觉了。

这看起来已经很糟糕了，但还不是最糟糕的。公元前174年，冒顿单于死了，他的儿子稽粥当了单于，号称老上单于。刚一即位，老上单于便写信提醒文帝："现在匈奴由我主事了，赶紧送女人和财物过来。"

文帝再三思量还是没想到办法，只能继续实行和亲政策。这次和亲的规模和形式与以往以及后来的和亲并没有太大的区别，但它因为一个人而变得不同。

这个人就是中行说。

中行说虽不是第一个，但绝对是早期且最有资格享受以下两个字评价的人，这两个字就是"汉奸"。

中行说是燕国人，本是朝廷的宦官。或许因为燕国邻近匈奴，当时朝廷在选择送亲人员的时候很自然地就将出身燕国的中行说定为了出使人员，但中行说并不愿意离开繁华的长安，便一再向上司请求换人。可他毕竟人微言轻，再说了，要是能选择的话，公主自己还不愿去呢。再三恳求无果之后，中行说就发了狠心，撂下一句话便头也不回地出发了：“如果一定要逼我去，我必然会成为汉朝的祸患！”想必当时的官员听起来只觉得它是一句气话，然而，它真的不只是一句气话。

和亲的队伍一到匈奴，中行说就主动死心塌地地拜服在老上单于的脚下，做了一名彻彻底底的汉奸，老上单于也很愉快地接受了他。

历史反复证明，一个民族的文明程度和它的军事实力并不成正相关。彼时，强大的匈奴居然人人都不会算术，直到中行说将算术引入匈奴后，很多匈奴人才第一次真真正正地算清楚自家有几只羊、几匹马。但如果这算文化交流，是件好事的话，那中行说一辈子所做的好事也就到此为止了。

来到匈奴后，中行说不懈地实践着自己“祸害汉朝”的誓言。他不仅让老上单于在外交场合使用比汉朝长一寸的竹简通信，还让单于在名字前冠以“天地所生日月所置匈奴大单于”的称号，以力压中国的“汉皇帝”。如果他只是要要文字游戏、逞口舌之快也就罢了，可他还唆使匈奴人要多多要求汉朝赠送金银珠宝、美酒和丝绸，但不要沉迷于这些东西，因为这些东西并不适合匈奴人原有的生活。更可恨的是，每次汉朝和匈奴通使，使者觐见单于时，中行说总是在一旁言语匈奴人如何如何好、汉人如何如何不好，每每都把汉朝的使节恶心一番。如果汉朝派言辞犀利、能说会道的使者来和他辩论，中行说就摆出一副泼皮样，一句话就把对方呛回去：“说这么多干什么！回去让你们的皇帝把每年要定期送来的粮食、美酒、丝绸和布匹都准备好，记住要挑上等货送过来！如果不给，或是想给些歪瓜裂枣的残次品糊弄我们匈奴人，那我们就等秋天稻谷熟的时候去你们的田里放放马。”

这种心理就如同“我得不到的东西，你也别想得到”，何其恶心！中行说就这样在单于身边时时撺掇，让单于派兵来糟蹋自己父母之邦的百姓，为的只是报一己之私怨。有这么一个人在旁边出主意，老上单于也乐意给他当枪使。文帝十四年（公元前166年），匈奴出动十四万骑兵对汉朝边境进行了一次大规模的洗劫，匈奴的侦察兵甚至出现在了雍县的甘泉宫附近，着实把刘恒吓得不轻。

匈奴骑兵每次对边境进行寇略总能获得大量好处。当汉军反应过来时，匈奴骑兵早就拉着他们的战利品，赶着俘虏来的百姓，优哉游哉地回到草原深处了。对于匈奴人来说，这简直就是无本万利的买卖。

这样的事情，文帝能忍，景帝能忍，年轻气盛的刘彻可不能忍。建元六年（公元前135年），匈奴的军臣单于又派人来跟汉朝提和亲的事情。这时候，对于和亲，朝廷大臣们的意见出现了分歧。大行王恢表示，之前朝廷屡次和亲都没有太好的效果，匈奴人还是一样，该来抢的时候来抢，想要夺的时候就夺，现在不如回绝和亲要求，以武力解决匈奴问题。

王恢此言一出，朝廷中出现一片反对声。以御史大夫韩安国为首的老成持重的大臣仍坚持认为，让大军进入茫茫草原寻找匈奴人决战不是明智之举，既浪费人力又要承担极大的风险，还是延续和亲的办法，息事宁人为好。朝廷中的其他大臣大多也倾向于韩安国，尤其是像丞相田蚡这种享乐派的大臣，更是想维持现状，不愿意出兵冒险。毕竟，第一，韩安国的意见是有道理的；第二，国家嘛，稳定最重要，反正匈奴要打也打不到长安，边境上的老百姓受了苦，丢了命，又与自己何干呢？最多表示表示谴责，表示表示哀悼就可以了。

由于大多数大臣支持和亲，刘彻只得继续派出和亲队伍，而且这次和亲的规格比以往的都高，财物也比以往的都多，开放关市的规模也比以往都大。这让匈奴人以为，这个新来的皇帝和以前的也没什么区别，照样是个软柿子。

其实，刘彻心里是支持王恢的。建元三年（公元前138年）南方的闽越攻打东瓯时，以及建元六年年初闽越攻打南越时，朝廷都曾派兵前去调停，结果，闽越一听说汉朝派军队来了，没等汉军开到前线，他们就主动撤退了。这两次不战而屈人之兵的胜利让刘彻对汉军的实力信心大增。所谓“天子之兵，有征无战”，说的不正是这个吗？依他想来，匈奴的人口比闽越的也多不了多少，即便匈奴比闽越难对付十倍，朝廷应该也对付得了。于是，刘彻准备在和亲政策的掩盖下收拾下匈奴人，他缺少的只是一个机会，或者说一个计划。

正好，不久之后，主战派的王恢便给刘彻带来了一个伏击匈奴的计划。事情是这样的：王恢认识一个叫聂壹的马邑人，他是个专门在边境搞投机生意的商人，经常背地里往匈奴走私铁器等禁物，在边境一带是个手眼通天的人物，甚至在匈奴高层面前也说得上话。王恢说，聂壹这个人有爱国情怀，认为任由匈奴长期这样胡闹下去不好，希望朝廷能将匈奴彻底消灭。当然，如果你认为聂壹是因走私禁物东窗事发，朝廷要他将功折罪也无不可，毕竟大多数商人都以利字为先。聂壹也不是什么本分人，做的是犯禁的勾当，一旦匈奴被赶跑，他还跟谁去赚这个钱？反正，不管怎样，聂壹向王恢献计说，由他去诓骗军臣单于，说自己能带手下混进马邑城杀死守城的官员制造混乱，然后与匈奴人里应外合，将马邑城里能搬走的物件一次性洗劫一空。以聂壹对军臣单于的了解，单于必然禁不起这么大的诱惑，一定会上当。这时候，朝廷的大军只要提前在马邑周围埋伏停当，就能一举将匈奴人围而歼之。

王恢的这个计划不是凭空想象出来的，战国时赵国大将李牧就曾做过类似的事情，结果一战便消灭了匈奴十几万人，使赵国与匈奴的边境获得了长时间的和平。王恢的这个计划既诱敌深入，又以逸待劳，是一个理想得不能再理想的计划，就连韩安国这样坚决反对深入敌后的主和派也难以反驳。当这个计划被呈到刘彻的面前时，心中早就不满和亲政策的他对其非常满意。既然大臣们提不出什么反对意见，刘彻便决定让王恢全权负责这次行动的准备工作。

元光二年（公元前133年），经过充分的准备，刘彻决定出动汉军骑兵、车兵、步兵和弓箭兵等共三十余万人，以御史大夫韩安国为护军将军，卫尉李广为骁骑将军，太仆公孙贺为轻车将军，大行王恢为将屯将军，太中大夫李息为材官将军，伏击匈奴。按计划，各军提前埋伏在马邑城周遭的山谷中，匈奴单于一旦上当入城，全军便一拥而上，将匈奴军队连人带马剁成肉酱。

准备停当后，刘彻心想，这次即便不能消灭匈奴，也要打得匈奴人下半生生活不能自理。

一切都在按计划进行。聂壹跟军臣单于接上头后，在双方约定的时间杀了几个死囚，并把他们的脑袋挂在城门上充作马邑官员的脑袋。匈奴的侦察兵在城外远远看到城墙上的人头信以为真，以为聂壹的人已经得手，迅速回去告诉了军臣单于。早在边境等候多时的军臣单于便率十万骑兵迅速越过边境，途经武州进入马邑，准备对马邑城采取三光政策。

事情至此还算比较顺利。然而，刘彻还是想得太简单了。一个如此繁杂、涉及人数众多的计划是很难不出纰漏的。而且当年司马迁的《史记》还未成书，刘彻和王恢对当年李牧战匈奴一事恐怕也仅知道个大概，并不了解李牧当年为了诱敌深入可是下足了血本，不仅连续诈败了几场，还放任几千散兵游勇和百姓在城外任匈奴人肆意砍杀，这才诱使匈奴的十万大军进入伏击圈。刘彻显然舍不得像李牧一般作为，汉军早早便通知沿途的百姓近期要在家待着，禁止出门，只放了牛羊牲畜在野外游荡。

舍不得孩子套不住狼，要骗以畜牧业为生的匈奴人，光有牛羊显然是不够的。匈奴骑兵进入汉朝边境后，军臣单于越走越觉得不对：为什么到处都跟他们草原那里一样，天苍苍，野茫茫，风吹草低见牛羊？那人呢，都去哪儿了？越往前走，军臣单于的疑虑就越大，走到离马邑还有一百里的时候，他终于忍不住了，命令手下暂停前进，同时派人到最近的汉朝官府所设立的亭里抓个舌头过来问问。

匈奴骑兵都是套马的汉子，狂奔的野马也能套住，要在平地里抓个活口还不容易？碰巧，当时雁门的一个尉史正从附近路过，远远望见匈奴的大队人马，就赶紧到最近的亭里躲了起来。也该刘彻倒霉，非常不巧的是，尉史藏身的这个亭就是匈奴要抓舌头的那个亭，这下雁门尉史就成了俘虏。

这个尉史与一般的下级士兵不同，他见过皇帝要伏击匈奴的檄文。匈奴骑兵拔出刀来一吓唬，他便吓得魂飞魄散，也不等匈奴人发问，立即将所知道的情况和盘托出。军臣单于听说汉军几十万人马已在马邑张好了口袋，就等自己往里钻，大惊失色，赶紧命令手下后队变前队，快马加鞭循着原路跑回了草原。

在离匈奴骑兵不远的地方，将屯将军王恢带着手下的三万士兵正准备等匈奴人进了口袋阵后，就杀出来截住对方的后路，没承想却出了变故。是冲出去跟匈奴人拼个你死我活，还是就这样按兵不动，看着他们走掉？

“还不如就这么算了吧。”王恢掂量了下自己，又掂量了下身边这几万人马，自觉没有勇气独自面对匈奴的铁骑。

就这样，匈奴人撤回了草原，王恢也命令军队往马邑撤退。一路上，他还不断地安慰自己，刚才没冲出去那是给国家保存了几万的生力军。想着想着，原本还有点儿愧疚的他也就释然了很多。

匈奴人半道逃跑了，三十万汉军主力却不知情，还在马邑空张着口袋等待军臣单于。等他们从王恢那儿得到消息再去追赶的时候，匈奴人早就没了踪影，汉军只好全部撤回长安。远在长安的刘彻每天都在坐卧不安地等待前线大捷的消息，可到头来只是空欢喜一场。马邑伏击耗费了巨大的人力和物力，却以这样的结局收场，刘彻多少有点儿恼羞成怒，一番追究下来，便将主战的将屯将军王恢打入了大牢。

刘彻认为，王恢是此次行动的策划者，又是第一个知道匈奴撤退消息的将军，却没有对匈奴进行哪怕一丁点儿的打击，让整个伏击战彻底沦为他人日后的笑柄。这是刘彻所不能忍的。皇帝不高兴，后果很严重。因此，必须有人对此负责，主审此案的廷尉很是知趣，就按皇帝的意思给王恢定了个“延误军机”的死罪。

背地里得到消息的王恢立马慌了，赶紧托牢里的关系，叫家里人拿出千金去找当时的丞相田蚡帮忙捞人。田蚡是王太后同父异母的弟弟，也是皇帝的舅舅，出了名地贪财，见了黄灿灿的金子马上拍胸脯保证一定把王大人捞出来。

为了提高捞人的成功率，田蚡没去找皇帝，而是直接找到了姐姐王太后。

王太后和田蚡姐弟情深，想也没想就满口答应帮弟弟这个忙。然而，这时候刘彻正不爽得紧，加上前段时间太后逼他杀了自己的弄臣韩嫣，刘彻心里正和太后闹别扭，所以，这次他连太后的面子也没给，坚决要严惩王恢。收到消息的王恢彻底没辙了，在狱中自杀。

跑回草原的军臣单于虚惊一场，他是个实在人，觉得那个尉史是上天派来拯救匈奴的，所以非但没杀尉史，还给他封了个王，号称“天王”。有了这次教训，军臣单于再也不相信来自汉廷的任何有关和平的消息了，而且为了报复汉朝，匈奴人更加频繁地穿梭于两国边境，时时往返，入寇不绝。

经过马邑事件，刘彻也意识到，再想通过和亲手段缓解边境问题是不可能了。在如何解决汉人和匈奴人的纠纷问题上，他亲手毁掉了其他的方案和可能，不仅和平的方式已行不通，被动的防御也化为泡影。现在只剩下用武力解决问题这一条路可走，而且只能一条路走到黑了。

没办法了，进攻！不是你死，就是我亡！

卫氏崛起

马邑之谋失败后，刘彻下定了以武力解决匈奴问题的决心，甚至愿意为此搭上整个帝国的命运，但还有一件事令他极度困扰和担忧：派谁去担这个担子？父辈几十年的经营给刘彻留下来的是御史大夫韩安国这样的将领。

韩安国是个好同志。

他的优点很明显，是老成持重；缺点也很突出，就是太老成持重。

七国之乱的时候，韩安国还是梁王手下的一个将军，正是他的老成持重，使梁国以单城孤军硬是顶住了吴楚二十多万叛军两个多月的攻击。如果没有韩安国，当时的太尉周亚夫后来不一定能立下平定七国之乱的大功。由此可见，韩安国是一个优秀的将军，是一个防守大师。他是先帝给刘彻留下的守江山的重臣，其以防为主的战略也是文景两朝国家军事战略的完美代表。

但他不符合刘彻的要求，或者说，以韩安国为首、靠防守起家的将军们不符合刘彻的要求。

因为匈奴人可以入云中，可以入雁门，入燕地、辽东、北地、渔阳、上谷……北方的边境实在太长了，而韩安国只有一个，即便加上李广和程不识，也不足以防守这数千里的边境线。况且，再稳固的防守也只是防守，难道光凭防守就能把可恶的匈奴人防回他姥姥家去吗？

为此，刘彻决定亲自重新选拔一批人，来帮助他摆平匈奴。这些人至少要具备这样的特点：年轻、身体好、肯折腾、有干劲、有冲劲、敢进攻、不怕死。不太恰当地说，他要找的就是不要命的愣头青。

然而，即便如此，要找信得过又敢去对付匈奴的愣头青也并不容易。在马邑之谋四年之后的元光六年（公元前129年），匈奴骑兵侵入上谷，杀掠人畜无数。这次，不堪忍受匈奴骚扰的刘彻终于发飙了，决定派军队深入草原攻击匈奴。

这是汉帝国与匈奴的战争史上一次决定性的改变。汉军的骑兵将第一次单独踏足以前从未到过的茫茫草原，他们要克服之前从未遇到的困难，去寻找那些杀汉人父母、虏汉人妻儿、抢汉人牲口、喝汉人美酒、传闻中穷凶极恶又强大无比的敌人。正因为这样，刘彻也不敢过于冒险。他组建了四支骑兵队伍，每支一万人，而将领人选则锁定在四个人身上：李广、公孙贺、公孙敖和卫青。

从名单上就可以看出，这是刘彻夹杂着私心的一次赌博。

李广的祖上来历不凡，他的爷爷乃是秦朝的大将李信，曾在秦灭燕的过程中立下大功，因此，李广是真正的将门之后。李广本人也非常人，他在刘彻的爷爷刘恒当权时就已经从军，论资历也非同一般。而且，李广力大臂长，骑射技艺精湛，曾多次在文帝面前表演单人格杀猛兽的好戏，还有一身过人胆识。文帝曾感叹："可惜李广生不逢时，如果生在高皇帝那个年代，以他的能力，当个万户侯易如反掌。"由此可见，其勇敢绝非常人可比。此外，李广在匈奴人中也有很大的名头，匈奴军中呼其为"飞将军"，匈奴的将领常告诫手下士兵，不到万不得已，尽量避免到李广的地头儿上闹事，免得自取其辱。

现在刘彻要主动攻击匈奴，有能力又有声望，连匈奴人都畏惧其三分的李广自然是不二人选。然而，没有人料到，当年文帝竟一语成谶，李广非但在文帝当权的年代生不逢时，就是在景帝、武帝当权的年代，也不得其时，这里暂且按下不表。

然而，名单里除了李广，剩下的这三个人则是靠关系入选的。公孙贺，义渠人，祖父公孙昆邪曾做过陇西太守。公孙敖，义渠人，大概是公孙贺的堂兄弟之类的亲戚。这些都不重要，重要的是，公孙贺是卫子夫的姐夫，公孙敖曾在长公主手下救过卫青的命，而卫青是卫子夫的弟弟。

那卫子夫又是何许人也？原来，此时刘彻已经做了十二年的皇帝，即便他当年真的说过"金屋藏娇"的誓言，想来也记不太清了。何况，皇后陈阿娇知道，刘彻能做皇帝，全凭自己母亲长公主在背后大力扶持，想必平时在宫里对这个丈夫也不太尊敬。这让年轻气盛的刘彻如何受得了？当上皇帝没多久，刘彻便开始冷落她。况且，陈阿娇自己也不争气，又得了那个年代的女人最不愿得的一种病——不孕不育。为了这事，长公主刘嫖没少操心，甚至为此一年花了九千万来给她治病，这可是一笔几乎相当于朝廷当时的年财政收入百分之一的巨额资金。然而，尽管耗费如此大的财力，可陈阿娇的病始终没什么好转。刘彻即便再怎么努力，陈阿娇的肚子也不见动静。这下，刘彻就更有理由在外面找女人了，卫子夫就是其中之一。

为了讨好当皇帝的兄弟，汉朝的长公主们爱干的事都差不多。和刘嫖一样，刘彻的姐姐平阳公主也喜欢给自己的皇帝弟弟介绍女人。尤其在见到陈阿娇空占着窝不下蛋之后，平阳公主更是替自己的弟弟着急，亲自在长安通过海选挑了十几位美人留在家中养着，就等着刘彻哪天到家里来的时候，给自己的皇帝弟弟看看。

建元二年（公元前139年），平阳公主好不容易等到刘彻路过平阳侯府，便摆了桌宴席，席间又请出了自己在家中养了多时并且精心打扮好的美人给刘彻过目。

不得不说，女人看女人的眼光和男人看女人的眼光真的很不同，平阳公主亲自选出来的十几个美人全都没能入刘彻的眼。末了，平阳公主只得唤退美人，宴席在一种略带尴尬的气氛中继续进行。

然而，平阳公主没想到，有心栽花花不开，无心插柳柳成荫。就在平阳公主失望至极时，她家中一个弹琴唱歌的女子却吸引了刘彻的目光。那女子有一头乌黑亮丽的长发，其相貌、身材什么的，当然也很好，可具体怎么好，现在谁也说不上来了。但这就足够了，反正男人在某些方面是一种进化极其缓慢的动物，两千年前的男人的审美观和我们现代人一样，就如同小时候听的广告词："我的梦中情人，一定要有一头乌黑亮丽的长发，乌黑的头发，我觉得才够健康。"

那女子乌黑发亮的长发立即吸引了刘彻所有的注意力。有了乌黑长发的衬托，再一看长相，刘彻瞬时觉得，这女子秒杀前面一众的庸脂俗粉。然后，他就趁着去换衣服（也有可能是上厕所）的空隙将那女子叫了出来，在更衣室里就把事给办了。

对，您看得没错，刘彻在换衣服的空隙就宠幸了一个刚认识没几分钟的女子。

换完衣服回来，刘彻神清气爽，开心得不得了，离开的时候还赏了平阳公主一千金。虽然刘彻回去的时候没带上那女子，可皇帝宠幸过的女子，平阳公主哪还敢留在家里？再说了，把卫子夫送入宫以后，自己在皇帝身边也能有个帮忙说话的人，不是吗？没几天，平阳公主就上奏皇帝，请求将那女子送入宫中。刘彻立马答应了平阳公主的请求。

或许，这时候刘彻才真正记住，这个女子叫卫子夫。

平阳公主亲自将卫子夫送上进宫的马车，意味深长地对她说：“走吧！这皇宫也不是那么好进的，以后你只能自己好好照顾自己了，如果有了出头之日，可别忘了我这个牵线的媒人。”

正如平阳公主所说，卫子夫进宫后并非一帆风顺。那时候，窦太后还强势得很，刘彻干脆撒手不管朝政，每天只顾着玩，但皇帝可玩的东西实在太多了，就没想起卫子夫来。入宫一年多，卫子夫从没见过皇帝，甚至还被列入了外放出宫的名单，但她终究熬了过来，又一次得到了侍寝的机会。这次，命运没有再遗忘卫子夫，她很快就怀上了刘彻的孩子。

有了身孕，卫子夫对刘彻的意义就非同一般了。尽管当时没有胎儿性别鉴定技术，但卫子夫能怀上就证明刘彻是个身体健康的大好男儿，问题全在阿娇身上。此后，即便面对丈母娘长公主刘嫖，刘彻的腰板也能挺直了。这样一来，卫子夫在宫中的地位也大大提高。

对于皇后陈阿娇而言，卫子夫毕竟出身寒门，甚至连她的姓氏“卫”都只是她母亲的姓氏，而她母亲只是平阳侯曹寿家里的一个下人，在朝廷中没有任何根基和势力可言。如果卫子夫只是得到了皇帝的宠幸，那对贵为皇后的陈阿娇并没什么太大的影响，但怀孕的卫子夫着实击中了陈阿娇的死穴，证实了她不孕不育的事实，这无异于当着全天下人的面给了她一记响亮的耳光。有长公主刘嫖撑腰，平时就傲慢惯了的陈阿娇哪里会把卫子夫放在眼里，好几次要将卫子夫除之而后快。好在卫子夫机灵，刘彻也知道自己这个皇后的脾气，平时多留了个心眼儿，这才保住卫子夫娘儿俩的性命。

陈阿娇一计不成又生一计，心想：“既然干不掉卫子夫，那就干掉她身边的人，让她痛不欲生。”

陈阿娇准备干掉的这个人就是卫子夫同母异父的弟弟——卫青。卫青的出身比卫子夫还差，他的父亲郑季本是一个无名小吏，在平阳侯府工作时和卫子夫的母亲私通生下了他。郑家本就不是什么高门大户，卫青这个私生子在郑家更是没有地位，吃不饱穿不暖不说，每天还要起早摸黑地给家里放羊，基本就是一个兼职的童工，还是免费的。卫青好不容易长大了，因为卫子夫到平阳公主府做了歌女，他也就随着过去，做了平阳公主的马奴。此时，卫青的境遇其实和小时候差不多，只不过小时候喂羊，长大了喂马。

据说，曾有一次偶然的机会，卫青遇到一个会看相的刑徒。刑徒给他相面，然后告诉他：“你这是贵人相，以后至少可以封侯。”

卫青不以为意地回答：“我就是一下等人，只要每天有饱饭吃，能少挨骂就满足了，哪敢奢望什么封侯？”

说是这么说，可卫青内心不见得真就这么想，毕竟理想嘛，还是要有的，以后万一实现了呢？这次卫子夫被皇帝相中，对他而言也是个机遇。于是趁着卫子夫进宫的机会，卫青冒称自己也是卫氏，单名一个青字，随卫子夫一起进宫，在皇帝的上林苑建章宫做了一名给事的小官。

早年的艰辛经历使卫青养成了谨慎谦恭的性格，他平时做人和善，做事处处小心，很得同事的喜爱。然而，闭门家中坐，祸从天上来。由于陈皇后嫉恨卫子夫，可又不能直接针对卫子夫，于是她和长公主刘嫖一合计，决定暗中派人将卫青抓起来，将他杀了泄恨。

得到主子的命令后，刘嫖的手下来到建章宫，见到卫青二话不说就是一顿暴打。之后，他们将卫青押往刘嫖家私设的法场。这时候，人已绑好，刀也磨快，卫青眼看就活不成了。好在，他在建章宫的好友公孙敖纠集了一帮不要命的兄弟冲进来，将卫青从刘嫖的刀下救了出来。死里逃生的卫青走投无路，只能硬着头皮带着兄弟们闯到宫里求姐姐庇护。

卫子夫见这个同母异父的弟弟在家处境可怜，出来了又受人这般欺负，也是伤心不已，就带着卫青一同去找刘彻。此时，卫子夫在皇帝心中的地位已和一年前不可同日而语。见到自己心爱的女人如此伤心，刘彻自然要给她撑腰做主的。刘彻马上提拔卫青做建章宫的总管，又让他担任侍中，待在自己的身边做事，卫青的救命恩人公孙敖也跟着得了封赏。

刘彻虽然没有处理陈阿娇，但他公开给卫子夫姐弟撑腰就表明了自己的态度。然而，陈阿娇出生在富贵人家，常年要风得风要雨得雨，二三十年的人生里从没经受过什么挫折，做人也就多少有些不识趣，仍旧不知道收敛，从而使自己和刘彻的关系越闹越僵，最终在元光五年（公元前130年）闹出了巫蛊事件。

所谓巫蛊，就是类似诅咒一类的事情。大概做法就是，找个巫师先跳一通大神，在巫师施法之后，用针扎木头小人或者把木头小人埋在地里时时诅咒，以此对木头小人所代表的人造成无形中的伤害。

从这种类似鬼画符的可笑手段就可以看出陈阿娇的智商，这种行为明显没什么用，但她针对的是皇帝，这可是大逆不道的事情。纸始终是包不住火的，陈阿娇的巫蛊行为最后还是东窗事发。这下，刘彻拿住了把柄，直接废了陈阿娇的皇后之位，让她到长门宫独居。

再说卫青。自从有了皇帝这座大靠山，他终于苦尽甘来，在偌大的朝廷中开始有了一席之地。这次，刘彻要找敢于主动进攻匈奴的年轻将领，对于领军的将军来说，一旦成功，这便是将来飞黄腾达的跳板。刘彻自然而然就想到了这个小舅子，毕竟前人口耳相传留下了朝廷“非功不侯”的传统，刘彻也不敢随便破坏。公孙贺、公孙敖的情况我们也介绍过了，他们的情况都差不多，也是搭上了卫子夫这条线。尽管刘彻对他们的军事才能并不了解，甚至都不知晓他们是否具备军事才能、是否有能力统领一支军队，但在刘彻看来：于公，以往韩安国那一派防守型的老将是指望不上的，必须不拘一格选拔一批进攻型的人才；于私，历来富贵险中求，只要卫青他们这次不那么丢脸，有了领军出征的资历后，自己想给他们加官晋爵，别的大臣也没话可说。

所以，想来刘彻是在一种迷茫甚至有点儿焦虑不安的状态中下令发动对匈奴的第一次主动攻击的，而卫青着实拯救了这一次并不算成功的出征。

突袭茏城

元光六年（公元前129年）冬，刘彻命令汉军骑兵四万人分四路出击：车骑将军卫青兵出上谷，骑将军公孙敖兵出代地，轻车将军公孙贺兵出云中，骁骑将军李广兵出雁门。

这是历史上一次奇特的军事行动。这次行动没有目的地，没有预定计划，也没有既定目标，刘彻只给了四位将军一个模糊的指令：寻找并消灭匈奴军队。

四万骑兵扎进茫茫草原，全都一头雾水：匈奴人在哪里？对于李广、卫青、公孙贺和公孙敖几位将领来说，这个问题只有天知道，鬼晓得。为了找到匈奴人，这四人做出了不同的选择，而不同的选择注定了他们不同的结局。

四个人中，李广和公孙敖决定走条捷径：跟着从关市出来的匈奴人去袭击其聚居地。

当时朝廷和匈奴人还在互通关市。所谓关市，是“关”和“市”的合称，简单地说，就是边关上两国进行商品交易的场所。虽然马邑事件后双方邦交极度恶化，但由于匈奴人贪图中原的财物，除了匈奴骑兵经常性的抢劫，不少匈奴百姓还是爱好和平的，喜欢以物易物，常用牛羊到关市上换些急需的生活物品。

李广和公孙敖的队伍埋伏在各自邻近的关市附近，待匈奴人离开关市后，由探子在前，大部队偃旗息鼓地跟随匈奴人往草原深处走。

一开始，汉军将士的心情是紧张而激动的，将士们走了一程又一程，每次总以为翻过眼前的山丘就可以看见成群的牛羊在悠闲地吃草，匈奴人在帐篷里、草地上又唱又跳，没有丝毫的戒备。然后，他们突然出现，杀匈奴人一个措手不及。然而，现实总是让人失望，李广和公孙敖率领的汉军跟着匈奴人翻过一座山丘后，放眼可及的只有下一座山丘，再翻过一座山丘后，眼前又是另一座山丘。在翻过不知第几座山丘、人困马乏之际，他们终于看到了不一样的东西：匈奴早已歇够脚力的战马和在马上养精蓄锐多时的战士。

原来，汉军刚开始行动，匈奴人就已经得到了情报。匈奴的军臣单于一看将领名单：李广，那是汉人鼎鼎有名的将领，而公孙敖、公孙贺，还有那个卫青，什么玩意儿？匈奴是个崇尚强者的民族，哪怕强者是敌人，他们也会怀着敬畏之心去作战。军臣单于决定集中优势兵力伏击李广，誓要将其生擒活捉，至于其他人，让手下随便找些人跟他们玩玩得了。当李广和公孙敖螳螂捕蝉自以为得计之时，哪会想到其实匈奴人是黄雀在后。当李广和公孙敖的队伍最终遇上匈奴的军队后，战斗不可避免地发生了。公孙敖率军与兵力与之差不多的匈奴军队激战了一天，虽然毙敌不少，但其手下也有七千士兵战死，公孙敖最后只带着三千残兵逃回了代地；李广被兵力数倍于己的匈奴骑兵团团围住，虽经奋力作战，但无奈众寡悬殊，且匈奴人以逸待劳，仓促应战的一万汉军骑兵全军覆没，李广受伤被俘。

由于单于事先交代手下要优待李广，因此，李广受伤后，匈奴人没有像平时赶牲口那样将他绑了拖在马后，而是让几个骑兵张开一张大网，各牵一头，把李广困在网里抬着走。这时候，李广向我们展示了平时多学一门技术傍身的重要性。他装作伤得很重、几乎晕厥过去的样子，以分散匈奴骑兵的注意力。其实，他是在休息和恢复体力，顺便眯着眼在相身边的几匹马。就这么走了十几里后，李广已经看中一匹最健硕的好马，并在心里做好逃走的计划。

准备就绪后，李广趁人不备，猛地一发力，整个人顺势弹身而起，飞身扑向自己早已相中的好马。匈奴人以为李广已身受重伤，哪里想到他会突然发难。马上的匈奴骑兵被李广一把推下马去，连长弓和箭壶也被一并夺走。

李广飞身、腾跃、夺马，只在一瞬之间。其他人还没反应过来，李广已经打马回身，双腿一夹马肚子，飞也似的冲出匈奴骑兵的队伍。反应快的匈奴骑兵回身追赶，又被李广连发几箭射下马来。等其他的匈奴骑兵反应过来时，李广早已在一片惊愕声中远远逃去。

与李广和公孙敖不同，卫青和公孙贺指挥的另两路汉军忠实地执行了皇帝的命令，在茫茫草原中前进。匈奴人不知道他们去了哪里，他们也不知道匈奴人在哪里，似乎只能指望如瞎猫撞上死耗子般找到匈奴人的聚居地。结果，公孙贺的队伍前进了几百里后，连匈奴人的影子都没遇上，只能转头绕个圈回到云中郡，权当带着队伍出来拉练一番。至此，三路汉军，一路全军覆没，一路折损大半，一路毫无收获，刘彻雄心勃勃的军事行动眼看即将以惨败告终。

如果这次主动进攻失败，朝廷中的防守派必将抬头，汉匈两方的攻守形势很可能再次变回以前的局面，这样刘彻以后还能不能被称为“汉武帝”可就不好说了。

好在，上天眷顾了卫青，或者说眷顾了刘彻。

卫青率领着军队从上谷出发后，一路也是风餐露宿，其中的艰苦自不必说，但和其他将军不同，卫青在出发前认真做了功课，他知道皇帝的意思：这次行动杀多少人并不重要，甚至死多少人，皇帝也未必关心，他要的只是一个态度和一个结果。他要向世人证明，即便是对付匈奴，大汉的军队也可以深入千里主动出击，也可以把战火延伸到对方的腹地，也可以越过以往世人认为不可能逾越的天然屏障，给对手以打击，而不是一味地躲在家里防守。

寇可往，吾亦可往！

把握皇帝的心思后，卫青在出发前就已经锁定了行动目标——茏城。茏城既不是匈奴单于的王庭，也并非匈奴重兵把守的要地，只是一个不起眼的地方。然而，这个地方对匈奴人而言意义重大，它是匈奴人的宗教圣地，是他们举行大规模祭祀的场所，每年匈奴人都要在这里聚集三次，以祭祀他们的天神。

茏城在哪里现在已说不清楚了，有人说它在塔米尔河附近，有人说在察哈尔左翼旗界附近，也有人说它在现在的内蒙古锡林郭勒盟境内。这几个地方中，离上谷（今宣化）最近的也有七百里的路程，远的更在千里之外。然而，不管它在哪个地方，选择茏城都非常符合卫青谨慎的性格：首先，这个目标是固定不动的，虽然远是远了点儿，但终究看得见、摸得着，不像匈奴人平时的聚居地一样会移动；其次，正因为远，匈奴人平时并不在这个地方重兵设防；再次，还是因为远，所以它才符合刘彻深入敌后的意思。

虽然当时关中正值深秋，大草原却早早进入了冬天。卫青和普通的士兵一样顶风冒雪，在荒草和大雪中艰难地辨别着方向，饿了啃两口干粮，冷了喝几口酒，沉默地向茏城进发。

这支沉默的军队就这样沉默地前进着，几天之后的夜里，卫青和他的骑兵终于到了茏城附近。卫青登上一座山丘，见到目标就在眼前，并没有多说什么，这时候也不需要再做过多的动员，他只是一挥手：“准备！”手下的一万骑兵齐刷刷地拔出了腰间明晃晃的刀。

经过几天的同甘共苦，士兵们已经打心眼儿里对这位和他们一样出身低微的将军表示了认同。他们和卫青一样，渴望着与敌搏杀，渴望着一场胜利，而在经历了大自然的考验后，现在他们想要的机会就在眼前。一万骑兵眼里燃烧着烈火，手中紧勒着缰绳，跟在卫青后面缓步来到高处。

“杀！”卫青高喊一声，发出进攻指令。

"杀！！"沉默几天的士兵突然像变了个样似的发出惊天动地的喊声，一万骑兵从山坡上冲下，如滚滚潮水向匈奴人席卷而去。茏城的匈奴人从没有在草原上见过汉人的军队，以为是天降神兵，还没来得及反抗就被汉军的战刀砍作两半，或是被汉军的战马踏成肉泥，仅少数人侥幸逃脱。天明之后，汉军打扫战场，留下七百余具匈奴人的无头尸体，离开了茏城。

李广只身逃回，公孙敖折损大半，公孙贺无功而返，刘彻在长安城已快成了热锅上的蚂蚁。想想朝中老臣的冷嘲热讽，想想韩安国等保守派背地里的阴笑，刘彻简直要抓狂。在这样的焦躁不安中，刘彻终于等到了卫青的消息：直捣茏城，歼敌七百。

刘彻大大地松了一口气。

接下来就要赏功罚过了。李广、公孙敖按律当斩，但由于当时刘彻到处开战，朝廷财政入不敷出，便有了让重罪之人花钱买命的政策，李广和公孙敖各自缴纳一大笔赎金后，回家待业去了。公孙贺白跑一趟，既无功也无过，只有卫青被封了一个关内侯。

或许有人觉得，刘彻是不是抠门了一点儿？其实不然，怎么说关内侯也是侯，虽然名头不如列侯响亮，但毕竟也是个侯爷。李广这样的名将，一辈子的愿望也不过是"封侯"，最后还没能实现，可见想跨进这道门槛并不是那么容易的。更何况，歼敌七百在哪个朝代都不能算是一场大胜，如再综合下其他将领的战绩，汉军这次的损失恐怕远大于匈奴。但卫青达成了刘彻的愿望，他向世人证明了大汉的军队一样能驰骋草原，一样能奔袭千里，一样能克敌制胜，并不是只能一味地躲在家里被动挨打。

在军事上，卫青的横空出世让刘彻兴奋不已，他终于还是赌赢了一把。现在，有了卫青这张牌，保守派的大臣们就不敢公开对进攻匈奴的战略方针发表太多的质疑了。

"就这么干，让卫青把匈奴人一直赶到天边去！"刘彻更加坚定了决心。

茏城之战对当时的汉帝国有着重要的意义，以致后来补定年号的时候，刘彻拍板将下一年的年号与之前的区分开，开始使用他即位后的第三个年号——元朔。正好，在元朔元年（公元前128年）十二月，已经为皇帝生了三个女儿的卫子夫再次临盆，这次终于生了个儿子。二十九岁的刘彻有了自己的儿子，激动得无以复加，亲自给皇子起名"据"，同年正式封卫子夫为皇后。

有了刘据这个儿子、卫子夫这个新皇后，以及卫青这样有天分的将领，“元朔”这两个字更显得恰如其分。“元”者，“首”也；“朔”者，“始”也。其寓意大概是：

“就让大汉帝国从此刻起，从我刘彻的手中重新开始。”

连战连捷

卫青袭破茏城给了刘彻底气，从这一年开始，汉军彻底放弃了以往被动防守的军事策略，开始和匈奴人在边境地区你来我往地对仗。

茏城之战后，匈奴的军臣单于为报复汉朝不断骚扰边境，尤其在渔阳一带，可以说是三天一入五天一寇，并于元朔元年（公元前128年）秋天派两万匈奴骑兵大举犯边。匈奴骑兵来势凶猛，在边境大破朝廷守军，不仅杀死了辽西太守，还劫掠了百姓两千余人。同时，另一支匈奴骑兵进犯雁门，杀掠百姓千余人。

面对匈奴的报复行动，刘彻毫不退缩，一面任命卫尉韩安国驻守渔阳，防备匈奴的入侵，一面指派卫青率骑兵三万出雁门，再次深入草原打击匈奴。

有了上次的经验后，卫青对军队的指挥调度更加娴熟，他很快就找到了一支匈奴军队。双方激战一天，汉军在兵力优势下斩杀匈奴骑兵数千人。匈奴人又一次在自己的地盘上被汉军击败，军臣单于更加愤怒，再次命令部下进攻渔阳，对汉朝进行报复。

说来也是镇守渔阳的老将韩安国倒霉，年前他被派到渔阳后也曾积极准备防务，但当时恰逢卫青在草原上大败匈奴人，他在渔阳左等匈奴人不来，右等匈奴人也不来，就带着一小拨亲随，出了渔阳到草原上抓舌头。被抓的匈奴人都说，因为卫青的缘故，现在匈奴的骑兵已经远离渔阳一带。韩安国认为，既然匈奴骑兵已经远去，就没有必要让过多的人力财力在边境上空耗了，所以他把消息上奏皇帝，要求取消渔阳一带的军屯。

韩安国是朝廷的老将、宿将，他的上书刘彻不得不重视。既然韩将军认为渔阳一带已无大患，刘彻便取消了渔阳的军屯，并撤回了部分军队。没想到，一向以老成持重著称的韩将军这次却晚节不保，就在取消军屯一个月后，匈奴人再次大规模进犯渔阳和上谷。这时候，韩安国手下的将士不足千人，虽然个个作战勇猛，但无奈双拳难敌四手，汉军只能节节败退，一直从渔阳退到了右北平。直到李息率军队从代地赶来增援，匈奴人才放弃围城而去。

退守右北平城的韩安国受到了皇帝的斥责，羞愤难当，数月之后，这位曾经在七国之乱中顶住了吴楚数十万叛军的进攻、挽救了帝国的老将在城中发病，呕血而死。

匈奴人似乎小小地扳回了一局，可刘彻并不罢休。所谓来而不往非礼也，元朔二年（公元前127年），刘彻起用李广镇守右北平，同时命令卫青率军由云中郡出发，直捣匈奴腹地。

对于士兵来说，战争有时候就是这样：光听前人传说敌人如何如何凶猛，没见过时仿佛他们个个都是恐怖的存在，直到自己真的试过了，才发现对手也不过是个长着一个脑袋、两只手的人，并非三头六臂或是能喷烟吐火的怪物。只要上面的将领指挥得当，下面的士卒悍不畏死，再凶残的对手也是可以战而胜之的。刘彻手下的战士并不见得就比当年刘邦手下的将士强壮和勇敢，兵器也不见得比当年先进，但他们在卫青的指挥下一扫汉军数十年逢匈不胜的名头，可见战争的决定性因素还是在人，尤其是统军之人。

出了云中郡，卫青并没有像上次那样直扑草原深处，然后派出斥候寻找敌人，简单地迎着对方的阵势冲上去干一仗，靠着真刀真枪的正面搏杀和老天爷的眷顾杀他个三五千人。现在，这已经不能满足卫青的胃口了，或者说已经不能满足刘彻的胃口了。这次，卫青有一个大胆的设想，他要夺回中原王朝失去了近百年的河南地。

所谓“河南地”，并不是指现在的河南省的地盘，而是指河套地区（今鄂尔多斯草原）。黄河在自西向东流淌的过程中转了几个大弯，形成了类似“几”字形的路线，这个“几”字突出的部分就是河套地区。所谓“黄河九曲，唯富一套”，在大量黄河水的滋养灌溉下，河套地区土地肥沃，是整个黄河流域最为富饶的一块土地。当年秦始皇派大将蒙恬率军三十万北驱匈奴，夺下的地盘就是这片河套地区。在之后的十年间，秦朝在河套地区驻守了大量军队，牢牢掌控着这片土地。然而，在秦末的乱世中，为了应付境内的起义，朝廷不断从边境抽调兵力，从而放弃了对河套地区的控制。没了军队的保护，当地的百姓陆续迁往内地，河套地区便又重新回到匈奴人手里，现在守在那里的是匈奴的白羊和楼烦两个部族。

卫青带着士兵们一路向西急行军。虽然他没有跟士兵们讲此次出征的目的，虽然军中的将士对此次去向何方也存在疑问，但士兵们坚信他们所爱戴的将领，严格地执行着卫青的命令。由卫青亲自带领的军队，其行动是迅速而高效的。在躲过匈奴人的耳目后，他们以迅雷不及掩耳之势绕道到达高阙山下，突袭并占领了高阙山的隘口。高阙山口是连接河套地区与匈奴王庭的纽带，汉军占领了这里，就一举切断了白羊王和楼烦王与匈奴单于本部的联系。

直到这个时候，已经被困在河南地的白羊王和楼烦王还不知道是怎么回事，只听说卫青早些天带着军队可能往自己这边来了，但过去了这么多天，他们连一个汉兵的影子都没看见。难道汉军这次是到草原上免费旅游去了？当匈奴的侦察兵每天迷茫且疑惑地注视着南方的时候，卫青的军队已经在高阙山由北向南从匈奴人的背后杀出。这下子，匈奴人猝不及防，别说战斗了，逃都没地方逃。从地理上说，东、西、北三面是黄河天险，唯一没有黄河阻拦的南面又是汉朝的地界；从局势上论，北边是卫青的天兵，南边是汉朝的边防军，东边是由代地出发的李息的军队和驻守在右北平、连匈奴人都畏惧三分的李广将军。匈奴人战不能战，退又不能退，最后只能一狠心一咬牙，向西逃窜。然而，卫青并不打算就这么放过他们。尽管经过长途跋涉，士兵们已经疲惫不堪，但在卫将军的指挥下，大家依然奋起直追，终于在陇西抓住了敌人的尾巴。

此时，匈奴的军队已经没有战斗的欲望，只顾着头也不回地逃命，汉军几乎没付出什么代价便将匈奴人击溃。白羊王和楼烦王撇下自己百余万牛羊马匹的家当和数千士兵的尸体侥幸逃脱，卫青一举收复了自秦末以来一直沦于敌手的河套地区，史称“河朔大捷”。

夺得了河南地，刘彻很高兴，理直气壮地把卫青从关内侯升为列侯，号长平侯，食邑三千户。要知道，从匈奴人手中收复失地可是上几代明君都没有做到的事情。除了封赏手下，刘彻还在想应如何巩固这一战果。这时，刘彻手下一个叫主父偃的人趁机提议在河套地区筑城，并移民以实边。尽管朝中许多大臣对此事持反对意见，认为在河套地区筑城过于劳民伤财，但此计正合刘彻好大喜功的胃口。他于是任命将军苏建率十余万人以黄河为依托，在河套地区建造了一座新的城池，并亲自将其命名为“朔方”，还在第二年从内地迁徙十万百姓到朔方地区居住。

就事论事地说，朔方城的建立虽然耗费巨大，但总体还是利大于弊，它不但解决了十万百姓（主要是无土地的百姓）的生活问题，充实了边防，还可以作为下一步对匈作战的桥头堡，极大地延长了汉朝军队的作战半径。此后，军队若想入草原作战，就不必再从云中、雁门、上谷这些地方出发，然后长途跋涉了。而且，朔方郡的存在大大扩宽了匈奴领地和汉朝都城长安之间的缓冲带，刘彻再也不用像自己的祖父和父亲那样，匈奴一有风吹草动，就要到处调集重兵卫戍长安了。

在丢掉河套地区的第二年，军臣单于也死了。军臣单于的弟弟左谷蠡王伊稚斜趁机发动叛乱，赶走了侄子於单，自立为单于。走投无路的於单带着部分亲信向汉朝投降。可能是由于水土不服外加心中有气，没几个月，於单也病死了。然而，汉匈两个民族的恩怨远没有就此完结。

元朔三年（公元前126年），伊稚斜单于即位，企图一扫匈奴近几年在作战中的颓势。他命令右贤王陈兵边境，时不时地骚扰朔方郡，还亲自率数万骑兵进攻代郡，不仅杀死代郡太守共友，还杀掠了千余百姓。第二年，匈奴再次大举犯境，九万骑兵分三路进攻代郡、上郡和定襄，杀掠边民数千人。

到了元朔五年（公元前124年），刘彻终于忍无可忍，大发步骑十余万人，由卫青率领六位将军，统领全军，从右北平和朔方两路齐出，进攻匈奴。在出师之前，刘彻特地嘱咐卫青：“这次一定要给匈奴人一个沉痛的教训。”

皇帝姐夫有要求，小舅子自然是不敢怠慢的。经过一番深思熟虑之后，卫青准备一举除掉长期窥伺朔方的匈奴右贤王。

左、右贤王是匈奴单于之下最高的官，分管匈奴的东西两部。左贤王多由匈奴的太子担任，而右贤王在匈奴的诸侯王中地位最高，两者相当于单于的左膀右臂，如果能吃掉右贤王部，就等于断了匈奴单于的一只胳膊。

目标确定后，卫青再次诠释了什么叫兵贵神速。他一开始便指挥精锐的骑兵部队人不卸甲、马不解鞍、日夜兼程地猛扑匈奴右贤王的驻地。匈奴右贤王料到卫青会来，也料到汉军这次定然来势汹汹，正吩咐手下杀猪宰羊，又开了大量美酒，准备饱食一顿，第二天整装迎敌，但他没有料到汉军竟来得如此之快。正当夜幕深沉，匈奴人酒醉不起的时候，汉军的骑兵已经赶完七百里的路程，悄然出现在右贤王大营附近。

对于匈奴人来说，汉军又一次从天而降，本已喝得酩酊大醉的右贤王被帐外的喊杀声惊醒，出帐一看，四周火光冲天，双方的喊杀声、兵器的碰撞声、战马的嘶鸣声混作一团。右贤王的酒意登时醒了多半，第一反应就是逃命要紧，便赶紧上马，招呼手下数百亲随往汉军人少的地方溃围而去。其他匈奴士兵一看领头的跑了，便再也没了抵抗的信心，纷纷作鸟兽散。

得知右贤王逃窜，卫青立即命令轻骑校尉郭成率精兵追击。无奈右贤王熟悉路况，加上汉军长途奔袭已经疲惫，虽然郭成等奋力追了二三百里，最终还是让右贤王跑掉了。

虽然右贤王跑了，但那些跑得慢的、受了伤的以及酒没醒的，可没那么幸运。待到天明，汉军收拾战场，死者不计其数，光被生擒活捉的就有一万五千余人，其中裨小王就有十余人，另外还有百万余头牛羊等牲畜。可以说，右贤王的整个家底基本都被卫青抄家似的打包带回了朔方。

这里要说明一下，大家不要以为裨小王中有个“王”字就是多大的官，在匈奴的官职里，它只是一个小小的存在。匈奴人中称王者多了去了，当年把马邑伏击的计划透露给军臣单于的那个雁门尉史还被封了个“天王”呢。而且，“裨”字本身就有“小、偏”的意思，“裨小王”可能指的是两个不同的称号，即“裨王”和“小王”，也可能指的是一个称号，就是小小王，即比小王还要小的王。我怀疑，“裨”字甚至可能是当时的史学家自己加上去以调侃匈奴人的。

但是，不管怎样，这是汉朝对匈作战以来最大的一场胜利。经此一役，卫青巩固了河套地区，基本肃清了威胁关中的匈奴骑兵。从此，文帝当年匈奴侦察兵轻易就可到达雍城甘泉宫的局面一去不返。捷报传到长安，刘彻兴奋至极，甚至破格做出了这样的举动：不等军队班师，他就让人拿着大将军的印信在军中拜卫青为大将军，并加封卫青食邑六千户。有权且任性的刘彻还把卫青尚在襁褓之中的三个儿子也封了侯，分别为宜春侯、阴安侯和发干侯。

卫青就这样从一个不知名的马奴变成了皇帝眼中的第一红人。可他仍然保持着自己的谦卑和谨慎，没有得意扬扬，也没有目空一切，而是马上上书皇帝，表示战场上的胜利应归功于皇帝英明的领导和将士们的英勇作战，跟他那几个没断奶的儿子没有关系，既然皇帝已经封赏了自己，就不用再封自己的儿子，而应该奖励那些在战场上流血流汗的将士。

这时候刘彻对卫青这个小舅子可以说是倚若长城，又怎么会吝啬区区几个侯爵爵位？他马上回信一封告诉卫青，这都是他卫家应得的，至于大将军手下的将士们，他会另行封赏。

刘彻的这个举动表明，卫青这个出身于社会最底层的马奴给他带来了极大的惊喜，他把卫青和卫子夫视为上天赐予他的最好礼物。然而，连刘彻自己都没有想到的是，卫氏家族的另一份惊喜正悄然地等着他去揭开。

天生勇将霍去病

元朔六年（公元前123年）二月，大将军卫青兵出定襄，又和匈奴打了一仗，这次只取得了小胜，斩杀匈奴数千人。一个月后，卫青再次率十余万人出征，尽管一开始并不顺利，但最终给帝国带来了另一份惊喜。

和一个月前的出征一样，卫青率领着手下六位将军二出定襄。有鉴于历次出征时卫青手下的将领大多都是这几个人，我们也可称之为“六大金刚”，他们分别是前将军赵信、右将军苏建、左将军公孙贺、后将军李广、中将军公孙敖和强弩将军李沮。这里不提其他人，单说这个前将军赵信。此人原名不详，本是匈奴的一个头目，降汉以后改名为赵信。由于出身的关系，赵信熟悉匈奴的地形，又作战勇猛，是打先锋的合适人选。这次出征，赵信和苏建所带的兵马都是大军中的精锐，一直走在前方为大军开路。

虽然此次大军出征也打了几次胜仗，但一直没找到匈奴的要害，且大部队的行军始终不顺利，于是卫青便命令大部队驻扎下来，派出先锋去寻找匈奴大部队的踪迹。作为前锋的赵信和苏建领命后就率领着各自的队伍出发了。开始的时候，他们并没有遇到什么阻碍，一路疾驰，越走越远，最终遇上了伊稚斜单于率领的匈奴主力。

这时候，苏建和赵信手下共计三千人，而匈奴骑兵少说也有好几万。欲战？虽然他们手下全是精锐，但苏建和赵信还不至于自信到相信靠这三千人就能打败匈奴主力的地步。想跑？文帝在位时，李广曾带着百十号人在离大部队几十里的地方和匈奴的几千骑兵不期而遇，当时，就连被匈奴人称为“汉之飞将军”的李广也没敢跑。他告诉手下，这么近的距离，一旦他们掉头逃跑，匈奴人就会立马来追，而且会一边追一边射箭，谓之“追射”。这样的话，他们只可能有一种结果，那就是“立尽”。既然连李将军都认为逃跑是不可能的，那就只能硬着头皮上去死磕了，万一吓退了敌人，自己还能保住性命，实在不行，好歹也博个为国捐躯的名声。苏建和赵信合计后，带着手下径直冲入敌阵。赵信果真是“一点寒芒先至，然后枪出如龙”，他带头第一个扎进敌阵，接着双方就是一通厮杀。

但凡军队出征，不管规模如何庞大，先锋都是最重要的，能打先锋的队伍也必是大军中最精锐之师。这奋起余勇的三千骑兵对阵数万匈奴人，打打跑跑，居然持续厮杀了一昼夜。最后，苏建手下的士兵全部阵亡，而赵信手下也只剩八百人。

平日里经常听到很多青年或中年人吹牛，夸耀自己如何不畏死，其实那是因为他们还远没到临死的那一步。如果真到了要做出生死抉择的那一刻，绝大多数人还是希望能活着的。哪怕能多活一时三刻，他们也会为之付出一切。到了这个时候，想活命并不意味着贪生怕死，更多的只是人的求生本能，而能超越这种本能的，那就是英雄。

苏建显然还不是英雄，他一看自己的手下已经全交待在这里了，自己要是再不走，估计也要死在这里，而且都已打到这份儿上，自己回去也能有个交代了。于是，他便瞅个空子溜之大吉。赵信本来也想走，可他身边还有八百骑兵，目标太大，早被匈奴骑兵重重围住，跑起路来不如苏建孤家寡人来得轻巧。眼看赵信已到了上天无路、入地无门的境地，这时，匈奴人阵中认得他的人用匈奴话招呼了几句，赵信也用匈奴话回了几句。一阵叽里咕噜之后，赵信直接投降了。

当然，赵信自己可能也不觉得投降有愧于朝廷，反正他本来就是匈奴人。前些年，他一直帮着汉人打自己人，并不曾有过懈怠，也算对得起大汉。这下，自己虽称不上荣归故里，好歹也不算投敌叛国。

按理说，先锋部队被消灭，卫青也有指挥失误的责任。苏建和赵信的三千人和匈奴主力厮杀了一昼夜，汉军居然没有一兵一卒的增援，甚至事先都不曾知晓。直到苏建只身逃回大营，卫青才知道已经折了先锋。

对于如何处理逃跑回来的苏建，卫青否决了其他将领提出的杀苏建立威的建议，只把他关起来，准备押回长安等候皇帝发落。虽然他们一路上斩杀了上万匈奴人，但毕竟军队折损了先锋，于大军不利，再战恐怕也讨不到什么好处。然而，卫青并不打算撤军，因为他的外甥剽姚校尉霍去病带着自己的队伍已出去一天，至今还没有下落。

霍去病的父亲叫霍仲孺，是平阳县的一个县吏，他被派去平阳侯家做事的时候和卫子夫的姐姐卫少儿私通，生下了霍去病（瞧这一家子）。同样是私生子，霍去病和卫青的境遇却不可同日而语。霍去病生在侯爷家里，至少可以吃得上饱饭。到后来，卫子夫得宠，卫氏一族便一同鸡犬升天，霍去病更是获得皇帝的喜爱，小小年纪就经常在皇帝身边玩耍，可以说是命运的宠儿。等到了十八岁，霍去病长得高大壮实，马背上的功夫也是不凡。皇帝便让他随舅舅卫青出征，给了他一个剽姚校尉的名号，还让他在军中挑选八百名专属于自己的手下，并赋予他独立作战的权力。

一个月前的出征，霍去病并没有什么突出表现，初生牛犊不怕虎的年轻人这次憋足了劲儿要好好表现一番。卫青派出先锋探路的同时，霍去病也征得舅舅同意，带着自己手下的八百壮士远离大部队前去寻找匈奴人。霍去病无愧于皇帝给他的“剽姚校尉”名号。“剽姚”者，迅疾而勇猛是也。他带着手下一口气就跑出了几百里地。同样是远离大部队，霍去病比苏建他们幸运得多，他在草原深处遇到了匈奴人聚居的帐篷群，从高处往下看，呼啦啦的一片，目测也有数千人。

在这种情况下，正常人的反应应该是原地待着不动，派人赶快回大将军那里搬大部队过来，集中优势兵力吃掉这股敌人。然而，霍去病竟是天生的勇士，手下只有八百骑兵，第一次作战就遇到兵力数倍于己的敌人，他感到的不是恐惧，不是害怕，而是兴奋。他二话没说，拔出腰间的战刀，一马当先冲了出去。手下的儿郎们一见头领自己冲了出去，哪里敢有丝毫的懈怠，面对众多敌人，前一秒还存在的恐惧下一秒便化作了亢奋。八百骑兵个个争先恐后，人人热血沸腾，如同水银泻地般拥向匈奴人的营地，但凡见到服饰不同于汉人的活物，一律当草人砍。匈奴人已知那个擅长奔袭的卫青仍在数百里之外，哪里会想到这里还能冒出一队汉人的骑兵。很多匈奴人甚至没来得及有所反应就做了汉军的刀下亡魂，侥幸没死的也纷纷四散奔逃。

待到杀散匈奴人，霍去病让战士们赶紧清理战场。骑兵们把几个衣着华丽的俘虏押到霍去病面前，经通晓匈奴话的手下一审问，霍去病不由得得意起来。原来这里驻扎的竟是单于的亲戚和大臣，被活捉的俘虏中不仅有伊稚斜的叔叔罗姑比，还有匈奴的相国、当户等大官，而伊稚斜的爷爷辈的籍若侯产[1]，已经在乱军中被砍作两段。

霍去病并非有勇无谋之辈，以八百壮士出其不意地击溃匈奴数千人马后，他没有忘形到继续率部追击，而是懂得见好就收，让手下在匈奴的增援部队到来之前赶紧绑了俘虏，割下死者的人头，带回去跟舅舅邀功。

正在大营中焦急不安的卫青终于等到了霍去病，看到他的手下还提溜着俘虏和两千零二十八颗人头，卫青大喜过望，立即命令手下人马鸣金收兵，撤回定襄。

这次出征，他们虽然折损了先锋，但所斩杀的匈奴士兵足以抵上大军的损失，卫青至少算是功过相抵。此外，军队中还冒出了霍去病这样的勇将，这让刘彻非常高兴，他马上下令嘉奖“勇冠三军”的霍去病为冠军侯。

为什么皇帝会如此喜欢霍去病呢？除了霍去病是他打小看着长大的，私人感情深厚，还另有原因。这时候，皇后卫子夫已是一个陪伴了皇帝十五年、生了一儿三女的妇人，而且从元朔元年（公元前128年）之后，卫子夫再也没有生育过。由此可知，对刘彻来说，她的新鲜感早已不在，眼下刘彻新宠幸的是王夫人。然而，后宫中有皇后卫子夫，朝臣里有大将军卫青，加上这个时候刘彻的姐姐——那个把卫子夫介绍入宫的平阳公主——因为原来的丈夫曹寿有“恶疾”（大概是身体极差或不能行人事之类的），日子过得很苦，便和曹寿和平离婚，并最终选择下嫁给自己家原来

1.籍若，侯爵的称谓；产，人名。

的马奴、现在的大将军卫青。这一下子，卫家人就好比从里到外把刘彻包围了，不管卫青有没有想法，刘彻对此肯定很不爽。

从此次出征后的赏赐中就可以看出刘彻的不爽，卫青虽然损失了先锋部队三千人，但与斩杀万余人的战果相比，应该还是功大于过的。按刘彻以往的性格，必定会再次加封卫青，可他偏偏只赏赐了卫青一千金。这足以证明，已到人臣之极的卫青开始失去皇帝的信任。现在有了霍去病，刘彻在军事上就摆脱了只能依赖卫青一个人的窘境，这如何不让他高兴？而得到皇帝欣赏的霍去病，也将用一次次的胜利证明自己。

横扫漠南

霍去病一战成名又封了侯，更加跃跃欲试。终于，元狩二年（公元前121年），霍去病等到了机会。这一年的春天，皇帝任命冠军侯霍去病为骠骑将军，率一万精锐骑兵从陇西郡出发，此次出征的目的依然很模糊：继续打击匈奴。

如此宽松、没有约束的指令让霍去病充分展示了自己的进攻才华，他率领的一万骑兵都是一个人带两匹马，轮流骑乘，马歇人不歇。军队出陇西后，翻过乌盭山，越过狐奴水，途经匈奴五个部落，斩杀匈奴折兰王、卢侯王，及以下八千九百六十人，还活捉了浑邪王的儿子，收缴匈奴休屠王用来祭天的金人，兵锋越过焉支山一千多里后才折返入塞，前后却只历时六天。

按说，当年卫青第一次率兵出征，就敢深入敌军境地七百里突袭茏城，已经很了不起了。然而，霍去病在这方面更胜一筹，他的战法领先当时二十个世纪。直到二十世纪三四十年代，日耳曼人才在战场上大规模地应用类似战术。结果，他们用二十七天征服波兰，一天征服丹麦，二十三天征服挪威，五天征服荷兰，十八天征服比利时，连号称“欧洲陆军最强”的法国也只坚持了三十九天。至此，这种战术的名字才随着它的战果广为人知，人们叫它“闪电战”。

然而，这还没完，元狩二年注定是霍去病迎来井喷式爆发的一年。休整两个月后，霍去病在这一年夏天再次出征。这次，他率数万人从北地郡出发，历时数日，直取两千里外的祁连山（今天山山脉）。霍去病的骑兵所过之处，人挡杀人，佛挡杀佛，累计斩首三万零二百，不仅生擒匈奴酋涂王，还活捉了包括小部族的首领、首领的母亲、单于阏氏和王子共五十九人，以及相国、将军、当户、都尉共六十三人在内的两千五百人。直到将士实在是拿不了这么多东西，霍去病才率部返回，真正是“乘兴而来，尽兴而归”。

这两次胜利，刘彻共给霍去病加封七千六百户，还亲自在长安城里给他挑选了一块最好的宅基地。刘彻让人把房子盖好后，带着霍去病去看新宅，没想到霍去病一听说是看房子，连去都不去，一口回绝皇帝的好意：“我霍去病就是在外带兵打仗的，现在匈奴还没有被消灭，我要房子干什么呢？！”

有了霍去病这句话，皇帝更加信任他了。而且，霍去病的这两次闪电战着实把匈奴人打怕了。见识过霍去病军队神速的匈奴人一听到“霍去病”三个字，双腿都忍不住一个劲儿地打摆子，他们在草原上哀歌：

亡我祁连山，
使我六畜不蕃息；
失我焉支山，
使我妇女无颜色。

接连的失败使伊稚斜单于恼羞成怒，他并不相信霍去病所率领的骑兵真的如同侥幸逃回来的士兵所描绘的天兵神将一般不可阻挡，只认为是手下这些人太无能，便要把被霍去病接连打败的浑邪王与休屠王召回王庭杀掉。

收到线报的浑邪王与休屠王满心郁闷：伊稚斜单于没亲眼见过所以不知道，不是兄弟们无能，实在是汉军太狡猾。眼下活命要紧，两个人一合计，王庭是不能去了，再在草原上待着迟早也会被霍去病取了性命，不如一不做二不休，趁着手头还有些本钱干脆投降。

元狩二年（公元前121年）秋天，半年来被霍去病彻底打怕了的浑邪王与休屠王率余部四万多人来到黄河边向汉朝投降。皇帝担心匈奴人诈降，玩他当年在马邑玩的那一套，于是派霍去病去受降。

等到霍去病带着队伍渡过黄河，休屠王就反悔了。他跟浑邪王支支吾吾地说这说那，一会儿说还是草原的风光无限好，过了黄河恐怕会水土不服，一会儿又说要不趁机杀将过去，把霍去病做了，这样单于就不会怪罪他们，诸如此类，说个不停。听得浑邪王心里直骂休屠王："你个浑蛋，对面霍去病的军队可是全副武装，不是赤手空拳过来欢迎你的，平时在草原上躲他都躲不及，还妄想现在打他个冷不防？"事情都到这步了，浑邪王也是骑虎难下。他虽是浑邪王，可一点儿也不浑，知道自己今天要是敢临阵变卦，恐怕再难见到明天的太阳。于是，他一狠心，一咬牙，拔出刀来，一刀就把休屠王的脑袋剁了下来。

这下，休屠王的手下见首领身首异处，便一哄而散。霍去病在阵前远远地看到匈奴人这边又是杀人又是逃跑，乱哄哄的，好不热闹，就带着几个亲随快马上前斥责浑邪王，问他究竟想搞什么名堂。浑邪王看到霍去病来了，指指休屠王的尸体，摊摊手表示跑的那些都不是他的手下，他没办法控制，他本人可是一心要投降的。霍去病看罢一挥手，身后的大部队一拥而上，将休屠王手下那些要逃跑的一个个追上剁翻在地，一连杀了八千多人，一直杀到剩下的都再也不敢跑，乖乖地跟着浑邪王过河投降。

匈奴人如此大规模地投降让刘彻很高兴，他把浑邪王和他的几个手下都封了侯，又把他们带来的那些人分开安置在陇西、北地、朔方、云中、上郡五地，允许他们保留自己的生活习惯和风俗。

等到浑邪王投降汉朝，伊稚斜单于才真正意识到霍去病的可怕。他接受了自次王的建议：有鉴于目前匈奴人作战不利的情况，宜将匈奴的势力暂时往北撤，一直撤到汉军无法抵达的蒙古大漠以北，休养生息一段时间再做打算。至此，大漠以南，尤其是陇西、北地、河西，大概相当于现在甘肃省黄河北岸到新疆的罗布泊一线，基本上已见不到匈奴人的身影。于是，刘彻下令将北地郡以西的戍卒减半，并迁关东的贫民到长安以北、朔方以南的广大地区开荒实边，大大解决了因连年战争导致的流民问题。

至此，霍去病扫清了蒙古大漠以南广大草原地区的匈奴人，而取得如此巨大的成就，仅仅用了半年时间，何其壮哉！

漠北决战

提议让伊稚斜单于搬到漠北暂时躲避的自次王，其实就是那个投降的匈奴人赵信。虽然他原本就是匈奴人，投降过汉朝，现在又投降回了匈奴，按中原那些正人君子的标准来看，他的道德是有问题的，但这并不影响赵信在单于心中的地位。赵信投降匈奴后，伊稚斜单于为了拉拢他，破格授予他“自次王”的称号，意为仅次于单于自己的王，还把自己的姐姐嫁给他做妻子，并在大漠深处筑了一座城池给他居住，名曰“赵信城”。

得了这么多好处，赵信死心塌地地为伊稚斜单于出谋划策。他久在卫青帐下听命，对大将军的作战风格和习惯知之甚详。依他的了解，在当时落后的后勤运输条件下，汉军的作战半径不可能远达蒙古大漠以北的地区，既然最近大汉屡战屡胜，那匈奴就要先避其锋芒，保存力量以图再战。

赵信毕竟常年只在一线战场作战，他准确地估计了汉军的作战能力，却低估了刘彻战斗到底的决心。开汉以来，汉匈关系一直都是匈奴人高压一头。高祖、文帝和景帝，哪个不是圣明一时的君主，然七八十年间，大汉军队屡屡被匈奴骑兵玩弄于股掌之中。好不容易等到他刘彻掌权，耗费巨大的心血方才一扫以往汉军在作战中的颓势，岂能让匈奴人说走就走？要走也要先把以往的一切连本带利地还回来！现在，伊稚斜单于打不赢就撤出漠南，刘彻却准备连漠北也不让他待了，要搬家就直接搬回姥姥家去。

然而，赵信的计谋也不无道理。兵法常说：“兵马未动，粮草先行。”如果没有足够的后勤补给，以常规部队行军所携带的粮草来看，军队是不可能走太远的，尤其还要横跨沙漠。军队再牛，士兵总得吃饭喝水吧，马也总得吃草吧？即便忍饥挨饿过了沙漠，这样的军队在战场上又能有什么战斗力？这不就是古人说的“千里馈粮，士有饥色，虽有精兵名将，又岂能不饮不食”？

然而，以上种种只是对常人而言，毕竟古人又云：“成非常之事者必非常之人。”刘彻就是这么一个非常之人。

为了彻底解决北逃的匈奴，刘彻下令，要求有关部门倾全国之力做好后勤保障工作，不管是人挑、马驮，还是牛拉（正是牛牵马拽，无所不用其极），都要把粮草送过沙漠，保证作战部队到漠北后一样有强大的战斗力。

元狩四年（公元前119年）春天，经过充分的准备，刘彻决定发动十万骑兵，以步兵及私从者数十万作后勤保障，分东西两路由定襄和代郡出发，誓要一鼓作气彻底解决匈奴。

这将是一次规模和困难都前所未有的出征。军队要两路齐出，主帅当仁不让就是卫青和霍去病这舅甥俩。在原来的计划中，东路军的主帅是大将军卫青，西路军的主帅是骠骑将军霍去病。但因为出发前从捕获的匈奴人口中得知伊稚斜单于可能在东边，为了让霍去病立大功，刘彻不仅把作战能力强的士兵都派给霍去病，还临时互换了东西两路军。这显然是在霍去病和卫青之间厚此薄彼，而且临时互换两路军又犯了兵家大忌，两者都为这次出征定下了一个不完美的基调。

虽然事先做了调整，但事实仍打乱了刘彻的计划，伊稚斜单于还是和卫青撞个正着。汉军如此大规模的行动根本不可能隐蔽，当伊稚斜单于得知汉军即将超越极限、横跨大漠来进攻时，他早早地就集结了精兵，准备等着疲惫不堪的汉军出现在漠北，然后看一场好戏。古代人都是迷信上天的，但这次劳动人民靠着意志、鲜血和汗水，用实践证明了人能胜天的道理。汉朝的大军克服了千里荒漠的天然屏障，如期出现在蒙古沙漠的北边。

伊稚斜单于终于看到了他等待已久的敌人，但他想象中汉军人困马乏、衣不蔽体、四处躺倒、狠命休息、混乱不堪的景象并没有出现。他所看到的依然是一支阵容整肃的军队，尽管他们看上去似乎有些疲乏，但他们的精神依然振奋，目光仍如头顶的烈日一般炽热。伊稚斜单于不信这个邪，他认为这只是汉军制造出来的假象，他相信没有一支军队在横跨千里沙漠之后未经休息依然能保有战斗力，他要先下手为强，一举击溃汉军的意志。

然而，还没等伊稚斜单于这边有动作，汉军已经先动了起来。只见卫青一挥手，一辆辆匈奴人从未见过的奇怪车辆就被汉军的士兵推到阵前，排成横行的阵势。这是卫青为这场战斗精心准备的秘密武器，他相信这一武器能为赢得这场战斗增加重要的砝码。这种秘密武器有个虎气的名字——武刚车。

尽管皇帝事先把肥肉留给了外甥，卫青仍然十分重视这次出征，知道这次是失败不得的。他吸取元朔六年（公元前123年）出征时的经验教训，仔细地做了很多功课，最后终于根据孙武和吴起的兵法古籍复原了武刚车这种传说中的器械。

武刚车每辆长两丈，宽一丈四，头顶有盖，侧有护栏，外绑长矛，内藏大盾。行军的时候，武刚车是运输工具，可以运送粮草和士兵；战斗的时候，武刚车外面蒙上牛皮，再配上弓箭和长矛，就是一件犀利的器械。有人胡乱形容，说它是古代的坦克，其实不然，否则卫青只需命令武刚车阵碾轧过去，匈奴人逃得慢的定成肉糜。说到底，这是一件用于防守的器械，车上装有盾牌和浸了水的牛皮，寻常的弩箭和短矛根本奈何不了它。而面对敌人，距离较远时，藏在车里的士兵可以用弓箭去射，离近了就可以用长矛去戳，在防守时端的是一个不可多得的综合火力平台。

虽然皇帝提供的强大的后勤保障能让士兵们抵达漠北，古籍中记载的武刚车能让将士们有一道可靠的屏障，但是，要想战胜敌人，最后还是要靠卫青自己的临场应变。卫青在队伍中精心挑选了五千名最有战斗力的士兵打先锋，让这五千人对匈奴人发起冲锋，余下的士兵只有一件重要的事情要做——休息。

一连跑了一千多里路的汉军居然先发动进攻，这不是欺负他匈奴无人吗？伊稚斜单于哪里肯答应，他于是也指挥手下将军率一万骑兵向汉军阵地发起反冲锋，誓要先赢一阵。

这下伊稚斜单于就中卫青的计了。假如这时候匈奴人全军突击，卫青这边打先锋的五千骑兵肯定支持不住，汉军就要全力防守。如果是这样的话，早就以逸待劳多日的匈奴人应该会占据优势，而现在只有五千对一万，汉军虽不能保证获胜，至少拖住对手还是可以做到的。

就这样，匈奴的一万骑兵和汉军的五千先锋在两军阵前展开了激烈的厮杀，匈奴骑兵中若有冲到汉军主力阵前的，就会被武刚车里射出的利箭所射杀，偶有躲过箭雨冲到近前的，身上也被长矛戳出了窟窿。看到汉军居然有如此利器，匈奴的大部队更是不敢妄动，战斗从上午打到了中午。

在这关键的时候，风又来了。

有人似乎很奇怪，怎么起风了？这其实很好解释，尽管两千年前没有发达的工业，但沙漠化地区在什么时候都是存在的，尤其这里还是蒙古大漠的边缘，一年刮几次沙尘暴并不稀奇。只见沙尘暴一起，飞沙走石，遮天蔽日，能见度瞬间降到了数米以内，狂风卷着沙砾劈头盖脸地打过来，双方的将士甚至连眼睛都睁不开，面对面都看不到人。虽然双方手中有杀人的利刃，心中有刻骨的仇恨，却也只能暂时掩面躲避风沙的袭击，战斗似乎就要暂时告一段落。

越是发生意外的情况，越是考验主帅随机应变的能力。伊稚斜单于率部退到漠北多时，没少受沙尘暴的苦，每次风沙一起，匈奴人就得赶快扎紧帐篷的帘子，等待沙尘暴过去。这让伊稚斜不经意间养成了一个习惯：沙尘暴来了，那就等等看。但卫青可不想等，他的军队本来人数就不占优势，在大漠中行军时又分出去一万人，原本是要当奇兵用的，可出大漠后这支队伍就没了踪影，卫青手头上的士兵因此就更少了。如果现在不能一鼓作气吃掉对手，等匈奴摸清自己的底细，到时候再想取胜更加困难。正好这时候沙尘暴骤起，卫青马上命令休息了半日的大部队开始行动，骑兵们顶着漫天的狂沙从左右两翼包抄匈奴的大部队。

这边汉军两翼齐出，那边匈奴人却因为单于的等待而迟迟没有行动。待到风沙稍缓和，伊稚斜才发现，他这一等就等出了大问题：汉军的主力差不多已经把匈奴的军队围住，这时候想走也走不了了。伊稚斜只能指挥军队全力迎击汉军，双方又是一场恶战。

这时候，汉军虽然几乎包围了匈奴人，但天时地利人和都不在他们这边，其实占不到多少便宜，要想取得胜利，能依靠的只有士兵们的意志。兵家常言："用兵之道，攻心为上，攻城为下；心战为上，兵战为下。"卫青知道，这次要想击败匈奴，就必须先击垮他们的意志。当然，可能到了这份儿上，卫青也无法可想了。任何策略在短兵相接的肉搏中都会失去意义，他只能寄希望于汉军战士能咬牙坚持住，等待对手的意志先垮下来。

好在，汉军战士没有让他们敬爱的大将军失望，尽管他们的身体已经疲惫不堪，但他们的意志依然坚强，仍可以勇猛地冲上去和敌人厮杀。毕竟他们或家破人亡，或妻离子散，或丧兄失长，他们一路上没少喝咸沙窝子里的水，现在又吃了满口的黄沙，全是因为眼前这群匈奴人！

要报新仇旧恨，就在此一举！

双方从日中又一直杀到了日暮时分，两军的死伤差不多，但伊稚斜终于先顶不住了。他或许在想，自己面对的这是一群什么人啊？！他们的精神分明已经超越了肉体！

要远离这群疯子！

这可能是伊稚斜离开战场前的最后一个念头。意志已经崩溃的他没有对仍然在战斗的军队发布任何命令，只率着几百亲随，趁着黄昏从西北溃围而去。

单于跑了，一开始匈奴人还没反应过来。又过了一会儿，太阳的余晖渐渐减弱，一些人才突然发现他们的单于不见了。“单于跑了！”的消息以比沙尘暴还快的速度传播着，整个匈奴军队立即土崩瓦解，士兵四散奔逃。

前一秒还在拼死反抗的敌人突然之间丢盔弃甲，四处奔逃。卫青意识到，匈奴方面肯定出了问题，等到手下抓来两个俘虏一问，才知道伊稚斜早跑了。卫青不敢懈怠，马上命令轻骑兵在前觅路追赶，大军也不做停留，一路尾随前进。漠北好歹是匈奴人的主场，伊稚斜又逃跑在前，汉军虽连夜追出二百多里地，终究还是被他逃脱。

汉军一直追到第二天天明时分，当他们来到窴颜山下时，彻底失去了匈奴人的踪迹。单于筑的赵信城就在窴颜山上，这时候城中早已空无一人，只有匈奴人还没来得及运走的大量粮草辎重。看到再也无望追上伊稚斜单于，卫青只能叹息。他和匈奴作战十年，虽然未尝一败，但也是第一次能和匈奴单于正面交锋，这次让伊稚斜跑掉了，天知道什么时候才有第二次机会。

大军在赵信城逗留了一日后，卫青决定撤军。临走前，他下令将匈奴人囤聚在城中的粮草一部分充作军需，剩下的一把火烧个干净，然后带着一万九千多匈奴人的首级撤回定襄。

伊稚斜虽然保住了性命，但好不狼狈。他只顾没命地逃窜，竟和自己的王庭失去了联系。待到从战场上撤回的匈奴散兵游勇重新在单于王庭聚集后才发现，原来谁都不知道伊稚斜单于去哪儿了。国不可一日无君，匈奴的右谷蠡王于是便自立为单于，直到十多天后伊稚斜才回到王庭，并重新掌管大权。

这边匈奴的精兵主力以逸待劳尚且被汉军的西路军击溃，那边霍去病率领的东路军更加势不可当。霍去病本就是冲着伊稚斜去的，得知单于不在东边时，他多少有些失望。失去主要目标后，霍去病干脆哪里匈奴人多就往哪里去。他手下皆是从全国挑选出来的最精干的士兵，全军没有一个副将，只听霍去病一人指挥。霍去病带领这五万骑兵出代郡后一路横冲直撞，跨大漠，渡章渠，翻山越岭转战两千多里，所向披靡。匈奴的精兵主力都被卫青吸引到了西边，东边的这些匈奴杂王根本不是霍去病的对手。东路军策马狂奔，杀人如砍瓜切菜一般，直杀到匈奴人听到霍去病来了，连卧床多年的病秧子也马上跳起来逃命。

一路上死在东路军刀下的亡魂不计其数，光匈奴部落的王就有三人，将军、相国、当户、都尉总计八十三人，有数的人头达七万零四百四十三颗之多。古人认为，海是地的尽头，东路军于是一直杀到了瀚海（大概是贝加尔湖）边上，直到方圆百里之内再也没了匈奴人才罢休。

霍去病率领的东路军走到这里，可以说是他军事生涯里最大的一次胜利。接着，他代替皇帝在狼居胥山顶祭天，在姑衍山脚下祭地，完成了一套象征性的封禅仪式，随后又登高远眺一望无际的瀚海，大有“北临大漠，以观瀚海”的感觉。做完这一切，霍去病志得意满，方才带领军队南归。

卫青在西边击溃了匈奴单于，霍去病在东边杀得匈奴人只顾逃命，一次出征就消灭匈奴战士九万人，这对总人口只有数十万的匈奴人而言，几乎是毁灭性的打击。为表彰两人的功绩，刘彻特地设立了“大司马”一职，由大将军卫青和骠骑将军霍去病共同担任。

元狩四年（公元前119年），刘彻赢得了汉朝开国以来对匈奴作战的最大胜利，大汉的军事实力达到前所未有的巅峰，甚至在之后的数百年间，也一直被追赶，从未被超越。

小论卫青和霍去病

离开硝烟滚滚的战场，我们来讨论一些相对轻松的话题。

自古以来，人们凡事总喜欢讲排名，在某个领域一定要分清楚谁强谁弱，喜欢搞排行榜、兵器谱、top10之类的，末了还要冠以“史上”“最强”等字眼。就连后来东汉的孝明帝刘庄也搞了个云台二十八将，仿佛不排名不足以安天下，不排名不足以平民愤。那么，问题来了，在武帝时期，众多将领中排名前两位的卫青和霍去病究竟孰强孰弱？我们对此也可以讨论下，如果读者不同意以下结论，请笑过，勿拍砖。

论出身。两人都是私生子，这个没什么好比较的。

论个性。卫青沉稳、内敛，霍去病热情、张扬，这跟个人能力关系不大，说不清楚到底孰优孰劣。

论为人。因为出身于社会最底层，卫青为人仁善、谦和，懂得尊重同僚和手下，在士卒中广受爱戴。出征时，他能和士兵们同甘共苦；获胜后，也知道给自己的手下争取应得的封赏。后来淮南王刘安准备谋反的时候，他的手下伍被是这样评价卫青的："大将军这个人号令严明。打仗的时候，他临阵勇敢，常身先士卒；行军遇到水源紧缺的时候，士兵没有喝饱，他绝不喝一口；渡河的时候，只要有一个士兵还没有过河，他绝不渡河；平时所获的赏赐，他也通通分给手下的士兵。跟大将军一比，即便是古代最有名的将军，也不过如此。"

不仅这样，面对在他最被皇帝看重、出任大将军时都不肯给他行跪礼的汲黯，卫青表示尊重；面对因私怨击伤他的李敢，卫青反而帮他隐瞒，人品好得没话说。他唯一可以让某些人诟病的是"柔和媚上"，说白了，就是爱讨好皇帝，在皇帝面前从不敢据理力争。但是，这恰恰反映了卫青的高情商。他是放羊娃子出身，让他出人头地的是谁？是皇帝。他当上了将军，要建功立业，扫平匈奴，要依靠谁？还是皇帝。他是位极人臣的大将军，姐姐是母仪天下的皇后，外甥是太子，妻子是皇帝的姐姐，那最担心、提防他的人是谁？依然是皇帝。除非卫青想造反，不然，他不讨好皇帝讨好谁？这就如同明朝的名将戚继光将军的情况。所向无敌的戚家军是戚继光的私人军队，并不领国家的军饷。为了养活这一大拨弟兄以抗击倭寇，他可能既行贿又受贿，不仅结党而且营私，但他从未通过这些手段给自己谋过一点儿私利，他仍然无愧于名将的美名。

再看霍去病，跟卫青相比，他自小可以说没受过什么苦，后来更是在皇帝身边长大，这样的经历让他不仅遇事敢说敢做，而且敢做敢当。霍去病因为李广的儿子李敢打伤卫青，就自作主张射杀了李敢，事后还第一个跑去跟皇帝说"就是我杀的"。另外，常年接触社会顶层的他似乎也不懂得人间疾苦。据说，每次出征，皇帝都会亲自给他派遣随军的厨子，并准备大量的只给他一人特供的酒肉美食。征途中哪怕士兵们缺衣少食，霍去病也不会关心，还在营地里踢球作乐。征战结束的时候，若给他特供的酒肉有剩余，则一律丢掉。这也是为后世学者所诟病的。

论战功。对大多数人来说，这项比较才是最重要的。历史上从不缺乏道德品质无可挑剔、办事能力却一塌糊涂的人。作为一名将领，哪怕你其他方面一无是处，只要能打胜仗，就是一个有用的人，因而霍去病的战绩是挺霍派最为津津乐道的一点。霍去病曾六次出征匈奴，其中后四次是独立带队作战，共计消灭匈奴士兵十一万余人。要注意，这些数字是靠战后算人头算出来的，那些在战场上跑掉但受伤致残或重伤不治的并没被计算在内。而且，谁能保证战场上每个被杀死的匈奴人的脑袋都被带了回来？因此，“十一万余人”只能算是保守估计。而相比之下，卫青七次出征只消灭了五万多人。这样看来，霍去病似乎比卫青强一点儿。

但我们还应注意两位名将的作战风格。之前提到过霍去病的战术，他使用的是超越时代的打法。在战术上，他的想法可能与当时的人格格不入，以至刘彻提出要教他孙武和吴起等古代军事家的兵法时，霍去病这样回答了一句：“打仗要看策略是否得当，不一定要学什么古兵法。”吕思勉先生在他的《秦汉史》里评价说，这就是霍去病这个人不学无术的铁证，又进而把火烧到刘彻身上，说汉武帝这个人经常轻率地把统领三军的重任所托非人。

我本人是极敬重吕先生的，但对他的这个论点实在不敢苟同。霍去病其实已经说得很清楚了，打仗要有好的、适当的策略，而他的策略就是快速突击，歼灭对手的有生力量，不跟你玩什么虚虚实实、真真假假的那一套。霍去病坚信“天下战术，无所不破，唯快不破”。这就是他的兵法，不用去学“古”兵法。

相比之下，卫青就显得保守、老派一些。尽管他有突袭茏城的记录，有快速包抄匈奴白羊王、楼烦王的辉煌，但在绝大多数情况下，卫青出征时还是自己带一部分兵，手下将领带一部分兵，有时候还会分兵从不同地方出击。他很多时候起到的都是一个帅才临场统筹调度的作用。一个行动方案越复杂，需要调动的人员就越多，对下面各级指挥员的要求也就越高。然而，终武帝一朝，战术素养能望卫青和霍去病舅甥俩项背的将领又有几人？因此，事先准备周密的计划临到实施的时候时常就出了这样那样的岔子。

别的不说，就说漠北那一仗。如果李广、赵食其那一路能如期抵达，和卫青的大部队协同作战，伊稚斜能不能跑掉还不一定。临阵时无法预测的失误经常导致卫青的军队打的是击溃战，而非歼灭战。收复河套、驱逐右贤王、击退匈奴单于主力，卫青的胜利多为战略大局上的胜利，而非个别战役、战术上的胜利。

相反，霍去病是一个战术大师，将闪电战术运用得炉火纯青。《史记》中记载了漠北决战之后刘彻对霍去病所得战功的亲口描述："骠骑将军去病率师，躬将所获荤粥之士，约轻赍，绝大幕，涉获章渠，以诛比车耆，转击左大将，斩获旗鼓，历涉离侯。济弓闾，获屯头王、韩王等三人，将军、相国、当户、都尉八十三人，封狼居胥山，禅于姑衍，登临翰海。执卤获丑七万有四百四十三级，师率减什三，取食于敌，逴行殊远而粮不绝，以五千八百户益封骠骑将军。"

我绝少如此大段地引用古籍，但这段文字透露了霍去病的骑兵闪电般地横行漠北两千里依然能成功的一个重要秘诀——取食于敌。这是当时甚至之后的千年间极少有军事家能做到的。说白了，就是打到哪儿吃到哪儿。不恰当地说，霍去病的队伍经过匈奴人的聚居地时甚至大有"汉军进村"的感觉。他们总是尽量少地携带辎重，以最快的速度连续攻击敌人，战斗时以消灭对方的有生力量为主。为了不减慢速度，他们甚至都不怎么抓俘虏，更不讲究一城一地的得失。只能说，其他的将领跟霍去病一比，真不是同一个时代的人。

然而，任何人都会受到其所处时代的局限性的影响。霍去病虽然一时超越了时代，但终究无法逃脱时代的局限。霍去病的战绩虽然彪炳史册，其中却有许多隐患。其一，其他的将领无法与之配合。刘彻给霍去病的军队有一个很大的特点，那就是没有副将，霍去病经常把手下的校尉们当副将使用。这一方面体现了霍去病的与众不同，另一方面也是无奈之举。霍去病并不是一开始就喜欢独来独往的，实在是他的队伍跑得太快了，其他将领根本适应不了他的节奏。太史公曾这样感叹霍去病率领的军队："这样的撒足狂奔，居然从来没有受困过，实在是上天的眷顾。"霍去病四处征战的前两年，在他风光战绩的背后，往往是其他将领因为赶不上他的队伍而误期受罚的寂落背影。

为什么霍去病在茫茫草原上撒足狂奔却依然能不迷路，难道他是现代人穿越过去的，自带导航？或者他是天神降世，开了上帝视角？显然都不是。对于这个似乎没有明确答案的问题，我们若从史书中深究下去，却也不难窥见其原因。

翻开史书，在跟随霍去病出征并因战功封侯的众将中，我们可以找到这样几个人的身影：宜冠侯高不识，故匈奴归义；辉渠侯仆多，故匈奴归义——很明显，这两个生来就是匈奴人；还有一个从骠侯赵破奴，则是在汉匈之间反复横跳的人物。

在霍去病的队伍中，匈奴人的存在并不是个例。事实上，在当时的汉军中，归化的匈奴人不少，不仅霍去病手下有，卫青、李广、公孙敖……哪个出击匈奴的将领手下都有，他们在汉军行军时充当向导和先锋。但与其他将领相比，霍去病显然更能指挥和驾驭这些匈奴人，匈奴的带路人也更愿意为其所用，原因无他——跟着霍去病干，那是真的能封侯，不由得人不尽心竭力。

凭借这些人形导航，霍去病实现了对匈奴跨越千里的精准打击。但信任这些带路人本身也有风险，次数太多难保哪一次就被他们带到沟里去了。

更重要的是，战争中霍去病手下士兵的伤亡数字时常被大家刻意地忽略。其实，他如此不计代价地突击，士卒和战马的损耗也是巨大的。有时，一仗下来，军队甚至会减员十分之七。要知道，霍去病的手下从来都是汉军中最强壮、勇敢的士兵，“杀敌一千自损八百”实在不能算是大胜。当然，中国历来人多，哪怕以一换一，也不是匈奴区区几十万人口能扛得住的，但是战马的损耗就不能忽略了。只漠北一战，汉军损失的战马就超过十万匹之多。虽然汉朝有马政，武帝时期为了和匈奴作战，又积极鼓励民间养马，而且卫青在收复河套地区和驱逐右贤王时也收缴了匈奴无数的牲口，他本人还在朔方郡常年养马备战，但这些都抵不过汉军积年作战所消耗的军马数量。

如果继续依着霍去病这样在短时间内最大限度地使用马力，估计不久的将来，或许汉军就可以尝试着骑牛上战场了。漠北一战之后，喜欢“趁他病要他命”的刘彻居然十多年都没有再对匈奴发动战争，个中缘由说起来也无奈，就两个字——马少。总不能指望士兵们靠着双腿在草原上跑赢匈奴人吧？

所以，总体上来说，在当时的历史条件下，应该说卫青是领先霍去病的。虽然不多，也就半个身位，但哪怕没有霍去病，只要皇帝一心任用卫青，他也能把匈奴人赶到漠北去吃黄沙，尽管会多耗些时间。而如果只有霍去病，在当时的条件下，依照他的性格和行事风格，则是有失败隐患的。

然而，历史并没有为我的结论提供验证机会。这是霍去病的幸运，也是他的不幸。在漠北决战两年之后的元狩六年（公元前117年），大司马骠骑将军霍去病就因病身亡，年仅二十四岁。

霍去病死后，皇帝给了他极高的待遇，亲自调拨由边境投降而来的匈奴人组成玄甲军为他送葬，队伍一直从长安排到了茂陵。皇帝还命人将他的坟墓堆成祁连山的形状，以纪念他不朽的功勋，并亲自给他上谥号“景桓侯”。此后又过了十一年，大司马大将军卫青也在无仗可打的落寂中度过了自己最后的人生。

随着霍去病和卫青的相继离去，汉帝国的军事力量一下跌入了低谷，刘彻却变得更加迷信武力，最终差点儿将西汉王朝推入万劫不复的深渊。这个话题我们暂且放在后面再表。当卫青和霍去病这两位曾经闪耀一时的名将成为过去、西汉历史进入下一页的时候，让我们放慢脚步，最后再提一个时常会被人谈及的问题：为什么霍去病会英年早逝？

对于霍去病的具体死因，史书上唯一的相关记载是，霍去病同父异母的弟弟霍光曾经说，霍去病是在征战中感染了匈奴人故意散播的瘟疫一类的传染病而死的。当然，除此之外，我听过无数的谋杀说和阴谋论。其实，事情也许并没有这么复杂，真相可能就隐藏在他的名字中。

在中国，从古至今，父母给子女起名字时总会将长辈对孩子最大的期望寄托在名字中，后来的汉宣帝刘病已就是一个很好的例子。霍去病的“去病”二字想来也是一样。或许，这个孩子小时候就体弱多病，所以他的父母才给他起了这么一个名字，希望他能够健康成长。一个幼年时体弱多病、多少有些先天不足的孩子，十七八岁就开始从军出征，并且连年征战不休，在草原大漠征战的辛苦及其对身体机能的损害远非我们这些旁观者所能体会的，如此长期的折腾，即便不中瘟疫，早死也并非意外。

但卫青和霍去病是幸运的，他们至少在自己有生之年建立了不朽的功勋，赢得了后人的敬仰；而有人幸运就会有人不幸，与卫青、霍去病同一时期的另一位名将就只能在郁郁中了断自己的生命。

这个人就是李广。

飞将军李广

元光五年（公元前130年），带领一万骑兵出征却遭遇全军覆没的李广只身逃回了关内，按当时的法律，他是要被处以极刑的。用钱赎回性命后，李广便在长安的家里赋闲，每日靠打猎打发时间。

当时李广为了打猎方便，并不常在长安城里居住，而是和灌婴的孙子灌强在城外蓝田的南山中搭窝棚而居。一天晚上，李广带着一名家丁与友人外出喝酒，大家喝得十分尽兴，直至深夜方归。夜色深沉，多少有几分醉意的李广摇摇晃晃地骑着马沿着大路往城里走。路过文帝霸陵附近的时候，霸陵的廷尉拦住了他们。可能因为李广酒意上头，并没怎么搭理这个廷尉，廷尉便大声呵斥他下马。

当时，社会并不是很太平，朝廷规定任何人深夜都不能在外随便走动，即所谓的“宵禁”。这时候，李广的家丁上前请求霸陵尉通融一下：“大人，这位是前任将军李广。”

霸陵尉大概当晚也喝了几杯，一听对方是个贬了职的将军，脑子一热便不管你以前是什么玩意儿：“这是上头的命令，现在就是将军，晚上也不能出来随便走动，何况是前任将军，给我老实在这儿待着。”

这就叫祸从口出，要不是下人死命拦着，李广恐怕就要冲上去对霸陵尉施以一顿老拳。这时候的李广大有虎落平阳之感，最后只好悻悻地在霸陵亭里窝了一晚上。

但事情并没有就此过去，不久之后，韩安国病死右北平，李广重新被启用为右北平太守，他上任后做的第一件事就是把那个让他吹了一夜寒风的霸陵尉“请”到军中斩了祭旗。

李广干的这件事着实不光彩，既然国家有规定不能夜行，霸陵尉顶多是秉公执法，没有徇私情，并没犯死罪。李广却只因自己面子上过不去就怀恨在心，胸襟实在算不上宽广，这也为他的悲剧埋下了伏笔。

战场上的李广是一员勇将，骑射功夫天下无双，对手下的士卒也十分好。据说，行军的时候，如果遇到水粮短缺，士兵们没喝足，他绝不先喝一口水；士兵们没吃饱，他绝不先尝一口饭。将能如此，兵复何求？这让他的军队十分有战斗力，匈奴人也对他十分敬畏，称他为“汉之飞将军”。韩安国在右北平的时候听说匈奴人不来了，就以为对方真的不来了，结果被匈奴人打了个措手不及；到了李广接手右北平时，匈奴人听说李广在那里，当真不敢来了。

李广在战场上厮杀成瘾，早在景帝在位的时候，就有人对皇帝这样评价他：“李广的才气天下无双，可他仗着自己能打，在边境一天到晚跟匈奴人火拼，搞不好哪天就会失手的。”李广的名气则是在长期的厮杀中一刀一枪拼杀出来的，到了这个时候，匈奴人已经不敢主动招惹他了，搞得李广在右北平好生无聊。穷极无聊的李广只好在右北平继续靠打猎打发时间。

要说打猎，李广和别人也不一样。别人打猎无非是为消遣，也就是打个獐子、狍子、狐狸、梅花鹿之类的。李广的爱好比较特殊，专喜欢打老虎。

据说，一天李广外出打猎，一行人从早上到傍晚，什么猛兽也没遇到，正失望之际，突然，借着夕阳的余晖，众人似乎看到数十步外的草木密集之处有猛虎伏卧。李广先是大惊，全身毛孔一紧，随后又大喜过望，旁人还没有反应过来，他就已经下意识地在瞬间张弓搭箭，屏息凝神，手落箭出。一套动作一气呵成，一天射猎无获的闷气全在这一箭中释放了出来，利箭夹持着劲风命中目标。

没想到，李广无心的一箭却也成了超神的一箭。众人上前观望的时候才发现，原来草丛中哪里有什么猛虎，只是一块伏卧的长条状青石而已，而李广的一箭竟已将箭镞直射入青石数寸之深。大家惊叹不已，等李广回到原来的位置又连射几箭，都没能再有第一箭的表现。不过，有这一箭足矣，李广居然能“射虎入石”，这下他的名气就更大了。

之后，李广又在元朔六年（公元前123年）和元狩二年（公元前121年）两次随军出征匈奴，一次无功而返，一次因为博望侯张骞误期，致使他所率的四千骑兵被十倍于己的匈奴左贤王军包围。李广不同于一般的将领，被围后仍意气风发，四千骑兵在他的带领下和匈奴人鏖战一昼夜，直到第二天张骞的大部队找到李广的队伍，匈奴人才退去。这时候，李广的军队已经杀伤匈奴四五千人，差点儿全军覆没。回到朝廷后，张骞因为误期按律是要杀头的，当然他也花钱赎了命，而李广只能算功过相当，不赏不罚。

李广如此喜欢跟匈奴人玩儿命，并不全是因为兴趣爱好。从军将近半个世纪，食邑两千石的省部级高官也做了三四十年，可他心里一直有一个梦想，就是要凭借自己的军功得到皇帝封侯的赏赐，以荫福子孙。然而，尽管他很能打，几十年拼杀下来，手底下射杀的匈奴人没有一千也有八百，却没有一次像样的军功可以拿得出手，而没有军功就意味着不能封侯。文帝在位时他就是两千石，到武帝的时候还是两千石，甚至连那个没什么才能且人品在六等开外的堂弟李蔡都已经封侯又拜了丞相，他依旧在原地踏步，哪里能不着急？在元狩二年（公元前121年）那次出征后，年近六十的李广还一直在等待另一个建功立业的机会。

元狩四年（公元前119年），刘彻大发骑兵十万，绝幕以战匈奴。李广以为他一直等待的机会终于来了，然而，他最终等来的是一次充满疑问的出征和令人叹息的结局。

古人常说："人生七十古来稀。"已经六十出头的李广是不会放过任何一次出征机会的，尤其自己正逐渐垂垂老矣，这次如果不能去，恐怕就等不到下次了。因此，他主动向皇帝请缨，要求随军出征。

对于刘彻来讲，这次出征是倾尽全国之力的一战，当然他也希望这能是定乾坤的一战，所以他要选择的将士都是最强壮、最勇敢的。根据这个标准，已经六十多岁的李广并不在他的选择范围内，可他竟拗不过李广的苦苦哀求，最后还是答应让李广随大将军卫青的西路军出征，并担任前将军。

接下来就是一段谜一样的征程。

按史书上的说法，计划中，西路军原本是不会和匈奴单于正面对抗的，但因刘彻的情报有误，卫青和伊稚斜最终不期而遇。当卫青在途中从捕获的匈奴人口中得知，在大漠北面静待自己的是伊稚斜和他的主力时，卫青做了一个给自己抹黑且影响李广一生的决定：让前将军李广和右将军赵食其率一万人马走东面绕路穿过沙漠，将中将军公孙敖顶到先锋的位置。

接到命令，李广当即就跳了起来，说什么也不同意跟卫青分道。他恳求卫青道：“大将军，我本来是大军的先锋，现在匈奴单于就在大漠的北面，你却让我到东边去绕路。我少年从军，和匈奴人打了几十年的仗，这是第一次有机会和匈奴单于交锋，我愿意在大军的最前面拼杀，即便死在匈奴单于阵前也毫不畏惧，要绕路你找别人绕去。”

然而，不管李广怎么请求，卫青还是坚决不同意。最后，他直接让人把军令传到李广的军营中，让士兵们准备好马上启程。根据史料记载，卫青这么做是因为出发前皇帝给他下了命令。刘彻认为，李广年纪大，命又不好，如果要对付匈奴单于，他不适合做先锋。根据这个最高指示，卫青才临时把李广调离先锋的位置，换他的好哥们儿、刚刚丢了爵位的公孙敖做先锋。对于卫青的命令，李广表示不解和愤怒，以致临走都没有给卫青行礼道别，而是拂袖而起，转身愤愤离去。

后来的事情大家已经知道了，卫青遇上并击溃伊稚斜的主力，李广和赵食其一路却因为迷路误了和主力会合的时间，最终汉军因为兵力不足使伊稚斜溃围而去。战斗结束之后，卫青派人去李广军中找他取证，准备上报皇帝，李广没有回答任何问题。当卫青再次派人去的时候，李广想到自己年纪大了，征战数十年却从没得到封侯的奖赏，末了还落到这副田地，越想越不甘，最后在军中愤而自杀。

李广的自杀似乎已被后人讨论了千年：为什么李广这次选择了死亡？他不是没被俘过，不是没全军覆没过，不是没坐过牢，也曾经花钱赎过命，之前的一切他都承受过来了，怎么这一次就自杀了呢？

我想，他这次之所以选择死亡，大概是因为他年纪已经很大，而且这次卫青击溃了匈奴主力，可想而知，往后的几年朝廷都不会再有对匈奴的大规模军事行动，等再有的时候，他可能也已经没有机会了。这让一生追求建功封侯的李广陷入理想破灭的绝望，在绝望中他选择了结束自己的生命。

人们将李广的死归咎于刘彻和卫青，毕竟是卫青把李广从先锋的位置上调走，让他走水草缺乏又道路难行的东边的，这才导致李广所部失期；而卫青之所以这么做，是因为私底下事先受了刘彻的告诫，说李广这个人年纪大了，命数又不好，不能让他在前面对付单于，不然会坏了大事。

然而，事情或许并非如此。要解决这个疑问，我们要弄清楚这里面的三个问题。

首先，我们不去考虑李广的命到底好不好，单就皇帝的这个告诫存不存在，还得分两说。本来，皇帝就是故意让霍去病去对付匈奴单于的，这才临时调换了东西两路军，又怎么会留下不让卫青派李广去对付匈奴单于的话呢？当然，刘彻的话也可能是为了做两手打算，提醒卫青万一撞上了单于，可不能让李广去打这个先锋。但如果是这样的话，刘彻大可不必派李广出征，或是直接安排他做个后将军什么的，岂不省事？抑或，刘彻本没有打算让李广随军出征，是他自己强烈要求去的。可刘彻作为皇帝不仅亲口答应了，竟然还让他担任先锋。这里要注意的是，这个先锋并不是李广自己要求的，而是刘彻任命的。那么，李广既然是御口亲封的先锋，以卫青的谨慎性格，他又岂敢空口无凭地轻易换将？刘彻至少得私底下给卫青下个诏书什么的做证才好吧？然而，司马迁作为治学严谨的史学家，似乎又不太可能把一件才发生不久的事情弄错，或是故意捏造个刘彻的碴儿，在李广之死的问题上为卫青洗脱干系。

其次，卫青为什么要把李广调开走东边？注意，这里非常重要的两个字是“调开”。如果皇帝或者卫青觉得李广这个人不行，那把他的队伍放到最后面，给大军殿后就可以了，何必把他调开，弄得这么麻烦呢？而且，调走李广的时间也非常有意思，不是在大军出发之日，也不是准备跟伊稚斜死磕的前夕，而是在卫青的侦察兵捕获匈奴人、得知伊稚斜下落的时候。如果卫青看不上李广，压根儿不想跟他一起玩，那他大可在出发的时候就让李广率军走另一条路，从而甩开他单干；如果卫青这么做是出于皇帝的告诫，那他也可以等到临阵的时候再让公孙敖先上，让老将李广在后面给小辈们观敌瞭阵、呐喊助威。李广要打先锋，为的是获得军功，得到封侯的奖赏。可谁规定了只有前将军能封侯，后将军就一定会垫底？即使随大军出征没打先锋，只要着实立功了，回来后照样封侯的也大有人在。

最后，还有一点很重要，即李广和赵食其并不是两个人单独走的东面，他们还带走了大概一万人。这一万人也很重要，如果刘彻或是卫青就是想撇开李广，免得被他耽误了消灭伊稚斜的良机，那给他个千八百人意思意思就行了，何必分出大军五分之一的兵力去做毫无意义的迂回？

我是一个很擅长和稀泥的人，为了解决上面的三个问题，我想事实大概是这样的：

在出征以后的某一天，卫青从被俘获的匈奴人口中得知了伊稚斜单于就在大漠的对面等着自己送上门去的消息。卫青认为，要和匈奴主力决战，他既不得天时，也不占地利，手上的兵力更比不上伊稚斜，因此，要战而胜之就必须出奇制胜。经过慎重思考，卫青在地图上找到了一条可以出奇制胜的小路，如果有另外一支军队能通过这条路按时抵达漠北的话，他们就可以包抄匈奴的军队。这条小路就是我们所说的东路。

但问题来了：这条路不仅远，而且十分难走，路上水草既少，补给又困难，这就决定了走这条路的将领不仅要行军经验丰富，还要能和部下同心，另外还要能打，而且要有独立的指挥作战能力及应变能力。那派谁去好呢？请帮卫青在下面的选项中选择最佳答案：

A. 前将军郎中令李广

B. 左将军太仆公孙贺

C. 右将军主爵赵食其

D. 后将军平阳侯曹襄

E. 中将军公孙敖

我觉得，在当时的情况下，不管是谁都会选择A。下面那几位，不管是能力还是资历，都和李广不是一个等级的，如此重要的事情当然要让最能干的人去做。如果当时李广能按期到达，与大军会合，并以这一万兵力在背后包抄匈奴人，那伊稚斜真的不一定能逃掉。

为了让李广能顺利完成任务，卫青把右将军赵食其也派去陪他一起绕路，还让他们带走了一万人马。可李广对此并不知情，他打了几十年的仗，只知道兵来将挡，水来土掩，从来没想过这么复杂的事情，所以觉得卫青让他绕路是看不起他。而这样重要的军事机密，当然是不能明说的，谁知道隔墙有没有匈奴人的奸细？然而，事与愿违，李广的军队最后还是迷路了，没能按时走出那条崎岖蜿蜒的东路。而卫青在手下最得力的将军和士兵都不在场的情况下，依靠自己的指挥才能和应变能力，靠着士兵们的顽强意志，堪堪和伊稚斜打了个平手。如果不是伊稚斜看到打了一天的汉军战斗力依然强悍，先行产生了汉军无法战胜的幻觉，进而生出畏惧的话，他是不会走掉的。汉军最后的胜利其实是意志上的胜利，是汉军的意志战胜了匈奴人的意志。从某种程度上说，是伊稚斜输给了他自己。

有人会问：那这跟刘彻有没有关系呢？我觉得没什么关系，刘彻大概确实曾经跟卫青讲过类似李广命不好不能打先锋的话，但时间绝不该是元狩四年（公元前119年）出征漠北前夕，而是在此之前。或许，太史公把时间和事件搞混了。

这也许更接近历史真相。

李广的死不仅在军中引起了巨大的震动，在百姓中间也引起了广泛的同情。据史书记载，听闻李广自杀的消息后，不管见过还是没见过他的百姓，都忍不住为他流下了眼泪。李广的魅力由此可见一斑。

然而，我所知的李广是一个勇敢的战士，是一个武艺超群、胆气过人的将领，在治军上也很有一套，能让士兵们甘愿为他出生入死。这些都是历史上大多数将领难以企及的优点。但实话实说，会治军不等于会用兵，李广人生的失败不仅仅是“数奇”[1]这么简单。作为一名将军，李广常仗着自己能打而以身犯险，多次使自己和士兵被困险境。他一生和匈奴打过大小七十余仗（这是李广自己说的），至少一次全军覆没，一次接近全军覆没，此外几乎没打过什么像样的胜仗。因此，李广只能算作军队中善打先锋、冲锋陷阵的将才，实在算不上杰出的帅才或军事家。

最后我多说一句题外话：

> 秦时明月汉时关，万里长征人未还。
> 但使龙城飞将在，不教胡马度阴山。

阴山山脉自古以来便是农耕与游牧的天然分界线，其南界尚在河套平原以北。王昌龄在《出塞》中所倾慕的“龙城飞将”，现在很多人说是李广，依我看应该是突袭茏城、收复河套、北驱匈奴的卫青，尽管在《史记》中李广获得了少有的武将单独列传的待遇，而且太史公在字里行间透露出对他的敬仰和对命运对他不公的感叹。

1.点背，命不好。

第二十章

一个书呆子的闹剧——淮南王的谋反

淮南反案

汉景帝三年（公元前154年），经过七国之乱的折腾，国家和社会经历了一次劫难，诸侯王的实力也被折腾得差不多了。因此，尽管朝廷连年对外用兵，导致社会出现了一系列问题，但终刘彻一朝，也没有哪个诸侯王敢真的出来扑腾一下。当然，如果你非常较真，非要说还是有诸侯王造反的，那淮南王刘安大概可以算作一个。

对于淮南王刘安这个人，有的书上是这么记载的，颇有些传奇色彩：

淮南王刘安，为人和善，淮南国在他的治理下井井有条。刘安本人礼贤下士，喜好琴棋书画，尤尚道术。一天，淮南王宫里来了八位白发苍苍、老态龙钟的老者，他们是听说刘安喜爱道术才不远千里来求见的。没想到，八位老者竟被宫里看门的当骗子拦住，老头们瞬间变化成八位样貌俊朗的少年，这下可吓坏了宫里看门的，立马屁滚尿流地跑进王宫里回报。刘安听闻有仙人来访后也是大惊，忙亲自出迎。

当刘安把这八个人迎进宫里叙谈一番后才得知，这八位仙人号“八公”，分别是文五常、武七德、枝百英、寿千龄、叶万椿、鸣九皋、修三田和岑一峰。他们自称有吹嘘风雨、震动雷电、倾天骇地、回日驻流、役使鬼神、鞭笞魔魅、出入水火、移易山川、千变万化的本事，还现场表演了一段。这下，刘安对八位仙人的本事佩服得五体投地，不仅把仙人视为上宾，还亲自拜仙人为师学习道法，最终得仙人传授《玉丹经》三十六卷。

刘安按仙人的指引勤修三年，就在即将丹道大成之际，刘安的臣子雷被因过失触犯了刘安，他担心自己被杀，遂恶人先告状，上书皇帝诬告刘安谋反。当皇帝派遣九卿之一的宗正前去调查的时候，刘安已在八公的协助下炼成金丹，与其亲属三百余人一起服用后同日飞升。其炼丹所用的鼎炉之内残存的药末被家中所圈养的鸡狗啄舔后，鸡犬亦白日飞升，空留下“一人得道，鸡犬升天”的一段佳话。

以上均出自葛洪的《神仙传》，属于怪力乱神一类的诬妄之谈，毫不可信。

事实其实是这样的。刘安是刘邦的小儿子淮南王刘长的长子。和不学无术的刘长不同，刘安从小博览群书，琴棋书画无一不通。在刘长死后的第十年，文帝将原来的淮南国一分为三，封刘长的三个儿子刘安、刘勃、刘赐为王，刘安仍称为淮南王。

刘安当了淮南王后并没有吸取父亲之死的教训——夹着尾巴做人，而是始终咽不下自己父亲之死的怨气，时刻想瞅个机会造反。

谋反在哪个王朝都不是新鲜事，刘安的谋反却与众不同。他自十五六岁从阜陵侯升为淮南王后便开始了持续数十年之久的谋反准备，而且好几次都是差那么一点儿就要动手了。

第一次是在七国之乱的时候，当时吴王刘濞曾派人去联络刘安三兄弟。对于刘濞的提议，刘勃和刘赐都没有回应，刘安却心动了。毕竟圣人在书上也说过“杀父之仇不共戴天”，二十五岁年轻气盛的刘安当时就准备起兵，和刘濞组成联军。这事被刘安手下的淮南国国相知道了，他主动跑去找刘安，说：“大王要是准备起兵响应吴王，我愿意替大王统兵，去冲锋陷阵。”

刘安很高兴，他正为自己不懂行军打仗而发愁，现在有人主动出来帮忙，自然求之不得，马上就把兵权交给了国相。可刘安没想到的是，国相一拿到兵权就翻脸了，还派兵把淮南国的都城寿春里里外外围了个水泄不通，绝口不提起兵助吴的事情。正因为这样，七国之乱平定之后，刘安的淮南国才没有受到牵连。刘安这次恐怕受惊不小，以至十几年间没敢再有什么非分的想法。

虽然任何事情的刺激都会使人产生应激反应，但哪怕是再强的应激，随着时间的推移也会逐渐淡化并消失。对刘安而言，七国之乱的惊吓也一样。时间到了建元二年（公元前139年），刘安入朝。当时的太尉田蚡为了巴结刘安，亲自到霸上去迎接他，还在私底下跟他说了这样一番话："现在陛下没有儿子，大王是高皇帝的亲孙子，又勤政爱民，仁义布于天下，这是人人皆知的事情。如果，我是说如果，有一天陛下不幸驾崩了，那当今天下没有人比大王您更适合当皇帝了。"

田蚡无疑是在拍马屁，而且这个马屁拍得还十分高明——一个马屁的好坏不在于拍的人说了什么，而在于被拍之人怎么看，如果被拍之人不认为这是马屁，那这个马屁就是一个好马屁。从旁观者的角度看，田蚡纯粹是在扯淡。这时刘彻才刚刚继位，而刘安已经四十岁了，依照自然规律，他和刘彻谁会先死那是连想都不用想的事情。而且，田蚡是刘彻的舅舅，刘彻万一挂了，对他能有什么好处？他怎么可能希望其他人来坐皇帝这个位子？然而，这些都不重要。重要的是，刘安听了田蚡的话居然觉得非常在理，内心也把自己当成了继承皇位的不二人选。

到了建元六年（公元前135年），一个少见的天文现象出现了：一颗彗星划过了天际。彗星在我们现代人看来只是稀奇而已，并没有什么太大的意义，但这罕见的天文现象对古人而言就不一样了。古人十分讲究天人一体，认为如此罕见的天象必定是上天在暗示什么。刘安也看到了这颗彗星，并心生好奇：是不是上天在预示什么？当然，如果只是好奇并不算坏事，可刘安平时爱研究学问，他自己又有钱，手底下养了几千门客帮他做学问，这些人里面就有专门研究星相学的。既然心生好奇，刘安就找了这方面的专家来讨论。

事情坏就坏在这帮人身上。

他们不仅一口气列举出近年来所出现的类似天文异象的具体时间，还举一反三，并坚定地告诉刘安："当年吴楚起兵的时候，天空中也有彗星出现。而且，那时候的彗星只有数尺之长，吴楚叛乱就造成了流血千里的兵祸，而今的彗星竟长过天际，想必天下不久定有大乱。"

这话刘安听着在理，而且这时刘彻还没有儿子，几年前田蚡的马屁他还当宝似的暗暗藏在心里：一旦天下乱了，现在的皇帝被赶下台，那他刘安不就是最有机会登上皇帝位子的人吗？刘安相信，上天总是眷顾那些有准备的人的，为了响应上天的号召，他又决定造反了。

与当年那个二十多岁的莽撞青年不同，这次刘安谨慎多了，不仅亲自主持操办了购置兵器的事情，还不惜重金在民间网罗了一批谋士说客，为自己制造舆论。这些谋士说客里当然有很多擅长溜须拍马的，碰上刘安这么一个爱被拍马屁的主子，一通诸如“大王盛德满于天下，堪比尧舜禹汤”之类的马屁拍下来，竟把刘安拍得飘飘然起来。仿佛只要天下一乱，所有人都会翘首以盼，拥戴他刘安出来匡扶社稷，平定天下，然后登基做皇帝。

除此以外，刘安还做了两项他认为非常重要的安排。

第一是派遣美女间谍进长安做卧底。元朔元年（公元前128年），怀揣着给刘安刺探消息的使命，一位女子乘坐马车匆匆离开了寿春。对自己派出的这个女间谍，刘安很放心，因为这个人就是他的女儿刘陵。刘陵从小机灵聪慧，口齿伶俐，能言善辩，而且据说长得还不错。刘陵到了长安非常卖力，利用自己的美色以及父亲的影响和资源，很快就成为长安城上流社会的交际花，游走于皇帝的多位近臣之间套取舌漏，为远在淮南的刘安提供各种消息。

第二是清除自己身边可能存在的朝廷的眼线。刘安这样做无非怕自己想要谋反的消息会走漏。对刘安来说，整个淮南王宫乃至整个淮南国的所有官吏都好办，大不了辞退了再聘请新人，有一个人却非常棘手，这个人就是太子刘迁的太子妃。太子妃是修成君的女儿，修成君是王太后和其前夫金王孙所生的女儿。尽管这个太子妃在皇帝和皇太后那里似乎并不得宠，不大可能是皇帝派来的卧底，但刘安现在心里有鬼，看谁都可疑，必要将她赶走而后快。刘安想要儿子休妻，但皇太后的外孙女哪是随随便便说休就能休的，于是他和儿子一合计，想出来这样一个苦肉计：让刘迁不和太子妃同房。

依照老子刘安的意思，儿子刘迁找了各种理由，一连三个月都没有和太子妃同睡过一张床。三个月后，这事“一不小心”被刘安知道了，他“勃然大怒”，一顿板子下去把刘迁狠狠地教训了一番，然后让人把刘迁和太子妃关在同一间屋里不许外出。这一关又关了三个月。或许，刘迁这小子在某些方面也端的是能忍，或许是刘安的那顿板子打重了，刘迁想不忍都不成，结果，三个月过去后，双方还是平安无事。这下，太子妃自觉失去了女人的魅力，自己都没脸再待下去了，便主动向刘安提出要和丈夫刘迁离婚。刘安听罢当然是极力劝阻的，最后，在“百般无奈”之下，刘安只好同意了太子妃的请求，派人将太子妃送回了长安。

做完这些以后，刘安自觉万事俱备，只欠东风。然而，安静地等了几年后，上天预示的大乱没有出现，他家里却出事了。

元朔五年（公元前124年），没了正妻的刘迁在宫里闲来无事便开始学习击剑。刘迁继承了刘安的秉性，宫里的陪练为了奉承太子，每次练剑都假意不敌刘迁，这让刘迁学了几天剑便不知道天高地厚，每当一剑在手就生出独孤求败的感觉。当时，淮南国的第一剑客名叫雷被，是淮南王手下的“八公”之一，在宫里已经找不到敌手的刘迁就提出要挑战雷被。

行家一出手，便知有没有。刘迁手头儿有几斤几两，哪能逃得过雷被的火眼金睛。雷被一看太子眼神散漫、双腿无力、步伐飘浮，就知道他练的都是些没有用的花架子，而自己的武艺是在长期实打实的搏杀中历练出来的，不用比也知道是什么结果。况且，刘迁平日里骄横惯了，若和他比武，输了砸自己招牌，赢了断自己活路，怎么看都是赔本买卖。因此，雷被哪里敢接受太子的挑战。再说，刀剑无眼，真要动起手来，万一伤了太子，自己非但逃脱不了干系，到时候恐怕连父母妻子都没办法保全。所以，对于刘迁的比武要求，雷被再三推辞。可他越是推辞，刘迁就越觉得雷被看不起他，于是拔剑挺击，一再相逼，雷被最后迫于无奈只好出剑反击。

刘迁和雷被，一个步步紧逼，一个处处退让，两人斗作一团，竟也好似打了个半斤八两，但时间一长，雷被的血性再也按捺不住，稍一发力便将刘迁的长剑击飞，一不小心还伤了太子。这下，雷被吓得不轻，赶紧告退回家，可是身体和心理受到双重伤害的刘迁哪里会放过他？雷被知道自己在淮南是没法儿待了，可怎么才能离开淮南国呢？雷被苦思无策，整天在家惶惶不可终日。正好，这时候皇帝下诏，要在全国征集敢于从军出征匈奴的人，并下令说只要应征者有从军出征的决心，全国上下不论官职大小，谁都不能对其进行阻拦。

这道诏令让雷被看到了活的希望，他马上向淮南王提出要应征入伍。可是，刘迁又怎会轻易放过这个不给自己面子的第一剑客？他每天都在刘安面前说雷被的坏话，刘安一听雷被这么不识时务，竟对自己儿子不敬，那对自己这个老子岂不是大不敬？刘安因此非但没同意雷被的应征请求，还准备将雷被拿下杀一儆百。

俗话说："人急拼命，狗急跳墙。"雷被这下被逼急了，为了活命只好只身逃亡。经过好一番周折，雷被逃到了长安。到了长安后，雷被马上向皇帝上书，检举揭发淮南太子刘迁公报私仇、违抗诏令、阻挠他应征为国尽忠的罪恶行径。

要注意，雷被的起诉仅此而已，并没有提及淮南王要谋反的事情，因为雷被自己并不知道这件事。但这是整个事件的导火索，就像第一块被推倒的多米诺骨牌。

元朔五年（公元前124年）时，抗击匈奴仍然是国家的重中之重，其他任何事情都要为此让路。现在居然有人敢抗诏，哪怕这个人是诸侯王，皇帝也是不允许的。刘彻于是下令，要廷尉和河南郡的郡守严肃处理淮南太子刘迁。

刘安很快就从女儿刘陵那里得到了皇帝要派人将自己的儿子押解进京审讯的消息。一听到这个消息，刘安和王后十分惶恐，他们哪里舍得自己的宝贝儿子，就决定一旦皇帝真的逼他们抓自己的儿子，他们马上起兵造反。

刘安做事优柔寡断，头脑一热就喊打喊杀，等到惶恐过去，头脑稍微冷静下来，就不知道该怎么办了。什么时候反，怎么反，以什么理由反，反了以后怎么打，刘安通通都没想好。就这么拖了十几天，长安城里又传来消息，说皇帝下令不再逮捕刘迁，改为派人下来对质，取下口供即可。刘安一听，一口气松了下来，这个反也不准备造了。

然而，一波未平一波又起。刘安刚松一口气，就又听说淮南国的国相上书朝廷，把寿春县的县丞给告了，理由是县丞徇私舞弊，没有及时执行朝廷要求将刘迁押解进京的命令。国相是诸侯国中由皇帝派来监督各诸侯王的最高一级官员，淮南国国相当然是向着皇帝的。而且，刘迁平日在淮南国作威作福，鱼肉百姓，国相要么是作风端正，很看不惯刘迁平日的作为，要么就是跟刘迁有私仇，而县丞没有及时执行命令致使刘迁逃过一劫，这让国相很不爽，就上书弹劾县丞，说他为了奉承淮南王而没有及时执行皇帝的命令。

拖延、不执行皇帝的命令是大不敬的行为，按律是要砍头抄家的。刘安一看，你敢动我的人，我不保县丞怎么行。于是他就把国相请来，让他高抬贵手，大事化小，小事化了。可国相丝毫不给刘安面子，一口回绝了刘安。这下，刘安面子上挂不住了，就也寻个莫须有的罪名，给皇帝上一道书把国相告了。

但凡上级告下级，大多数时候都是一告一个准。这次没人能保住淮南国国相了，国相很快就被押解到长安并下了大狱。淮南国国相大祸临头，自然也不会坐以待毙，一道上书又反告淮南王，理由和雷被的类似：刘安因雷被和刘迁的私人恩怨徇私，阻挠雷被从军。

皇帝接到淮南国国相的上诉后，马上和众臣们商议处理办法。大臣们的主流意见是，不管那么多，先把淮南王刘安抓起来再说。

刘安在长安的眼线办事效率倒是挺高，大臣们这边刚商议结束，那边刘安便得到了线报。一听说大臣们商议要派人来抓他，而且据说皇帝已经同意，甚至派来抓他的人已经在路上，刘安又开始准备造反：他暗地在宫中安插了几十个武士，只要朝廷派来的人一到寿春并宣旨说要捉拿他，他便马上让武士们把朝廷派来的人杀掉，同时让太子带人杀掉淮南的中尉夺取兵权，然后起兵。

事实上，刘安的谋反再次停留在了想想而已的阶段，因为皇帝派来的中尉殷宏匆匆宣读完圣旨便离开了，圣旨中只是就阻挠雷被从军一事对刘安进行了批评教育。刘安接过圣旨，又一次松了口气，就把造反的事情又放下了。

当刘安以为事情即将这么过去的时候，手下人告诉他，之前刚走的中尉殷宏很快就会回来，听说是朝中的一些大臣坚决要按抗旨不遵的罪名处斩刘安，殷宏去而复返可能是为了这件事。一听到这个消息，刘安再一次跳起来，又准备造反。

等殷宏二进寿春城时，刘安立即让刀斧手在房子四周埋伏好，一旦殷宏拿出皇帝的诏书宣布逮捕自己，刘安就用摔茶杯作信号，让刀斧手们一拥而上将殷宏剁翻在地。

对于刘安的计划，殷宏毫不知情。可他情商过人，虽然皇帝的命令不是让他抓人，只是让他宣读一下朝廷对刘安进行削地惩罚的判决，但一边是皇帝，一边是诸侯王，自己在他们眼里什么都不是，哪个都得罪不起。殷宏知道，自己毕竟是来替皇帝宣布处罚判决的，这种吃力不讨好的差事本来就讨人厌，总要想个法子让刘安不迁怒于自己才好。殷宏一路走一路想，终于拿定了主意。见到刘安后，他马上摆出一副笑脸：“恭喜大王，可喜可贺，可喜可贺啊！”

刘安端着茶杯，漫不经心地坐在椅子上，问道：“喜从何来？”

殷宏上前两步，拱手鞠躬，答道：“大王，就之前雷被一事，朝中有大臣建议将王爷处斩，可陛下圣明，没有同意；大臣们又要求废除王爷淮南王的爵位，陛下也没同意；最后大臣们要求削王爷五个县，陛下只同意削两个县，以示惩戒。这是陛下对王爷的器重和恩典啊，难道不是可喜可贺的事情吗？请王爷接旨。”

刘安一听没说要抓自己，只是削自己两个县，就再次松了一口气，缓缓地把茶杯放下，看着殷宏离去。

殷宏就这样离开了淮南，自始至终都不知道自己已经在鬼门关里走了一遭。

刘安本以为自己要被逮捕杀头，后来听说只是削两个县，便又把造反的事情放下。可没过几天，他认为自己以仁义治理淮南，居然还平白无故地被削了两个县，这个皇帝实在可恶，越想越气愤，越想越伤心，就再次有了造反的打算。刘安于是就每天和手下亲信伍被、左吴等人在宫里研究地图，推军棋，演练行军布阵的方案。

在古代，造反毕竟是逆天的行为，刘安也知道自己确实没什么理由和底气造反，便捏造出一些理由来自我麻醉。他时常对身边的人说：“陛下没有儿子，一旦驾崩了，朝廷里的那些大臣肯定会让陛下的兄弟，什么常山王、胶东王这些人来即位。我刘安是什么人？是高皇帝的孙子、先帝的弟弟，和那些小屁孩就不是一辈人，而且天下人都知道我以仁义治理国家，所以无论德行辈分，我都是最适合管理天下的。现在陛下对我不错，我还可以忍忍，要是皇帝换成了其他人，他们有什么资格让我称臣！”

刘安的自我麻醉还真麻出了感觉，他越来越相信这个国家即将大乱，刘彻这个皇帝没什么能力并且不会有儿子，而自己则是他想象中即将崩塌的社会的救世主，他只需要等待时机的到来。

然而，时间一天天过去，刘安等待的时机始终不见踪影。汉朝社会稳定，皇帝不但有了儿子，还摆平了强悍的匈奴人。与此相反的是，刘安自己家里却乱作了一团。

原来，除了刘迁这个儿子，刘安还有一个庶出的长子，叫刘不害。这个人平日里并不得宠，刘安甚至不把他当儿子看。在家里，刘不害时常被刘安、王后和太子随便找个缘由提溜出来教训，生活过得十分窝囊。而刘不害性格也蔫，虽然整天受气，却也不辩解，不抗争，只是尽量躲着，不跟他们接触。刘不害知道反正抗争也没有用，自己无非是隔三岔五地被骂几句，挨几顿板子，时间一长，挨着挨着就习惯了。

虽然刘不害对自己受到的不公正待遇不抗争，他的儿子刘建却看不下去，想方设法要给父亲出口气。但是，在淮南国，哪里有人敢给刘不害出头？于是，刘建就打算进京告御状以扳倒刘迁，想着一旦刘迁被废，自己的父亲就可以做淮南太子。可惜，刘建的预谋还没来得及实施，消息就被人走漏给了刘迁。刘迁一看："好小子，竟想在背地里搞你大爷，我平日里连你爹都打得，现在打你个小王八蛋还不是信手拈来？"刘迁立马派人把刘建抓了起来，打了个皮开肉绽。

刘建被打后更加不忿，他不知从哪里听来消息，知道了当年太子曾打算密谋杀害皇帝派来的中尉殷宏一事，便托好友给皇帝上书，要揭发当年的密谋。

既然又有人告淮南王，皇帝照例把事情交给廷尉审理。这次刘安就没以前那么幸运了，因为这时候的丞相是公孙弘。公孙弘有个姓审的好友，是辟阳侯审食其的孙子，他非常不爽当年刘安的父亲淮南厉王刘长锤杀他爷爷的事情，就重金收买知情人，获取不利于刘安的内幕消息，想要趁此机会扳倒淮南王，给自己爷爷报仇。

世事真是因果循环，报应不爽。刘长当年自作主张锤杀审食其的果应验在了自己儿孙的身上，多年来朝廷一直没有察觉的刘安谋反一事，最后竟然让审食其的孙子揭开了冰山一角。他把收集到的材料送给了丞相公孙弘，公孙弘从材料中也察觉到淮南王刘安有谋反的可能。公孙弘是一个善于揣测皇帝心思的人，他知道皇帝忌讳这些诸侯王，便一面让人将刘建押往异地审讯，一面放开手脚，大肆彻查淮南国的事情。

这次刘安真的坐不住了，可他面对的问题仍和当年一样：自己不会带兵打仗，怎么办？他于是便想让手下伍被做将军，统领军队。

最初参与这事时，伍被以为就是陪领导玩玩，在王宫里纸上谈兵，让领导开心开心而已，并没料到自己的上司还真有谋反的举动。伍被是个有些见识的人物，知道这事情是做不得的。所以，当刘安让他领军时，一开始他是拒绝的，还说了不少朝廷的好话，可后来刘安抓了他父母做人质，伍被只好给刘安出主意。

伍被说，现在社会安定，百姓安居，朝廷的军队实力强大，如果非要造反，只能先伪造两份皇帝的命令：一份下令把全国财产在五十万以上的百姓全迁移到朔方去，而且要立即执行，任何人不得延误；另一份下令将诸侯和太子的亲信全都关进诏狱。前者会使百姓不满，后者能让诸侯们恐惧，先用这样的方法扰乱社会，再派能言善辩的人到处散布谣言，这时候刘安再起兵，或许就可以取得一些人的支持。而且，伍被还建议派卧底到大将军卫青和丞相公孙弘等人家里，一旦起兵，就同时刺杀卫青，诱降公孙弘等大臣。

伍被的办法只能说是没有办法的办法，甚至连他自己都不抱什么信心，刘安却自我感觉良好。虽然他是按伍被的建议做的，心里却始终觉得不够光明正大。他自己为造反做的第一件事就是让人把皇帝的玉玺以及丞相、大将军、御史、两千石甚至淮南国附近各郡的太守、都尉的印章都刻了出来，仿佛自己只用等着君临天下。

事情到这里，可能连刘安自己也记不清楚这是他第几次下定决心要造反了。这次，刘安终于向前迈出了一小步。他先是准备以宫中失火为借口，引诱国相（不是之前那个国相）及朝廷派来的淮南内史前来救火，然后趁机把他们都杀掉。后来，他又准备派人谎称南越入侵，然后趁机夺取兵权。这些都还没有实施，刘安又想：如果自己起兵，周围的诸侯没人响应，那该怎么办？

伍被只好继续给他出主意："如果事情真变成这样，你就干脆吞并衡山国，然后临长江据守，二分天下，再派人联络南越，实在不行就跑到南越去。"

刘安觉得伍被的这个主意很好，准备照办，伍被却在心里暗暗摇头：自己这个领导太不成器了，要做造反这么大的事情，居然先想的是退路！这种事情要么不做，要做就做绝，一旦失败，哪里会有什么退路！

另一边，根据刘建的供词，朝廷很快便派人来抓淮南太子刘迁。等朝廷派来的人到了淮南，刘安和刘迁商量，要随便找个由头把淮南国的国相和内史招到宫里来杀掉，然后立即起兵。

没想到，事到临头又出了变故：接到淮南王的命令后，国相来了，内史却不肯来。刘安认为，如果内史不来，只杀国相一人恐怕不能成事，就把国相放了回去。这么一折腾，刘安又不想反了。刘迁跟刘安说："父王，朝廷派人来抓我，主要是因为当年我们曾策划谋杀中尉殷宏的事情，当年参与这事的其他人都已经被我们灭口，他们想查也查不到什么，要不然，我就随他们走一趟，我们暂时就不造反了吧？"

刘安再次决定暂时不造反了。可事情到这份儿上，伍被已受不了自己的这个领导，他主动向朝廷投案，交代了淮南王谋反的事实，而刘安为造反做过的唯一一件实事——私刻各种玺印——则成了如山的铁证。这下，刘安终于东窗事发。最终，刘安自杀，淮南王后、太子和其他参与过谋反的一干人等，包括告发刘安谋反的伍被，都被灭门。

元狩元年（公元前122年）十月，刘安就此结束了他纠结于反与不反间的一生，淮南国的封号也就此被取消，改为九江郡。

刘安的造反始终是他心里的一场闹剧。古人常说："秀才造反，三年不成。"以刘安的事情看，岂止是三年，三十年也不会成事。

这才是历史中的刘安，但这还不是刘安的全部。

历史上的刘安还是一个多才多艺的读书人。他应皇帝的要求所著的《离骚传》是历史上最早对《离骚》给予高度评价的文章。而由刘安主持，由他的手下苏飞、李尚、左吴、田由、雷被、毛被、伍被、晋昌（号称"八公"）主笔，集结了淮南王门下数千门客智慧所撰写的《淮南子》，则是道家理论的又一经典之作。

历史上的刘安也是一个崇尚道术、勤于钻研的读书人。在对道术的研究中，他发明了"豆腐"这一流传至今的可口食物，甚至研制出了热气球的原型。据说，他还利用艾草燃烧产生的热气使鸡蛋的蛋壳成功升离地面。但是，刘安不是一个普通的读书人，他终归是个诸侯王，常年处于政治旋涡的中心，而对一个纯粹的读书人来说，政治是可怕的。

大独裁者

刘安的谋反是件很有意思的事情，在伍被主动投案之前，朝廷是没有什么真凭实据的。从一开始的雷被到淮南国相，他们所说的罪状不过是刘安与刘迁父子阻挠爱国人士应征入伍。到了刘建告状，也无非是告刘迁企图谋杀国家公务员未遂。即便后来丞相公孙弘怀疑刘安谋反，也没有真凭实据，只是要逮捕刘迁进行审讯。后来，朝廷官员在淮南王宫里搜到的证据也只有那些地图和刘安私刻的皇帝玉玺、百官的官印。

对于刘彻来说，一直以来他处理淮南王，无非都是因为一些小事，最后查到刘安谋反，实在是个意外的发现。刘安父子阻挠雷被入伍出征匈奴，虽然确实违抗了朝廷的诏令，可这也不是什么大事，抓起来打几顿板子，罚个千八百万的也就可以了。那么，为什么刘彻好像始终都抓着刘安不放呢?

我们看一下当时其他诸侯王的情况或许就知道了。

燕王刘定国是当年吕后封的琅邪王刘泽的孙子。这家伙比较不像话，他当王以后，仿佛要效仿匈奴人物尽其用，不仅和自己父亲的妾勾搭成奸，还堂而皇之地生了个儿子。看到弟弟的老婆漂亮，他就干脆抢过来给自己做老婆。这还不算什么，他最后还跟自己的三个女儿搞在一起。这个乱人伦、丧天良、禽兽不如、人神共愤的社会败类，就应当被钉在道德的耻辱柱上被人唾弃千百年，承受道德和良心的双重谴责。最后，他丑事败露，依律被判处斩首的极刑。元朔元年（公元前128年），刘定国在接到判决后自杀，燕国的封号被取消。

齐王刘次昌的母亲齐太后姓纪，这个老女人为了让自己的娘家人把控齐国，就给齐王定了门亲事，让齐王娶她的外甥女为妻。但是，强扭的瓜不甜，刘次昌对这个表亲老婆一点儿兴趣都没有，每天都在别的女人那里睡。纪太后一看，这样可不行啊，就想了一个馊主意，要把这两个人强扭到一块儿。她的办法是让自己的女儿也就是刘次昌的姐姐住到宫里，让姐姐来隔绝刘次昌和其他女人的联系。没想到，最后刘次昌依旧把王后晾在了一旁，这姐弟俩倒是干柴烈火地滚了床单。纸始终是包不住火的，刘次昌的事情不久就被朝廷知道了。他害怕会落个跟刘定国一样的下场，惶惶不可终日，后于元朔二年（公元前127年）服毒自尽，齐国的封号也被撤销。

刘安的弟弟衡山王刘赐家里也是窝里斗、一团糟。因为担心刘安造反以后会吞并衡山国，刘赐也在偷偷地做准备。一旦刘安起兵，他也准备起兵占据江淮一带，偏安一隅。结果，在刘安死的那年，刘赐因他受了牵连，加上自己儿子告密，刘赐最后被逼自杀。他的王后和儿子则都被弃市，衡山国的封号被取消，改为衡山郡。

江都王刘建（不是之前的那个刘建）则比上几位更不像话，他不仅像刘安、刘赐一样想要造反，还有跟刘定国、刘次昌相同的嗜好，那他还能有好下场？元狩二年（公元前121年）因为受刘安等人谋反的牵连，刘建也被定为谋反罪，最终服罪自杀，江都国纳入中央政府，改称广陵郡。

这里还不包括像山阳王、清河王、胶西王这些自然死亡又没有儿子，因此封国被取消的，也不包括像济川王、济东王这些犯法被革职并被取消封国改为郡县的。

那问题来了：以上的事情说明了什么？

我知道大家想说什么，无非是感叹：贵圈真乱。

不可否认，汉朝皇族的私生活确实很乱。然而，这并不是我想说的，我想说的是，刘彻是在继续自己父亲做过的事情——削藩。这些乱七八糟的事情只是给他提供了个由头而已，而且这时候朝廷的军事力量之强盛也是前所未有的。同时，相比于景帝一朝，诸侯王的实力、水平又都比较差，所以他们只有被宰的份儿，并没有反抗的机会。但是，老是这么明目张胆地削藩，刘彻也怕大家心里有怨言。怎样才能让大家甘心被削呢？正好，元朔二年（公元前127年），大臣主父偃及时给他带来了这么一条计策：推恩令。

推恩令这玩意儿说来也无甚稀奇，简单地说，就是让诸侯王把地盘分给自己众多的儿子，人人有份，儿子死了再分给儿子的儿子，绝不落空。明眼人一看就知道，这其实就是当年贾谊在《治安策》里提出的“割地定制”的把戏，新瓶装旧酒而已。这次，刘彻执行了这一政策，这让他着实省了很多心力，之后的诸侯王再也没能成为中央政府的心腹之患。可怜贾谊如果在天有灵，定然会为朝廷这几十年走的弯路痛心不已。我们也只能感叹：再对的政策也要在对的时间遇到对的人。

刘彻并不是为了削藩而削藩的，削藩只是他心中那个巨大计划的一部分，而这个计划至少还包括另外两部分：

第一，不仅削藩，还要削侯。汉初，刘邦曾分封了连功臣到亲戚一共一百四十三个侯爵，并且赐给他们丹书铁券，承诺朝廷会世代优待他们和他们的后代。刘彻却不管这些："既然是高皇帝的承诺，有本事你们找他兑现去。"到武帝太初元年（公元前104年），这一百多个号称能"爰及苗裔"的侯爵仅剩下五位，其他人大多都在武帝一朝被朝廷以各种理由革掉了爵位。元鼎五年（公元前112年），刘彻甚至一口气就革掉了一百零六个侯爵，理由是当年这些列侯进献助祭的黄金要么分量不足，要么成色不好，是对上天的"大不敬"。

第二，撇开丞相，建立内朝。刘彻在原来的朝廷制度之外又纠集了一批人才参与政治，为自己出谋划策。这批人直接听命于皇帝，独立于朝廷之外，不受百官之首的丞相管辖。为了和以往的制度相区别，历史上称以丞相为首的官员体系为外朝，与之对应的、直接听命于皇帝的这批人所形成的体系则被称为内朝。内朝确切的建立时间似乎已无法确定，但最迟应该不会晚于元狩四年（公元前119年），因为这一年卫青与霍去病同时被任命为大司马，而大司马则是内朝的首领。

了解这三点后，我们就知道刘彻的心思了。他是要改变以往的政治制度，不仅要削弱诸侯王的势力，还要架空以丞相为首的外朝，把国家的政权紧紧地攥在自己手中，做一个独裁者。刘彻希望自己的意志能够不受限制地传达给基层，同时基层的声音也能直接上达天听。不可否认，刘彻是中国历史上少有的有雄才大略的帝王，而历史上每一位雄主或多或少都喜爱法家的独裁专制。然而，对确保国家稳定的政治制度而言，内朝的建立却是一次巨大的冲击和破坏，直接导致了西汉初年好不容易建立起来的皇权和相权之间微妙平衡的崩溃。

内朝的建立证明刘彻是聪明的，他懂得在不破坏现有体制的基础上如何轻易地绕开束缚皇权的那把枷锁；它也证明刘彻是勤奋的，因为架空丞相就意味着所有事情他都要亲自去操心。然而，内朝实在是一个坏东西，它后来甚至引发了西汉的灭亡，这说明刘彻并不懂得丞相的重要性。

西汉的皇帝和丞相

之前我们并没有过多涉及汉朝的政治制度，因为汉初在某种意义上可以说是秦朝的延续。一方面，建国以后，刘邦忙于军事平叛，基本没什么时间理政；另一方面，刘邦在政治上是个极懒惰的人，平日里大小事情总交由丞相萧何处理，自己五日一朝，只对国家大事做一些批复。这非常符合刘邦的脾气。之后虽然经历了吕后的折腾，但朝廷的政治制度大体没什么变化。为了讲清楚内朝为什么坏、坏在哪里，我们就要先了解下外朝，以及外朝的首领丞相与国家的统治者皇帝之间的关系。

我们知道，秦吞并六国建立了一个统一的政府。这个政府和之前的政府是不同的，它有一个世袭的领袖——皇帝。秦始皇终结了封建制度，废除了贵族官员的世袭传统，除皇帝之外，朝廷里再没有第二个能够世袭的官职。这是国家政治制度上一个极大的进步。然而，进步之后又出现了新的问题：这样分开了以后，皇室是不是就是政府？

这是一个很大的问题，从国人的意见和历史的发展来看，皇室并不是政府，皇帝只是国家统一的象征，而国家的政权实际上掌握在政府手中。因此，在世袭的皇权和不世袭的政府之间，便需要有人来调剂，这个人就是政府的首脑——丞相，由他对国家的政治负实际责任。这便是西汉初年的情况。

那又有人要问了：皇权和相权相比，哪个比较大呢？

在汉初这个问题的答案是说不清楚。

所谓朝廷官员，就是指我们常说的三公九卿以及其下的各级官员。汉初，三公指丞相、太尉、御史大夫。丞相是所有文官的首领，太尉是所有武官的首领，御史大夫负责监察百官，并协助丞相完成工作，相当于副丞相，而朝廷的丞相人选必须做过御史大夫，这是一条不成文的规定。

“丞相”这个词本身就有一定的含义，“丞”是副、贰的意思，“相”也是副的意思。由此可见，丞相本身就是一个副官，只是这个副官比较牛，是皇帝的副官。而皇帝这个正官通常又是不管事的，因此，事情就要由丞相这个副官来做。事情做得不好，皇帝可以不负责任，但丞相是一定要负责的。这是古代一种非常好的政治制度，因为对事情负责任的人并不是国家的最高领导人，所以，一旦出了问题，作为最高领导人的皇帝是可以去追责的。丞相既然管理天下的事情，自然也包括皇宫里的事情，可丞相一个人哪里顾得了这么多？尤其皇家的事情，通常是需要亲临现场的，丞相总不能一天到晚猫在皇宫里办公吧？于是，丞相便在御史大夫之下又设立了一个御史中丞，专门负责皇宫里的相关事务。在大汉朝廷的官职里，但凡带有“中”字的，都是需要在皇宫里办公的，而御史中丞便是政府在皇宫里的代表。

这下情况大概就明白了。丞相既然是皇帝任命的，皇权当然高于相权。然而，皇帝有事并不能自己直接去操办，必须先通过御史中丞将事情传达给御史大夫，再由御史大夫传达给丞相，最后由丞相主持具体的工作。丞相也一样，有事需先转御史大夫，御史大夫再转御史中丞，然后由御史中丞转给皇帝，最后由皇帝对事情进行批复。这就是汉朝时皇室和政府的关系，依照这个关系，皇帝甚至可以不用上朝。

在丞相、太尉和御史大夫之下，又设有所谓的九卿，即太常、光禄勋、卫尉、太仆、廷尉、大鸿胪、宗正、大司农、少府。太常是管理皇家祭祀的；光禄勋是皇帝的门房；卫尉是皇宫的卫戍司令；太仆是皇帝的司机；廷尉掌管司法，皇家犯法也归他管；大鸿胪负责国家之间的交往；宗正管的是皇帝的家族，包括同姓的本家和不同姓的外戚；大司农管理政府的财政工作；少府则负责管理皇室的经济。这些人原本大都是负责皇家的事情的，可又都隶属于丞相，皇帝的意思从宫里传出来后，必须经由丞相同意，然后才能下达九卿执行。在这条线上，丞相是一个决策者，而九卿只是执行者。另外，少府隶属于丞相，这就意味着皇室的财政大权也在丞相手里，所以相权又可以制约皇权。

凡事有制约才有平衡。只有皇权和相权能相互制约时，国家和社会才能稳定。可是，刘彻觉得自己太牛了，凡事不能亲自指挥，而要假手于人，实在是不爽。他想跳过丞相，直接对九卿下达命令，便在三公之外又设立了大司马一职。自从有了大司马，皇帝便取代了丞相的作用，凡事都由他自己做决定，并且这个决定可以直接通过大司马传达给下面的九卿。丞相的决策权和制衡能力基本上作废，成了一个无用的摆设。

但这个无用只是政治上的无用，丞相在其他方面对皇帝来说还是有用的，比如做替罪羊。我们知道，终武帝一朝五十四年，刘彻共任命了十三位丞相，平均下来，每位丞相任职的时间都不算长。除了元狩二年（公元前121年）那位善于揣摩圣意的公孙弘病死在丞相任上算是善终外，其后的七位丞相命运大都不怎么样。除去最后一任丞相车千秋，其他六人中的五人均被杀或自杀，唯一算正常死亡的，还是那位在政治方面没什么才能，也没什么建树，遇事谨慎无比的石庆。

刘彻这样对待丞相，导致朝廷官员一听说自己要升任丞相都噤若寒蝉。一旦某个官员接到升迁丞相的圣旨，不仅意味着他的仕途到了顶点，同时也意味着他的生命即将走到终点。所以，当公孙贺听说皇帝要让他做丞相时，当场痛哭流涕，伏地不起。可公孙贺毕竟拗不过皇帝，虽然他泪流满面，极不情愿，最后还是接了相印，出门后只跟手下人说了一句话："我这回死定了。"

虽然刘彻通过大司马从丞相手中夺走了政权，但他本人雄才大略，所以这样做没有问题。可是，如果内朝成了常规，而以后的皇帝又没有刘彻那么大的能耐，自然就会出现问题。而且，当大司马的权力越来越大，甚至大到皇帝无法控制，丞相又无法牵制的时候，事情就会向无法预测的方向发展。后来的王莽便是从大司马大将军一职开始掌握国家大权，并最终取而代之，霸占刘氏江山的。

但这都是后话，从元鼎到太始年间，刘彻毕竟还紧紧地把控着权力，大司马仅是皇帝意志的传声筒而已。随着卫青、霍去病等优秀将领的离去，刘彻的年纪越来越大，他手中的权力和心中的私欲也越来越大。这不受限制的权力终将给鼎盛的汉帝国带来难以愈合的创伤。

第二十一章

穷兵黩武

再战南越

元狩四年（公元前119年）之后，因为朝廷的战马不足，刘彻暂缓了对匈奴的进攻，但不打匈奴人不代表不打其他人，正好这时候南越国主动送上门来。

刘彻对南越这块地垂涎已久，当皇帝后不久他就有了吞并南越的心思，但那时候他的注意力主要在匈奴人身上，暂时顾不上南越。而且，自文帝之后，南越还算安定，赵佗明面上再没敢和朝廷对抗。赵佗死后，他的孙子赵胡做了南越王。在此期间，闽越曾出兵攻打南越，后来在朝廷的干预下，闽越退兵。赵胡因此对朝廷更是表现得敬重有加，甚至派自己的太子赵婴齐到长安做人质。再后来赵胡去世，赵婴齐就做了南越王，赵婴齐死后，他的儿子赵兴继承南越王之位，他们都对汉廷十分恭敬。朝廷和南越间基本上相安无事。

元鼎四年（公元前113年），情况发生了变化。这时候的南越王是赵兴，他自小在长安长大，其母王太后摎氏是邯郸人，是赵婴齐在长安做人质的时候娶的妻子，这两个人无疑都是亲汉的。所以，当赵兴作为新王即位时，刘彻派使节出使南越，依照旧例要求南越入朝觐见，并且希望赵兴能亲自来。刘彻的要求本也没有错，错就错在他派去的人不合适。

刘彻派去的使者叫安国少季，是霸陵人。相比于一般人，安国少季的身份并没什么特别之处，但对于南越王太后摎氏来说，他意义非凡。原来，摎氏在嫁给赵婴齐之前曾经和安国少季私通过。这安国少季本不是什么知名人物，摎氏离开长安也已经有些时日，本来是好聚好散的事情，现在，刘彻居然让人找到了安国少季，让他出使南越，也不知道刘彻到底是怎么想的。一个是寡居的太后，一个是离别多年的情人，让他们见面，对国家能好吗？果然，安国少季到了南越，还没等把赵兴请到长安，先把王太后摎氏请上了自己的床榻。

红杏出墙的艳事历来最难掩人耳目。摎氏是中原人，本就不被南越的大臣待见，现在居然和汉朝的使臣私通，这下更如同打了南越人的脸，南越朝里朝外反对赵兴和摎氏的声音也就越来越大。摎氏见自己的丑事败露，且南越国上下都对自己阳奉阴违，很是不高兴，就想找汉廷做靠山，教训那些不听话的臣子。于是，摎氏开始撺掇儿子赵兴学习东瓯好榜样，举国内迁，纳地入汉。

对于摎氏的提议，年纪轻轻的南越王赵兴是没有意见的，可南越的大臣们就不同意了，尤其是南越的丞相吕嘉。他是南越的三朝老臣，亲戚故吏遍布南越。他在南越国中威望甚高，若单论在南越民众中的声望和地位，甚至赵兴也不如他。这种人做惯了土皇帝，呼风唤雨于一方，怎会甘心到汉朝做一个小小的臣子？

但是，还没等吕嘉有所动作，摎氏已经抢先一步上书朝廷，要求南越内属。接到摎氏的请求后，刘彻大笔一挥，曰："可。"同时准许南越王比同于诸侯王，南越国内改用汉法，除国内的丞相、内史、中尉和太傅外，南越王可以自主任命南越的其他官员。此外，刘彻还同意了除关，允许南越和汉朝自由往来，并同意南越王三年一朝，而刘彻派去的朝廷使者甚至都已将南越丞相的银印以及内史、中尉和太傅的官印送至南越。

然而，事情并不像刘彻想象的那样顺利。摎氏一心想内属，为此甚至准备杀掉反对派吕嘉等人。可一方面，摎氏在南越原本就没有什么势力，近来跟旧情人私通又不得人心，单凭她自己根本没能力推动南越内属汉朝；另一方面，以吕嘉为首的大臣坚决反对南越内属汉朝。吕嘉一看改变不了太后的决定，就使用软暴力，干脆称病在家，带头罢工。一边是来自太后的压力，一边是瘫痪的朝政，赵兴夹在中间没了主意，事情就这样僵持下来。

但事情老这么僵着也不是个事儿，刘彻觉得，既然王太后和南越王都有这个意向，那肯定就是大势所趋，只不过是吕嘉等一小撮别有用心的人从中捣鬼而已，并不足为虑。至于事情为什么一直拖着办不成，刘彻认为，肯定是自己派去的使者胆子小、怯懦，就决定再派个胆大的带两千人去摆摆威风，显示显示天朝上邦的威严，吓唬吓唬吕嘉那些人，事情自然水到渠成。于是，他便找来了一个叫庄参的人。

庄参大概比较熟悉南越的情况，而且这个人头脑很清醒，马上一口回绝了皇帝："陛下，这事如果好办，您随便派几个人去就行了；如果不好办、非得动武的话，这两千人也是没什么用的。您要让微臣带两千人去，微臣坚决不去。"

皇帝一听，好家伙，这么不给他面子："不去你就给我回家种地！"

种地就种地，庄参宁可不做官也坚决不去，毕竟还是小命要紧。刘彻一看，没辙了，只好另外找人。招聘榜文贴出去不久，便有手下来报，说外面来了个颍川郏县的叫韩千秋的壮士，自告奋勇，要求带兵出使南越，而且自信满满："区区一个南越，王和太后都向着朝廷，不服王法的只有吕嘉几个人而已，小的愿意率领两百名勇士前去，必定把吕嘉的人头砍下带回朝廷献给陛下。"

韩千秋好大的口气，他并没有什么经天纬地之能、神鬼莫测之机，居然放言只率两百人就要去取远在南越的吕嘉的人头，也不怕风大闪了舌头。然而，韩千秋的话正合了越来越膨胀的刘彻的意："想那身材魁梧的匈奴人都被朕的天兵赶到了漠北，南越那些瘦得像猴子的家伙又哪敢直撄大汉的兵锋？"刘彻于是便命令韩千秋率军两千，即刻开赴南越。

元鼎五年（公元前112年），韩千秋率两千步兵雄赳赳气昂昂地跨过崇山向南越杀来，一直冲到离番禺四十里地的地方，中伏，全军覆没。

原来，吕嘉得知汉朝出兵的消息后，在家再也待不住了，他也知道"先发者制人，后发者制于人"的道理，知道自己不能继续在家等着束手就擒，必须抢先动手。不同于摎氏的有心无力，吕嘉说干就干。他先发动叛乱杀死了南越王赵兴、王太后摎氏和汉朝的使者，然后立赵兴的堂兄赵建德为王，又派兵伏击并全歼了韩千秋的队伍。做完这些事，吕嘉知道自己惹怒了汉朝，干脆派兵把守要塞关隘，以抵御汉朝即将到来的报复。

刘彻被南越人打了脸，自然不会善罢甘休。他一面下令追封韩千秋为烈士，把韩千秋的儿子韩延年封为成安侯，把王太后摎氏的侄子摎广德封为龙亢侯，以表彰他们的功劳，顺便也替自己洗脱指挥失误的责任，一面命令大军集结，向南越进发。

这次，刘彻要玩儿真的了。但他也不是一味蛮干的主，想当年秦始皇攻打南越，完全是靠五十万人堆进去的。吕后也曾派遣隆虑侯率数万兵马攻打南越，结果军队光行军就花了一年多。直到吕后死时，军队都还没翻过南越的崇山峻岭，可见让大部队走陆路进攻南越，实在不是明智之举。以史为鉴，刘彻这次决定改走水路。他集结大批罪犯及长江、淮河以南的水军共计十万人，分别由伏波将军路博德、楼船将军杨仆，以及越人的两位降将戈船将军和下厉将军率领，从桂阳、豫章和零陵三地走水路出发，又派人发巴蜀的罪犯和夜郎兵沿牂柯江，也就是现在的蒙江顺流而下，准备四管齐下合围番禺。

十万大军走水路三路并进，大江之上战船首尾相连，一眼望不到边，船帆鼓动，战旗在风中猎猎作响。自当年五十万秦军攻略南越之后，百年间南越人哪里见过如此阵仗，大军所过之处，守城的南越士兵早就被吓破了苦胆，根本组织不起有效的抵抗。杨仆所率领的数万精兵很快就占领了距番禺只有三十公里的石门。

楼船将军杨仆指挥汉军占领石门后，得到南越囤聚在石门的粮草，士气更是大振。这时，另一路距离稍远的路博德也已赶到，两路军队合围番禺。番禺是南越的国都，吕嘉并不打算就此放弃抵抗，他集中了所有能集合起来的力量，准备做殊死一搏。

杨仆和路博德带着两路人马来到番禺城下，一番商议之后，两位将军计议已定。杨仆的军队驻扎在番禺城的东南面，路博德则驻扎在西北面，两路军队互成掎角之势，合围番禺城。

既然敢于死守番禺城，说明吕嘉还是有些信心的。番禺城是南越国最坚固的城池，城中又集合了国内大部分的军队和粮草，吕嘉虽不敢说自己一定能杀退汉军，但依照之前的经验，拖上汉军两三个月是没有问题的。南越地区气候潮湿、闷热，中原人到了这里，最大的敌人不是南越士兵手中的刀剑，而是天气。眼下时值寒冬，只要拖上两三个月，两广地区就会进入闷热潮湿、令人抓狂的梅雨季节，到了那个时候，如果汉军不撤兵，瘟疫和瘴疠自然会把他们打垮。

吕嘉的计划在于拖，杨仆和路博德却毫不配合。杨路两位将军结合番禺城里木结构建筑多，眼下天气寒冷、气候相对干燥的特点，一合计便找到了克敌制胜的办法。傍晚时分，汉军从东南面开始攻城。

见到汉军攻城，吕嘉便指挥一队南越士兵在城外列阵，企图御敌于城门之外。哪知南越的士兵并不擅长正规的阵地战，稍一接触便败下阵来。吕嘉于是赶紧命令士兵往城里撤。这时候才有人注意到，汉军士兵除了背着平时的装备，每人身上都绑了几支火把，他们一边追赶，一边将火把取下来点燃。这本不稀奇，毕竟天已经黑了，谁也没长一双猫眼，总不能摸黑走路吧。吕嘉从城头往下望去，城下全是汉军明晃晃的火把，可谓真正的明火执仗。

咦？这火把怎么好像有点儿多？

吕嘉正自疑惑，只见汉军一批批地把手中的火把往城里掷，弓箭手也点燃裹着油布的箭头往城里乱射，汉军仿佛要把一切能点着的东西都往城里扔。

火攻！

等吕嘉醒悟过来时已经晚了，无数的火苗落在屋顶上、草丛里，立马燃烧起来。经冷风一刮，火势陡然增大，迅速蔓延开来，甚至连南越王的王宫也未能幸免，整座番禺城变成了一个巨大的火堆。

城里的火光照亮了天空，丢完火把，汉军士兵又开始攻城。本来吕嘉手头上的士兵要防御汉军的进攻是足够的，要救火也是足够的，可又要防御又要救火，那就不够了。一个，两个……十个，百个……不断有汉军攻上城头，随着拥上来的汉军越来越多，一些南越士兵逐渐放弃了抵抗，开始往汉军阵势薄弱的西北方向逃跑。

驻扎在西北方的路博德并没有与杨仆一起发动进攻，夹击番禺，而是早早地建好了一座规模庞大的军营，严阵以待，并在营门竖着“伏波将军”的大旗。看到城西北开始出现南越逃兵，路博德并没有下令让士兵们趁机斩尽杀绝，而是让他们齐声高喊“缴枪不杀”一类的口号。

对于路博德，南越人都久仰威名，那可是跟随骠骑将军、大司马霍去病横扫匈奴的人物。在南越人看来，一个杨仆已经让他们吃不消了，现在走近一看，伏波将军的军营规模比楼船将军杨仆的只大不小。如果伏波将军也出击的话，那他们哪儿还有活路？现在伏波将军肯给自己一条活路，哪有不走之理？于是，从城里逃出来的士兵就跑到汉军军营里缴械投降了。随后，路博德命人将几个投降过来的南越小头目带到自己面前，待问明他们在军中的官职品阶后，立即让手下拿出官印来，就地将他们官升一级，让他们跑回去宣传汉军对俘虏的优待政策。

这些小头目本来能逃得性命已经是阿弥陀佛了，哪曾想居然还能升官，因此对路博德的命令更是言听计从，纷纷跑回城里大喊：“不要打了，我们输定了，快随我投降伏波将军路大人吧！到了路大人那里，好吃好喝，强过在这城中替吕嘉这个反贼做冤死鬼啊。”

杨仆率精兵一阵强攻，南越的军队本就快吃不消了，这下又有人从中鼓动，大量南越士兵立马丢下兵器，并被从东南方向拥上来的汉军集体赶往西北方向，基本上都随大流跑进路博德的军营做了俘虏。

本来打算长期打消耗战的吕嘉没承想自己经营多时的番禺城连一个晚上都守不住。眼看城破在即，连刚刚被自己扶持上台的南越王赵建德，吕嘉也顾不上管了，急匆匆地带着一些亲兵逃命。最后，赵建德被汉军的校尉司马苏弘活捉，吕嘉没逃出多远也被自己手下的郎官孙都绑了，带回汉军军营。

这里顺便交代一下，当晚路博德之所以没和杨仆一起夹击，是因为他手下其实就千把人，还大多是由罪犯临时组成的杂牌军，根本没有什么战斗力。想来等到天明，南越的一众官兵，尤其是吕嘉，若知道了真相，恐怕肠子都悔青了。

路博德、杨仆迅速攻陷了番禺，撤销了存在九十三年的南越国的字号，而这时从巴蜀出发的第四路军队甚至还没抵达战场。汉军如此神速的胜利震惊了南越周边的国家，苍梧王赵光、瓯骆王等纷纷主动向朝廷纳表称臣。路博德又乘胜出击，率军渡海拿下了现在的海南岛。刘彻将这些地方连同南越通通纳入汉朝的版图，设立儋耳、珠崖、南海、苍梧、九真、郁林、日南、合浦、交趾九个郡，形成了现在我国南方诸省的大概规模。

新增的九个郡使帝国南边的版图远超过了秦始皇或高祖刘邦时期，但刘彻并没有就此满足。既然帝国的南疆已经跨海，再不能往前扩展了，他便又把目光投向了别处。

平定西南

在汉朝的西南，即巴蜀的周边，有很多小国，其中又数夜郎、滇国和邛都三国较大。这些地方也属于农耕文明，但自古不遵王法，不管是战国时候的楚国，还是一统天下的秦朝，都管不了它们，理由很简单：距离太远，道路又不通。所谓“山高皇帝远”大概就是这里的真实写照。

自从汉朝建立以后，历代皇帝都对西南的这些小国听之任之，可到刘彻这里，情况就要改变了。刘彻是个什么皇帝？那可是少有的好大喜功又喜欢四面出击的主，让他假装没看见地图上还有这么一大片王土之外的地方，怎么可能？

刘彻之所以要通西南，最初是为了避开崇山峻岭的阻隔，从夜郎顺牂柯江而下，进攻南越。为此，他先走的是金元路线。建元六年（公元前135年），刘彻任命唐蒙为中郎将，让他带领一千名士兵和一万人的运货队伍从长安出发，出使夜郎。唐蒙几经磨难才到达夜郎国，见到夜郎的首领竹多同。

夜郎是蜀郡南边数十个小国中最大的一个，常年做井底之蛙的竹多同一见到汉朝来的使者，上去就问了一个贻笑千年的问题：“我夜郎国和汉朝比，谁大啊？”随后，他便拜服在汉朝皇帝送来的堆积如山的礼品中。

夜郎及其周边的小国既贪图汉廷送来的礼品，又觉得自己这里通往内地的道路非常难走，汉人的大股军队无法通行，自己不会被汉人武力吞并。因此，它们认为，在名义上做个朝廷的内臣，既得了利益又保全了自己，何乐而不为呢？然而，朝廷送来那么多礼物，也不是钱多烧得慌，皇帝的意思最主要是想修通从西南边境到牂柯江的道路。但是，在那个生产力落后的年代，要在路都不通的蜀地修一条能行军的道路，何其艰难？工地上被活活累死的农民工不在少数，还有不少人因熬不住长期施工的辛苦选择了逃跑。唐蒙受朝廷的委派来监工，他是个要求非常严格的人，但凡敢逃跑的，逮住就杀头。杀的人多了，工程人员就不够了，只好就地抓壮丁补充。

这下，那些小国就都不干了：“说好了我们光拿钱不干活儿的，现在居然出尔反尔！”于是，夜郎和周边的小国便联合起来造反，杀了好多朝廷派去的官吏。

从此，刘彻给自己在西南边上整了个大坑，完全就是一个死循环：路不通，需要修路；抓人修路，当地人造反；朝廷派兵，少了打不赢，多了进不去，偶尔进去了，当地人一看，好嘛，这么多人，就投降了；人都投降了，你怎么办？总不能来个三光政策，全都杀掉吧？于是，撤军继续修路，结果，当地人哪天不爽了就又造反。

事实证明，当时刘彻对夜郎及其周边小国的政策是错误的，可他哪里是会低头认错的主，不惜消耗国力也要和当地人对着干。反了打，打了反，反了再打，死撑着下不了台，就这样一直耗到了元朔年间。元朔年间的御史大夫是公孙弘，这人我们之前提到过，办事油滑得很。他去了一趟西南做调研，发现实在不能这样搞了，回来就跟皇帝讲："陛下，您对西南的想法总体上是正确的，可我们现在主要的敌人是谁呀？是匈奴人，我觉得我们可以把其他的事情暂且放一放，集中力量经营朔方，先把匈奴人赶跑再说。"

刘彻这时候估计也被那些蛮夷搞得有点儿烦了，公孙弘给他一个台阶，他就赶紧顺势下来，把西南的事情就此晾在一边。

到了元鼎六年（公元前111年），路博德摆平南越，大大震慑了曾经以南越为依靠的夜郎等国。加之当时为夹击南越，皇帝曾派一支部队从牂柯江顺江而下，可惜还没等部队抵达前线，南越便被灭国。返程的时候，这支部队顺手把在当地叛乱的且兰国给灭了。这下，夜郎和其他小国知道了朝廷的厉害，便在竹多同的带领下，纷纷上表称臣。到元封二年（公元前109年），滇王举国投降，西南才算平定。刘彻又在那里设置了犍为、牂柯、越巂、益州、武都、沈犁、汶山七个郡。

至此，汉帝国在西边和南边共扩张了十六个郡，在地域上，帝国的疆域几乎已经达到了那时认知的极限，还有什么可以让人心动的吗？

对于普通人来说或许没有，可刘彻显然不是普通人。

汗血宝马

古人早就意识到这样一个道理："国虽大，好战必亡；天下虽安，忘战必危。"刘彻即位后之所以选择对外宣战，也有其不得已的原因，而这时候的刘彻已经无愧于“武帝”的谥号了。当然，如果在元狩四年（公元前119年）漠北决战之后，刘彻能将注意力转移到发展生产、稳定社会上，国家就能以相对较小的代价获得相对较大的成果。到元封三年（公元前108年），刘彻不仅驱赶了匈奴人，平定了南越和西南夷人，还摆平了朝鲜和西北的羌人，汉朝的疆域达到了前所未有的极限，但这也是国力的极限了。如果这时候刘彻能停下征战的脚步，那他甚至可以独享“千古一帝”的称号，其历史地位将甩出他之前及之后所有有建树的皇帝一条街。然而，世上哪有这许多的“如果”，武力让刘彻为帝国赢得了尊严，也让他迷失在其中。为了满足自己的私欲，他还要使用武力不顾一切地去夺取他想要的东西，这次他要的东西叫“天马”。

所谓“天马”，原本是指张骞从乌孙带回来的高头大马。这种马比汉朝人所养的战马优良，刘彻见了很是高兴，就把乌孙马称为“天马”。

这时有大臣说：“陛下，乌孙马虽然优良，但岂敢妄称‘天马’？臣听说在我大汉朝西边万里之遥的大宛国有一座贰师城，城外有高山，山上有神马，凡人不可得。大宛国人专门找了一群年轻体壮、毛色艳丽的五色母马放在山下。这么大一群母马在山下日夜嘶鸣，搞得山上的神马也动了凡心，数月之后便陆续有母马怀孕，产下的马驹长大后神骏异常，据说可以日行千里，跑到激动的时候，身上流下的汗跟血一样是红色的，故名‘汗血宝马’，那才是天下无双的宝马。”

刘彻一听世上居然有此神驹，不由得神驰向往，下令改称乌孙马为“西极马”，而将传说中的汗血宝马称为“天马”。既然知道世上有此神驹，光凭空想象可不行，怎么也得弄个千八百匹回来。于是，刘彻便决定派人去大宛国“请”天马。

既然是天马，那自然不是凡物，刘彻当然不会让大宛国白给。他命人准备了一大堆贵重的礼物，打算送到大宛去，其中甚至有一匹个头儿与正常马相仿的纯金马。带着如此多的礼物，使者们着实经历了好一番艰辛才把金马送到大宛王庭。见到如此厚重的礼物，大宛国的人当然非常高兴，但礼物他们想要，天马他们却不想给，准备空手套白狼。大宛国的官员觉得，汉朝离他们太远了，道路难行不说，路上还十分不太平，以往汉朝的使团往返一次，往往在路上就要折损一半人手，尽管汉朝的军队非常强大，恐怕对他们大宛也是鞭长莫及，所以不给天马也没事。

和群臣们一番商量后，大宛国王毋寡这样回复了汉使：“大汉朝的礼物我们收下了，非常感谢，可这天马呢，实在不好意思，它是我们大宛的国宝啊，是不能随便给人的。”

使者们一听，自己万里迢迢地来了，不给哪行啊，于是就陪着说好话，一定要毋寡给他们几匹天马，好让他们回去复命。一番软磨硬泡之后，毋寡也是烦了，就告诉使者们，要么把礼物留下，自己回去，要么把礼物带走，怎么来的就怎么回去，反正天马是不能给的。

为首的汉使叫车令，是一个壮士，肚子里本就没有如文人那么多的弯弯肠子，见自己好话说了一箩筐，大宛国王都不愿意给天马，最后也火了，一气之下也顾不得什么礼仪，站起身来便发了几句狠话，然后转身就要告辞。刚走几步，车令瞟见了在成堆的黄金中立着的那匹金马。看着自己和手下千辛万苦带过来的这匹价值不菲的金马，他心想，这实心的金疙瘩，往少了说也有一两千斤重，能一路带过来已经非常不容易，本指望能换几匹天马回去，好歹路上天马还能自己走不是？现在难道还要把这玩意儿再弄回去？！哪怕不要也不能便宜了他们！于是，车令突然做了一个惊人的举动，他从手下那里拿过一把铁锤，转过身来，几锤子下去，当场就把那匹金马砸成了几块，然后在众人的惊愕声中带着手下扬长而去。

这下轮到大宛国王毋寡不干了，好端端的一匹金马就这么没了。有人可能会说，不对呀，车令虽然把它砸了，不还丢在原地没带走吗？是的，是没带走，可一千斤重的金块和一千斤重的黄金艺术品能是一个价吗？这么几锤子下去，金还在，可马没了，它的艺术价值也就没有了，只能当作等重的黄金来用，怎么能让嗜宝的毋寡不难受？他于是便和大臣们密谋，在大宛的边境郁成附近伏击了车令一行人，不仅抢夺了使者团的财物，还几乎把整个使团杀了个干净。

这下可惹恼了刘彻，没想到大宛这么不识好歹，既然敬酒不吃吃罚酒，依刘彻的习惯，定要给他们点儿颜色看看。简单地说，就是要出兵教训下大宛。

那大宛比匈奴怎么样呢？刘彻不是很清楚。不过，曾经到过大宛的将军姚定汉说：“大宛城小民寡，好对付得很，强如我大汉军队，一旦到了城下，只需要三千弓箭手乱箭齐发就可以摆平他们。”

太初元年（公元前104年）时，刘彻尽管在军事方面狂妄，可也不是傻子，不会听一个手下言语几句就随便出兵，但架不住以往横扫匈奴的日子在前，前些天又有浞野侯赵破奴以七百骑兵大破楼兰在后。最终，他还是准备出兵教训下那些不知好歹的大宛人。然而，这个决定一下，刘彻又有点儿犯难了：让谁去好呢？

当然，在军事上，刘彻有一个极其信得过的人，那就是他自己。在伊稚斜死后，汉匈边界迎来了较长时间的和平，刘彻两次派军队进入草原数千里，都没有碰到一个匈奴人。后来，刘彻来了兴致，亲自率领骑兵十八万列阵边境，并让使者越过大漠找到了当时的乌维单于，很是一番冷嘲热讽，然后告诉单于，他大汉皇帝刘彻已亲自率兵在边境等着，乌维单于要有本事且带种的话，就领着军队到边境跟他决一死战，不要老躲在漠北吃黄沙。这意思就是：“有种你过来呀！”

使者的话让乌维单于很生气，但他也不傻。当年漠北一战，匈奴元气大伤，至今还没有缓过来，他自然是不会去的，也就隔空跟刘彻喊喊话：“你当我傻呀，有种你过来。”

结果，谁都不愿意过去，最后只能作罢。

虽然这次不是对付强大的匈奴，可国人历来自重身份，皇帝是万金之躯，是不能轻易赴险的。兵者，是凶器，也是死地，谁知道会发生什么事情？当年的白登之围就是一个很好的教训。换作以前，如果要出征，朝廷有大将军卫青、骠骑将军霍去病，根本不是问题，但是在两年之前的元封五年（公元前106年），发生了一件对整个卫氏家族以至整个汉朝都影响重大的事情：大司马大将军卫青薨了。

虽然在漠北决战之后的十四年里，卫青一直处于赋闲的状态，可他在朝廷和整个汉军中的影响力始终无人能及。只要他在一天，他就是卫氏家族的擎天白玉柱，是大汉军队的架海紫金梁，地位是不可动摇的。可现在他不在了，又有谁能担此重任，万里迢迢地出征呢？

对于这个问题，刘彻并没有过多犹豫，他既没有通过考核选拔人才，也没有征求他人的意见，而是根据以往的经验来选人，而他的经验说来也简单：宠幸谁就用谁的亲戚。以前，刘彻最爱的是卫子夫，所以卫青和霍去病得以登上历史的舞台。可现在卫子夫年老色衰，卫青和霍去病也已经不在人世，如今谁才是他最为看重的女子呢？

这个人就是李夫人。

谁是李夫人？她又是凭什么成了皇帝最为看重的女人？李夫人的名字现在我们已无从考证，“夫人”在当时只是对除皇后之外的皇帝妾室的一个统称，但古诗有云：

> 北方有佳人，绝世而独立。
> 一顾倾人城，再顾倾人国。

诗中这位倾城倾国的女子讲的就是李夫人。由此可见，李夫人并不是一个普通的女人，她是个极其貌美的女人。当然了，刘彻都做了这么多年皇帝了，什么国色天香没见过，如果李夫人只是貌美如花，恐怕也很难让他记住，可她还是个极其聪明的女人。

当年李夫人能到皇帝身边，她的哥哥李延年功不可没。李延年出身倡优世家，后来因为犯事被处以腐刑，即我们熟知的阉割，随后被下放到为皇室贵族们养狗娱乐的狗监做事。

按理说，一个人出身低贱，好不容易长大又失去了象征男人身份的器官，沦落到整天与狗为伴的地步，实在是惨得无以复加。换作别人，搞不好就自尽了，反正早死早投胎，十八年后又是一条好汉。然而，祸兮福所倚，本来就擅长音乐的李延年在受了腐刑后内分泌开始紊乱，以致其声音和体态开始发生变化，不仅可以在男女声之间自由切换，跳起舞来也是婀娜多姿。凭借动人的歌声和舞姿，李延年一下子成为宫中的红人。而正是他“宁不知倾城与倾国，佳人难再得”的一曲，使其和刘彻产生了男人的共鸣，从而把自己的妹妹推到了皇帝的身边。

有这么好的铺垫，再配上李夫人的美貌，刘彻当时就将李夫人视为天人，对其恩宠有加，让她成了自己身边最得宠的妃子。

这要是换了别的女人，从社会最底层一下子攀上全国最高的高枝，想必已经欢喜得分不清东南西北了。可李夫人不一样，她入宫后并没有狂妄自大地不把皇后和其他的嫔妃放在眼里，相反，她的行为举止依然十分得体，在宫中的人缘也很好。这足以证明她是个非常聪明的女人，这无疑更增加了她在皇帝心中的分量。

当然，这时候可能又有人要说了，漂亮又聪明的女人尽管不多，但终归还是有一些的，比如皇后卫子夫。论相貌，比德行，卫子夫不见得比李夫人差，凭什么她李夫人就能在刘彻心里占据不可替代的位置？

因为和上到皇后卫子夫、下到级别较低的良人、长使、少使相比，年轻的李夫人不仅美丽、聪明，而且有一点是其他人都比不了的，那就是这时她已经是个死人了。

李夫人也许真的是红颜薄命，也许是有得必有失，要么就是命中难以承受此等富贵。她得到的恩宠既隆重又凶猛，但付出的代价也大。就在恩宠日隆之后不久，李夫人便身染重疾，一病不起。虽然她身在皇家，且享受着当时社会中最高的待遇，但在疾病面前，人是那么的脆弱和无力。李夫人很快就到了病重不治的地步，即便宫里有最好的太医和最好的药物，也只能徒呼奈何。

听说爱妃病危，刘彻急急地赶到李夫人的宫里，想再看一眼自己心爱的女人。这时候，李夫人的聪明第一次也是最后一次在史册中发挥了作用：她狠心地让侍女将皇帝挡在屋外，不让皇帝进屋看她。可区区侍女又怎有胆子挡皇帝的万金之躯？从太医的口中得知李夫人的病情已无回天的可能后，刘彻也不指望能有奇迹发生，只是想再见自己心爱的女人一面。然而，当刘彻闯进李夫人的寝宫时，她却用被子蒙住了头。

“陛下，臣妾久病憔悴，不敢再见天颜。妾死之后，愿陛下念在往日的情分上，能善待我儿及我的兄弟。”

“爱妃病重恐难回天，为何不肯见朕最后一面？只这最后一面，爱妃能当面托付孩儿及兄弟于朕，岂不是很好吗？”

李夫人的回答很决绝：“臣妾病重，且未曾洗漱打扮，依礼不能见陛下，陛下请回。”

这时候，刘彻的语气已近乎哀求：“我这就召见爱妃的兄弟，赐千金，封予高位，可好？”

李夫人淡淡地回了一句：“是否给予他们高官厚禄只在于陛下的决定，在于以往陛下对臣妾的感情，并不在见不见这最后一面。”

说完不等刘彻再有言语，李夫人直接转过身去，把背影留给皇帝，再不发一言。在百般哀求而不得之后，刘彻只好默默地退出了李夫人的寝宫。

当时，李夫人的亲戚和心腹侍女都不解她为何要拒绝皇帝的要求，李夫人只好解释道："以色相服侍君王的人，色相衰败后恩宠就没有了，我现在这副样子还敢见陛下吗？倘若陛下见了我现在的样子，肯定再也不会喜欢我了，我在他心里留下的印象也会大打折扣，还不如就让他记住我以前漂亮时候的样子，这样说不定以后他念及往日的恩情还会照顾我的兄弟姐妹。"

聪明，这在以往很多人眼里都是很大的聪明。就是因为李夫人的这番作为，她在刘彻的心中一直占据着非常特殊的地位，死后甚至得到了和皇后同等的待遇。在现在这种喜欢排座次的年代，李夫人因此还常被列入各种"最聪明妃子"的榜单，而且历来排名都比较靠前。

可是仔细一想，事情又得分两说。

皇帝是什么人，他想看一个将死之人一眼，就真的做不到吗？即便李夫人还有一口气在，生前都不许皇帝看她一眼，那她这口气断了之后呢？恐怕其他人也没李夫人的胆子和气魄，敢阻拦陛下吧？而且，在没有火葬的年代，李夫人这种身份地位的人死后是要入土为安的，而人死一时三刻之后，尸斑即开始出现，再留得三五日，如果保存条件不好，尸气产生，尸体就会膨胀，五官可能都会扭曲，容貌就更为恐怖了。这时候再让皇帝看见，心理落差恐怕更大，搞不好可能都会吐出来。

当然，这也可以解释。比如说，李夫人得的可能是一种急性的传染病，不仅容貌尽毁，而且有传染性。刘彻即便再爱她，也是惜命的，而且朝廷的大臣以及宫里的太医恐怕也不会允许皇帝再接近李夫人，哪怕是接近她的尸体。于是，李夫人生前的愿望便得以实现：多情的皇帝最终记住了她生前婀娜的身姿和绝世的容颜，且终身不能忘却，甚至为了这段不能忘却的记忆而对李夫人的孩子和兄弟另眼相看。

但我要说的是，李夫人的这种聪明其实还是小聪明，并不是大智慧。因为是小聪明，所以她看不清自己身边的人，不知道自己的兄弟亲戚能做什么、不能做什么。如果她真的有智慧，就当了解自己的兄弟都是些什么人，有多大的能力和本领，就应该给他们讨一个爵位或重赏，让他们安安分分地过富足的日子，而不是在后来招来灭门的惨祸。

这且按下不表。

单说皇帝现在要选将，根据他任将唯亲的原则，他很自然地就想到李夫人还有个哥哥叫李广利，长得好像也蛮高大的，想必也有膀子力气。得，就他了。

按理说，要为一个重要的职位选人，不拘一格地选择有足够才能的人才是正道，可有了之前的例子，刘彻似乎上瘾了，认为自己喜欢哪个女人，只要提拔她的亲戚就可以了。想当年卫青不就是这样吗？霍去病不也是这样吗？殊不知，运气一事，可再一再二，不可再三，尤其当年刘彻选对卫青和霍去病在某种程度上而言已经是上天对他极大的眷顾了，这种天大的运气哪会常有？所以，当运道恢复正常后，光用猜的，也知道刘彻随着自己的性子选出来的人是个什么货色。

当然，刘彻可能也知道李广利不成器，可现在毕竟不是当年刚开始攻打匈奴的时候，需要卫青这种军事天才。如今的汉军强大无比，去攻打一个据行内人说只需要三千弓箭手就能拿下的小国，领头的将领不管是谁，只要有基本的行为能力，应该就不成问题。这样的好事不给自己宠妃的兄弟，难道还要便宜了他人？所以，攻打大宛、到贰师城取天马的事情，不管李广利本人愿不愿意都得去，因为这是皇帝为他将来飞黄腾达甚至以后担任大司马而准备的跳板。

将军姚定汉说三千人就能摆平大宛，刘彻就给了李广利十倍于三千还多的兵力——六千精锐的骑兵和数万好勇斗狠的年轻士兵。大军既然要去贰师城，那为首的李广利将军自然就号称贰师将军。而且，为了保险起见，刘彻还给李广利安排了一个主管军事的叫李哆的校尉、一个叫王恢的向导和一个主管军中刑罚之事的叫赵始成的军正。这样看来，李广利这个将军在大军中其实也就充当个门面摆设。不过，一旦凯旋，那最大的功劳还是他李将军的。

在准备就绪后的太初元年（公元前104年），大军开拔了。

依刘彻的看法，这本是一件并不困难的差事，想来天马不久就可以在上林苑里奔驰了。可苦等了一年多，刘彻才等到李广利的消息：大军并没有抵达贰师城，只到大宛边上的郁成就被杀败了，而且回来的士兵不到出发时的五分之一。

面对如此的惨败，李广利竟还大言不惭地向刘彻上书，说这次出征大宛的最大困难不在于征战本身，而在于饥饿导致的非战斗减员太多，后来大家都认为军队人数太少，不足以攻占大宛国，为了保存剩余的有生力量，他才带兵回来。

看来李广利不仅没有军事能力，连脑子也比较简单。皇帝在哪儿没有眼线，你以为你说人手不足，他就相信你？其实，刘彻早已得到密报，将李广利出征的前前后后了解得清清楚楚。

原来，因为李广利这个人本身就没什么军事素养，也没什么行政能力，一下子做了这么大的官，便以为天下无事不可为，对内作威作福。而且，上梁不正下梁歪，自他以下，官吏对下级层层盘剥，整支军队的作风十分乌烟瘴气，结果大军所经之处，所有的国家都把汉军拒之门外。起初，李广利不以为意，可大军走了一段时间后，士兵们自带的粮草很快就消耗光了。李广利仿佛这时候才知道士兵们也是要吃饭的，可他不说派人好声好气地联系当地群众，依靠当地群众获得粮草补给，还摆出一副大爷的样子，伸手就跟人家要酒要肉，吃完了还要打包。别人不给，李广利还不愿意，就要强取豪夺。

这样的做法自然会让沿途的西域小国不满，一听说汉军到来，各国都紧闭城门，坚壁清野。李广利尽管跋扈，可他也是人，也知道饿，于是命令军队路过一座城池就攻打一座城池。遇到抵抗力弱的，他们两三天就能打下来，然后冲进去将城中的物品掠夺一空，吃上一顿饱饭，再打包几天的干粮；遇到抵抗力强的，几天打不下来就绕开，拖着饥肠辘辘的身子寻找下一个目标。

李广利治下的汉军，完全没有当年那支屡战屡胜的天兵的风采，一路上逃跑和饿死的人不断地增加，等到了大宛边境的郁成，几万人的大军只剩下数千面黄肌瘦、营养不良的士兵。这样的军队，别说战斗力，连军心也是一盘散沙。结果，郁成城里的军队主动出击，只半天就将汉军打得大败，成千的士兵血洒城下。

李广利尽管什么本事都没有，还是知道要保命的，现在的情况还怎么可能到贰师城去取马？他找来手下的将军李哆、赵始成一合计，认为还是赶紧跑路要紧，于是便带着残兵灰溜溜地跑回了敦煌。

刘彻习惯了当年卫青和霍去病的威风，现在遇上这样一个废物大舅子，让他气不打一处来。他马上下了一封斥责李广利的诏书，并命人把守住玉门关，声称贰师将军受命取天马，现在天马未到，如果贰师将军及其手下胆敢踏入玉门关一步，通通格杀勿论。

第一个被刘彻的诏书吓到的，并不是李广利手下的士兵和将领，而是李广利本人。他进不敢到大宛取马，退不敢踏入玉门关，堂堂的大汉将军、国舅爷，竟沦落到跟着手下几千名残兵败将在敦煌吹西北风的地步。按说，如果换个稍有羞耻感的人，这个时候保不齐会带兵重新杀回大宛，一死了之，要么就在羞愤之下刎颈了。可李广利平时虽作威作福，面对生死却是个没什么胆气的小人，比起死，他还是情愿在西北苦寒之地苦熬。想想也是，自己的妹妹处心积虑地设了这么一个套把皇帝套牢，说不定过些日子，皇帝念及旧情又改主意了呢？

世事无常，转眼间春去夏来。太初三年（公元前102年）夏天，浚稽将军浞野侯赵破奴率两万骑兵主动出击，进攻匈奴左贤王部，不想却掉进了匈奴人早就设好的口袋阵，被左贤王集合的八万大军团团围住。汉军力战不敌，全军覆没，赵破奴被生擒活捉。

按理说，胜败乃兵家常事，刘彻和匈奴人打了几十年，虽说互有胜败，但终究是赢的次数更多些。这次损失了两万人，虽然肉疼，但还不算伤筋动骨，咬咬牙也就挺过去了。可有的大臣不这么想，他们见皇帝在匈奴左贤王那里吃了这么大一亏，便要出来替皇帝分忧解难。

谁都知道伴君如伴虎，其中的困难之处不仅在于你不能跟他唱反调，而且哪怕你是在迎合他，也要先揣摩清楚他的想法，不然事情恐怕会超出你的想象。

朝中的大臣邓光自以为窥得圣意，率先牵头上疏，请求把大宛的事情放一放，先把贰师将军的队伍调回来，集中力量对付匈奴人。他还说，想来漠北决战过去快二十年了，匈奴人是好了伤疤忘了疼，该让他们再好好长长记性了。

先不管大宛，把李广利调回来对付匈奴？这时候的刘彻，你可以说他浮躁，可以说他奢靡，可以说他自大，可你不能把他当傻子，大宛和匈奴孰强孰弱，他还是分得清的。现在，国家已经向大宛宣战，堂堂大汉帝国连一个小小的大宛都摆不平，岂不让西域各国耻笑？连大宛都对付不了，又拿什么对付匈奴？难道靠李广利？要刘彻先罢了大宛的战事，就相当于让他承认对大宛宣战本身就是个错误。在刘彻的观念里，与其认错，他宁可死撑到底。

历史上，除去那些真正能放下身段实事求是的明君，对于一般的统治者，面子永远比人命重要，死个几万人事小，伤了皇帝的尊严事大。这时候刘彻虽然已经建立了旷古的功绩，但他离“历史上最好的”那几个皇帝还差最后一点——知错就改。

邓光的上疏在他自己看来是顺便拍了皇帝的马屁，可在刘彻看来，却觉得是打了自己耳光。于是他做了一个令很多大臣都没想到的决定：将邓光等一干要求罢大宛攻匈奴的大臣斩首，然后发布全国动员令，鼓励人民参军伐大宛，并将全国的囚犯、恶少以及边境的骑兵通通调往还在敦煌的贰师将军那里。在给李广利的军队补充兵力的同时，刘彻下令在帝国北疆的酒泉郡北边增设居延和休屠两个县，并在全国调集戍卒十八万人实边，为讨伐大宛建立最坚固的大后方。

刘彻做完这些大动作，李广利想不去也不行了。而且，这时候李广利手下的将士已经增加到了六七万人，光军中的校尉副官就已超过五十人，马匹超过三万，运粮食的牲口则多得不可计数，军中还添加了大量用于远程攻击的机弩。有这么大一支队伍，哪怕李广利之前再㞞，现在胆气也上来了。

太初三年（公元前102年），李广利率领着这支倾全国之力打造的大军再次踏上了前往大宛的征程。六七万人的军队，再加上不计其数的后勤人员，沿途西域各小国的人哪里见过如此大的阵仗？他们纷纷主动出来迎接李广利的队伍，好酒好肉地招待。当然，也有不怕死不给李广利面子的，比如轮台就紧闭城门，坚壁清野。李广利知道后大为光火，心想居然敢不给他李广利面子，于是马上命令大军停下脚步，先踏平轮台再说。

轮台就是一个芝麻大的地方，哪里经得起数万大军的折腾？正常情况下，大军一人一脚就可以把它踏平，一人一口唾沫星子就足以把它淹没。用整支大军对付一个轮台，根本就是杀鸡用牛刀，但这也符合李广利这种欺软怕硬的人的作风。面对这种绝对的优势，李广利亲自指挥大军作战，居然用了好几天才攻克轮台，可见李广利指挥作战的能力实在不是一般，而是非常一般。

虽然拿下了轮台，但几万人马居然折腾了好几天，这让李广利自己脸上也挂不住，气急之下便下令屠城。为了挽回自己的面子，李广利几乎把轮台城里所有的活物屠杀了个干净。

有了轮台做例子，沿途其他小国谁还敢主动招惹汉军？反正汉军也不是来打自己的，只求他们能尽快拍屁股走人，免得惹恼了他们，祸及自身。

就这样，李广利终于到了大宛国的都城。这时候，军队的兵力已经减少了一半，出发时的六七万人如今只剩下了三万人。但是，三万人也不是大宛能对付的，何况这支队伍还装备了大量的远程武器。刚开始，大宛的士兵还想像上次一样，冲出来将汉军杀个大败，没想到这次他们连汉军士兵的身都近不了，直接被一阵阵飞蝗般的箭雨射成了刺猬，侥幸活着跑回城里的，也再不敢出来了。

大宛人也不傻，既然正面打不过，就打算跟汉军来次拉锯战、持久战。汉人不是说“千里馈粮，士有饥色”吗，何况现在汉军更是不远万里而来？拖一拖，把汉人肥的拖瘦，瘦的拖死，等康居国的援兵一到，内外夹击，定能把汉朝皇帝这个没用的大舅子再次赶回老家去。

见敌人固守，李广利就抓瞎了，弓弩毕竟不是火炮，总不能靠射箭把城墙射塌吧？好在，皇帝也知道李广利这人攻城乏术，出征的时候特地给他安排了一支“水工”部队以应付这种情况。

西域三十六国，不论城大城小，很多都有一个共同的特点——缺水。按现代人的实验结论，一个人只喝水不吃饭，大概能活不到一个月，如果连水都喝不上，那三天都够呛。汉军中的“水工”不远万里来到这里，就是要断大宛人的水源。

接下来的战斗就没什么可记述的了，城外的水源一断，加上天气又热，光靠城里现挖的井已经不能保障全城人每天的最低饮水配给。这样下去，大概全城的军民在城破被杀之前就会渴死。尽管如此，大宛人还是坚持了四十多天，汉军才堪堪攻破外城，大宛人退到了内城。

到了这一步，大宛人再也坚持不下去了。虽然康居的援兵已到，可看到汉军仍然士气高涨，也不敢轻易过来送死。大宛的一些贵族见势发动政变，杀死了最先得罪汉使的大宛王毋寡，然后派人拿着毋寡的人头来跟汉军议和：要么双方罢兵，大宛让汉军在城中随意挑选好马，并且给汉军提供粮草；要么双方一拍两散，大宛人准备把所有的马匹都毒死，然后继续和汉军死磕到底。

既然大宛人认㞞，李广利也大大松了一口气。其实，他也顶不住了，只是碍于面子，不敢像上次一样再回敦煌去，只能在这里死撑。现在大宛人主动出来投降，哪儿还有不答应的道理？

于是，李广利和手下的副将一商议，就在大宛的将军里选了一位对汉人还算亲善的做了继任的大宛王，而军中早就准备好的相马专家此时终于派上用场。他们在城里遴选了几十匹皇帝最看重的天马，又搜罗了三千匹各个品种的好马，带着大宛人提供的粮草一起回家。

汉军直到最后也没能进入大宛的内城。这场耗费了全国国力、靠几十万人在前线后方支撑起来的对一个数千里之外的小国的远征，在李广利的领导下终究不能算全胜。

但凡统兵大将，要么治军严谨、赏罚分明，要么运筹帷幄、决胜千里，要么临阵果断、应变迅速，要么作战勇猛、身先士卒，反正你总得有些让人信服的能力。但是，李广利同志很特殊，可以说，以上种种特点他都不具备。他面对敌人犹豫、胆怯，面对手下倒是牛气得很，他最擅长的恐怕就是压榨部下，克扣将士们的粮饷中饱私囊。

李广利所擅长的其实是任何一个朝代的贪官污吏都擅长的。前线的粮饷、赈灾的款项、漕运的经费、治河的银两，哪个贪官看到这大笔的银子能不动心？他们觉得反正东西这么多，自己拿一点儿也没什么影响，可金山银山也经不住每个贪官都来拿一点儿。

本来刘彻举全国之力给这支军队提供后勤保障，正常情况下粮饷应该是充足的，至少不至于饿死人。可统兵大将如此，手下的偏将和校尉们为了应付上头，只能往下层层盘剥。到了最底层士兵那里，已经不可能再往下盘剥了，留给他们的只有三个选择：要么忍饥挨饿，继续作战，祈求能活着回到家乡；要么为了活命逃亡，但在远离故土万里之外的西域，想靠自己一个人的力量活着走出这片土地似乎不太可能；要么就什么都不干，饿死。

数万名战士在战场上冲锋陷阵，好不容易捡条命回到军营，却发现连顿饭都吃不上，他们没死在敌人手里，却饿死在了自己人手上。而在饿死之前，他们仍然坚守着自己的职责，以致康居国的援军赶到大宛时，看到这支历尽艰险不远万里而来的汉人军队依旧军容整肃、士气不堕，吓得不敢再往前半步，何其令人敬佩！

当李广利回到玉门关时，他手下的这支队伍已经从出发前的六七万人锐减到一万多人，且大多数士兵并不是死在与敌人厮杀的战场上，而是死于征途的艰险、上司的盘剥以及长期的营养不良，而他们换来的只是几十匹汗血宝马。

不管怎么样，刘彻得到了他梦寐以求的汗血宝马。当看到这些经过千辛万苦才得到的骏马果然体态神骏、四蹄大如海碗、步伐矫健、不论速度还是耐力都超过汉军骑兵所使用的军马时，刘彻高兴不已，以致故意对李广利贪赃枉法、治军不善从而导致数万将士无故身死的事实视而不见，还按预定计划对李广利等将领进行了加封。李广利被封为海西侯。

求天马只是刘彻晚年穷奢极欲的生活的缩影和冰山一角。然而，我们无法得知的是，刘彻是否意识到，为了满足他的私欲，耗时四年、用几万将士的鲜血换来的汗血宝马，流出来的汗怎么可能不是红的？！

第二十二章

司马迁与《史记》

太史公

征和二年（公元前91年），一位老者在家中完成了他耗时十三年、参考无数古籍所撰写的一部史书。老者写完后又小心翼翼地誊抄了一份副本保存于家中，而原本则被他进与皇帝。大约在成书后不久，这位老者便离开了人世。因为这部史书并非一味地歌功颂德，而是以纪实甚至批判的手法记述了当时汉朝皇室的很多辛秘，所以，终西汉之世，它都被列为离经叛道的"禁书"，一度面临被修改甚至销毁的危险。这部著作在成书之初甚至连书名都没有，仅以作者的官职代称为《太史公书》，在朝廷中只供少数贵族及官员作内部参考之用。这部史书的身世非常曲折，虽然后来它越来越受到世人的推崇，被列为二十四史之首，甚至有"史家之绝唱"的美誉，但可以明确的一个事实是，原著中有些章节已经被篡改，有些甚至不复见于世。

这部现存一百三十篇、五十二万多字的巨著就是二十四史中唯一的一部通史《史记》，而这位老者便是司马迁。

孝景皇帝中元五年（公元前145年），司马迁生于夏阳县龙门（今陕西韩城附近）。中华大地上敢叫龙门的地方多了去了，但夏阳龙门可不是一般的龙门，这是当年大禹治水时凿出来的地方。司马家也不是一般的家族，至少从周朝开始，其家族成员就曾多次做朝廷的史官，可谓家学渊博。司马迁的父亲司马谈也不是一般人，他是武帝刘彻的太史。这一切似乎都预示着司马迁一生下来就注定和其他的史官不同。

汉朝原来是没有“太史”的，是刘彻首先设立了这个职位。这个职位怎么说呢？说它高，它不高，太史公“掌天官，不治民”，也就是看看天象，做一些缥缈的预测，手头并没有实权；说它低，它也不低，朝廷所有的报告、书信、奏章一类的，都要先送一份正本给太史，副本才交给丞相，也就是说，太史是接触朝廷机密最多的那一群人之一。而且，司马迁自己也不是一般人，他种过地，放过牛，十岁便能诵读《古文尚书》。跟他相比，很汗颜的是，我到现在还没通读过《尚书》，更何况《古文尚书》。二十岁时，司马迁便四方游历，往南到过江淮地区，向北到过汶水、泗水，还去看过上古圣贤大禹和舜的葬地，到齐鲁瞻仰过孔子的遗风，也曾受困于荒郊野外，游走于生死之间。大家都知道“读万卷书不如行万里路”的道理，那如果一个人既读过万卷书又行过万里路呢？

以上说了这么多，我就是想说，司马迁之所以成为司马迁，而后世那么多史学家之所以都没有成为司马迁，并不是毫无缘由的，因为任谁也架不住这种比你有天分还比你勤奋的人。

然而，这只是史圣司马迁人生经历的一部分。

大概在元鼎六年（公元前111年）之前，已过而立之年的司马迁还是一个默默无闻的人，他在自己不起眼的位置上做着自己喜欢做的事情：看看书，做做学问，阅读和研究那些在大多数人看来无聊且无趣的故纸堆。

就在这一年，刘彻摆平了西南的夷地，需要派一些人作为皇帝的特使出使并安抚这些地方。经过认真的选拔，司马迁有幸入选，以郎中的身份出使如今四川的西昌、汉源以及云南的曲靖一带。司马迁等人成功地安抚了当地的少数民族，使得朝廷顺利地在这些地区建立了五个郡。

由此可见，司马迁并不是一个只懂得死读书、空谈大道理的人，而是一个能办实事的人。按照一般的规律，有了这样的资历，又有渊博的学识，还有父辈的荫福，司马迁的仕途应该相当平坦。只要他积年累月一步步地往上爬，做个俸禄两千石的郡守总不成问题，甚至他日位列九卿也不是完全不可能的事情，总不至于还像他父亲司马谈一样，一直担个“不治人”的虚衔。

然而，司马迁的一生因为两个人发生了巨大的变化。

第一个人是他的父亲司马谈。也是在元鼎六年，太史司马谈突然病危。

这一年，司马迁大概三十六岁，依此类推，司马谈可能也就五十来岁。他平时没灾没病的，工作又没什么压力（不治人），工资待遇和生活水平又高，怎么就突然不行了呢？说出来可能有人不信，司马谈之所以病危是自己给急的。

当时，刘彻在儒生们的鼓动下早就开始着手准备封禅的事情了，并在元鼎六年年末带着文武百官及护卫军队十几万人浩浩荡荡地前往泰山。在当时的儒生眼中，封禅是神圣到无以复加的仪式，不是随随便便就能举行的。按儒生的说法，一个皇帝至少要满足三个条件才有资格举行封禅仪式，简单地说就是，一要天下统一,二要长治久安，三要有龙啊、凤啊、麒麟啊各种所谓的祥瑞之兆降临。既然前提条件如此苛刻，在有生之年能够参加皇帝举行的封禅仪式便是儒生们最大的愿望和荣光，可司马谈也许是病了，也许是因为其他原因，大概到了洛阳附近，他就被滞留在那里，不能随行。

我们之前说过，司马迁家学渊源，司马谈自然不是泛泛之辈。早年，他在唐都处习得观星术，又从当时的易学大师杨何处习得《易》，还曾经师从有名的黄老之学的宗师级人物黄生，再加上自己数十年的钻研，他深得儒、墨、道、法、易、阴阳六家精髓，可谓当时学术上真正的大师级人物。可惜的是，和他的学识相比，他的气量忒小了点儿。他这样的学术大拿，居然半途错过了大汉建国百年才举行一次的封禅大典，这让司马谈无法接受。尽管如果可以选择的话，司马谈是爬也要爬到泰山上的，可皇帝让他留下来，他总不能不听吧？被留在洛阳的司马谈眼巴巴地看着大队人马渐行渐远，一阵急火攻心，呕出了两口瘀血，整个人很快就不行了。

这时候，司马迁正好刚从西南回来，接到父亲滞留洛阳且病重的消息，他立马赶到洛阳探望。当司马迁赶到洛阳的时候，司马谈已经奄奄一息，只是硬扛着想见自己儿子一面，因为如果不向司马迁交代一些事情，他心里始终咽不下这口气。

见到司马迁后，司马谈首先回忆起他们司马家族以往的荣光，慨叹自己时运不济，然后交代了这样一件事情：“孔子曾作《春秋》，将历史记述到鲁哀公获麟为止，至今已经过去三百多年了。现在天下一统，而且最近这三百多年间出现了无数明主贤臣和英雄豪杰，如果就这样让他们被遗忘在历史中，实在是我们史官最大的罪过。我曾经打算将他们的事迹整理并记录下来，可惜还没来得及做。眼下我快不行了，我死以后，依皇帝的性格，一定会让你接替太史的职位，你一定记住，千万不要忘了完成这件事情。”

待司马谈看到自己的儿子倒伏于地、痛哭流涕地表示一定竭尽全力不负所托时，他才咽下这最后一口气。果然如司马谈所料，三年丧期服完，司马迁就接到了朝廷让他正式接任太史公一职的任命书。

这时候司马迁已经三十八九岁，他一上任便开始广泛收集各个渠道的历史资料，为撰写史书做准备。我们都说“新官上任三把火”，司马迁也不例外，既然是新任的太史，总得在自己的专业领域有所建树。那太史的专业是什么？我们之前交代过，不是史学，也不是文学，而是天文学。所以，司马迁上任后做的第一件有意义的事情不是著书，而是参与制定了新的历法。

前面说过，就律法而言，秦朝的法律并没有大的不妥之处，秦律的完备程度是必须承认的，这为文化层次普遍不高的汉朝初创者们打开了偷懒的方便之门。刘邦与萧何在建国时所颁布的汉律，只是把秦朝的律法拿来，在原有的框架内修补了一下，换个封面了事。“秦法一直沿用在汉初”并不是一句空话，而且这个“法”不只是法律，还包括历法，这种情况一直到刘彻要“改正朔，易服色”时才有所改变。

汉朝一直沿用秦朝的历法，这种历法有个名号唤作“颛顼历”，为上古六历之一，它已经把一年的时间精确到了三百六十五又四分之一天。虽然颛顼历肯定不是在五帝之一的颛顼在位时创立的，但也是极古的历法，可谓久经考验。关于颛顼历的特点，我们在前面已经提过，就是以十月（亥月）为岁首，将闰月放在一年的最后一个月（九月）之后，称为“后九月”。然而，随着时代的变化，颛顼历已经不能满足人们生产和生活的需要。于是，在司马迁等人的建议下，同时也为了满足自己想“改正朔，易服色”、与前朝彻底划清界限的虚荣，刘彻在元封六年（公元前105年）下令以朝廷大臣邓平、唐都、司马迁和落下闳等人为首，并征集民间的天文爱好者数十人，开始着手修订新的历法。

经过司马迁等人夜以继日的工作，一年之后，新的历法完成。新的历法以正月为岁首，将一年准确地推算到365.25016天，一个月为29.53086日，这和我们运用现代科学所得出的一年为365.24220天已经极为接近，并且新的历法开始使用二十四节气，以配合农耕的需要。这是当时世界上最先进的历法，在我国历法史上具有划时代的意义，此后我国所有的历法均与此大同小异。由于在使用新历法的这一年，刘彻改元“太初”，因此，这个历法也叫“太初历”。太初历一直使用了一百八十多年，直到东汉章帝元和二年（公元85年）才被更科学的“四分历”取代。

完成太初历的制定后，司马迁才开始着手史书的撰写工作。虽然现在很多人都不知道太初历，它也在后世被更为先进的历法所替代，但不可否认的是，在太初元年（公元前104年）之后的很长一段时间里，太初历在社会发展与人们的生产和生活中的作用，远非司马迁最重要的成就《史记》所能相比。

忙完历法的事情后，司马迁就逐渐闲了下来。虽然刘彻自打年轻时起就对神仙之事格外着迷，还多次上了民间方士的恶当，但他对官方的“神棍”并不十分上心。本来神仙之事就虚无缥缈，既然皇帝不来问，司马迁也乐得清闲，开始认真投入史书的编写。有政府发工资、提供条件，让他去做自己的事情，何乐而不为呢？

和现在的很多作家一样，写作并不是司马迁的本职工作，只能算作他的副业，使用的也是他个人的业余时间，并且几乎占用了他所有的业余时间。可以想象，这样的人每天忙完本职工作，大多数时候只要有空闲，除了吃喝拉撒睡，便会一头扎到如山的典籍里，不断地阅读、思考、推理、论证，不时记录、整理下自己的想法和结论，这样的生活是十分无趣和枯燥的，这样的人似乎不会，也没有时间去招惹是非。

然而，天汉二年（公元前99年），第二个人的出现，让司马迁这个看起来不可能惹事的人遭遇了一场飞来横祸，彻底改变了司马迁的一生。

这个人就是李陵。

将门虎孙

说起来李广也是够倒霉的，他有三个儿子，大儿子李当户和二儿子李椒都死在了自己前头，好不容易三儿子李敢因军功得封个关内侯，却又因为击伤卫青被霍去病射杀。这下，刘彻心里也觉得挺对不起李广一家，毕竟人家为大汉朝廷征战数十年，没有功劳也有苦劳，而且对于李广的死，刘彻或多或少是脱不了干系的，可不能让老李家就这么绝后。于是，李敢死后，刘彻派人一打听，得知李广的大儿子李当户当年还留有一个遗腹子，就赶紧安排人把这个孩子照顾好，也算为老李家留下一丝血脉。这个孩子就是李陵。

李陵毕竟是李广的后人，家族的基因十分强大，长大后骑射功夫同样非常了得，而且因为小时候的遭遇，为人也没什么架子，相当能团结身边的同龄人。成年后，李陵进建章宫做了侍中，后来同样独自率领八百骑兵深入匈奴腹地两千余里。当时的明眼人一看就知道，皇帝让他走的依旧是卫青和霍去病的路子。虽然李陵第一次出征没什么斩获，但回来依旧得到皇帝的嘉奖，做了一个骑都尉。随后，刘彻命他屯兵酒泉和张掖两郡备战。

李陵本就年少气盛，这下得了皇帝的赏识，更是摩拳擦掌，时刻准备着做出一番大事业，重振他李家将门的威风。

天汉二年（公元前99年），皇帝命贰师将军李广利率三万骑兵进攻匈奴右贤王。这时离卫青和霍去病横扫匈奴已经过去二十年，在匈奴人眼中，如今汉朝的一线将领，如浞野侯赵破奴等辈，其水平比之当年让他们闻风丧胆的卫霍二人相去甚远，李广利就更加不入流了，所以匈奴人并没怎么防备他。以匈奴高层对李广利的认识，李广利能做的也只是到大漠草原免费观光旅游一番，然后就班师回朝，甚至可能顺路拿几个边民的人头杀良冒功，还可能捎带着克扣一些军队粮饷之类的。

让匈奴人没想到的是，李广利这次不知道是抽了哪根筋，三万人居然一路杀到天山脚下，打了右贤王一个措手不及，砍杀匈奴一万多人。这下，李广利算是把匈奴人惹毛了，且鞮侯单于在极短的时间里就调集了数万骑兵，把打完仗正得意扬扬、没来得及撤退的李广利团团围了起来。

猎人一下子成了猎物，李广利马上就慌了。他本来就没什么经验，现在更是胡乱地指挥手下突围。由于匈奴人早有准备，汉军连续战了几天都没能在包围圈中打开一个缺口。这下李广利抓瞎了，原本军队的粮草就不足，现在更是到了人困马乏的绝境，眼看就要为国捐躯了。

想到自己在长安还有大把的银子没有花，还有大好的荣华富贵没有享受够，李广利既绝望又不甘心。正无计可施的时候，军中一个叫赵充国的代理司马找到李广利，对他说："将军，现在情况非常紧急，军中的粮草已经耗尽，如果再不能突围，恐怕谁都没有活路。我虽然是军中一个管律法的文官，但请让我带领一拨人在前面突围，将军您率大军在后相机而动。如果成功了，将军您就跟着突围；如果失败了，您再想其他的办法。"

李广利哪里还有什么其他办法？反正他自己肯定是不敢带头突围的，于是就答应了赵充国。赵充国虽然是个代理的司马，但这个人着实是个猛将，他手下的一百多个士兵也个个都是敢于陷阵杀敌的勇士。赵充国早就瞅准了敌人包围圈的薄弱处，领了军令便一马当先，带头直扑敌阵。他身后的士兵虽然人数不多，但个个都如出笼的猛虎，只把匈奴人打得措手不及。

本来匈奴军队已围了汉军好几天，看汉军始终没法儿突围，就等着再过两天汉军自己饿死，哪会想到汉军中竟突然杀出这样一群家伙。看着眼前的这些人，他们跟这几天前来突围的汉军相比，不管是战斗力、作风，还是不要命的程度，都不是一个级别的，尤其那个带头的，身中二十余刀，整个人都已被鲜血染成了红色，却依然冲杀不止。匈奴人一下子慌了手脚，几万人马的包围圈一下子就被这一百多人硬生生地撕开一道缝隙。和匈奴人一样被赵充国吓得心惊胆战的李广利这才得以带着残余的部队顺着这一丝缝隙逃出匈奴人的包围。

主将无能累死三军，三万人的队伍大败而归，仅剩三五千残兵。依律，李广利罪责难逃，按以前李广和公孙敖的例子，至少也得落个拿钱赎命的下场。可李广利虽然带兵打仗对付敌人不行，对付皇帝他还是有一套的。刘彻让他去述职，他先讲述了自己如何奇袭右贤王，并强调当时斩获甚多，而对于为何会陷入匈奴人的包围，李广利则轻描淡写，将其归结为意外。最后，他又着重强调了在如此不利的情况下，自己如何带领手下的将士与敌人僵持，以及在自己大无畏精神的感召下，手下的将领赵充国如何身负二十余处创伤依然死战不退，直杀得匈奴人心惊胆战，无奈实在寡不敌众，这才撤退。他硬生生把一场大败讲成了一场惨胜。

当然，刘彻不是傻子，事情究竟是怎样的，他心里自然有数，但李广利代表的是他刘彻，否定李广利就是打自己的脸。所以，刘彻并不愿意处罚李广利，而李广利也懂得刘彻的心思，知道树立赵充国这样一个正面典型，正好拿来做挡箭牌，转移大臣们的注意力。

听了李广利的一席话，刘彻马上转移话题，命人传赵充国觐见。等赵充国一到，刘彻做的第一件事便是让他当众解开衣服。想那赵充国也是刚刚缓过命来，身上一道道深可及骨的伤口尚未愈合，甚至包裹伤口的布料上血迹还未凝固，这一脱上衣可谓触目惊心。那伤口比任何文身刺青都霸气，看得刘彻不由得感叹："将军真勇将也！"一旁的大臣也随之惊叹附和，于是刘彻马上任命赵充国为中郎，至于李广利兵败该怎么处罚一事，谁都没有再提。

有人可能会说，你怎么这么糟蹋李广利？他是不如卫青和霍去病会打仗，也不如李广勇敢，可他前面不是也打了一场胜仗吗？虽然后来被匈奴人包围了，可以寡敌众，输了也不丢人，何至于这么恶心他呢？

原因在于，李广利根本就不会带兵打仗。他在天山打了右贤王一棍子，打得人家丢盔卸甲，本来是占先手的，应该打扫打扫战场，把值钱的战利品和人头拾掇拾掇赶紧撤退，回去就可以找皇帝邀功。可他呢，行军慢腾腾地，以为自己打赢一仗就天下无敌了。那边右贤王的人从天山逃出去，跑到匈奴王庭找单于带齐人马再赶过来，居然就在半路把他们围住了。要不是赵充国"天神下凡"一回，李广利这时候恐怕连命都没有了。而且，李广利不仅打仗不行，治军也是个废物。以前伐大宛的时候，他就爱欺压士卒，这次三万汉军溃围之后，回到塞内的仅剩几千人。可这并不是说其余的两万多士兵都死于战场，这里面有十之六七的人都死于"物故"，用现在的话说就是"非战斗减员"。也就是说，他们死于水土不服、疾病、伤病、缺水和由于上司盘剥导致的营养不良。这样的将领怎么配带兵打仗？

既然李广利如此不堪，那为什么他前面还能打胜一仗呢？其原因之一是，当时右贤王没有准备，压根儿没想过李广利敢来。更重要的一点是，这个时候汉军骑兵已经练出来了，可以和匈奴人堂堂正正地正面作战了。

以往不少研究历史的人总爱说，北方的游牧民族是如何的天生善战，不管世事如何变化，只要他们抖掉身上的铁锈，拔出刀，挽起弓，跨上马，就可以踏平一切，而我们南边的农耕民族，这方面的天赋注定比他们差一些。

这话乍听有道理，可仔细一琢磨，却又未必是这么一回事。必须承认，中原的军事力量历来以步兵为主，中原人以吃稻米为主，整体上确实不如吃牛羊肉长大的匈奴人高大魁梧。在茫茫草原上作战，中原士兵确实不如匈奴骑兵好使。可两军交战并不是一对一的单挑掰腕子，谁的力气大谁赢，作战讲究的是勇气、协作和意志，而农耕民族在这方面一点儿不差。一旦中原的军队组建起职业化的骑兵部队，再经过严格的训练，战斗力未必不如游牧民族。从大秦的蒙恬到宋朝的岳家军，再到明朝的关宁铁骑，哪个不曾把游牧民族的骑兵打得丢盔卸甲、退避三舍？而刘彻数十年如一日，不断跟匈奴人交战，要锻造出这样一支专业的骑兵部队，时间早够了。

练骑兵好比学武术，就像现在那些学搏击的，只要肯练，一般练个三五七年就到个人的巅峰了，剩下的日子只是减缓技艺衰退的速度而已。大家在武侠小说里看到的一个人独自在深山老林练个三五十年、出来之后天下无敌的事情，是不可能发生的。农耕民族相对较弱的地方只在于其本职是种地，而游牧民族是专业养马的，中原的军队经常打着打着人还够，马没了。

这时候的汉军骑兵就类似已经练成了的武林高手，在双方人数差不多的情况下，只要上面的主将不㞞，不被敌人的气势吓倒，见着敌人就跑，或无脑地让士兵冲锋，他们就能和匈奴人打个旗鼓相当。如果主帅知道用计，懂得正奇相辅、迂回包抄之类的，那就十拿九稳了。所以说，李广利压根儿就不是个合格的将领。

此外，不只是我看不起李广利，当时汉军中也有不少将领不服李广利，这里面的第一个人就是李陵。这时候，李陵手下有五千人，刘彻本来打算让他给李广利做副将，让他的五千人给大军管理粮草辎重。可李陵一听就不满意了，当时就对刘彻表示，自己的手下都是精兵强将，搞后勤实在是大材小用，自己要带手下自成一队，从另一个方向出击，以分散匈奴人的注意力。

什么分兵出击，说得如此冠冕堂皇，还吸引匈奴人的注意力，其实李陵就是看不起李广利，不愿给李广利打下手。可不给李广利面子就是不给皇帝面子，所以刘彻当时就火了："我这次派出去的兵多，没有多余的骑兵分给你！"

刘彻这句当然是气话，当时他分给李广利的骑兵就三万，怎么也不可能是整个汉军的全部家底，这样说无非是想让李陵知难而退，可没想到李陵也是年轻气盛，毫不退让：“臣不需要骑兵，就以手下五千步兵出击，愿以少敌众，直取匈奴的单于王庭！”

李陵敢这么说，倒也不完全是不知天高地厚。在他看来，对付匈奴，他至少有两个有利条件：其一，和匈奴人的弓箭相比，当时的汉军已经装备了更先进、射程更远、杀伤力也更强的弩箭，这是步兵克制骑兵的一件利器，后来诸葛亮发明的连弩就一度打得曹魏的骑兵闻风丧胆；其二，李陵手下这五千人可不是普通人，他们都是骁勇善战且射箭百发百中的楚地勇士，想当年项家的八千子弟兵差一点儿就横扫天下。所以，李陵并不认为五千最强的战士，还配备了最先进的武器，要直捣黄龙是不可能的事情。

然而，兵法有云：“知己知彼，百战不殆。”李陵是知己了，可他不知彼，他把自己一方的长处看得很透，却没有认识到对手的优势。我们在前面说过，匈奴骑兵的优势就是机动性强。茫茫草原又是匈奴人的主场，以骑兵对步兵，若打得赢，他们撵得上汉军，若打不赢，他们还跑得了。因此，还没开战，匈奴人可以说就已经立于不败之地。但两个人话赶话已说到这份儿上，以刘彻的脾气，当然是不会服软的，而且刘彻既欣赏李陵初生牛犊的勇气，又想杀一杀他的锐气，就同意了他的请求。同时，刘彻也知道，要以五千步兵进入大漠草原，哪怕他李陵有通天的本事，也是不妥的，此去肯定凶险无比。于是，第二天，刘彻就给强弩都尉路博德下令，让他另率一支队伍，半道去接应李陵，一旦李陵败了，起码确保他能全身而退，也好让李陵知道，行军打仗并不是逞一时之血勇就可以的。

但是，事情再次超出了刘彻的预料。路博德作为久经沙场的将领，既羞于为初出茅庐的李陵打掩护，也不愿意为李广利看辎重，就找了个借口给刘彻回话：“陛下圣明，现在是秋天，正是匈奴战马长膘的时候，这时候他们人强马壮，我们去和他们拼命是不划算的。不如等熬过这个冬天，到来年春天他们的马都饿瘦的时候，我和李陵再率骑兵两路出击，分别攻击东西浚稽山，夹击匈奴，正可以‘趁他病，要他命’，陛下以为如何？”

应该说，路博德的话也不无道理，可刘彻一听就不干了，心想：“你什么意思？我堂堂汉军威武雄壮，打个匈奴还要考虑什么秋天春天？老子二十年前就已经把匈奴人打得不要不要的了。是不是李陵那小子脑子一热要出征，回去冷静下来一想就尿了，跟你串通好了来糊弄朕？”

想罢，刘彻也不理会路博德的意见，马上命令李陵带着自己的五千人出征。他还想着上次李陵曾深入草原千里，那这次就要更进一步，不仅要越过居延海，还要一路向北，直抵浚稽山的龙勒河；到时候如果实在找不到匈奴人，就让他们转向汉朝在草原中所筑的受降城休整，而路博德则进兵西河攻击匈奴。

其实，从李广利、路博德和李陵三人的情况就可以看出，这时候汉军内部已经混乱了。其主要原因是，军队中缺少一个能镇得住场的大将，各个将领之间谁都不服谁。要是倒退二十年，这种情况是不可想象的。卫青和霍去病两人不管谁强谁弱，也不管谁在历史名将榜上排名更靠前，那都是他们两个人之间的事情，其他的将领则都对他们敬佩有加，就算能给他们俩提鞋，都是一种荣耀，不会出现皇帝让谁随大将军出征，他还不乐意的事情。

为将者戎马一生，要在军中站得住脚，无非靠两样东西：一是能力，二是资历。李陵是个愣头青，说话直来直去，在他看来，李广利虽然当了好几年将军，但他打过的那些仗，别人当面虽不好意思说，可心里都清楚，论水平还不如他李陵，他凭什么要给这么个废物做后勤。路博德呢，他对李广利的看法跟李陵差不多，而且论资历和能力，他可不比李广利差。路博德当年是霍去病手下的将领，后来又平定过南越国，还攻下了海南岛。正是因为他，海南岛第一次出现在了中国的版图上。皇帝让他这样一个将军给一个还从来没真正展示过自己的军事才能的小将打接应，他自然是不愿意的。至于李广利，在其他将军的眼里，他就是皇帝的大舅子，然后就什么也不是了，能力不行，资历也不怎么样。

因此，李广利并不是一个合格的将领，他的胜利是偶然的，他的失败是必然的。虽然他运气好，仗着赵充国的神勇捡回了一条命，却连累数以万计的将士血洒疆场。可是，路博德这次看走了眼，他带着队伍到草原上转了一圈毫无所获，徒劳无功不说，还害了李陵。

天汉二年（公元前99年），李广利的军队出征后不久，李陵的五千人也踏上了征途。当然，他们并不是真的就靠双脚走进草原的。队伍里虽然没有足够的骑兵，但他们装备了当年卫青远征漠北的制胜利器武刚车，并且士兵们每人还装备了一百支弩箭，专门对付匈奴的骑兵。

一切准备就绪后，李陵带着这五千人来到边境。

秦汉之时，边境上每隔百里便有一处依长城而建的小型要塞，又称为遮虏障。居延海边上也有一个，当时被唤作居延塞，建成之后历来都是朝廷对匈奴用兵的桥头堡。这里便是李陵此次出征的起点。

出了居延塞，李陵一马当先，走在队伍的最前头，意气风发。他认为这次出征将成为他人生的一个重要转折点，此后他将取得超过祖辈的成就，建功立业，封侯拜相，光耀李家的门楣。可惜的是，他只猜对了前半部分，这确实是他人生的一个转折点，只是这个弯转得太大了。

征途

李陵身后的队伍军容整肃，五千士卒目光坚定、神情亢奋，眼中没有一丝恐惧和惊慌。毕竟，养兵千日用兵一时，出征作战是他们作为军人应尽的本分，但他们或许从未想过，对他们绝大多数人来说，踏出这一步后，迎接他们的将是惊心动魄的悲壮征途，同时也是他们人生的最后一段征途。

李陵的军队按既定的路线一路前行，绕过居延海，然后向北朝一千多里外的浚稽山行进。起初，路上十分平静，他们先到了皇帝指定的地点东浚稽山。浚稽山旁边是龙勒河，这里有山有水，风景优美，水草丰盛，是养马的好地方，也是匈奴人的聚集地，这也是刘彻把出征的目的地选在此处的原因。可是，李陵带着军队在龙勒河边转悠了几圈，一个匈奴人都没见着，便只好在浚稽山安下营来。

安下营寨后，李陵让手下将他们沿途所经之地的详细地形绘成地图，并安排一个叫陈步乐的兵士骑上快马给皇帝送回去，顺便让他告诉皇帝，自己没找到匈奴的军队，准备撤军了。陈步乐单枪匹马一路狂奔，以最快的速度回到长安，向皇帝禀告军队的情况。

看到李陵年纪虽然不大，却能和士兵们同甘共苦，很得士兵的爱戴，刘彻十分高兴，认为李陵不愧为李广的孙子。他觉得，尽管李陵出征没有什么斩获，但知道把这一大片区域的地形和地貌摸透，也算是功劳一件，便马上让陈步乐担任自己的侍卫。至于李陵，刘彻准备等军队回来后对其加以重用。

皇帝这边暂且不表，单说李陵在浚稽山下安营后，第一天，他早上派出去的斥候晚上才回来，连一个匈奴人都没看见，第二天还是一样，第三天又是一样，五千步兵就这样在浚稽山下逗留了几天，始终连一个匈奴人都没看见。接下来该怎么办？是继续进军还是原路返回，抑或就留在这里守株待兔？在犹豫不定之中，渐渐地，李陵心里开始不安起来：这里实在是太平静了，平静得让人能在空气中嗅到不安的气息。

既然他们已经到了龙勒河，而且出征的时候，皇帝的命令说得很清楚，到了这个地方如果找不到匈奴人，就要掉头，退到受降城休整。最后，李陵决定，明天就掉头回去。说实话，谁都知道，对一支孤军来说，他们已经走得太远了，而且由于他们的队伍以步兵为主，在非急行军的情况下，通常只能日行百里，一旦发生紧急状况，这样的速度真是想跑都跑不掉。

如果李陵有记日记的习惯，这天他也许会在竹简上记下“天汉二年十月，晴，浚稽山下，出征三十日，一路无事，准备返程”云云。

然而，就在这个时候，迟来的相遇终于还是来了，匈奴骑兵出现在浚稽山附近，而且一来就是三万人。

其实，李陵的军队早就被匈奴的侦察兵发现了，可他们不知道这样一支不足万人的军队到底想要做什么，就一面派人向且鞮侯单于报告，一面一路跟随李陵的军队来到了浚稽山下。这时候，且鞮侯单于正因为之前让李广利跑了而浑身不爽，一听说居然还有一支汉军跑到了浚稽山下，仅几千步兵就敢孤军深入草原一千多里地，这不是欺负他匈奴无人吗？单于马上决定亲自率领三万精锐骑兵出发，向浚稽山前进，准备悄悄地包围这支汉军，然后将这三五千人撕碎出气。

然而，出乎且鞮侯单于预料的是，见到匈奴人来了，还是人数数倍于自己的骑兵，汉军士兵完全没有身陷重围的惊恐，他们似乎一点儿也不慌张，反而每个人眼里都充满了狂热，甚至有一种恨不得反过来将他们撕碎的冲动。这其实很好解释，他们本来就是来打仗，来杀人或被杀的，早就做好了以寡敌众的准备，只要匈奴人敢来就行，管你来多少人。

战斗在李陵出征后第三十天正式打响。

匈奴人偷偷从背面摸上浚稽山，本打算居高临下打汉军个措手不及，没想到却被汉军提前发现。面对匈奴大军，李陵并没有像匈奴人预想的那样准备死守，而是命令将士们在两山之间的谷地将武刚车排成环形为营，让前排士兵持盾和长戟，后排操弩，自己亲自率兵出营叫阵。

这下可把且鞮侯单于乐坏了，匈奴骑兵突然出现并包围汉军，不仅占了天时，还居高临下占了地利，三万对五千，以众击寡，又得人和，汉军哪有不败的道理？于是，他想也没想就命令全军出击，直扑汉军军营。

成千上万的骑兵跨着战马同时从山上冲下来是何等震撼的场面，然而，汉军士兵没有一丝惊慌，他们出奇地冷静，静静地等待着将军的号令。待到匈奴骑兵冲到汉军弩箭的射程之内，李陵果断地一挥手，早已瞄准多时的汉军士兵顿时千弩齐发，数百匈奴骑兵应声而倒。

弩兵的结阵射击之法古已有之。通常弩兵们分三排列阵，三排弩兵职责分明，分别是射击、传递、装填。在第一排的是队伍的神射手，他们的工作就是准确射击，一弩放完，将空弩交给身后第二排的士兵，并从第二排士兵那里接过另一支上弦的弩；第二排的士兵则将空弩交给第三排负责填装的士兵，同时从第三排士兵手中接过装填好的弩箭，准备交给第一排的射手。这是一种非常科学的战术配合，确保了第一排的神射手们能把精力放在射击上，避免因装填弩箭消耗过多体力，影响射击精度。弩兵在训练有素的前提下可以做到“弦声不断”，整个过程完全是无缝对接。

明朝鼎鼎大名的科学家宋应星曾在其所著的《天工开物》中记述，弩箭的射速虽然比弓箭慢，但射程普遍比弓箭远五十步，且穿透力更强，是守城的利器。由于弩箭的射程比普通的弓箭要远，待到冲在最前面的匈奴骑兵终于冲到其手中弓箭的射程时，已经稀稀拉拉只剩几个人了，即使远远地放上几箭，也被汉军阵前的盾牌兵轻易挡开。更要命的是，成千上万的骑兵从山上直冲下来，气势是够大，但最前面的骑兵被汉军的弩箭一通射，有的人被射中倒地而死，有的人没被射中，马却被射中，又把骑手掀翻在地。一下子，地上就凭空多出很多障碍物。谁都知道，上山容易下山难，冲下来的士兵只能一往无前，别说是退回去，就是想原地停下来也不可能。结果，前排的骑兵横七竖八地倒了一地，无形中给后边的人增加了难度。匈奴骑兵的马术竞速赛一下子变成障碍赛，而且难度系数爆表，不少骑兵躲闪不及，连人带马被绊倒在地，又被更后面冲下来的骑兵踢成了肉泥。

由于冲锋之前对汉军弩箭的精准打击缺乏足够的思想准备，一时间，匈奴骑兵大乱，还没冲到汉军阵前，速度已经慢了下来。李陵一看时机到了，立即命令士兵放下弩箭，手持长短兵器，开始对匈奴发起反冲锋，直杀得匈奴人哀号一片，丢下数千尸体，掉头往山上跑。

先是跑了李广利，现在三万人对付几千步兵，又被杀得丢盔卸甲，且鞮侯单于的愤怒已到了无以复加的地步，他马上下令调集左右贤王的军队前来会合，誓要将这一支孤军挫骨扬灰。虽然胜了一仗，李陵回到营中后却更忧虑了。他真切地感受到了步兵对付骑兵时的无力感：一旦对方跑起来，自己的步兵实在是撵不上人家。这时候李陵才知道，当时自己在皇帝面前说的那句以五千步兵直捣单于王庭的豪言，真是一句笑话。

然而，李陵没有时间后悔，也没有时间嘲弄自己，或者为自己的莽撞辩解，他要解决眼下的难题：现在他们是一支深入敌后的孤军，少马，被围，最近的友军都在千里之外，怎么办？原地固守？一天两天没问题，十天八天也可以，但之后呢？最重要的是，现在消息都很难送出去，即便能送出去也来不及了，朝廷里没有人知道他们已经被围，匈奴人就是困也能把他们困死。撤退突围？以军队的移动速度来看，他们根本不可能摆脱匈奴骑兵的追击。

怎么办？

就算自己手下的士兵个个都是强悍勇士，一个能打对手十个，可如果敌人不止十个呢？在匈奴人的地盘上固守，匈奴的援军就会越来越多。思量再三，李陵还是决定与其坐以待毙，不如放手一搏。于是，汉军虽然打胜了一仗，却开始撤退。匈奴人刚败下阵来，又开始了新一轮的攻击。

李陵指挥军队边打边撤，遇到地形有利的地方或匈奴人追近时，就停下来和匈奴人干一仗，等把匈奴人赶远了，就继续往南跑。匈奴人一路狂追，眼看就要追上了，在汉军弩箭的招呼下又赶紧掉头狂奔，远远跑开，等缓过一口气来再掉头追赶汉军。由于左右贤王的援军不断地赶来，这时候匈奴单于的军队已经由开始时的三万人增加到了八万人，但这八万人一连往南追赶了好几天，也没能把李陵的五千人吃掉。

匈奴人郁闷，李陵同样也不好过。将士们向南跑了几天后，疲惫已经是不可避免的问题，而且这时候李陵已不敢按原计划往受降城去了，因为那里没有驻兵，到那里同样只能靠他们自己。与在浚稽山相比，去那里无非是换个大点儿的坟墓而已。他现在唯一能做的就是带着队伍尽量往南撤，往最近的边塞靠近，说不定那里还有朝廷的其他军队可以支援自己。

在撤退的第四天，匈奴的大军又一次逼近，李陵赶紧退到附近的一个山谷里，并且依仗地势又打了匈奴人一个伏击。虽然又杀伤好些匈奴人，可李陵发现，自己和手下真的被困住了。这也难怪，谁叫他们不是骑兵，机动性差，即使一天到晚没命地跑，也不过跑出百十里地，而匈奴骑兵的速度比他们快得多，完全可以一批追赶一批休息，一批休息一批追赶，等一批休息完再快马加鞭追上前面的同伙，将他们替换下来，三班倒地追汉军。李陵手下的楚人再强，毕竟也是人，也会疲惫，也会感到恐惧和绝望，而且这个时候全军上下基本上人人负伤，个个见血，但凡有匈奴军队靠近，只能是重伤者在武刚车上举盾防御，受伤稍轻的赶车，轻伤者就持兵刃和敌人搏杀，完全就是重伤者当轻伤者使，中伤者当没伤者使，轻伤者当神人使。

李陵一看，这样可不行，这样下去大家全都得困死在这山谷里，必须想办法一鼓作气突围。可是，此刻大家的体力已经到了极限。这时候李陵想，既然体力不行了，就只能从精神上入手，便拿军中的营妓开刀，把她们集中起来杀了祭旗。反正大家都出不去了，宁可一死，也不能让这些匈奴人糟蹋了大汉的女子。

军中的士兵们见到女人们惨死，斗志再次被激发。第二天，李陵指挥军队再出击，不仅击杀匈奴三千余人，还成功地从包围圈中冲出，朝东南逃去。

当然，这只是我个人的说法。有人可能看过《汉书》，会说这不对呀，《汉书》里面说，一天交战下来，李陵说："这几天我手下的兄弟们气色不好，都鼓不起劲儿来，怎么回事？难道是军中有女人，害得弟兄们阳气不足吗？"于是，他就让亲信对每辆武刚车逐一进行搜查，果然在不少车里搜到了偷偷随军的士兵妻子，便通通抓起来杀掉。少了晚上跟女人玩儿命，第二天士兵们果然精神焕发，腰也直了，手脚也利索了，一通猛砍猛杀，砍翻三千多匈奴人，得以往西南溃围而去。

班固在写《汉书》的时候，因为受当时的正统儒家思想和政治的影响，有不少事情是不太靠谱的。他把这些女子说成是被流放到边境的罪人的老婆和女儿，出征前被李陵手下的士兵们娶为妻子，这就是不靠谱的事情。

大军出征，将军带家属的都不多，士兵们又怎么能带上自己的老婆呢？如果带上了，李陵作为一个深得士卒爱戴的将领，又怎么会不知道？军队出征，自然有随军的伙夫负责饮食，那这些妇女能随军干什么？想想就知道，这么多人到晚上得弄出多大动静。这些姑且不论，就是五千人的队伍带上家属，那又是几千张吃饭的嘴啊，这个统帅要多迟钝方能到最后才察觉？

有人说了，未必每个人都带着老婆，可能也就少数带了，比如就几十几百人而已。可问题又来了，如果只是少数人带了老婆，那影响的也就是少数人，如何能让李陵手下的兄弟们都阳气不足？所以，这些随军的女子如果真的存在，那她们只有一种称呼：军妓。

这个猜测并不是空穴来风，因为“军妓”的雏形在春秋战国时就已出现，而正式将其作为制度确立下来的则是刘彻，目的是“以待军士之无妻室者”。李陵杀了她们，并告诉士兵们这样做是为了避免男人们战死后，这些女人会受尽匈奴人的折磨而惨死。这些可怜的女子跟随军队出征，虽然没什么专一可言，但毕竟和士兵们一起受过苦，一起遭过罪，多少也有些感情，这才能激起士兵们的愤慨和复仇的斗志。如果这些妇女是士兵们的妻子，这下子都被李陵杀了，别说提士气了，肯定会有人冲出来跟李陵拼命，军队不内讧就不错了。

不管当时的情况究竟怎样，有一点是无法改变的事实：战争从来也没让女人走开。

从包围圈里跑出来的李陵带着队伍又没命地狂奔了四五日才停下来。这时候，有一个好消息跟一个坏消息正在等着他们：好消息是，他们前两天已经过了龙城，离最近的汉朝边塞也就三五百里的距离；坏消息是，匈奴骑兵即将追上来，而士兵们已经跑不动了。李陵环顾四周，发现他们已经到了居延海附近，海边有大片大片的芦苇荡。因为没有其他办法，李陵就命令士兵们躲到芦苇荡里。

且鞮侯单于带兵追上来时，发现汉军突然消失了。难道是长翅膀飞了不成？不能够啊，能飞早飞了，何必等到现在呢？再一看，哦，肯定是躲到那边的芦苇荡里了。派兵去搜吧，单于又怕汉军在里面打伏击或是出什么幺蛾子。他想了想，随即微微一笑，一挥手命令手下开始在上风口放火，准备来个火烧芦苇荡。

随着单于的一声令下，数十处火头开始燃烧，火借风势，风助火形，瞬时间，大火伴随着浓烟从上风口往下滚滚而去。只消一时三刻，李陵他们就会要么被火烧死，要么被烟熏死，要么跳水淹死，看来是没有活路了。

这边，李陵的手下见火势起来，也慌了神。有人说，要么干脆跳到居延海里，活一个算一个；有人说，干脆冲出去跟匈奴人拼了，杀一个够本，杀两个赚一个。这时候，李陵急中生智，让士兵们也在芦苇荡里放火，对冲掉上风口的火势，提前在芦苇荡中间烧出一片空地，从而避免他们最后被大火围困而死。而且，两边一起放火，烟就更大了，遮天蔽日，能见度直线下降，李陵带着士兵，趁着浓烟又一次逃了出去。

逃出芦苇荡后，他们离边塞越来越近，在地平线上已经能隐约望见鞮汗山。只要翻过鞮汗山，居延塞便在百里之外，他们一众人就可以逃出生还。然而，从芦苇荡里跑出来后，他们并没能暂时摆脱匈奴的追兵，因为这时候全军将士无论精神还是肉体，都已经达到极限，似乎已经无法再前进一步。他们才跑出十几里地，匈奴人就又追了上来，李陵只好命令士兵们赶紧躲进山谷中的树林里。

且鞮侯单于率领大军在一旁的小山上看到李陵带着人进入树林后，马上命令大军把树林围起来，他认为汉军进树林就是走上了绝路，遂让自己的儿子亲自率军发起冲锋。

这正中李陵的下怀，树林里林木茂密，骑兵到了里面完全施展不开，汉军的步兵游走其间倒是如鱼得水，或躲或打，显得格外灵活。李陵让士兵们依着树林的地势集中兵力，发挥弩箭的优势伏击匈奴骑兵。汉军士兵有的躲在树上，有的藏身树后，有的猫在土坑里，匈奴的骑兵一接近，弩箭便从四面八方飞过来。匈奴人的战马卡在树木之间，想转身都困难，便纷纷被射成了刺猬。只见且鞮侯单于的儿子雄赳赳气昂昂地带着一拨人马冲进树林，不一会儿就纷纷冲出来，跑得快的抱头鼠窜，跑得慢的已经命丧树林。

山坡上的单于看到自己的儿子狼狈地逃回来，没想到已经山穷水尽的汉军居然还有这样的战斗力，心里不禁惊愕不已。更想不到的是，李陵竟然还敢在这个时候发起反冲锋——树林里的汉军远远望见匈奴单于的旗帜在南山坡上，手中的弩箭毫不犹豫地通通往上招呼。弩箭射穿了单于的大旗，吓得且鞮侯单于掉转马头就跑。

然而，汉军的这次反击也让自己成了强弩之末，即便打退匈奴人的进攻，他们也无力冲出匈奴人的包围。回到林子里，李陵正发愁该怎么逃出去，突然听手下人说刚才居然破天荒地抓到几个匈奴俘虏，便提过来审问。他要弄清楚为什么这次匈奴人对他如此穷追不舍，毕竟以往匈奴人作战讲究的是来去如风，很少拖泥带水。

匈奴人历来崇拜勇士，哪怕是敌人，只要是比他们强的，他们也会毫不吝啬地给予对手应有的敬意，于是匈奴俘虏也不隐瞒，对李陵直言相告。原来，单于追了这一路也在犯嘀咕，就对身边的将领说："我们一路追击都不能击破敌人，这肯定是汉朝的精兵，现在他们引着我们一路往南走，这都快到汉朝边境了，保不齐前面还有汉朝的伏兵在等着我们呢！"于是，一时之间，单于便准备退兵，可他手下的将领都不同意，说："单于亲自带兵追了这一路，几万人打几千人都拿不下来，这要是传出去，以后还怎么混？汉朝不是更加轻视我们了吗？现在，在丛林山谷间，我们施展不开，可再过四五十里就是平地，如果到了平地我们还吃不下这支军队，再撤也不迟。"

听了俘虏的话，李陵心里暗自高兴。虽然匈奴人的进攻越来越猛烈，但这有可能是放弃前的疯狂。现在，一路的坚持只差最后一步，他们即将守得云开见月明。

可凡事往往最后一步最为艰难，那边匈奴有人被俘，这边李陵的队伍里也出了叛徒。这个人叫管敢，是李陵手下的小兵。白天的时候，管敢因为见军队形势岌岌可危就发表了一些悲观的言论，没想到这几句话很快就传到顶头上司的耳朵里，这下可惹恼了上司。结果，管敢在遭到上司一通辱骂之后，连夜偷跑出军营，朝匈奴单于的大帐逃去。

当管敢跑到匈奴那边的时候，且鞮侯单于正和手下大将商议明日撤军的事情，闻得下人说外面来了个李陵军中的降兵，便让人把管敢带到帐中来。不一会儿下人们就推搡着已经被五花大绑的管敢进来了。单于先前已经知道带领这支汉军的将领是李陵。此次交战，李陵率领五千步兵作战，指挥得当，匈奴八九万骑兵竟不得胜，匈奴人不由得对李陵高看一眼，因而对他手下的士兵亦有几分敬重。

且鞮侯单于让人给管敢松绑，问他："你们李将军好生勇猛，跟我们一路打过来，是不是要把我们往伏击圈引啊？你们的伏兵在什么地方，有多少人？”

管敢先是一愣，随即告诉单于，李陵这支军队真的是孤军，没有后援，连天作战下来，人困马乏，而且弩箭已经快用光了。现在也就李陵和他手下的校尉韩延年各领的八百撑着黄旗和白旗的士兵还有些战斗力，其他人都不值一提，只要单于集中精兵消灭这两部分人，李陵的队伍定然一击即溃。

听了管敢的话，且鞮侯单于心里大呼好险，差点儿就这么让李陵跑了，不由得对李陵又多生出三分佩服之情，而且看管敢的神色，也不像是来诈降的，于是就命令手下各部队做好准备，第二天要一举击破汉军。

转过天来，匈奴人的进攻越发猛烈而密集，而且专往汉军的要害打，也不冲锋，专往有黄、白旗帜的地方射箭，一时间矢下如雨。匈奴人一边打还一边喊：“李陵、韩延年，快快投降，可留尔等一条性命。”

李陵一看，形势已经到了绝境，只好带领军队强行突围。这时候，汉军还有三千多人，但出发时所带的五十万支弩箭几乎已经用光，大部分的武刚车也已经损坏。更要命的是，连天的作战使将士们手中的兵器都卷了刃，连木头都劈不开了。如今，大部分军官手中只有一把短刀，很多士兵则赤手空拳，只能把损坏的武钢车的车轴拆下来当棍棒，轮子卸了当盾牌，就这样跟匈奴人拼，边打边跑，一次次打退匈奴的追兵。

然而，不管李陵手下的士兵如何不畏死，这时候都已经是强弩之末。匈奴骑兵三面包抄，把李陵的队伍逼进鞮汗山前的峡谷中，然后匈奴人在山上居高临下地往谷中又是垒石又是滚木的一通招呼，汉军很多士兵惨死于谷中，李陵和剩余的手下被堵死在山谷里。

一直到夜幕降临，谷中才稍稍得以平静，李陵的心里却无法平静。至少到这一刻为止，他还是一个英雄，以五千步兵对抗十几倍于己的骑兵，转战千里，杀敌过万，他自信亘古以来还未有一个将领能做得比他更出色。可他现在离边境只有百里，已经到了穷途末路，为何他的国家和朝廷没派来一兵一卒的援兵，难道就这样抛弃了他和他手下的士兵？接下来该怎么办？战死沙场吗？

不！

李陵爱惜自己的生命，自己年纪轻轻，还有大好的年华，无论如何一定要活着。为了突围，他想了一个不是办法的办法：自己换一件普通士兵的衣服，不带随从，只带一把刀，趁着夜色刺杀匈奴单于制造混乱，然后趁乱突围。可现实不是武侠小说，李陵也不是飞天遁地的侠客，要想一个人潜入重兵把守的匈奴大帐，怎么办得到？李陵远远地在匈奴军营边上观察了好一阵子，也没瞅见什么空子，只好又转回来。

回到军营里，李陵十分丧气，认定此次兵败身死已成定局。这时他的内心已经起了变化：相比于战死沙场，求生的意念比往常更强大。这个很好解释，就好比一个病人，如果得的是急病，可能说死就死了；但如果是慢性病，长年累月地熬着，身子一天不如一天，渴望生的意念就会越来越强，为了活着，他可以尝试任何事情。这就是为什么社会上很多所谓的延年益寿的“保健品”和包治百病的“神医”屡禁不绝。

李陵让手下把旗子烧掉，身上但凡有值钱的东西也都埋了，自己独自坐在火堆前喃喃地说：“要是还有那么几十支箭，就足够突围出去了。”

这时候，李陵手下一个随从看出了他的心思，低声对他说：“将军现在已经威震匈奴，如果实在不行，不如先假投降，等以后有机会，再回去报效朝廷。就像浞野侯赵破奴将军那样，他投降匈奴后又跑了回来，皇帝不也还很信任他吗？将军的本事远超赵将军，陛下都能礼待赵将军，难道会容不下将军您吗？”

李陵一听，马上呵斥手下：“住嘴！我要是不死，就算不得英雄好汉。”

可实际上，至少从李陵要去刺杀匈奴单于，见没机会就没动手开始，他的内心已经动摇了。手下的一番话无疑给他提了个醒：为了活命，投降也算一条出路。李陵觉得苟且地活着的弱者也比死了的英雄好汉要强，毕竟活着才有希望。况且从他爷爷李广开始，他李家不欠大汉朝什么，倒是汉朝亏欠他李家不少。可他毕竟不是只身一人，他还有跟他一路出生入死的兄弟们，让他们投降匈奴，他们断然是不肯的。为了尽可能地让更多的人活下来，也为了让国家和朝廷的人知道他们这十多天来惊天地泣鬼神的经历，思来想去，他最终决定让军队化整为零，分散突围。

结果如何，听天由命罢！

李陵把手下集中起来，每人分两升炒米，装一片冰，吩咐大家趁着夜色各自突围，一旦突围成功，就约定在居延塞碰头。

约定完毕，李陵和韩延年率先上马，其他的士兵三五成群地紧随其后。

为了鼓舞士气，李陵让士兵把战鼓擂起来，想一鼓作气，带头冲出去。可是连日作战下来，军队里的鼓都已经破了，怎么用力都擂不出气势来，再敲也只有泄气的闷响。李陵暗自叹了一口气，和韩延年一起率先带着十几个士兵在沉闷的破鼓声中开始突围。

李陵一行人没有走出多远就被匈奴人发现了。虽然夜幕深沉，看不见长相，但凭他们骑着马，匈奴人就知道，跑的一定是汉军中有头有脸的人物。不一会儿，几千人就呼啦啦地追了上来。

几千人追这么十几个人，想当年以项羽之能尚被逼自刎于乌江，李陵一行人更是不济，没跑出几里地，韩延年率先战死。李陵一看四面被围，韩延年也死了，叹息一声，翻身下马投降。

可能还是有人会问：李陵最后为什么会投降？我的解释总结起来有两点：第一，这时候李陵还年轻，而且这是他第一次真正意义上的出征，应该说如果他最终能顺利逃脱，那他的战果是斐然的，这让他不甘于就这么战死沙场；第二，他带着五千孤军千里转战，已经到了弹尽粮绝的地步，却依然看不到哪怕一个援兵，这让李陵对朝廷心生绝望。如果他在浚稽山下、在芦苇荡中或是在之前撤退途中的任何一处陷入绝境，他可能说战死就战死了，但是李陵一次次获得了胜利，一次次突围成功，又一次次身陷重围。任何人在绝望与希望间反反复复地折腾，都会导致赴死的勇气逐渐消失，求生的欲望愈加强烈，蝼蚁尚且贪生，何况是堂堂七尺男儿呢？

李陵投降的地方离最近的居延塞仅有百里，骑马最多只需一两个时辰，对他而言，边塞近在咫尺，却又遥不可及。但不管怎样，之前十几天的奋战、艰苦和壮烈，在别人的眼里，从他下马的那一刻便化为乌有。

《史记》

李陵兵败后，一开始大家都以为他战死了，后来军队里有四百多名士兵陆陆续续回到塞内，李陵投降的消息才随之传入朝廷。

得到李陵投降的消息后，刘彻怒不可遏。以往汉匈两国交战多年，或降或叛的事情不在少数，可刘彻对李陵投降一事的态度与其他时候完全不同，这大概是因为他心里对李陵充满了期望。现在李陵居然投敌，这让刘彻认为，李陵有辱李广一家的门风，简直不可饶恕。我们知道，最高统治者一发怒，有人就要倒霉了。

第一个倒霉的是陈步乐，刘彻认定陈步乐替李陵邀功说好话，见到他便指着鼻子一顿臭骂。天威震怒，吓得陈步乐魂不附体，出了皇宫就如同行尸走肉，好不容易回到家，魂魄才堪堪归体。虽然自己冤枉，虽然李陵投降跟自己没什么关系，可皇帝哪里会跟他讲那么多道理，君要臣死，臣不得不死。最后，陈步乐思来想去，尽管自己确实无辜，但他还是一咬牙自尽了。

当然，陈步乐的死是可以预见的。尽管他对李陵投不投降这件事情根本起不了什么作用，但就凭他是李陵的人这一条，在皇权至上的时代就足够了。然而，第二个倒霉的人让当时的人谁都没想到。

坐实李陵投降匈奴的消息后，刘彻在朝廷上征求大臣们对此事的看法。以刘彻当时的震怒来看，所谓的廷辩，其实就是公判大会，批判李陵投敌卖国的可耻行为，只不过嫌犯没有到场，也无权辩护。

朝堂上，大臣们很识相，纷纷站出来指责李陵的投降行为，说他缺乏将军战死沙场的勇气，其行为不仅可耻，简直可恨，非但玷污了李广将军的威名，还令朝廷蒙垢。更有甚者还无端捏造一些李陵的往事，证明其脑后有反骨，投敌是迟早的事情，进而归结到皇帝明察秋毫，尽管李陵要求出征，也只让他带了五千人，倘若让他带领五万大军，还不知会连累多少无辜的将士枉死沙场。

在众人一边倒的批李声潮中，刘彻问一旁的司马迁有什么看法。从司马迁对李广流露出的崇敬看，他大概平时也是欣赏李陵的，而且根据司马迁自己的观察，皇帝本人非常喜欢李陵，甚至有把他看作霍去病第二的可能。因此，司马迁想，如果自己现在不跟风，反而为李陵说几句好话，是不是就合了皇帝的心思？

于是，在朝堂之上，司马迁做了这番揣测圣意的寻思之后，说出了影响他下半生的回答：“据臣所知，李陵是至孝至信之人，而且常怀为国献身的信念，是真正有国士之风的人才。现在不过一次战败，满朝那些平时只知道保全自家性命的人就揪住这一点不放，死命地攻击他，真是令亲者痛，仇者快！想那李陵，以五千步兵深入北方，独斗匈奴数万精锐之师，杀得敌人心惊胆战，迫使匈奴举全国之兵聚而击之。就算如此，他尚能带领军队转战千里，与士卒同心御敌，直至弹尽粮绝。即便是古代最有名的将领，恐怕也不过如此！臣窃以为，他之所以选择投降，是要保留有用之躯，他日定当再报效朝廷。”

不管在哪个朝代，胡乱揣测圣意都是风险极大的事情，对于司马迁这种平时不精于此道的臣子而言，更是如此。可惜了司马迁，头脑一热，一念之差，做了自己不擅长的事情。

结果，事情的发展完全超出司马迁的意料。本来李陵不愿意给李广利看辎重就已经得罪了皇帝，要求独立带兵出征，最后又兵败投降，刘彻心里对他只有不满，并无一丝同情。这时候，司马迁竟然站出来替李陵说话，而且言语中隐隐地还有影射贰师将军无能之意，这让刘彻将对李陵的不满和愤恨一下转嫁给司马迁。

司马迁话音刚落，刘彻当场拍案而起，指着司马迁就是一通诘难和谩骂：“你怎么知道李陵是怎么想的？你怎么肯定他是假投降？这都是他告诉你的吗？还是你们之间有什么阴谋？！按你的意思，以后将士们上了战场，也不用拼死杀敌了，打不过投降就可以了，是不是？！”

司马迁知道自己触了逆鳞，可到了这个时候，说什么都没有用了。愤怒的刘彻一挥手，当场让卫士把司马迁押下去，交由廷尉杜周审理。

一听杜周的名字，司马迁顿时绝望，知道这次自己算是玩儿完了。

至于杜周是个什么样的人，现在很少有人知道，但这不要紧，因为杜周这个名字其实代表的不是一个人，而是一类人。那么，只要知道这是一类什么人，我们就知道司马迁为什么会绝望了。

我们在前面说过，历史上但凡有大作为的君主，骨子里都是法家独裁思想的信徒。而为了让举国上下都能不打折地传递自己的意志，所有的独裁者都需要这么一群人：他们外表看起来是独立的人，但实际上只是独裁君主们的牵线木偶，通常以严酷的手段一丝不苟地执行独裁者的命令，甚至为了满足独裁者内心的需求不择手段。这群人的本事总结起来就两条：如果皇帝说你有罪，他们能让你承认自己有罪；如果皇帝怀疑你有罪，他们能让你承认你确实有罪。在历史上，这群人有一个统一的称谓——酷吏，而在汉武帝一朝，杜周就是酷吏的杰出代表。

虽然杜周是主管刑狱的廷尉，但对他而言，他的工作就是严格执行皇帝的意志，法律和真相什么的并不重要。但凡落到他手里的人，如果是皇帝想要放过的，他就会把人关上几天，找个由头大事化小，小事化了；如果是皇帝想要除掉的，他不仅要把这个人的罪证做死，还要深究其党羽，尽可能地把事态扩大，就连曾经和犯人一起吃过饭、见过面甚至呼吸过同一个地方空气的人，他都不会放过，真正是宁可错杀三千，不可放过一个。

由于杜周们的努力工作，武帝一朝，诏狱里的犯人多达十几万。你可能以为，这样一来，廷尉要审的人是不是太多了，杜周自己会不会忙不过来？那你就太小看酷吏们了。但凡如杜周这样的酷吏，根本不用审什么案子，找什么证据，犯人还没上堂呢，他的罪名、犯罪动机、过程啊什么的，杜周早就已经想好。犯人只要招“是”就可以了，杜周让犯人招供的办法也很简单，一律刑讯逼供，说白了就是打，打到犯人说“是”为止。所以，司马迁被皇帝下了廷尉，他想不绝望都不行。

依皇帝的愤怒程度看，杜周认定司马迁是死罪。于是，审判的结果是，司马迁依律被判处死刑。各位可以自行脑补过程。我们知道，在汉朝，如果你被判了死罪可你又不想死，是有两种办法的。第一种办法比较常见，很多人尤其是很多将军（比如李广）都用过，就是花钱买命。现在我们觉得，一个官员要想弄点儿钱那太容易了，尤其是在古代，只要向下面人一伸手，三年清知府还有十万雪花银呢。可惜的是，司马迁和他父亲做的都是太史，“掌天官，不治人”，没办法跟神仙们索贿。现在急用钱，可司马迁一家一时半会儿根本凑不出赎命的钱。

没钱，又不想死，怎么办？还有第二种办法——受宫刑。

可能有的人觉得这太残忍，不过是说了几句话，就要受到这样的惩罚？可作为一个相对意义上的穷光蛋，司马迁要是不想死，那就只有这一条路可走。

当然，李陵最后也辜负了司马迁对他的信任。天汉四年（公元前97年），刘彻以李广利为首，再发大兵二十万进攻匈奴，同时派将军公孙敖深入匈奴腹地，发动宣传攻势，试图迎回李陵。然而，公孙敖这一趟徒劳无功。他白跑一趟不说，为掩饰自己的无能，还把一条没有经过确认的信息反馈给了皇帝：“根据捉到的俘虏的口供，是李陵教匈奴单于平时如何设防以防备汉军的袭击的，所以臣等才无功而返。”

后来我们得知，教匈奴人如何防备汉军的并不是李陵，而是汉朝的另一个投降将领李绪，但当时刘彻闻言勃然大怒，将李陵尚留在中原的一家老小灭族。这是致李陵于死地的最后一击。从此以后，李陵即便有心，也再不可能返回中原了，用他自己的话说就是“当时投降匈奴已经很丢人了，现在如果回去，那等于再丢一次人，算了吧”。

自此之后，李陵虽然很得匈奴单于的赏识，甚至被单于封为右校王，但那个意气风发、以五千步兵就敢直面八万骑兵的少年英才已一去不返。二十三年后的元平元年（公元前74年），李陵在碌碌无为中病死于匈奴。

李陵的一生无疑是个悲剧，他本有可能成为像卫青和霍去病一般闪耀的将星，却在种种机缘巧合之下落得如此下场，不得不让人感叹造化弄人。实话实说，李陵的悲剧虽然有他自己年轻气盛的主观因素，可是客观因素也非常重要。以五千孤军千里转战八万敌军，他并不算对不起大汉朝廷，相反，对不起他的是让他孤军出征的刘彻，是不肯给他打接应的路博德，以及害得他家被满门抄斩的公孙敖。若非要说他对不起谁，满打满算也就是对不起隔空为他说了两句好话的司马迁。

对于司马迁而言，人生虽然残酷，但生活还要继续。在牢里待了一段时间后，司马迁又被放了出来，并出任比原职务更高一级的中书令。接受宫刑的他已经断了一切的念想，唯一支持他继续活下去的理由，只有那一部寄托着他父亲的临终愿望，而他自己即便在牢里也坚持写作却仍未完成的作品。可是这个时候司马迁的心境与提笔之初已经完全不同，他心里对这个社会，对社会的统治者和统治阶级，都充满了失望甚至痛恨。以这样的心境写作，无怪乎司马迁会对历史上那些悲剧人物或失败者充满同情，而对那些成功者，甚至当权的统治者刘彻，却毫不留情地进行批判和讽刺。这使得司马迁的作品跟历史上所有的史学作品相比，都显得那么的与众不同。然而，他无所畏惧，他已经失去了一切，没什么可以再失去了。

征和二年（公元前91年），司马迁终于完成了这部长达一百三十卷的通史。这部作品第一次改变了以往史书按纪年编写的方式，以十二本纪、三十世家、七十列传、十表、八书的形式记录了从黄帝到武帝太初年间三千多年的历史。它的影响甚至超过史学本身，更深入后世的小说、戏曲、传记和散文之中。

现在，很多人都知道《史记》，知道鲁迅先生赞它为“史家之绝唱，无韵之《离骚》”，乍一听似乎它是到近现代才被人们广泛认可的。其实不然，哪怕是在《史记》成文之初的汉代，就已经有很多大学者对它推崇备至。文学家扬雄在他的《法言》一书中说，即使是圣人，看了《史记》也能从中有所收获。哲学家桓谭在他的著作中也曾评价过《史记》，大意是说，历史上的通才们写过数以百计的论著，但只有《史记》算得上巨著，而其他的都只能算小论；汉代的学者不少，但只有司马迁是大河，而其他人都是小溪。

司马迁在完成《史记》之后又小心地誊抄了一份，他将副本保存在家中，交由自己的女儿和女婿保管，正本则献给皇帝刘彻。司马迁把自己的作品给皇帝看，似乎是个充分非必要条件，毕竟皇帝并没有让他写这个东西。而且，可以想到的是，司马迁在书里对汉朝的皇帝尤其是刘彻恐怕没几句好话，刘彻看了以后脸色定然不会好看。我只能揣测，司马迁这样做是为了小小地满足下自己的报复心。

大概在完成《史记》后不久，司马迁便离开了人世。因为征和二年（公元前91年）之后，除了一封他留给因为卷入一场动乱即将被处死的好友任安的书信外，关于司马迁的其他消息都消失在历史中。

从现在来看，司马迁估计是病死了。因为刘彻看了他送上来的《太史公书》后虽然勃然大怒，立即销毁了《今上本纪》等章节，但他最后还是把这部著作大体保留了下来。而且，也并没有史书记载他对司马迁进行过什么进一步的处罚，因为这时候刘彻正被朝廷中一场波及甚广的动乱弄得焦头烂额，可能他对这个仍然用笔头和自己抗争的司马迁已经没什么兴趣了。

这场动乱是当时朝廷中的一件大事，甚至可以说是一件影响西汉王朝未来走势的大事，其牵连之广、破坏之大，在汉朝前百年的历史中前所未有，而司马迁的好友任安在这件事情中只是一只小虾米而已。

后来，我们管这件大事叫“巫蛊之祸”。

第二十三章

巫蛊之祸

站在金字塔顶端的两个男人

巫蛊一事由来已久，对于当朝皇帝刘彻和皇后卫子夫来说，这也不是新鲜事。当年卫子夫就是得益于陈阿娇的巫蛊事件才得以上位的。元朔元年（公元前128年），刘彻迎来了他的第一个儿子刘据。他对这个儿子非常满意，甚至刘据一生下来，他便命宫里的文人写了一首《皇太子赋》，光看题目就知道这个儿子在刘彻心中的地位。刘据七岁的时候，刘彻正式将他立为太子，并找来当时的大儒做太子的老师。太子成年后，刘彻又给他建了一座“博望苑”，准许太子在其中自由地与宾客来往。

这是一件很重要的事情，因为统治者历来都怕手下结党营私，哪怕是自己的儿子也不行。原因很简单，谁知道这小子私底下跟这么多人勾结在一起是想干吗，是不是等不及了，准备把老子推下台去，自己上来做皇帝？而专权独断的刘彻居然允许刘据这样，可见他对这个儿子抱有多大的期望。

或许真的是“希望越大，失望越大”。渐渐地，刘彻发现不对劲儿了，刘据这小子越来越不像自己，还处处和自己做对。刘彻主张严法酷吏，刘据说不对，要宽和待人；刘彻办事激进，要一蹴而就，刘据说不对，要张弛有度，循序渐进。这让刘彻非常不爽：“你小子这是想干吗，处处和老子过不去？”要不是刘彻对自己有绝对的信心，又受当时技术条件的限制，搞不好，他都要找人来给刘据做亲子鉴定了。

其实，这也好解释：这不都是刘彻自己造成的吗？他接受董仲舒的意见，“罢黜百家，表章六经”，在形式上把儒学抬到了一个前所未有的高度，而且他找人给太子教授的也是儒家的思想。儒家讲究的不就是“仁义”那一套吗？可刘彻表面上推崇儒家，其实心里满满的全是对法家独裁思想的爱。儒和法，哪能不冲突、不对立？

刘据也不是傻子，他知道自己这么做有可能得罪父亲，可他满脑子都是儒家的思想，看着父亲做的一件件错事，他不能不出来纠正，毕竟他父亲做的错事损害的是天下，而这个天下是他刘家的天下，说白了，将来也是他刘据的天下。由于常常陷于爱护自己的东西和不得罪父亲的两难之间，刘据感到深深的不安。还好，这时卫家正如日中天，有母亲皇后卫子夫、舅舅大司马大将军卫青和舅妈平阳公主在后面支持自己，刘据和父亲刘彻之间尚能保持微妙的平衡。

当时，为了缓和太子的不安，刘彻找来许久未曾深谈的大将军卫青一起喝酒，在酒席间有意无意地对卫青说：“朕即位之初，汉家王朝尚在草创阶段，朕不革新变法，后世就无法可依，朕不征讨四方，天下就永无宁日。朕知道这些事情都是劳民伤财的，但这些事情也就到朕这里为止了。如果后来人也学朕的样子，那就会走亡秦的老路。现在太子仁德宽厚，以后必是能安定天下的皇帝，朕要找一个能守成的接班人，难道还有比太子更合适的人选吗？现在，朕听外面有人风言风语，说因为与朕意见不合，太子和皇后时常感到惶恐不安，这是完全没有必要的，爱卿你可要明白啊。”

刘彻不仅这样安慰太子，平时自己要出兵征讨的时候，遇到太子出来劝诫，他还会哈哈大笑说：“朕把这些辛苦的事情都做完了，留个安逸的江山给你小子不好吗？”

可以说，这时候，刘彻心里还是明镜似的，头脑还是清醒的。即便后来卫青死了，每当出门在外，刘彻还是将宫里的事情交由皇后处理，将朝廷的事情交由太子处理，依然对太子和皇后足够信任。但是，这种信任是有条件的。条件就是，刘彻自己的身体依然健朗，依然能自信地把控时局。一旦他的健康开始出现问题，他和太子之间微妙的平衡也就开始出现问题。

可是，不管你愿意还是不愿意，时间总是在前进，人也总是要老去的。当刘彻的身体日渐衰老之后，他变得多疑且易怒，时常担心下面的人（其实就是太子）想提前抢班夺权。

随着日子一天天过去，刘彻的身体开始一年不如一年，他和太子之间微妙的平衡从出现问题逐渐发展为失衡，又由失衡变为关系坍塌。而诱发帝国最重要的两个男人之间关系坍塌的最初起因，却是两起原本毫无关联的事件。

第一件事情

现在回头来看这件事情，根本说不清楚，我们姑且称之为“龙华门事件”。

我们只知时间是在征和元年（公元前92年）。一日正午时分，刘彻正在建安宫静养。当时，时已入冬，所谓“春困秋乏夏打盹，睡不醒的冬三月”，不管哪个季节，中午都是人最容易犯困的时候，这时候安坐在殿中的刘彻恍惚间看见一人，身穿一袭白衣，径直从龙华门而来。因距离较远，那人的面目不可分辨，但其腰间明晃晃的利剑因反光而无比刺眼，这让刘彻大吃一惊。

要知道，在汉朝，臣子见皇帝，那是有很多规定和要求的，比如不能穿鞋子。如果你的地位很高，可以让你穿双袜子；如果地位一般，那就只能光着脚。鞋子都不能穿，刀剑这种东西更是不可能让你带在身上。开汉一百多年，似乎也就只有萧何可以脚上穿着鞋子、腰里挎着宝剑、大大方方地见皇帝。现在居然有人挎着剑就过来了，刘彻岂能不吃惊？一惊之下，刘彻忙起身上前，想看个究竟，没想到来人看见刘彻过来，丢下手中的剑就跑。

这一跑让刘彻意识到眼前的人并非宫中的侍从，于是大呼：“有刺客！”他一连叫了三声，建安宫里的侍卫们才反应过来，纷纷出来保驾。看着皇帝手脚并用地比画着刺客的模样，侍卫们把建安宫里里外外翻了个遍，可哪里见到半个人影？就连皇帝描述的那人丢下的宝剑，侍卫们也未曾寻到。

这下，刘彻龙颜大怒，堂堂建安宫居然让宵小如入无人之境，简直不成体统！刘彻首先把看守龙华门的门侯拉出去斩了，又关了长安城的城门，禁止一切人员出入，然后调集长安周围的骑兵入上林苑，命令骑兵们一字排开，进行拉网式的搜索。士兵们不敢怠慢，一连十一天，把包括建安宫在内的整个上林苑翻过来覆过去，筑篱式地来来回回搜了三遍，结果却连鬼影都没见着一个。这下子，长安及附近百姓的生活全被打乱了。百姓们怨声载道，刘彻只能停止搜索，此事就这样不了了之。

在我看来，这件事最大的可能就是，刘彻自己看花了眼。征和元年（公元前92年），刘彻已经六十有四，早到了该老眼昏花的年纪，身体也不如以往硬朗，犯困的时候迷迷糊糊间出现短暂的幻视并非不可能，而且随着年纪越来越大，刘彻内心也越来越怕死。

怕死其实是人的通病，世上但凡敢出来说自己不怕死的，绝大多数都是那些身体还算健康的人。他们之所以敢这么说，是因为自己还远没到要死的地步，等真到了身体一天不如一天的时候，没几个人是不恋生的。刘彻也不例外，他无法认同自己身体机能的衰退和疾病的不断来袭，一旦有些头疼脑热，就开始担心是不是有人暗地里要害他。所以，龙华门的事情看起来是不了了之了，但其实刘彻心里留下了一个解不开的疙瘩：既然来的是一个凡人找不到的人，那有没有可能，又是有人在背地里搞那方面的事情？

这是第一件事情，当然，这只是一个引子。

第二件事情

我们在前面说过，刘彻需要的丞相大多只是一个门面上的摆设而已，不需要有什么出众的能力。但即便是个摆设，丞相还是丞相，毕竟名义上还是百官之首，皇帝可以不看重他，其他人却不能将其忽视，阿谀奉承、溜须拍马之类的，还是不能少。所以，一旦身处丞相这个位置的人德才平庸甚至缺失，那就很容易出问题。即便他自己很小心，也保不齐身边的人借他的名头为非作歹。公孙贺吃的就是这个亏。

公孙贺并不想当丞相，当皇帝的任命诏书送到他手上的时候，他的第一反应是痛哭流涕，死活不肯接旨。这个我们前面已经说过了，可见公孙贺是知道在刘彻手下当丞相的风险的。可是，老子知道的事情，儿子却未必能够理解。公孙贺很勉强地赴了丞相的任，而他升迁后空下来的太仆之位则由他的儿子公孙敬声接替。爹是三公之首，自己做了九卿，妈又是皇后的姐姐，公子哥儿公孙敬声顿时有种“天老大，我老二”的感觉。只要不见皇帝，其他时候他都是横着走的，骄奢淫逸不说，胆子还越来越大，最后竟然发展到挪用国防经费的地步。

从公孙敬声平日的表现看，就他那跋扈性格，既然犯了法，那被人揪出来只是迟早的事。果然，征和元年（公元前92年），公孙敬声挪用北军军费一千九百万的事情被揭发，被下了大狱。刘彻一看，好家伙，老子眼下正是缺钱的时候，这小子还敢把手伸到自己碗里，便下令严查。这下公孙贺紧张了，公孙敬声那小子再怎么浑蛋也是自己的儿子，说什么也要把他捞出来。

公孙贺一家毕竟是朝廷重臣，和皇帝多少也算沾亲带故，在一个人治而非法治的社会，想要捞人总还是有办法的。按刘彻的习惯，犯了法又不想受罚的，至少还有两条路可以走：第一条是把挪用的钱补齐，可能还要多少缴纳一些罚金；第二条是立功，将功赎罪。

如果条件允许的话，第一条路其实是最好走的，毕竟能用钱解决的问题都不算什么问题。按公孙敬声平时的作为，也不像是第一次做违法的事情，平日里恐怕没少索贿受贿，断然不可能是司马迁那种拿不出钱来的穷官。可惜，也许公孙贺是抠门过头了，舍不得那白花花的银子，又对自己的能力充满信心，他偏偏选了第二条路，他要缉拿朱安世，替儿子赎罪。

公孙贺没有想到，这是一条绝路。

朱安世是当时社会上仅次于郭解的黑社会老大，也是国家的S级通缉犯。这个人牛的地方在于，虽然被朝廷通缉了十好几年，可他居然一点儿事都没有，而且在地方上日子过得还挺滋润，似乎官府也拿他无可奈何。可惜，这次要抓他的是丞相，这意味着朱安世的好日子到头了。丞相要抓的人，地方上谁敢包庇？于是，朱安世很快就被官府缉拿归案。

然而，公孙贺从没想过，朱安世之所以能够横行地方数十年，凭的绝不仅仅是豪强手段，同时还要上面有人。这些人或是朝廷大员，或是大员的心腹，虽然不如丞相那般地位显赫，但朱安世通过他们可以得到朝廷的各种内幕消息。这些消息汇总到朱安世那里，再经过他自己的筛选，便成了他保命的护身符。

等到朱安世进了大牢，一打听才知道抓他的是丞相公孙贺，目的是拿他的命来捞自己的儿子。他先是一阵狂笑，然后瞪着布满血丝的眼睛，说出了一句让公孙贺听了三伏天也会脊背发凉的话："丞相抓我，只会给他带来灭三族的祸事。"

朱安世也当真是个手眼通天的人物，他马上就开始反击了。不知道朱安世找的是什么关系，他在牢里给皇帝写了一封状子，状告当朝丞相公孙贺，其中列举了公孙贺一家的罪状：公孙贺的儿子公孙敬声和阳石公主私通，而公孙贺趁皇帝临幸甘泉宫的时候，在驰道旁埋设小木人，意图诅咒皇帝，并且“有恶言”。

在朱安世控告的这些罪状里面，情节有轻有重，有致命的，也有不致命的。其中，公孙敬声和卫皇后的女儿阳石公主私通一事就是不致命的。公主或皇族的私生活不检点，在汉朝并不少见。比如，卫子夫的姐姐当年也和陈掌私通，后来卫子夫被立为皇后，而作为皇后姐姐的情人，陈掌顺带着也被刘彻封了个官；再比如，长公主刘嫖长期半公开地养了个年轻的面首董偃，刘彻到刘嫖家做客的时候还半开玩笑地对自己的姑姑说：“把你家的主人翁叫出来让我也见上一见吧？”可见，即便刘彻知道了公孙敬声和阳石公主私通一事，可能也就是把公孙敬声发配去充军。若公孙敬声是个貌若潘安的有为青年，说不定连发配都免了。另外，诅咒皇帝，“有恶言”，这样的控告是没办法求证的。当时没有录音设备，谁知道他到底诅咒没有，又诅咒了谁，而且既然是诅咒，想必也不会有什么好言。所以，在这些罪状里面，致命的是在驰道旁埋小木人的巫蛊行为，因为它是最能刺激刘彻的神经而且又能取到物证的。

果然，接到朱安世的状子后，刘彻又一次大怒，让人按朱安世所说的位置掘开驰道寻找，真就找到了小木人。这下公孙贺悔得肠子都青了，本来想把自己儿子捞出来，没想到自己反而也陷了进去。就在下大狱的当晚，父子俩大哭一场后一起在狱中赴了黄泉。公孙一家随后被灭族，就连皇后卫子夫的女儿诸邑公主和阳石公主，以及卫青的儿子长平侯卫伉也未能幸免。

虽然掘出了小木人，又杀了一干不法的臣子，但刘彻的身体并没有明显好转。相反，他一天到晚做噩梦，一闭上眼睛就看见几千个小木人正拿着棍子朝自己冲来，吓得整晚整晚地睡不着觉，只好朝也不上了，政也不理了，自己一个人跑到甘泉宫静养。

可到了甘泉宫，刘彻也没安生多少，该做噩梦的时候还是做噩梦，该睡不着的时候同样睡不着。这时候，一个叫江充的人说，这一定是还有人在搞巫蛊的事情，意图加害皇上。刚经历了龙华门的怪事，又掘出了驰道下的小木人，年老的刘彻很难不把它们联系到一起，进而怀疑还有更多的巫蛊事件。于是，刘彻便委派江充彻查长安城里的巫蛊事件。

成语有云："所托非人。"这个词十分贴切地描述了刘彻的这个决定。正是这个江充，把一件巫蛊个案不断地扩大，最终酿成了一场牵连甚广、血流成河的惨案，几乎把国家逼到了绝境。

有病乱投医的老头子刘彻在启用江充的时候怎么都不会想到，这个人能在不久的将来，给自己和整个西汉王朝带来何等巨大而不可磨灭的创伤。

征和二年（公元前91年）正月，巫蛊祸起。

巫蛊之祸

江充，赵国人，原名江齐。此人本就不是什么好鸟，最早是通过告发昔日亲戚兼好友赵国太子刘丹发迹的，往上爬靠的都是一身投机取巧的本事。像他这样的人，在哪个朝代、哪个集体中都是少不了的。可江充比一般投机倒把的贩子玩儿得溜，因为他知道自己要靠谁。一般人只知道讨好顶头上司，而江充则不然，他知道这个世界上能给他最大利益的只有一个人，那就是皇帝刘彻。所以，只要一有机会，他就在皇帝面前玩儿命地表现。皇帝喜欢奇人异士，他就穿着稀奇古怪的衣服去见皇帝；皇帝希望官员执法严明，不留情面，他就装出一副公正无私的样子，依仗自己直指绣衣使者的身份专门找达官贵人开刀，最后甚至连太子刘据也未能幸免。

有一次，太子刘据让下人出门办事，也许是图方便，便让下人乘自己的车马在驰道上疾驰。驰道在平时是专供皇帝及得到皇帝特许的皇家人员使用的道路，太子的下人上这条道是犯禁的。不幸，这事正巧被江充碰到了。他很高兴，马上就把太子的车马扣下来，太子的下人也被抓了起来。

得到消息后，太子刘据这下急了。他知道江充这个人，按这个人平日的作风，肯定会拿这件事到皇帝面前邀功，便立即找人私底下给江充捎话，实际上是向江充求情："江大人，太子殿下不是爱惜车马，东西扣就扣了，只是陛下最近年纪大了，身体又不好，太子殿下希望江大人能网开一面，不要拿这事去叨扰陛下。"

好不容易逮到这么好的表现机会，江充哪里会答应，转过头去便将此事上奏给了皇帝刘彻。刘彻对江充大为满意，认为他居然连太子的面子都不看，是真正的大公无私、不畏强权，便提拔他做了水衡都尉。

有人可能会说，这不对呀，要按你这么说，不管江充是不是装的，至少他敢在太岁爷头上动土，还算是个好官。

事实并非如此。要知道，江充这个人之所以敢这样对这些达官贵人，并不是出于什么责任心和正义感，而是看准了皇帝对达官贵人平日所作所为的不满，不管他怎么在太岁头上动土，总有皇帝这个大太岁在最上面罩着他，这让他有恃无恐。江充知道，自己越是在权贵面前表现得公正、不畏强权，就越能得到皇帝的赏识。这样既爽了自己，又满足了皇帝的需求，同时还能得到皇帝的赏赐，一石三鸟，何乐而不为呢？而除了会迎合皇帝，江充在为官的其他方面却着实不怎么样，他不仅以权谋私，还利用职权大肆提拔和培植自己的亲信。当然，这些事情虽然可恶，但对皇帝来说也不算太大的事，毕竟不久江充就因徇私舞弊被罢免了官职。按一般人的思维，一个贪官因事发丢了官，好不容易又重新做官，不管会不会改邪归正，总会夹着尾巴低调一段时间，可江充不是一般人，他不仅不思悔改，反而越做越出格，这次抓住机会就要将巫蛊的事情尽可能地扩大。

江充为什么要暗示皇帝还有人在搞巫蛊呢？他其实有自己的小九九。眼看着自己的靠山皇帝的身体一个月不如一个月，在不久的将来，晏驾归西也是可以预见的，而现在的皇帝一旦驾崩，上位的必然是太子。江充可是清楚地记得，自己当年正是靠着扣了太子的车马才做上水衡都尉的。如果太子当了皇帝，能不拿自己开刀，报当年的一箭之仇吗？

这就是江充极力要让皇帝扩大巫蛊事件的唯一原因，也充分暴露了江充的本性。且不说太子刘据的宽厚仁德在朝野上下都是出了名的，这样的人即便得势，也不见得会挟私报复，就算太子刘据就等着一当上皇帝便拿江充开刀，江充要是个坦坦荡荡、大公无私的人，也不会在乎这种因为秉公执法而招致的报复。通常只有自私的人才害怕别人自私，只有小气的人才担心别人小气。同样，只有江充这种内心狭隘的人才会以自己的小人之心度别人的君子之腹。他的这种担心随着皇帝刘彻的老去一点儿一点儿地加重。终于，在被自己内心制造出来的恐惧击垮之前，江充决定先发制人，趁信任自己的皇帝还活着的时候，借他的手除掉太子。

想是这么想的，可机会不是说来就来的。江充知道，皇帝是父亲，太子是儿子，父子关系是人类社会中最牢不可破的关系之一，自己再怎么得皇帝的信任，毕竟也只是个臣子，自己和皇帝之间的关系远不能和太子相比。之前宫中也有不少臣子因为卫皇后失势想趁机离间皇帝和太子的关系，他们捏造一些无端的缘由，凭空构陷太子，最后无一不被皇帝识破，落得身首分离。江充深知以前人为鉴，那么，究竟有什么能比太子在皇帝心中的地位还重要？想来想去只有一个答案：在皇帝心中，比太子和皇后还要重要的有且只有皇帝自己。只有当皇帝自己的生命受到直接威胁时，他才可能不顾一切，才可能被人当枪使，而公孙贺的巫蛊事件则是江充千载难逢的机会。他决定把这把火烧大，一直烧到皇后和太子身上。

因为刘彻喜好神仙，长安城里当时聚集了许多来自全国各地的巫师方士，他们都希望能投皇帝之所好，凭空博得富贵荣华，这正中了江充的下怀。江充拿着皇帝的旨意，带上几个号称能见鬼神、能嗅出怨气的心腹方士，领了一众官兵开始大肆在长安城搜查木头人。

江充和手下们在长安城里挨家挨户地搜查，不管是官是民，砸开一家的门就开始翻箱倒柜，掘地拆瓦，但凡有看上的东西，也不问主家是否愿意，一律强行笑纳。对此，长安城里的官员和百姓也只能敢怒不敢言，一旦哪家稍有不从或表示不满，在江充嘴里便是“大逆不道”，士兵们就能依据江充心腹的指示在他家掘出巫蛊的木头人。识相的会赶紧认栽，好让全家死个痛快。如果坚持否认或反咬，说是江充派人埋下去的，那江充就会让你尝尝铁钳烤肉的滋味，直到你招供认罪为止，末了还是一样全家被斩首。

江充搜查巫蛊木头人的事情很快就引起了长安居民的大面积恐慌。随着恐慌情绪的不断蔓延，大家纷纷开始相互举报，说某家埋有木头人以求自保。这里面不排除有少部分人确实是对皇帝心存不满的，也有部分是诅咒自己的仇人的，更多的则是子虚乌有，但在江充的眼里，不管他们是什么身份，都是一个样，被举报就抓，抓住就审，不服就打，打完就杀。到这一年的七月，长安城里因为巫蛊事件遭牵连的人中，从官员到百姓被杀的多达好几万人。

但这并不是江充的最终目的，他的最终目的很明确，就是要扳倒太子。

于是，江充再次到甘泉宫见刘彻，告诉刘彻说他找人看过，皇宫里也有巫蛊之气。虽然刘彻曾经无比地信任自己的皇后和太子，但这时候他已经多少有点儿头脑发昏，见江充整治巫蛊成绩斐然，不由得也将信将疑起来。转过天去，刘彻便找了自己信得过的术士檀何前来咨询。

等檀何来了，刘彻便问他："照你看，宫中有没有巫蛊之气啊？"

刘彻就这么简单地一问，可没想到，面对皇帝的问话，檀何一脸的犹豫，欲言又止。刘彻一再追问，檀何只好跪下磕头，作极不情愿状告诉刘彻："陛下，臣罪该万死。前日臣曾望气，发觉皇宫中的巫蛊之气更胜宫外，恐怕皇宫中的巫蛊之事比长安城中只多不少。如不能尽除，恐怕陛下的病难愈！"说完又是一通磕头请罪。

刘彻一听，那还得了！他马上命令江充率领檀何、按道侯将军韩说、御史章赣、黄门苏文和一队士兵进宫，要彻查皇宫里的巫蛊。

江充等的就是这个。他带着手下先从宫女的房间挖起，挖完宫女的就挖众嫔妃的，最后连皇后卫子夫的寝宫和太子宫都没放过。在江充的重点照顾之下，皇后和太子宫里的每一寸土地都被掘地三尺挖了个遍，甚至到了连一张床都已经放不下的地步。

"找到了！"经过江充和他手下会望气的心腹的授意，士兵们终于掘出了第一个木头人。有第一个就有第二个，有第二个就有第三个……最后，江充如愿以偿地在太子宫里掘得了众多他事先早已准备好的小木人。

手握着新鲜出土还带着泥的小木人，江充十分得意，自认为这样便铁证如山，太子肯定在劫难逃。

在太子宫里，对掘出木头人一事，最先反应过来的是太子的老师石德。要是皇帝认定太子犯了巫蛊的罪行，作为太子少傅，他肯定脱不了干系。所以，石德极力鼓动太子："前些日子丞相公孙贺父子、两位公主和长平侯卫伉都是因为这事丢的性命，如今江充这个贼子又把这套用到了您身上。现在，下面的人都说太子宫里有巫蛊，我们即便知道这事是江充有意栽赃，也有口难辩啊。殿下，为今之计，只有先发制人抓了江充，从他嘴里撬出真相，并连根拔除他的党羽，才能还殿下清白。"

太子生性仁厚，一听老师的话，吓得就差没跳起来，忙说："我是陛下的儿子，怎么能做出这种事情来？"

石德又说：“现在我们只知道陛下在甘泉宫养病，这么多天了，陛下的身体是否好转，我们一点儿消息也没有，就连太子您和皇后都不能去探望。臣斗胆，可以说，现在甚至陛下的生死都未可知，谁敢保证江充就不是赵高那样的奸臣，太子难道忘了当年公子扶苏的事情吗？”

江充刚一带人进宫挖木头人，太子刘据可能就预感到他这次是冲着自己来的。等到江充声称从太子宫里掘出众多木头人后，刘据就已知道，这次江充和自己的冲突再也没有回旋余地，不然等待他的只能是和公孙贺、卫伉这些亲戚一样的结局。走投无路的刘据狠下心，决定不能坐以待毙，必须进行一场你死我活的斗争。

征和二年（公元前91年）七月壬午日，没等江充到甘泉宫向皇帝汇报，太子刘据就采取了行动。刘据让自己的门客扮成皇帝的使者闯入江充、韩说、章赣、檀何和苏文等人的住所，假冒皇帝的命令缉拿他们。江充和檀何本来心里就有鬼，看到使者便以为自己的诡计被皇帝识破了，只得乖乖束手就擒。

虽然顺利拿住了江充，但韩说、章赣和苏文等人毕竟在朝为官多年，比较了解皇帝的性格秉性，很快就对使者的身份产生了怀疑。也是刘据准备不足，他的门客眼见要被对方识破身份，就拔出刀来，作势要将几人正法。没想到，行伍出身的韩说仗着自己手上着实有些功夫，并不买他们的账，也拔出刀来和他们对峙。最后，一番搏斗下来，韩说被当场格杀，章赣和苏文负伤逃出府邸，直往甘泉宫而去。

本来事情到这里就该告一段落，接下来若大刑伺候，想办法撬开江充的嘴，让他认罪画押，再把人送到甘泉宫，一切或许就可水落石出，可是刘据这个时候做了一个致命的错误决定。

这个决定就是私自动用军队。

走脱了章赣和苏文，刘据不想着怎么第一时间去甘泉宫跟父亲澄清事实，首先担心的却是江充的同党会回来劫人，而凭自己手下这几个门客，连几个人都拿不住，到时候怎么能挡住江充的余党？于是，他让亲信连夜到未央宫找母亲卫子夫要兵。

卫子夫前些日子刚死了两个女儿，又死了侄子，现在不仅自己住的地方被翻了个底朝天，江充还来威胁自己的儿子。别说卫子夫是堂堂大汉皇后，她就是泥人，也有三分土性！虽然卫子夫入宫四十多年，历来以为人谦和忍让著称，但到了这个时候，她也不得不做出选择。此时的卫子夫已不是当年那个长发如瀑的少女，不再是那个集三千宠爱于一身的贫民歌女，不再是那个唯一有皇子可凭的妃子，也不再是那个有弟弟和外甥在朝中如日中天的皇后。虽然名义上依然母仪天下，可如今的她在丈夫刘彻那里不仅谈不上恩宠，就连接近丈夫、面对面沟通都很难。在这样的情况下，自己的儿子刘据便是她人生唯一的依靠。所以，尽管知道不可以，卫子夫最后还是选择了支持自己的儿子。

卫子夫用皇后的印信征发长乐宫的卫兵，放出长安马厩中的战马，又打开长安城里的武库，将卫兵、战马和武器交给太子刘据，让太子把他的门客和支持自己的一些百姓临时武装成了一支军队。

致命的错误就这样不可挽回地发生了。

然而，刘据当时并没有意识到这一点。起先拿住主犯江充时，刘据只是觉得十分解气，现在有了军队，他就有了对抗江充党羽的底气。刘据让手下把江充提上来，他要亲自审问。没想到，江充这个尿包知道拿住自己的是太子，再也没有了当年不把太子、长公主和达官贵人放在眼里的神气劲儿，全身哆嗦着，一句整话还没说完，屎尿就从裤裆里流了出来，最后干脆两眼一翻晕了过去。

刘据一看，得，这还审什么，于是直接向百官宣布江充谋反，而那个号称能看到皇宫里布满巫蛊之气的檀何，则被绑在上林苑的一棵树上活活烧死。

在大庭广众之下，江充临死前才想到要求饶。刘据哪里会理会他，只愤愤地骂道："赵国的奴才！你祸害完赵王父子还不罢休，现在又来祸害我和我的父皇，真是死有余辜！"

太子杀了江充，虽然出了胸中一口恶气，但也惊吓住了满朝的文武百官，尤其是当时的左丞相刘屈氂。此人本就是个贪图富贵、胆小怕事，又没什么本事的人，看着太子这又是起兵又是杀人的，早吓掉了魂，丞相印绶什么的都不要了，带着几个下人连滚带爬地逃出了长安城，直奔甘泉宫而去。

甘泉宫里的刘彻经过一段时间的静养，脑子方才清醒几分，就见侍卫们把头破血流的章赣和苏文扶了进来。刘彻正在纳闷，只见两人一见到他便跪下，声泪俱下地哭诉，说自己因为查到太子宫里有小木人而受到太子的迫害，他们俩侥幸逃了出来，而韩说将军身死当场，江充大人恐怕也难逃一劫。

对于章赣和苏文的一面之词，刘彻是不怎么相信的，根据他对自己儿子的了解，刘彻并不认为太子是一个会起兵篡权的人。他认为太子可能是被江充逼急了，心里害怕才杀人的，于是便让手下一个侍从到长安去把太子叫来，当堂对质。

可刘彻派出去的这个侍从极是贪生怕死，一听太子杀人了，本就不愿意去，来到长安城外，看到城里乱糟糟的，更是不敢进城，只在城外转了几圈，从城里跑出来的人口中捕风捉影地打听了一些消息，就急匆匆地往回赶。回到甘泉宫，他对着皇帝就是一通信口雌黄，说得跟亲眼看到过一样："太子已经起兵造反了，现在城里到处都在杀人，奴才好言相劝，让太子来见陛下，可太子也不回答，手下人过来就是一刀，要不是奴才机灵，趁乱逃出来，此间多半是见不到陛下了。"

见侍从言辞凿凿，刘彻开始将信将疑。又过了一会儿，丞相府的长史也到了甘泉宫。原来，刘屈氂逃出长安城才发现，自己跑得匆忙，连丞相大印都没记得带出来，官员丢失印信那可是欺君的大罪。本来丞相就应当坐镇京师主持大局的，结果一遇事，自己私自逃出来不说，连大印都丢了，这下刘屈氂也没胆量去见皇帝了，只能夹在长安和甘泉宫之间进退不得。可这么耗着罪过更大，刘屈氂思来想去，最后只能派手下的长史来见皇帝。

丞相的长史这才硬着头皮来见皇帝。到了甘泉宫，他一下子便扑倒在地，一把鼻涕一把泪地禀告："陛下，太子在长安起兵造反，还杀了江充等好些大臣，臣要不是跑得快，也一并葬送在他手上了。"

俗话说："三人成虎。"这下刘彻不得不信，气得跳起来大骂太子不孝，又指着丞相长史骂道："丞相呢？这么大的事情，他怎么不立即采取行动，干什么去了？"

长史不敢说丞相已经逃了，而是回答："丞相怕事情影响太大，还在策划秘密镇压，没有敢公开发兵。"

刘彻气急败坏："刀都架在脖子上了，还秘什么秘！"他说完想也没想，立即给丞相下了一份诏书，让他马上带兵封锁长安城，镇压太子的叛乱，同时命令军队尽量避免和百姓短兵相接，减少伤亡，但不论死活，一定要拿住太子。

刘屈氂有了皇帝的诏书，理直气壮起来，马上纠集长安附近的士兵，组成一支军队将长安城封锁得严严实实的，并宣称“太子造反，丞相奉命平叛，无论官民，拿住反贼重重有赏”。刘据一看丞相带兵来了，马上也宣称“皇帝在甘泉宫病重，奸臣刘屈氂作乱”，拿出清君侧那一套准备和丞相刘屈氂对着干。

要对抗刘屈氂的正规军，光有口号是不够的，还得有足够的军队。说来也算刘据倒霉。长安城外的长水和宣曲两地本有一股少数民族组成的骑兵，人数虽不算多，却是一支战斗力极强的军队，刘据于是命令如侯拿着自己的太子节杖冒充皇帝的命令，要求这支骑兵部队全副武装进入长安城，听候太子调遣。没想到，如侯刚到骑兵的军营，皇帝的侍郎莽通也到了，并当场戳穿如侯的谎言。这下非但骑兵没调成，如侯本人也被莽通和骑兵们当场杀死。

刘据一计不成又生一计，他让人招来北军使者护军任安，命任安拿着节杖发北军士兵助阵。没想到任安口头上虽答应，可一进北军大营就紧闭营门不出。最后，刘据没有办法，只好假传皇帝的诏书，把长安大牢里的囚犯都放了出来，将他们和支持自己的百姓一起编入军队，由石德及自己的宾客张光统领，与丞相的军队在城里对峙起来。

丞相和太子两方各执一词，长安城的官民们都不知听谁的好，结果只能是稀里糊涂地要么跟着太子，要么跟着丞相，两方的人就这样在长安城里打了起来。只四五天工夫，就有几万人死于非命，长安的大半街道都被鲜血染红，血流到低洼的地方甚至汇成了一条条红色的小溪。

刘彻一看，刘屈氂连这事都办不好，只好亲自从甘泉宫赶到建章宫主持大局，又发长安城周围三辅地区的骑兵助阵。

前有皇帝的诏书，后又亲眼见到了皇帝本人，这下长安城里的官员和百姓才相信真的是太子造反。很快，帮助太子的人都纷纷离去，刘据手下的军队瞬间分崩离析，为首的将领张光和石德也在战斗中阵亡。太子刘据眼见大势已去，只好带着两个儿子，在同情自己的长安城南门守官田仁的帮助下逃出了长安城。

七月庚寅日，太子兵败出逃后，刘彻命宗正刘长乐和执金吾刘敢入未央宫收缴卫子夫的玺绶，废黜了皇后。卫子夫在走投无路的情况下，用三尺白绫在宫中结束了自己的生命，整个卫氏家族因受到牵连而遭到灭顶之灾。

终成大错

皇后卫子夫自尽，太子逃亡，卫氏一族被灭门，刘彻的气却还没消。他一方面出台赏罚条例，继续穷究太子的党羽：凡记录在案曾进过太子“博望苑”的宾客，不问缘由一律诛杀；随太子造反的，通通以谋反罪灭族；但凡参加太子军队的百姓士卒，不管是否自愿，尽皆流放，发配到敦煌；守南门的田仁因为放跑了太子，当然是要腰斩的；至于任安，他先是答应太子起兵，随后进了北军军营就反悔闭门不出，是为“首鼠两端，坐观成败”，此等二心贼子也难逃一死；甚至就连只是帮着田仁说了一句公道话的御史大夫暴胜之也被逼自杀。

另一方面，对于那些跟随丞相平叛并出了死力的人，刘彻分别予以褒奖：戳穿如侯谎言的侍郎莽通被封为重合侯；平民景建因为在战斗中拿下太子少傅石德，一下子平步青云，被封为德侯；大鸿胪商丘成擒获反将张光，被封为秺侯。此外，刘彻还下令不惜重金悬赏，在全国通缉逃跑的太子刘据。

但是，不管少数别有用心的人如何巧舌如簧，事情的真相终在众人的心里。太子和江充一伙谁善谁恶、谁忠谁奸，不论朝野官民，大家心里都跟明镜似的。可盛怒之下的皇帝连自己的亲儿子尚且不放过，这时候谁又敢站出来说两句公道话呢？

朝堂上没有一个敢帮太子说话的人，地方上却出了个敢于说真话的人——令狐茂。令狐茂是上党郡壶关（今山西壶关县）的三老[1]，在谁都不敢帮太子说话的时候，他来到了长安，有可能是交代了后事带着棺材来的。他到了长安后就给刘彻上书：“陛下，臣听说父亲是天，母亲是地，儿子是万物，只有天平地安，万物才能调和，所以只要父慈母爱，儿子没有不孝顺的。而今太子是大汉的嫡嗣、陛下的至亲，而江充不过是一个普通老百

1.吏名，掌管教化。

姓，靠着一些手段才得到陛下的重用。以往他在赵国迫害赵国太子的事情是天下人都知道的，没想到他现在仗着陛下的信任更加胡作非为，竟然又想迫害太子。太子进不能见陛下，退受困于乱臣，在进退失据的情况下才不得不奋起反击，杀了江充，随后又怕被陛下诘责才逃亡。臣以为，太子不过是临时拿了陛下的兵自救罢了，并没有谋反的二心。现在陛下盛怒之下追捕太子，而天下有智谋的能言善辩的人都不敢说一句话，臣深感痛心。臣现在愿效仿伍子胥、比干这样的忠臣，不惜自己的性命，请求陛下尽早撤销对太子的缉捕令。如此迁延日久，万一太子有个三长两短，陛下岂不铸成大错？至于臣斗胆妄言，早已将生死置之度外，愿在建章宫外随时听候陛下处置。”

这时候刘彻的心情多少平静了一些，看了令狐茂的上书，仔细想想确有道理，太子的为人，几十年来他都看在眼里。这时候，刘彻心里多少有些后悔了，所以他并没有处罚令狐茂。但是，对他来说，撤销对太子的追捕就等同于让他堂堂的大汉天子低头认错。要天子认错，又没有台阶下，这在刘彻心里是不能接受的。可如果不撤销追捕，谁能保障太子的性命？自己的海捕文书早就发下去了：普天下的臣民都有责缉拿太子，而且“不论死活”。说不定哪天太子就被杀了呢？

认错，还是死扛？要面子，还是要儿子？

等等看吧。

这也许是矛盾重重的刘彻心里最后的决定，而就等了这么一下，大错便不可避免地铸成了。从长安城里逃出来的刘据往东一直逃到了现在湖南省湖县阌乡一带一个叫泉鸠里的小村子，躲在村里的一户普通农家中。这户农家人好，品德也高尚，就是太穷。本来一家人温饱都成问题，现在多了太子、太子的两个儿子和几个随从，一下子多出好几张吃饭的嘴，更是难以为继，只好每天加班编草鞋去卖，来供给太子。

要说圣贤书，刘据也读过不少，为人也仁慈，唯一不好的一点就是没吃过苦。看着每天都是清得见底、上面漂两根菜叶的稀饭，不说山珍海味，连肉粥都没有，这种日子刘据哪里受得了？这时候，刘据想到自己以前在湖县曾有个朋友，家里倒是挺有钱的，要是能到他那里躲一阵子，或是让他给自己送点儿钱过来，也能改善改善生活不是？可刘据也知道自己正被全国通缉，一旦自己离开，说不定就会被人发现，搞不好还会被人打死。

不出门就可能饿死，出门可能被打死，刘据权衡再三，还是受不了咕咕叫的肚子的抗议，便想了个自以为折中的办法。他决定冒一冒险，就找了个人拿着太子的信物替自己到城里去寻以前的那个朋友。

刘据以前出门哪次不是大部队拥着，坐着轿子或骑着骏马，什么时候自己走过路？那个有钱朋友的地址，他自己说不定都弄不清楚，更何况是托人去找？

那人出去不仅没找到人，回来时还把“尾巴”带回来了。湖县里那些立功心切的官吏一路尾随着他来到泉鸠里，还没等将刘据所躲藏的农家围严实，便有好几人迫不及待地冲将进去，要将刘据生擒活捉。

主人见来了一队官兵，赶紧让刘据到里屋躲一躲，然后将房门紧闭，又上了门闩，自己则用背死死顶住房门，可本就家徒四壁的房子，那一扇破门怎经得住一众如狼似虎的官兵的冲击？官兵中一个叫张富昌的尤其卖力，飞起一脚，将门和农家主人一起踹翻在地，第一个冲进房中。农家主人还想起身阻挡，被张富昌一刀捅了个对穿，两个皇孙试图冲上去和官兵搏斗，也被张富昌两刀撂翻在地。张富昌被农家主人和两个皇孙阻了一下，新安令史李寿便超过他，第一个冲到里屋。这时候，在里屋上天无路入地无门的刘据已经找了根麻绳上吊，等到李寿把刘据从房梁上拽下来，他已经没气了。

得了刘据的尸体，李寿和张富昌邀功心切，马上跑到长安请赏。刘彻没想到自己就这么一犹豫，儿子就被人弄死了，但有什么办法呢，命令是自己下的，刘彻只好给李寿封了个邘侯，将张富昌封了题侯。

太子死了，侯也封了，可刘彻的心里越来越不是滋味，历史上哪有自己儿子被杀，老子还奖励杀他之人的？自己这个皇帝做的也算前无古人了。就这样又过了一年，可能是巫蛊之祸的影响太大，搞得那些以往爱吹嘘自己方术的巫师方士也不敢再在皇帝面前吹牛，偶尔有几个仍号称自己有神仙之术的，末了也未能应验。加上这一年里刘彻的身体越来越差，他不得不开始正视死亡的问题。

刘彻从十六七岁刚当上皇帝的时候便开始迷信神仙方术，数十年间他信过很多方士，也杀了很多方士，甚至把自己的女儿嫁给了方士。可以说，在很长一段时间里，他对神仙和长生之说都深信不疑，可这并不意味着当一次次求神失败，当术士的谎言一次次被戳穿，当自己的身体不可抗拒地衰老的时候，他就不懂得去思考。

老之将至的刘彻慢慢地意识到，古往今来有那么多能人异士，也没听说过谁真能让哪个古圣先贤长生不死。以此说来，神仙之术是否真的不存在？既然长生不老不可得，那巫蛊害人是否也是无妄之谈？如果巫蛊害人本身就是一个笑话，那自己儿子刘据的死，是不是本身就是一个错误？

为了验证自己的疑惑，刘彻命人严格审查各地近年来的巫蛊案件，最后发现绝大多数都是冤案，那些曾称能害人的巫术经检验没有一个灵验的。刘彻这才知道自己真的上了江充的当。原来在天下人眼中，自己才是最大的笑话，这下他对太子刘据的思念和懊悔之情就更加浓烈了。

征和三年（公元前90年）九月，看守高皇帝陵寝的郎官田千秋从种种蛛丝马迹中敏感地觉察到了皇帝心态上的变化，便抓住机会给皇帝上书。同样是为太子的事情喊冤，他说得就比较有艺术性："儿子拿父亲的兵耍了一番，该怎么处罚呢？打一顿屁股就够了。天子的儿子因为过失杀了人，这不算什么大的罪责。陛下，以上这些话是我做梦的时候，一个白头翁告诉我的。"

田千秋这个人在此之前于史无载，我们并不清楚他的出身来历是否有何特别之处，但从他对上书时机的把握和其言辞技巧来看，此人绝不简单。首先，在时间上，他算准了刘彻在清查巫蛊事件后心里定然会有所醒悟，这时候上书是最合适的。如果田千秋提前半年上书，可能其对刘彻的触动并不会比令狐茂大；而如果迟上一段时间，说不定刘彻自己就忍不住给刘据平反了。

其次，田千秋的上书帮刘彻解决了一个为太子平反的最大难题：太子起兵是既成事实，不是造反又是什么，该如何定性太子的行为？田千秋说，太子那不叫起兵，不过是儿子拿父亲的兵玩儿了一通（子弄父兵），要说罪过，打一顿屁股，教训教训就可以了。而且，这话还不是他田千秋说的，是一个头发胡子都花白的老头儿教他说的。那这个老头儿又是谁呢？田千秋没有说，但谁都可以猜到。他是看守高皇帝刘邦陵寝的官，那老头儿自然就应该是刘邦本人。高皇帝都这么说了，这台阶还不够刘彻下吗？

刘彻很高兴，他马上召见了田千秋，也不跟他讨论什么白头翁，什么子弄父兵罪当笞，只是告诉田千秋一句话：“父子之间的这点儿事是最难说清楚的，你却一言而明，这是高皇帝显灵让你来告诉朕的，你当留在朕身边辅佐朕。”然后，刘彻马上把田千秋从高寝郎直接提拔成九卿中的大鸿胪。

有了高皇帝给的台阶，这下刘彻终于不用硬撑，可以公开表达自己的懊悔和对太子的思念了。他一面下令修思子宫，筑思子台，表达对太子刘据的思念，一面着手为太子平反。刘彻把江充全家灭族，又将那个逃回来污蔑太子的苏文活活烧死在横桥上。而在泉鸠里格杀太子和皇孙并被封侯的李寿和张富昌，刘彻本来想把他们调到北地郡去打匈奴，让匈奴人把他们杀了，没想到那段时间匈奴人不给力。刘彻索性自己动手，随便安了个罪名给他们，也通通灭族。

然而，不管刘彻再怎么杀人，再怎么在思子台上深情眺望，太子都不可能活过来了，已经铸成的大错不可挽回。而且到了刘彻晚年，对于整个朝廷而言，失去继承者并不是唯一的危机，刘彻数十年如一日地对外用兵所导致的生产力被破坏、流民四起和通货膨胀等社会问题和经济危机也逐一爆发。不夸张地说，整个王朝已经开始向秦始皇嬴政晚年乱世的前奏靠拢。如果任由这种情况继续下去，在可以预见的将来，等待汉王朝的恐怕是下一个陈胜吴广的揭竿而起。

而刘彻则在这种充满危机的环境中迎来人生最后的岁月。

第二十四章

最后的岁月

惨败

大概是之前已耗尽了人生的运气，自从刘彻开始重用李广利这个窝囊亲戚，以往威风八面、战无不胜的天兵就开始走下坡路。面对当年可以随便捏着玩儿的匈奴人，汉军开始屡战不胜。自太初二年（公元前103年）之后，先是没了浞野侯赵破奴的两万骑兵，后又亡了李陵的五千精锐，至于数次损失在贰师将军李广利手上的将士又何止十万之数？可刘彻就是信了李广利的邪，充分显示了老年人的固执，依然坚持用李广利统兵，结果等待刘彻的只能是一场更为惨痛的失败。

征和三年（公元前90年）二月，匈奴人再次入侵五原和酒泉两郡，并杀死了屯守两地的都尉。对于匈奴人的挑衅，刘彻当然不会善罢甘休。三月，刘彻便下令对匈奴进行报复性打击，命李广利率军七万出五原，马通率军四万出酒泉，商丘成率军两万出西河。

面对汉军的大举进攻，匈奴人主动后撤六七百里严阵以待。马通的四万人没有遇到匈奴人的抵抗，出去转了一圈就又回到了酒泉；商丘成的两万人遇到了匈奴的三万多骑兵，但大概是匈奴的统兵李陵心里有愧，和差不多只有自己一半数量的汉军周旋九天，硬是没讨到什么便宜，最后主动撤军；而李广利则又开始了和以往一样愚蠢的征程。

或许是匈奴单于看不起李广利，虽然知道他有七万人，却只命令右大都尉和汉朝降将卫律率五千人去阻击他。想来匈奴的右大都尉和卫律也同样看不起李广利，以区区五千人对七万人，也不事先设好伏击点，准备好滚石、檑木和陷阱，多备些强弓利箭，只草草地埋伏于峡谷两侧。看到李广利的队伍进入峡谷后，他们便从两侧突然杀出，要杀李广利个措手不及。

李广利一开始吓了一跳，但对于训练有素的汉军士兵来说，匈奴这样的伏兵无非就是出来的时间突然一点儿、地方偏一点儿，末了双方还是要近身搏击的。只要近了身，七万人还能怕了你五千人？李广利见匈奴人没有“万箭齐发、矢下如雨”，胆子也大了一回，只命令手下来自属国的两千少数民族骑兵出击和五千匈奴兵接战。

我严重怀疑这两千少数民族骑兵和刘据当时假冒皇帝命令想要调遣的那些驻扎在长水和宣曲两地的少数民族骑兵来自一路，因为他们的战斗力都极其强悍，只两千人就杀得五千匈奴骑兵大败。两千骑兵迎着五千匈奴人，上来就是一阵反冲锋，反倒把匈奴人的阵势冲得七零八落。匈奴右大都尉和卫律眼见势头不对，赶紧丢下数百匈奴人的尸体，带着余部逃之夭夭。

这下李广利来了精神，马上命令大部队挥师北上，死死咬住匈奴败兵不放，一直追到了范夫人城。一路上，汉军如狼入羊群，赶得匈奴人四散奔逃，匈奴的军队没有一支敢靠近跟汉军较量一下。

按以往的经验，到这里李广利就可以吹嘘自己“追亡逐北，大获全胜”，该回家洗洗睡了，可这次李广利的行为出乎所有人的预料，他命令军队继续深入追击。

对！继续深入！李广利这样做并非因为他一夜之间打通了任督二脉，变得天下无敌，也不是被卫青、霍去病附体，更不是他本人洗心革面终于雄起，这完全是他自己把自己逼上了死路。

我们知道，李广利是李夫人的哥哥，也是因为李夫人才得以发迹，而他又把自己的女儿嫁给了丞相刘屈氂的儿子。这下朝廷的大将和丞相便成了绑在一根绳上的蚂蚱，偏偏这两只蚂蚱又都不是什么好货色，凑在一起想来也干不出什么好事。

在李广利出征之前，亲家刘屈氂亲自将他送至渭桥。想当年群臣迎接代王刘恒入主称帝，也不过才到渭桥边等候，这两人一路相送竟也到了渭桥，原因并不是两人情投意合，难舍难分，而是他们在密谋一件大事，需要掩人耳目。

原来，虽然太子刘据已死，但帝国的继承人还没有着落，李广利和刘屈釐为了共同的利益，准备把李夫人的儿子昌邑王刘髆推到太子的位置上。到了渭桥边上，李广利拉着刘屈釐的手低声对他说："现在陛下老了，身体明显一天不如一天，希望丞相能在我出征的这段时间尽早劝说陛下立昌邑王为太子。只要他做了太子，将来就是皇帝，到那个时候，丞相的地位还有什么可担忧的？"这话正中刘屈釐的下怀，他马上表示十分同意。

历来臣子私下议论立储之事都是大忌，而李广利的脑子也十分不清醒。刘彻向来只是重用他，并不是信任他，哪次他出征的一举一动能逃过刘彻的眼睛？在长安城里商量这事不安全，难道到了长安城外就一定安全了？果然，李广利一走，马上就有一个叫郭穰的官员向刘彻告状："丞相夫人诅咒皇上，丞相还和将军李广利密谋要立昌邑王做太子。"

这个时候，刘彻虽然还没有公开为太子平反，但可以肯定的是，他的后悔之意已生，而刘屈釐在平叛过程中的拙劣表现也已经让刘彻对他感到由衷的失望。现在刘据死了，李广利和刘屈釐居然想打太子之位的主意，是否他们一开始就别有用心？这样一想，刘彻不由得就把刘屈釐看作了导致太子死亡的罪魁祸首之一，要除掉他而后快。

不管怎么样，现在既然有人实名举报，刘彻便要一查到底。以刘屈釐的能力和贪生怕死的性格来看，他的家人想来也不是什么口风很紧、能抵死不认的死硬派。果然，刘彻刚把刘屈釐一家抓起来，他们就都认了：诅咒皇上，有；密约立昌邑王做太子，也有。

那还有什么好说的？这样的事情按律应当以大逆不道论处。结果，刘彻干净利落地腰斩了丞相刘屈釐，丞相夫人则被处以枭首的极刑。因为李广利在外征战，为稳定军心，刘彻暂时只将李广利一家收监。

事情很快就传到了李广利的耳朵里，这下李广利慌张了，害怕了。他向来依仗的只有皇帝，如果皇帝抛弃了他，那他在世人眼里还算个什么东西？！有人可能会觉得，李广利干吗不马上回师向皇帝认错？这次出征到目前为止，他还算是有功的，到时候大不了把李夫人这张感情牌打出来，再号上两嗓子，被贬为庶民留下性命总还是可能的。

这样想之前，各位不要忘了李广利这个人的性格。当年第一次出兵大宛的时候，他被刘彻一吓唬就乖乖地留在敦煌吹西北风了，现在依他的性格，注定是不敢回去的。

就在李广利彷徨无措的时候，一个手下向他建议："将军一家老小都在狱中，现在只有奋力一搏，求个大胜利回去将功抵罪，或许还有回旋的余地。如果将军就这么回去，定然会落得跟丞相一样的下场。"

比起匈奴人，李广利更怕刘彻，况且他心里本就有鬼，这时候就更不敢回长安城了。于是，李广利听信了手下的话，继续进攻，要么大胜，要么大败。此刻就班师回去，他断然是万万不敢的。

以李广利一眼就可以看到底的军事能力，要深入匈奴腹地继续进攻，结果是胜是败不用猜就知道，只可惜了他身边这七万热血儿男！

李广利首先向匈奴狐鹿姑单于屯兵的郅居水边进发。这个时候匈奴的主力已经转移，李广利便命令两万人先期渡水，继续深入，结果正巧遇上路过的匈奴左贤王和左大将率领的两万骑兵。汉军士兵奋起攻击，以两万对两万，反倒打了匈奴人一个措手不及。一天下来，匈奴人损失惨重，左大将也被杀死于阵前。

但李广利的好运至此便到头了，他平庸的军事才能并不足以支撑他掌控千军万马。只因害怕皇帝的责骂而一味地深入敌境，置数万将士于险地，这让李广利手下的将士们也起了二心。

不久，为了制止李广利这种疯狂的行为，军队里的长史和军官密谋要发动兵变。这次李广利倒是先知先觉，先下手斩杀了长史，但李广利这个无能的将军带着这样一支内忧外患的军队根本不可能走远，他们很快就陷入了匈奴人的重兵包围。汉军士兵依然不屈地战斗着，在倒下之前，他们也让狐鹿姑单于的精锐部队付出了沉重的代价。而李广利还不如军队中的普通战士有胆气，白天不死不休的厮杀已经让他肝胆俱寒。到了夜间，匈奴人又连夜在汉军营前挖出数尺深的沟壑，同时猛攻汉军营后，进退不得的汉军将士乱作一团。这时李广利不说站出来稳定军心，指挥军队反击，反而第一个带头投降了匈奴。结果，数万士兵成了匈奴人的刀下亡魂。

也许李广利在决定深入的时候就已经打好了投降的主意，这也好，反正再也不用回去见皇帝了。

狐鹿姑单于倒是个实在人，既然李广利投降了，他也就没要李广利的命。因为李广利是汉朝皇帝身边的红人，单于还特别优待他，甚至把自己的一个女儿嫁给了李广利。但李广利这种人在哪儿都不受人待见，同样是投降过来的卫律对此就很不爽，觉得李广利让他的地位受到了威胁，不断变着法子想要整李广利。

终于，一年多之后，卫律找到了机会。当时狐鹿姑单于的母亲病了。那时候文化落后的匈奴人治病靠的大多不是药物，而是神明，治病者也不是医生，而是巫师。卫律便收买了给单于母亲治病的巫师，巫师一通作法后告诉狐鹿姑单于："你母亲的病恐怕是好不了了，因为你过世的父亲正在天上生气。他说李广利这个蛮子三番五次地骚扰我们，当年他曾经发过誓，一旦抓到李广利，就要拿他来祭天地。现在你居然这般优待李广利，先单于在天有灵，怎么会不生气？"

狐鹿姑单于听闻巫师的话，转头出去便把李广利当牲口祭天，而李广利一家早在他投降匈奴后便被刘彻灭族，当年李夫人临死前的智慧最后也成了无用功。

即将崩坏的社会

在刘彻晚年，比起前线的失败，国内的形势似乎更令人担忧。

刘彻终其一生都喜欢铺张浪费，好大喜功。建宫殿、修明堂、封禅、求神仙，哪个不是烧钱的罐子？他用兵数十年，战时的费用加上战后的赏赐，所需的钱财更是多到不可计数。虽然文帝和景帝给他攒下了巨大的财富，但也架不住刘彻这样折腾。几十年来，为最大程度地圈钱，做自己想做的事情，刘彻着实费了不少心思。笼统地说，他大概做了五件事。

第一件事是将盐、铁的生产和销售权收归国有，也就是后人最为熟悉的盐铁官营。吃饭必须有盐，耕地必须有铁器，它们是农耕民族的刚需，而且是消耗品，虽然每家每户的所需不多，总和起来却是一个巨大的数字。以往朝廷并不对盐和铁进行管制，地方上的奸商和诸侯仗着地利开山得铁，煮海得盐，着实是一条暴富的路子。元狩五年（公元前118年），刘彻正式下令将盐和铁收归官营，天下有敢私自铸造铁器及卖私盐的，一律处以没收工具、罚款及砍掉左边脚趾的惩罚。

从理论上讲，这是一个好的政策，既极大地增加了财政收入，又阻止了少数豪强用此牟利，减少了社会上的贫富差距。此后虽然经历了朝代更替，但朝廷始终把盐和铁紧紧地抓在手里。在有的朝代，贩一石以上私盐就要掉脑袋。

第二件事叫算缗，即增加商人的税。当然，这是客气的说法，不客气的说法是增加对商人的盘剥，而且是极厉害的盘剥。“算”是一种货币单位，相当于一百二十文钱；“缗”也是货币单位，一千文钱串在一起就是一缗。主张实行“算缗”的是当时有名的酷吏张汤。

我们知道，张汤就是皇帝的爪牙，虽然名为御史大夫，但他其实只为皇帝服务，皇帝需要什么，他就为皇帝做什么。现在皇帝要钱，那他就要为皇帝搂钱。

元狩四年（公元前119年），经皇帝同意，张汤宣布实行“算缗”，具体的做法就是增加商人的税款，商人手上的货物每价值两缗就要纳一算的税，如果是小手工业者，视情况可以减半，四缗一算。当然，如果仔细算一下，两千文收一百二十文，税率不过是百分之六，并非苛捐重税。尽管商人大多贪财，并不想多缴纳一文钱，但多交百分之六的税也不算伤筋动骨。而且商人的这一堆货物到底值多少钱，哪是那么容易算得清的？没事，张汤也不派人去算，他的做法是让商人自己把货物的价值上报官府，官府再根据上报的数额收取相应的税款。

这下商人们笑了：想那张汤忝为酷吏，却如此懒惰。自己上报，哪有傻子会如实地上报数额让你收税？于是，个个都往少了虚报数额，有一万的说五千、三千，当然也有敢说的，就说一千、五百。张汤也不派人核实，就按上报的数额收税。

然而，商人们小看了张汤。正当他们庆幸得意的时候，元鼎三年（公元前114年）十一月，张汤抛出撒手锏，宣布了一条“告缗令”，即鼓励百姓举报隐瞒财产的商人。一旦核查属实，被告者的财产全数充公，告发者可以得到相当于被告者一半财产的奖励。

这下可以说举国震动。试想，天底下哪有如实算缗的商人？告缗的可以说一告一个准，最后甚至达到了“中产以上，大抵皆遇告”的地步。这一下子就基本扫清了全国中产阶级以上的商人，而且偷税漏税无论何时都是违法的勾当，张汤扫得你还无话可说。

第三件事叫均输。要想知道什么是均输，就要先了解汉朝初年的进贡政策。那时候地方除了要纳税，每年还要向朝廷纳贡一定数量的实物。至于纳多少、纳什么种类的实物，那得由朝廷说了算。这样的规定有时候就有点儿不靠谱了。打个不恰当的比方，假设你是巴蜀的官员，而朝廷可能会告诉你，今年你们要在某月某日之前进贡一千斤海鱼。

“大人，我们这里离最近的海都不止两千里远，没有海鱼。”

“那我不管，反正你们要出一千斤海鱼。”

得，没办法，时间紧，任务重，你只好先找人到处高价收购一批海鱼，然后在鱼发臭之前再花高价将其用快马运到长安交差。这一趟折腾下来，为了这一千斤海鱼，官府搞不好要花上超过其本身价值十倍甚至更多的金钱，不仅苦了百姓，愁了官府，还肥了很多懂得囤积商品的商人。

针对这种情况，元鼎二年（公元前115年），在皇帝的支持下，大农丞桑弘羊开始实行“均输法”。所谓均输，就是把中央政府指定的贡品按市价折算成当地出产的货物上交，再由均输官统一管理交上来的货物，将其调度到缺乏相应物品的地区销售，从中赚取差价。这样做的结果不是没有中间商赚差价，而是中间商从商人变成了国家。不过，这样做既减少了地方的支出，减轻了百姓的负担，促进了商品的流通，中央也借货物在不同地区的差价赚取了巨大的利润。

第四件事是酒酤，也就是把酒的生产和销售权也收归国有，禁止民间私酿及贩售酒类。然而，米酒毕竟不同于盐和铁，不是人们生产生活的必需品，花不起钱的，实在不行忍住不喝就是了。而官家自己酿酒并贩售，成本既高，利润又少，到后来，桑弘羊自己主动放弃了酒酤。

最后一件是卖爵赎罪。卖官卖爵的事情是汉文帝首创的，刘彻又将它进一步发扬光大。汉朝的爵位是比照秦朝的制度设置的，从低到高一共有二十级，前面八级都是虚名，直到第九级的五大夫才开始有真正的实惠——免除徭役。为了能够尽可能多地圈钱，刘彻可谓绞尽脑汁。他依照爵位制度另设了一套分十七级的武功爵系统，一个平民从第一级买到第十七级，大概要花三十多万金。

那花这么多钱买这个武功爵有什么好处呢？

好处有两条：第一，有爵位的可以“优先补吏”，就是国家招聘低级公务员的时候会优先考虑你；第二，如果你将来犯法，罪不至死的话，可以降低两级爵位来抵罪。

依照这样的规定，有了武功爵就好比得了一张简化版的免罪金牌。谁知道自己明天会不会犯事？而且，刘彻在推广武功爵的同时大量任用酷吏，施行严法，很多百姓被无端卷入官司之中，这让人们对武功爵趋之若鹜。而武功爵昂贵的价格更是催生了好大一批不法之徒。他们首先不择手段地谋取暴利，有了钱就去买武功爵，一旦事发被抓住，就用爵位赎罪，出来之后继续变本加厉地去赚钱买爵位，接着再被抓再用爵位赎罪。这其实是个恶性循环，而且一旦哪一次你犯的事情很大，被酷吏抓住了要砍头，武功爵是不能赎死罪的。这时怎么办？

大家放心，当时只要你肯出钱，就没有办不成的事。刘彻早就贴心地为你准备好了应急方案——交五十万就可以“减死一等”，死刑直接变成无期，给你时间让你再慢慢用钱继续赎命。司马迁就是出不起这五十万才被迫受了宫刑的。

以上这些财政措施，有些是好的，有些是坏的，有些本意是好的，但在具体的操作过程中被搞坏了。毕竟刘彻在财政方面的重要依仗桑弘羊本身就是商人的儿子，桑弘羊管理财政所任用的下属大多也都是商人出身，而他要治理的主要对象也是商人。这就好比运动场上让选手既做运动员又做裁判，怎么可能玩儿得转？刘彻有一次还很奇怪地发问：“朕的政策刚决定下来还没正式下达，地方上的商人就知道了，还做了应对准备，就像他们亲耳听到朕的话一样，真奇怪！”

其实，有什么可奇怪的，以商治商，与虎谋皮，就是这么回事儿。

不管怎么样，这些终归是实在的政策，对百姓或多或少都是有好处的，比刘彻在这五件事之外干的第六件事要强上百倍。

这件事就是货币改革，也叫钱法。

刘邦是个不懂经济的半文盲，他的后代也没什么经济学头脑，对于经济学方面的事情常常想一出是一出。当年汉文帝刘恒废除盗铸钱令、造四铢钱时就曾经把货币制度改得很乱，到了刘彻这里更是一塌糊涂。建元元年（公元前140年），刘彻下令改用三铢钱。过了几年，他又废除三铢钱改用半两钱，后来又让各个郡国铸五铢钱。发现五铢钱容易被盗版后，他又命人造了专门用于在政府机构流通、能以一当五的“赤侧”。元鼎四年（公元前113年），刘彻又废除了赤侧。

当然，这看起来已经很乱了，可这还没完，刘彻不仅不断地改革货币，还自己定货币的价值。他命人用白银和锡混合制成合金，称为白金，分三个等级：八两重的白金上文龙，相当于三千铜钱；轻一点儿的白金上文马，值五百铜钱；再轻一点儿的白金上文龟，值三百铜钱。稍微懂点儿社会经济学的都知道，货币的价值在于它真实的购买能力，八两重且掺了锡的白银在当时的价值真比不上三千文铜钱。即便文了龙也不行，并不是皇帝张口说它值三千它就值三千的。

但是，白金还不是最离谱的。我们知道，西汉皇帝的上林苑中有很多野生动物，皇帝常在里面打猎游玩。既然是放松游玩性质的打猎，皇帝就不太可能经常去和老虎、熊之类的猛兽玩儿命，他们最常见的猎物是鹿。为了满足皇帝的需求，上林苑里养了大量品种众多的鹿。按照现代生物学原理，物种的数量一多就容易出现变异。刘彻后来无意中发现上林苑里出现了少量白鹿，大概是杂交突变产生的白化品种。这下刘彻心里突然一动，便有了想法：既然物以稀为贵，那就让人猎取白鹿，裁出一尺见方的鹿皮，再用金银加以修饰，制成一种新的货币——皮币，然后钦定此皮币的价值为四十万。

这不是耍流氓是什么？！

而且，既然只要把铜钱一面磨出铜屑来重新铸造，十个铜钱就能变成十五个用，把白银和锡混合一下就能涨价好几倍，到山上运气好猎到一只白鹿瞬间就能暴富，比种地经商强多了，大家何乐而不为？于是，天下兴起了一股全民铸私钱的热潮，即便政府对此严打整治，下令凡是盗铸金钱者一律从重处罚，仍然不能禁止。有统计数字表明，在白金开始流通的前五年，因为盗铸钱而被砍头的人就多达几十万，为此坐过牢的人更是超过两百万。

直到元鼎四年以后，如此混乱的货币制度才有了改观。也许是刘彻突然开窍，他终于想通了，下令在中央增设水衡都尉，负责全国统一的货币铸造，并且使用了防伪程度更高的货币模板，使得铸造货币所需的成本甚至高于货币本身的面值。刘彻还废除了地方政府铸钱的权力，同时将市面上流通的其他铸钱一律作废。这下，其他人再想做假币就没了利润空间，要搞也是类似现代“投资十八万搞出十六万假币”的下场。

然而，此时汉朝百姓已处于水深火热之中，朝廷连年用兵破坏了社会生产，混乱的货币制度打乱了百姓的生活，执法严苛的酷吏将人们逼上了绝路。天汉二年（公元前99年），社会即将崩溃的预兆终于出现——各地相继爆发了规模不等的农民起义。南阳有梅免、白政，楚地有殷中、杜少，齐国有徐勃，燕赵有坚卢、范生，这还是规模成些气候的，至于那些几百上千人一伙的小规模起义，则不可胜数，甚至长安附近也有农民起义发生。这些人虽然也出身穷苦百姓，但他们夺取武器，攻占城镇，砍杀官员，释放囚犯，劫掠乡里，大都是一副土匪嘴脸，让没造反的普通百姓的生活变得更加艰苦。

有人造反，朝廷就要镇压。皇帝镇压起义历来采取的都是严酷的暴力手段，刘彻也不例外。除了派兵，刘彻还用酷法镇压起义，下令但凡给造反的军队提供饮食的就杀头，亲戚有参加造反的就连坐。本来百姓的生活就已经很苦了，造反的来折腾一番，现在军队又来折腾一番，逼得那些没反的最后也不得不反了。尽管朝廷的大军杀了很多人，也抓了不少起义的头目，但这些起义军后来也学精了，一旦被军队打散就躲入山中，等避过风头再重新聚集起来，阻塞交通要道，啸聚山林。这下子，军队也拿他们没办法，起义军的日子反而过得更滋润了。

刘彻一看，这还得了，他没去考虑是否是政策的问题，而认为一定是手下官员办事不力，易暴就要以暴，甚至以更暴，于是想出了个“沈命法”。简单地说，就是规定如果辖地有盗贼（指农民起义），当地的官员没有上报，或者上报了却没有将其消灭干净，当地从两千石以下的官员到衙门里的小吏，通通都要被杀头。

这下惨了，有哪个官员敢保证自己的地盘上没有造反的？即使知道有造反者，谁能肯定就一定能清剿干净？于是，大家为了保命只好相互隐瞒，亭里有造反的，亭长不敢上报，乡里帮着隐瞒，县里也假装不知道，郡守只能跟朝廷汇报一切平安。地方政府这样上下欺瞒，只求苟且偷安，得过且过。朝廷不派人来逮就万事大吉，要是不幸走漏了风声，朝廷派下直指绣衣使者，那就只能一郡之地“刺史郡守以下皆伏诛”。

不仅地方上不安生，刘彻身边也不太平。莽何罗是侍郎莽通的哥哥，他们还有个小弟叫莽安成，这三人以前和江充的关系非常好。莽通又在平定太子刘据造反的过程中出过大力，哥儿几个本来以为从此就走上了飞黄腾达的大道。没想到后来皇帝醒悟，为太子刘据平反，又反过来灭了江充的三族，并开始清算那些曾经参加过平定太子叛乱的所谓功臣。莽何罗因此变得很紧张，担心自己哪天一觉醒来脑袋就搬家了。在这种紧张情绪的支配下，莽何罗经常整夜整夜地睡不着觉，很快便得了神经衰弱一类的病症，脑子也变得不太好使了。最后，为了摆脱这种担心，他居然决定要谋逆，要杀掉刘彻。

不知道他是怎么想的，正常人都想得到，要是杀了皇帝，自己就不是睡不着觉，而是连睡觉的机会都没有了，还得赔上自己一家老小及亲戚朋友的性命。但是，神经衰弱的莽何罗没想这么多，他开始密切关注皇帝的一举一动，时刻准备抽个空子刺杀皇帝。

莽何罗的反常举动引起了皇帝的近臣光禄大夫金日磾的注意。虽然不知道莽何罗具体要干什么，但只要他一出现在皇帝身边，金日磾总是如影子一般紧紧地跟随。这样一来，本来心里就有鬼的莽何罗更害怕了。要是他想刺杀皇帝的打算让人知道了，不管是不是确有其事，那都是死罪。在这种情况下，其他人可能就偃旗息鼓，再也不提刺杀皇帝的事情了，莽何罗却不同于常人，他决定在金日磾没有拿到确凿证据前尽快动手。

终于，有一天莽何罗瞅到了机会。这天刘彻要到一处叫光林宫的行宫小住，而金日磾又偏偏病了。莽何罗感到机不可失，时不再来。他们兄弟三人先偷偷离开行宫杀了皇帝的使者，断绝行宫与外界的联系，然后莽何罗让两个弟弟莽通和莽安成假造皇帝的命令，想办法去搞一支军队来，自己则返回光林宫刺杀皇帝。

这时候天刚蒙蒙亮，刘彻还没起床，莽何罗袖子里揣着短刀往刘彻的寝宫走去，赶巧路上迎面碰到了早起拉肚子的金日磾。一看见金日磾，莽何罗的脸色就变了，也不打招呼，急匆匆地从金日磾身边走过。看到这个平时就很可疑的家伙居然在往皇帝的寝宫走，金日磾一下子警觉起来，厕所也不上了，掉头就跟了上去。

这两人一个走得急，一个跟得紧，走在前头的莽何罗一不小心碰到了一旁的一把瑟，瑟倒在地上噌噌作响，莽何罗一下子呆住了，袖子里的短刀露出柄来。金日磾一看，好家伙，这是要行刺皇帝！他赶忙两步冲上去，一把将莽何罗抱住，两人滚倒在庭院里扭打起来。金日磾一边打着，一边还不忘大喊："莽何罗造反！"

金日磾的喊声惊动了刘彻和宫里的侍卫。本来要是寻常情况，侍卫们拿着刀扑上去，三五下就可以解决问题，可刘彻爱惜金日磾这个人才，怕人多误伤了他，只让侍卫们将两人团团围住。好在金日磾虽然有病，但有一身在草原上横练的摔跤功夫，对付区区一个莽何罗还是不在话下的。很快，他便一个抱摔制服莽何罗。众侍卫这才一拥而上，将莽何罗死死制住。

幸亏金日磾这个以往的休屠王子忠心，不然以刘彻的年纪，要是让莽何罗近了身，恐怕很难支持到侍卫们赶来。

如果说百姓生活艰辛、地方上混乱不堪等情况离刘彻还很远，很难让他有什么切身感受的话，莽何罗的事情则给了他很大的震撼，刘彻不由得开始思考：国家忧患，百姓疾苦，盗贼四起，自己身边也不安全，这究竟是为什么？随着岁月的流逝，自己的年纪越来越大，身体也越来越差，显然，历史留给自己的时间已经不多了。

在这最后的岁月里，刘彻和他的汉王朝又会何去何从呢？

时代的终结

征和四年（公元前89年）正月，刘彻欲效仿秦始皇晚年"战海神、寻仙山"的事迹，便不顾劝阻，执意带着群臣和卫队出巡。

此次出巡，刘彻的计划是从东莱的海边出发，乘船到海中寻访神山仙人。不巧的是，刘彻一到东莱，本来晴空万里的天空骤然变色，乌云压顶，大风狂卷，海潮涌动，天地似乎陷入了一片混沌之中。这样的天气谁敢下海？可刘彻还不死心，于是便带着大队人马在东莱住下来，希望能等到天气转好的一天。也许冥冥中自有天意，刘彻一连等了十几天，天气却丝毫不见好转，刘彻只好败兴而归。

出海寻仙的失败让刘彻彻底死心，想那长生不死的事情在他身上恐怕再没有指望了，他几十年来对神仙的迷恋，对长生的渴望，终于随着东莱的海水一去不返。但刘彻和普通人不同，在经历绝望之后，他并没有消沉，既然长生不可得，那就必须在最后有限的时间里做好那些该做好的事情。

什么是皇帝该做好的事情？说起来也简单，无非就是两件事：一是天下太平；二是政权稳定。所谓天下太平，就是要恢复社会生产力，提高人们的生活水平；所谓政权稳定，就是要选取合适的接班人。

我们可以肯定的是，刘彻至少从这一刻便开始对自己一生的所作所为进行反思。三月，从东莱回来后不久，刘彻又去了钜定县，亲自下地耕作——当然也就是摆摆样子，以他那个岁数、那个经历，不大可能真的去种地，但这是刘彻释放的一个重要信号：朝廷开始把注意力转移到恢复生产上来了。紧接着，刘彻公开对群臣表态："朕即位以来做了很多错事，让百姓的生活陷入水深火热之中，现在后悔也晚了。但从今日起，不管是朝廷还是朕个人，如果还有伤害百姓的事情，或有铺张浪费的举动，通通都不要做了。"

一看皇帝有了悔意，那个很会抓时机的大鸿胪田千秋马上进言："以往那些方士所摆弄的所谓方术现在看来也都是些骗人的把戏，陛下以后还是不要再听他们的话了，把他们都遣散吧，不要再让他们骗人了。"

这时候刘彻似乎大彻大悟一般，不但马上同意遣散长安城里的方士，不再听信方士的谎话，此后还不止一次地对大臣们说："以往朕总是迷信神仙方术之事，受了他们很多蒙骗，现在看来是多愚蠢的事情啊，天底下哪有不死的仙人？！人生一世，无非就是注意节制自己的饮食，身体不适的时候用药物调理，保持身体健康，少生病就是了。"

终于醒悟过来的刘彻彻底放弃了以往对武力的迷信与执着。两个月后，他又把田千秋从大鸿胪提拔为丞相，封富民侯。刘彻的意图非常明显，如果说以往他做的事情都是为强国，那现在他要着重于富民了。

田千秋一上任就接到了搜粟都尉桑弘羊提出的两条增加财政收入的建议：其一是要求向百姓每人多征收三十钱的国防税；其二是在轮台东面开垦五千亩田地，长期设立军队屯田，并招募百姓到那边开荒，然后以此为基地不断在酒泉、张掖郡设立亭障，进行扩张，这样就可以联合乌孙国，起到长期威慑西域各国的作用。

桑弘羊是刘彻最为倚重的经济能手，他的话以往刘彻都会慎重考虑，但这次刘彻否决了他的提议，还趁着这个机会发布了一份诏书，不但公开否决了加赋、屯田、对西域用兵等提议，还对自己以往屡次派李广利出征西域和匈奴、造成大量士兵死亡一事进行忏悔，并在结尾这样说道："当今最重要的事情在于禁止一切苛捐暴政，减轻百姓的赋税，朝廷的重点在于恢复和鼓励全国的农业生产。至于其他的事情，只要能做到国家的正常运作不缺费用，边境的防备常抓不懈就可以了。"

这份诏书被后世称为《轮台罪己诏》，它不但标志着国家大方针政策的改变，还意味着刘彻思想境界的升华。能够公开承认自己的错误并予以纠正，对一个帝王来说，这是何等艰难的事情。因为刘彻能够罪己，他便由一个优秀的帝王升为一个伟大的帝王。尽管这份悔过来得迟了一些，但毕竟不算晚，它最终纠正了帝国前进的轨道。此外，各地那些大大小小的农民起义军在刘彻改变政策后也逐渐放弃抵抗，毕竟大家的愿望是能安安分分地过日子，有几个人没事喜欢过刀头舔血的生活？而刘彻晚年社会上出现的那些蠢蠢欲动的不安因素也因为他的改变逐渐趋于平静，从而避免了帝国这艘巨轮的提前翻船。就连在《资治通鉴》中认为刘彻的所作所为其实和嬴政无异，并给予他负面评价的司马光也不得不感叹刘彻"有亡秦之过而免于亡秦之祸"。

稳定了社会后，刘彻还有最后一个必须解决的问题：让谁接自己的班？

刘彻共有六个儿子，除去已死的太子刘据，还有齐王刘闳、燕王刘旦、广陵王刘胥、昌邑王刘髆及小儿子刘弗陵五人。刘彻是一个果断的人，在这方面根本没有选择困难症。他很快就放弃掉前面四个成年的儿子，而选择了时年只有七岁的小儿子。

刘彻的果断也不是没有理由的。除了死去的太子刘据，二儿子刘闳也没熬过刘彻。三儿子刘旦看着两个哥哥都已去世，自己成了长子，野心便膨胀起来，看着自己老爹的身体一天比一天差，就想先下手为强，抢占立储的有利地位。

后元元年（公元前88年），刘旦上书说，自己不做这个燕王了，要到宫里给父亲做侍卫。刘彻一看，这是什么意思？平时也不见他关心自己，现在倒想入宫卫宿，不就是想等自己一旦蹬腿，他好坐上皇位吗？！刘彻很生气，不但命人把刘旦的使者拉到北门砍了，还削了燕国三个县，顺便把刘旦当太子的机会削没了。四儿子刘胥是一个刘长式的人物，力大无比，喜欢徒手和猛兽格斗，平日里无法无天的行为也和刘长无二。这样的人刘彻是看不上的，没治他的罪就已经算是法外开恩。而最后一个成年的儿子昌邑王刘髆因为李广利和刘屈氂的关系失宠，后元元年直接死掉了。

这下要立太子只能轮到刘弗陵了。

刘弗陵是何许人也？

要说刘弗陵，首先要说到他的母亲。刘弗陵的母亲赵氏也是一个有些传奇色彩的女子。当年已经六十多的刘彻是在巡守河间（地名）时遇到她的，那时赵氏还是个十五六岁的姑娘。据当地人说，赵氏自打生下来两只手就紧紧地攥成拳头，谁都掰不开。当然，可能老百姓就是这么一说，也可能是后人杜撰出来的，反正我就想象不出整天攥着拳头平时是怎么吃饭的。

刘彻虽然是皇帝，可也有猎奇心理，一听说有这么奇怪的人，他便起了好奇心，想当面见见这个奇怪的姑娘。等到下人们把赵氏带到刘彻面前，刘彻一看，嗯，长得真不错，两只手也果然是攥成拳的，不由得就想亲自去掰掰看。没想到，赵姑娘那双号称谁都掰不开的拳头，刘彻用自己的老胳膊老腿，没怎么用力一下子就掰开了。两旁那些会拍马屁的文武大臣赶紧向刘彻贺喜，称这是天意，天子果然非常人能及。

一听是天意，刘彻越看越喜欢，就让赵氏跟着自己入了宫。

入宫以后，赵氏先被封为夫人，号拳夫人。可能刘彻见惯了宫廷内的争宠是非和尔虞我诈，未经世事的拳夫人深得刘彻的欢心，很快便怀孕了。这一怀孕不得了，一怀就怀了十四个月。等到终于生下个儿子后，刘彻欢喜异常："想那古代的圣君尧也是在他母亲肚子里待了十四个月才出来的，我的这个儿子岂不是跟尧一样吗？！"既然儿子可能是尧一般的人物，那他母亲便是尧母一般的存在，于是刘彻便命人在拳夫人生儿子的宫殿门上挂牌"尧母门"，赵氏也由夫人晋升为比同诸侯王的婕妤。

老父向来爱幺儿，刘彻对刘弗陵的喜爱也一样。尤其在刘彻认为太子刘据性格不像自己，和太子的关系越来越失衡、越来越僵之后，刘彻看这个"类己"的小儿子越来越满意，时常有让刘弗陵做太子的打算。

不同于刘邦易太子所受的重重压力，当刘据兵败身亡后，随着刘弗陵一天天长大，让他做太子在刘彻心里其实已经是板上钉钉的事情。唯有三件事让刘彻感到困惑：一旦自己真的撒手人寰，这么小的孩子当了皇帝，谁来帮助他？没有了老皇帝，年轻的太后必然要走到前台，会不会出现像吕后那样干政的事情？退一步讲，即便赵氏不干政，她这么年轻就守寡，依照汉朝皇室圈的混乱状况，谁能保证她以后不会给九泉之下的自己戴绿帽子？

刘彻知道，自己没有太多的时间来逐一解决这些问题。好在，关于辅政的大臣，他心中早有人选，这个人就是霍光。刘彻让画师画了一幅《周公负成王朝诸侯》送给霍光，打算让霍光做周公，让刘弗陵做成王继续管理刘家的天下。

安置好了大家，那他自己的小家该怎么办？刘彻思来想去，发现不管自己做什么准备，其实都不能保证事情在自己死后仍然按自己的意愿发展，只有赵婕妤死了才能解决问题。最后，刘彻一发狠，让人把赵婕妤招来，随便找了个由头便厉声斥责她。赵婕妤自打进宫一直受到刘彻的百般恩宠，哪里听过这样的斥骂？吓得她赶紧把头上的发簪、头饰都摘了下来，匍匐在地谢罪。

刘彻背过身去，不忍心再看赵婕妤，同时命令手下卫士把她拖出去打入掖庭。赵婕妤虽然天真，但并非不懂事。入宫这么多年，掖庭是什么地方她不会不知道，进了那里的嫔妃哪里还有活路？赵婕妤一路挣扎，发疯似的磕头呼喊求饶，刘彻回过头来只回应了一句："快走！反正你是不能活了！"说完便背过身去，不再回头看一眼，直到赵婕妤的呼喊声渐渐远去。被打入掖庭的赵婕妤看着皇帝将自己赐死的诏书万念俱灰，当即就自尽了。

后元元年（公元前88年）秋天，刘彻在做完这些事情后终于稍稍松了一口气。这一年是刘彻的七十大寿，人生七十古来稀，在常人颐养天年的年纪，刘彻以自己的智慧和魄力最后一次为帝国掌舵，为汉王朝选择了一条相对正确的前进道路。后元二年（公元前87年）正月，刘彻还能勉强支撑着身体会见群臣，到了二月，他的身体状况急剧恶化。这一次，刘彻知道自己真的是不行了，他在病榻上召来四个人——霍光、金日磾、上官桀和桑弘羊，下令立幼子刘弗陵为太子，以大司马大将军霍光为主，车骑将军金日磾、左将军上官桀、御史大夫桑弘羊为辅，四人共同辅政。

刘彻当了五十四年皇帝，其谥号里的"武"字很好地概括了他的一生。

刘彻的“武”为国家和民族做出过巨大的贡献，其兵锋所到之处，不仅扩张了领土，还使国家的威名得以传播，让世界知道我们这个民族叫汉族，我们的语言叫汉语，而我们是汉人。刘彻的“武”也为国家和民族带来了巨大的伤害，他滥用武力，不仅给人民带来了巨大的财产和生命损失，还破坏了社会生产力，使全国人口大幅下降。通行的说法是，与之前鼎盛时期的人口相比，刘彻晚年时全国人口“减半”。当然，有些专家也论证过“减半”这个数字是靠不住的，但人口增长率下降，甚至出现负增长，人民生活水平降低，经济被严重破坏，社会上出现数百万流民等问题，却是不争的事实。

但是，不论是谁，有得必有失。当你一心去争取一些东西，不管是功名利禄还是其他的什么，作为交换，你都必定会失去一些东西，比如时间、感情、健康，或是一些你自己未曾察觉却又无比重要的事物。可谁又能做到只有得，没有失呢？

汉孝武帝的五十四年已经过去，你可以说他雄才大略，也可以说他穷兵黩武，可以说他非常成功，也可以说他极其失败。功过得失，只在每个人的心中。

这是一个最好的时代，这是一个最坏的时代，当这个时代的主人合上他的双眼，这个时代也随之结束。

后元二年（公元前87年）二月丁卯日，汉孝武帝刘彻崩于五柞宫。